KB180054

슈퍼리치

HOW TO BE A BILLIONAIRE by Martin S. Fridson

Copyright © 2000

All Rights Reserved. This translation published under license.

Korean translation copyright © 2010 I-Sang Media Publishing Co.

Korean translation rights are arranged with John Wiley & Sons Australia, Ltd
through Amo Agency, Korea.

이 책의 한국어판 저작권은 아모 에이전시를 통해 저작권자와 독점 계약한 이상미디어에 있습니다.

신 저작권법에 의해 한국 내에서 보호를 받는 저작물이므로 무단 전재와 무단 복제를 금합니다.

SUPER RICH

:::::::: 거대한 부는 어떻게 만들어지는가 ::::::::

슈퍼리치

마틴 S. 프리드슨 지음 | 안정원 옮김 | 이상건 감수

이상

거대한 부는 어떻게 만들어지는가

슈퍼리치

2010년 2월 15일 초판 1쇄 인쇄 | 2010년 2월 25일 초판 1쇄 발행

지은이	마틴 S. 프리드슨
펴낸이	이상규
편집인	김훈태
마케팅	정종천
관리	조종환, 김순호
디자인	솜씨
펴낸곳	이상미디어
등록번호	209-90-85645
등록일자	2008.09.30

서울시 성북구 정릉동 667-1 4층
대표전화 02-913-8888 **팩스** 02-913-7711
E-mail leesangbooks@gmail.com

ISBN   978-89-961680-9-6

이 책은 2000년에 《그들은 그래서 부자가 되었다》라는 제목으로 출간되었으나 절판되었습니다. 이 책을 찾는 분들이 많아 다시 번역하고 글을 다듬어 세상에 내놓습니다. 출간에 도움을 주신 미래에셋 투자교육연구소 이상건 이사님께 감사드립니다.

차례

PART 3
슈퍼리치의 탄생

슈퍼리치 14인에 대한 짧은 소개

H. L. 헌트 H. L. Hunt

열여섯 살에 그는 일리노이에 있는 아버지의 은행에서 사무를 보라는 것을 거절하고, 6년 동안 이곳저곳을 떠돌아다니면서 주로 막노동을 하는 노동자로 일했다. 아버지가 죽은 후 유산 6000달러로 아칸소에 목화농장을 사들이고 정착하려 했으나 큰 홍수로 물거품이 되고 만다. 그는 자신의 전 재산을 포커 게임에 걸 정도로 도전과 모험을 즐겼다. 한 번은 미국에서 가장 유명한 포커 도박사들과 함께한 게임에서 그는 단 하루만에 100달러를 1만 200달러로 늘렸을 정도였다. 그의 사업 밑천은 대부분은 도박판에서 딴 돈이었으며 그 돈으로 유정(油井)을 사서 억만장자가 되었다. 텍사스 러스크 카운티에서 그 당시 세계 최대 규모의 유정이 발견될 것이라 믿고 먼저 투자한 결과 큰 유정을 차지할 수 있었다.

존 클러지 John Kluge

독일 태생의 미디어 업계 거물로 한때 세계 최고 갑부였다. 미국으로 건너간 뒤 컬럼비아 대학에서 경제학을 전공했다. 존 클러지 또한 도박을 통해 자신의 사업 자금을 마련한 사람이다. 존 클러지는 경제 공황이 한창이던 때 컬럼비아 대학에서 장학생으로 학교를 다니면서 도박에 거의 미쳐 있었다. 대형 음식도매 할인점에서 일하면서 드디어 그의 첫 사업인 라디오 방송국을 사들인다. 1984년 그가 25%의 지분을 가지고 있던 메트로미디어를 사들이기 위해 12억 달러를 차입한다. 2년 후에 방송국 자산 가격이 크게 오르면서 클러지는 7개의 TV 방송국과 11개의 라디오 방송국을 매각했다. 그는 엄청난 부채 더미를 청산했을 뿐만 아니라 대략 16억 달러의 순익까지 남겼다. 얼마 지나지 않아 클러지는 그렇게 남긴 수익을 이동통신 사업에 재투자했고 관련 벤처들을 인수하여 1989년까지 〈포브스〉 선정 미국 최고 부자 리스트에 오를 수 있었다.

로스 페로 Ross Perot

1930년 미국 텍사스에서 태어났다. 1962년 컴퓨터 소프트웨어 회사인 일렉트로닉 데이터 시스템EDS을 설립했다. 1953년 해군 사관학교를 졸업하고 4년간 해군으로 복무한 뒤 IBM의 영업사원으로 취직했다. 최고의 영업사원으로 높은 연봉을 받았지만 1962년 32세에 미련 없이 IBM을 떠난다. 소비자에게 컴퓨터를 파는 동시에 컴퓨터 임대업이라는 아이디어를 IBM의 경영진에게 제시했지만 거절당했기 때문이다. 교사인 아내에게 빌린 1천 달러 수표 한 장으로 EDS를 세우고 컴퓨터 임대 사업을 시작했다. 임대사업 뿐만 아니라 기업 고객의 필요를 충족시키는 소프트웨어 서비스로 확장했다. 1968년 9월 EDS의 주식이 시장에 공개되자 하루만에 23달러로 뛰었고 1년 반이 지나자 162.5달러가 되어 페로의 순자산은 15억 달러에 달하게 된다. 1984년 EDS를 GM에 25억 달러에 매각하고 페로는 GM 이사회의 일원이 됐지만 경영철학의 차이로 GM을 떠나고 만다. 그리고 1988년 다시 EDS와 유사한 페로시스템을 설립한다. 이 회사의 자산 가치는 1999년 당시 36억 달러에 이르렀다. 1992년에는 미국 대통령 선거에도 출마하여 한때 부시와 클린턴의 지지율을 앞섰으나 가족문제를 이유로 큰 어려움을 겪었다. 페로는 무소속 후보로 19%의 득표율을 얻었다.

샘 월튼 Sam Walton

1918년 미국 오클라호마 주에서 태어났다. 평범한 가정에서 태어난 그는 어린 시절부터 잡지 판매와 신문 배달로 자립심을 키웠다. 1940년 대학 졸업 후 벤 프랭클린이라는 작은 상점에서 일하면서 능력을 인정받는다. 1945년 전역 후 자신이 번 돈 5천 달러와 장인에게서 빌린 2만 5천 달러를 합쳐 아칸소의 작은 소도시에서 벤 프랭클린이라는 잡화점을 인수하여 운영했다. 성공적으로 잡화점을 운영하여 빌린 돈을 모두 갚았지만 상점의 임대차계약 연장에 관한 옵션을 계약서에 빠뜨려 그곳을 떠나야 했다. 1962년 아칸소 주의 로저스에 월마트 1호점을 개점한 후 1969년 18개의 월마트를 운영하게 된다. 1970년 개인적 채무를 해결하기 위해 상장하며 도약하게 된다. 1970년대 중반 월마트의 점포는 100개를 넘어서며 매출액도 2억 달러에 이르게 된다. 그는 소비자에게 최저 가격을 제공하는 것을 가장 중요한 전략으로 삼았다. 현재 월마트는 매출액 규모 3900억 달러, 세계 각지의 직원 숫자 200만여 명, 매출액 기준으로 세계 1위를 오르내리는 명실상부한 세계적 소매 유통기업이 되었다.

존 D. 록펠러John D. Rockefeller

미국 서부에서 금광이 발견되기 전인 1839년 뉴욕의 평범한 가정에서 태어났다. 1859년 친구와 함께 상사회사를 설립하고, 클리블랜드의 농산물 매매업자로 성공을 거두었고 그 후 정유라는 신생 산업에 뛰어들었다. 그는 과잉공급되는 석유의 가격 안정과 수익 극대화를 위해서는 업체들끼리 생산량을 조절해야 한다고 생각했다. 하지만 뜻대로 되지 않자 정유생산을 독점할 수밖에 없다고 결론 내렸다. 1881년 록펠러는 스탠더드오일 트러스트를 조직하여 미국에서 생산되는 석유의 90% 이상을 손에 쥐고 있었다. 1937년 록펠러가 사망했을 때 그의 자산의 순수 가치는 당시 미국 국내 총생산GNP의 1/65과 동일한 액수인 1억4천만 달러에 이르렀다. 이런 식으로 비교했을 때 록펠러는 모든 시대를 통틀어 가장 부유한 미국인이다.

웨인 휘젠거Wayne Huizenga

휘젠거는 대학중퇴 후 가족과 친척들이 운영하던 쓰레기 수거업체를 관리하는 일을 맡았다. 이 일은 휘젠거의 할아버지, 아버지, 세 명의 삼촌과 다섯 명의 남자 사촌들에게 생계를 유지하는 수단이었다. 스물다섯 살이 되던 해인 1962년, 장인으로부터 5,000달러를 빌려 플로리다에서 쓰레기 수거용 트럭 한 대와 20명의 고객 명부를 사들여 웨이스트 매니지먼트 사를 차린다. 1968년에 이르자 한 대뿐이었던 그의 트럭은 40대 이상으로 늘어났다. 1971년에 시가 총액 500만 달러에 회사를 공개했고 1984년에 이르자 회사의 자산 가치는 총 30억 달러로 증가했다. 웨인 휘젠거는 수많은 사업체를 합병시킴으로써 돈을 번 사람이다. 그가 이루어 낸 합병의 범위는 쓰레기 운송업, 비디오테이프 대여점, 자동차 판매와 렌터카, 경보기, 생수 그리고 기계부품 세척 사업까지 가히 상상을 뛰어넘는다.

J. 폴 게티 J. Paul Getty

아버지의 도움으로 석유사업을 시작하여 유전을 사들이고 게티 오일 사를 설립하였다. 1913년 옥스퍼드대학을 졸업하고 아버지의 도움으로 석유사업을 시작하여 유전을 사들였으며, 얼마 지나지 않아 100만 달러의 재산을 모았다. 1920년대에 아버지와 함께 게티 오일 사를 설립했고 존 록펠러의 스탠더드 오일 사와 경쟁하며 타이드워터 등 3개 석유회사를 매수하여 몸집을 키웠다. 이어 중동 진출에 성공하였으며, 이 외에도 특수항공기 제작, 부동산업에도 진출하여 큰 재산을 모았다. 수억 달러에 해당하는 미술품 수집으로 1953년 로스앤젤레스 근처에 게티미술관을 개관하였다. 그가 죽은 다음 게티 오일 사는 1988년 텍사코 사에 합병되었다.

로렌스 티시 Laurence Tisch

부동산으로 큰 돈을 번 로렌스 티시는 저가에 매수해 고가에 매각하여 엄청난 부를 창출했다. 그는 손님이 잘 들지 않는 호텔을 싸게 임대하거나 사들여 문제점을 보완한 후 호텔의 상품가치를 올린 다음 비싸게 되팔아 큰 이익을 남겼다. 로렌스 티시는 최저가로 주식을 사는 데 탁월하다는 명성을 얻기도 했다. 마찬가지로 기울어가는 회사를 효과적으로 정상화시킨 뒤 이윤을 극대화했다. CBS에서 고위 간부직에 있을 때는 로비에 제복을 입은 안전 요원이 쓸데없이 많다고 지적할 정도였으며 그는 CBS 고위직에 있으면서 위급한 일을 제외하고는 비서와 리무진 사용도 제한했다.

커크 커코리언 Kirk Kerkorian

칼 아이칸과 함께 대표적인 기업 사냥꾼이다. 항공산업, 라스베이거스 호텔, 카지노사업, 컬럼비아 영화사와 MGM 영화사 등 엔터테인먼트 사업에서 인수와 매각을 되풀이하면서 부를 축적했다. 그 이후 그는 트라신다라는 투자회사를 운용하면서 크라이슬러와 제너럴모터스 등의 주식을 대량으로 매입하거나 매각하면서 영향력을 행사해왔다. 그러나 최근 미국 금융위기 때문에 큰 손실을 봤다.

칼 아이칸 Carl Icahn

기업인수 전쟁에서 큰 위험을 감수함으로써 아이칸은 주당 100달러를 받던 견습생에서 억만장자가 되었다. 그는 아주 보잘것없는 중개회사로 시작하여 철도 차량 제조회사인 ACF 산업의 소유주가 되었으며 마블 엔터테인먼트, 팬암, RJR, 나비스코, 텍사코 USX와 같은 경쟁업체를 물리치고 선두를 달리게 되었다. 또한 아이칸은 억만장자의 대열에 선 다른 경영자들 중 어느 누구보다도 적극적으로 주식을 이용했다. 대표적인 기업 사냥꾼인 그는 1985년 트랜스월드 항공사^{TWA}를 인수했으며 2000년에 제너럴모터스^{GM}, 2008년에는 야후의 인수를 시도했었다.

필 안슈츠^{Phil Anschutz}

캔자스에서 태어나 덴버에서 살았던 그의 아버지는 유정 굴착기를 만드는 회사를 운영하고 있었는데, 그곳이 안슈츠의 첫 출발점이었다. 그 후 안슈츠는 철도사업이나 부동산, 통신사업 등에 투자하여 1993년과 1997년 사이에 그의 자산 가치를 19억 달러에서 62억 달러로 높였다. 그의 사업은 콜로라도의 석탄과 텅스텐, 남미의 안티몬까지 이어졌다. 게다가 하키와 축구에도 관심을 보였다. 퀘스트 커뮤니케이션스 인터내셔널이라는 벤처 회사에 5500만 달러를 투자하고 1년도 채 안 되어 주식 공개를 통해 35억 달러의 자산을 챙기기도 했다. 그는 낮은 가격에서 회사를 인수한 다음 그 회사의 가치를 올리고 다시 되파는 기법으로 엄청난 부를 축적했다. 그는 이런 말을 남겼다. "나는 구매자인 동시에 판매자이다."

리처드 브랜슨^{Richard Branson}

열다섯 살 학생 신분으로 출간한 잡지를 시작으로 리처드 브랜슨은 자신이 말하는 소위 유기적 확장이라는 과정을 통해 100가지가 넘는 사업을 이끌어왔다. 그의 사업 영역은 레코드 소매점인 버진 메가스토어를 비롯하여, 버진 애틀랜틱 항공, 버진 호텔 그룹을 포함하고 출판뿐만이 아니라 텔레비전, 라디오, 소프트드링크, 웨딩복 사업에서 모델 에이전시까지 망라하고 있다. 1999년 4월에는 우주여행 서비스를 제공하는 버진 갤럭틱 항공^{Virgin Galactic Airways}을 만들었다. '모험주의 자본가'라는 수식어가 말해주듯 그는 버진 그룹의 살아 있는 PR 역할을 맡고 있다. 열기구를 타고 태평양을 횡단하기, 버진 애틀랜틱의 창립을 1차 세계대전 당시 조종사의 복장을 하고 발표하기, 소형 보트로 대서양 횡단하기, 1만 달러짜리 실크 레이스가 달린 신부복을 입고 면사포까지 쓰고 나타나기……. 브랜슨의 괴상한 전략에는 부와 갈채가 뒤따랐다. 1998년에 〈포브스〉는 그의 순자산 가치가 19억 달러에 이른다고 추정했다. 영국 젊은이들이 가장 존경하는 사람들 순위에 브랜슨은 테레사 수녀 다음으로 이름을 올렸고 또 다른 여론 조사에서 그는 로마 교황과 작고한 다이애나 왕세자비의 뒤를 이어 3위에 오르기도 했다.

＊우리에게 매우 친숙한 빌 게이츠와 워렌 버핏에 대한 설명은 생략했습니다.

SUPER RICH

PART 1

슈퍼리치의
조건

당신은 정말로 부자가 되고 싶은가?

돈을 모을 때는 고통이, 돈을 지킬 때는 섬세함이, 돈을 잃을 때는 슬픔이 따른다.

토머스 드래스Thomas Draxe

____ 부자들이 이야기하는 성공담의 함정

지금 이 순간 이 책을 펼친 당신은 새로운 여행을 시작하게 된다. 바로 돈을 버는 여행의 첫발을 뗀 것이다. 행복해지기 위해 돈이 꼭 필요한 것은 아니지만 불행을 피하기 위해서는 반드시 필요하다. 이 책에 수록되어 있는 억만장자들은 맨주먹으로 시작해 무(無)에서 유(有)를 창조한 사람들이다. 그들과 비교한다면 당신의 시작은 그렇게 초라하지 않다. 오히려 당신은 그들보다는 몇 걸음 앞서 출발한 것인지도 모른다. 앞으로 이 책에서 소개할 사람들은 당신처럼 자신들보다 앞서 성공한 사람들이 어떻게 돈을 벌었는지에 대한 체계적이고 분석적인 안내서조차 갖지 못했으니까. 그렇게 본다면 이 책을 마주하고 있는 당신은 축복받은 시대에 태어난 셈이다! 세계적인 부자들은 엄청난 노력과 시간을 투자하여 지금의 자리에 오를 수 있었다. 물론 책 한 권을 읽는다고 해서 당장 부자가 되는 것은 아니다. 다만 그들에게도 당신과 같은 축복이 내려졌다면 아마 그들은 한결 수월하게 지금의 위치에 있지 않았을까 하는 생각이 들 뿐이다.

이제까지 경제적으로 성공한 사람들에 대한 책들은 대부분 동기부여에 초점을 맞추고 있었다. 물론 그런 책들이 가치가 없다는 것은 아니다. 자기계발과 처세를 다룬 대부분의 책들은 스포츠나 예술 분야처럼 돈을 버는 것도 강력한 내적 동기가 그 성패를 좌우한다고 결론을 맺는다. 대표적인 예가 나폴레온 힐의 《놓치고 싶지 않은 나의 꿈 나의 인생》이다. 이 책에서는 찰스 디킨스나 헬렌 켈러처럼 고난과 역경을 극복하고 위대한 업적을 이루어낸 사람들을 사례로 제시하고 있다. 힐은 독자들에게 엄청난 부자가 된 자신을 상상해 보라고 말한다. 원하는 만큼의 재산을 모으는 데 소요되는 시간을 정해 놓고 매일 두 번씩 그것을 큰 소리로 외치라는 것이다. 일종의 자기암시이며 마인드 컨트롤이다. 일반적으로 성공담을 모아놓은 책들은 격려와 자극이 되는 말만 늘어놓고 있을 뿐, 구체적으로 돈을 벌 수 있는 방법에 대해서는 거의 언급하지 않는다.

가장 실용적인 책을 꼽자면, 워렌 버핏이 어린 시절에 즐겨 읽었다는 《천 달러를 버는 천 가지 방법One Thousand Ways to Make $1,000》 정도일 것이다. 집에서 직접 초콜릿, 버터, 우유, 설탕 등을 넣고 만든 캔디를 판매하는 것부터 시작해 적은 돈을 버는 다양한 방법들이 제시되어 있다.

오늘날의 부자들은 그들보다 앞서 자수성가한 억만장자들이 실제로 사용했던 전략들을 책이나 기사를 통해 수집해야만 했다. 즉 이 책에서 제시하고 있는 것들을 얻기 위해 그들은 일일이 모든 기록을 하나하나 들춰봐야 했던 것이다. 당신은 성공이 결코 근면 성실한 태도와 원대한 야망을 품는 것만으로 이뤄지지 않는다는 사실을 곧 깨닫게 될 것이다.

과거에는 성공하기 위해 많은 난관을 극복해야만 했다. 그러나 이들은 성공하고 난 후 자신의 성공담에 이와 같은 이야기들을 자세히 언급하지 않는다. 천편일률적으로 그들은 굳은 신념을 가지고 노력한 보답으로 성공할 수 있었다고 말한다. 얼마나 뻔하고 불친절한 이야기인가? 예를 들어 거래를 성사시키는 비결을 묻는데, '계약서에 서명하고 서로 마주보고 웃으며 악수하는 것'으로 만사형통이라고 말하는 것과 뭐가 다른가? 게다가 그 거래는 양측 모두에게 이로운 아주 명쾌한 거래였다고 한다. 그러나 현실을 아는 사람이라면 그렇지 않다는 사실을 금세 알아차릴 것이다. 사업에서 거래란 이익을 보는 쪽이 있으면 반드시 그 반대편은 손해를 보기 마련이니까.

단기간에 별 어려움 없이 성공한 사람들은 자신이 억만장자의 위치에 오르기까지 겪은 과정을 회상하면서 자서전을 쓰지는 않는다. H. L. 멘켄Mencken은 많은 사업가들을 관찰하고 난 뒤, 다음과 같은 결론을 내렸다. 즉 사업가라는 사람들은 많은 돈을 벌겠다는 소기의 목표를 달성하고 나서는 자신의 목표는 돈을 버는 게 아니었다고 부정하는 사람들이라는 것이다.

억만장자들의 자서전을 읽은, 미래의 억만장자를 꿈꾸는 사람들은 돈 관리하는 법에 대해서 상대적으로 잘못된 인식을 가질 수도 있다. 대부분의 사람들은 누군가의 성공담을 들을 때, 조세법을 잘 활용한다든지 또는 회사의 주식을 상장하여 수익을 내는 것보다는 아무도 덤비지 못한 미개척 분야에서 모험을 감수하는 사람들의 이야기에 훨씬 매력을 느낀다. 굴지의 대기업을 창립한 사람들은 이런 대중의 심리를 잘 알고 있어서 기자들이 자신의 이야기를 기사화하려고 할 때, 세금 관련 문제처럼 복잡하고 애매한 부분에 대해서는 함구한다. 그러나 막대한 부를 거머쥐고 싶다면 금융과 세금정책에 관한 통찰력이 무엇보다도 필수적이다. 이 책은 그런 통찰력을 기르는 데 많은 지면을 할애할 것이다.

그리고 이 책은 억만장자들의 숨겨진 뒷이야기를 늘어놓은 책이 아니라는 점을 미리 밝혀둔다. 언론이나 금융계 소식통을 통해 왜곡된 이미지를 배제하고 그들의 진정한 삶을 이해하는 데 초점을 맞출 것이다. 예를 들어 저널리스트들은 워렌 버핏을 단순히 '주식 투자의 귀재'로만 묘사하여 그에 대한 책을 팔기에 여념이 없다. 그러나 실제로 그의 가치는 관망적인 투자자 그 이상의 것이다. 저평가된 기업에 투자한 후 가만히 앉아서 주식시장이나 나머지 투자자들이 알아서 그 기업의 가치를 인정해주길 기다리지 않았기 때문이다. 버핏의 성공 모델을 모방하려는 이들은 좀 더 적극적으로 그의 전략과 노력을 살펴보고 실질적으로 수행해야 한다. 투자한 기업 내부에서 활동하거나 외부에서 기업의 자산을 더욱 높이기 위해 적극적으로 선전하는 일 등이 필요하다. 주목해야 할 점은 버핏이 그저 소액 투자자로 머물기보다는 기업의 지배적인 지분을 확보하는 전략을 택했다는 것이다.

─── 부자들의 생각을 어떻게 훔칠까?

이 책을 집필하게 된 이유는 미래의 억만장자를 꿈꾸는 이들에게 도움이 되었으면 하는 바람 때문이다. 과거 부자들의 성공 전략을 분석하여 지금의 젊은이들에게 실질적이고 구체적인 도움이 되었으면 한다. 1999년 〈포브스Forbes〉는 미국에서만 순자산이 10억 달러가 넘는 268명의 억만장자들의 리스트를 발표한 적이 있다. 그렇지만 나는 그들 모두의 이야기를 쓰려는 것이 아니다. 이 책은 미래의 억만장자가 될 사람들을 위해 검증된 성공 전략을 일반화하는 데 주력할 것이다.

독자들의 이해를 돕기 위해 모호하거나 광범위한 개념들이 나오면 구체적 사례를 들어 설명했다. 너무나 빠르게 변화하고 있는 경쟁 시대를 살고 있는 사람들에게 추상적인 충고만 할 수는 없지 않은가.

샘 월튼의 이야기를 예로 들어보자. 월튼을 미국에서 가장 독자적이고 거대한 잡화상 운영자로 설명하기보다는, 잡화상을 할인 판매점으로 전환하여 수십 억 달러 규모의 회사로 키워낸 그의 통찰력과 안목에 대해서 설명하는 게 실질적으로 더 도움이 된다. 월마트의 창시자 샘 월튼이 잡화상을 대규모 할인판매점 체인으로 전환시킬 수 있는 기회를 어떻게 포착할 수 있었는지 궁금하지 않은가? 그렇다면 우선 지난 수십 년 간 미국의 소매업 시스템에 새로운 변화의 물결이 일고 있었다는 점을 이해해야 한다. 만약 당신이 체인점 사업을 통해 돈을 벌고자 하는 것이 아닐지라도 샘 월튼의 성공과정을 되짚어 보면서 일반적인 패턴과 지식을 얻을 수도 있다. 그러나 그보다 더욱 중요한 것은 월튼의 성공에서 언제나 근본을 이루고 있는 그의 경영 마인드나 철학을 이해하는 일이다.

하루가 다르게 변화하고 있는 경제 환경 속에서 억만장자라는 명성을 그대로 유지하기란 쉬운 일이 아니다. 단기간에 그 성패가 결정나는 정보기술 분야는 더욱 그렇다. 이 책에서는 인터넷 붐을 타고 부자가 된 사람들에 대한 이야기는 싣지 않고 있다. 이 책이 씌어진 시점에서는 그들이 지속적으로 부자라는 타이틀을 유지할 수 있을지 불확실하기 때문이다. 그러나 컴퓨터 소프트웨어 산업에서 어떻게 한 경쟁업체가 다른 경쟁자들을 제치고 정상의 위치에 이를 수 있었는지에 대해 자세히 살펴볼 만한 가치가 있다. 바로 빌 게이츠의 신화적인 이야기 말이다. 아마도 앞으로 다가올 시대의 첨단산업 분야에서는 한 사람의 독보적인 존재만 배출하는 게 아니라 수많은 억만장자들을 동시에 탄생시킬 것이다. 그리고 그들 중 몇몇은 마이크로소프트 사의 스티브 발머처럼 IT 분야와는 전혀 상관없는 배경을 지닌 사람들일 것이다.

——— 그들의 공통점은 무엇일까?

다음 장에서는 역사상 걸출한 부자들이 부를 축적해나간 과정들을 탐색할 것이다. 단순히 그들의 삶을 그리려는 것이 아니라 그들의 거대한 성공을 가능케 한 특별한 전략만을 추려 조명하는 것이 이 책의 목적이다. 각 장은 자수성가한 억만장자들의 이야기에서 반복적으로 나타나는 구체적인 전략이나 원칙들을 중심으로 구성되어 있다. 14명의 거부들에 대한 상세 프로필은 특정 전략들과 연계되어 각 장에서 소개되어 있다. 하지만 이들이 한 가지 전략만으로 재계의 거물이 된 것이 아니며, 몇 가지 전략들을 적재적소에 결합시켜 복합적으로 활용했기 때문에 한 인물을 여러 장에서 만나볼 수 있다.

이 책의 제2부는 억만장자들이 성공할 수 있었던 가장 기본적인 공식을 알려줄 것이다. 모험에 도전하라, 새로운 방식으로 접근하라, 시장을 선점하고 지배하라, 사업을 합병하라, 저가에 매입하라, 협상을 즐겨라,

경쟁심을 자극하라, 정치적 힘을 가진 사람에게 투자하라, 노조와의 협상에서 지지 마라……. 일반적으로 자수성가하여 성공한 사람들의 가장 기본적이고 중요한 원칙들을 정리하면 다음과 같다.

- ◆ 아이디어 중에서 돈이 될 만한 것을 찾는다.
- ◆ 규칙은 깨어지기 마련이다.
- ◆ 모방이 혁신보다 유용하다.
- ◆ 끊임없이 성장한다.
- ◆ 주식을 보유한다.
- ◆ 고생을 기꺼이 감수한다.
- ◆ 금융 수단financial leverage을 최대한 이용한다.
- ◆ 만약을 위해 대안을 항상 염두에 둔다.
- ◆ 실패는 할 수 있지만 거기서 뭔가를 배워야 한다.
- ◆ 근검절약을 잊어선 안 된다.
- ◆ 일을 즐겨야 한다.
- ◆ 때로는 철면피가 되어야 한다.

제3부에서는 구체적인 사례들을 들어가며 지금껏 이 책에서 설명한 전략들을 종합하여 미래 억만장자를 꿈꾸는 이들이 적용할 수 있도록 명확한 로드맵을 제시한다. 막대한 부를 축적한 억만장자들이 처음에 맨주먹으로 시작해 숱한 시행착오와 좌절을 겪은 반면, 당신은 이 책을 통해 보다 쉽게 억만장자의 길로 들어설 수 있을 것이다. 자, 이제 이 책을 읽기만 하면 된다!

—— 시장에 존재하는 평등자(levelers)들을 어떻게 극복할 것인가?

자수성가한 억만장자들의 핵심 원칙들이 얼마나 큰 위력을 발휘하는지 구체적으로 그것들이 적용되는 방식들을 알아야 할 필요가 있다. 각각의 개념들을 완전히 이해하고 흡수하기 위한 가장 빠른 방법은 이러한 원칙들을 하나로 묶어주는 목적이 무엇인지 파악하는 것이다. 그것은 바로 '시장에 존재하는 평등자(levelers, 모든 사람을 평등하게 만드는 것)들을 극복하기' 위함이다. 거대한 부의 축적과 성공을 견제하고 저지하는 강력한 사회적·경제적 힘을 이겨내야 한다.

본래 이 책에서 말하는 '시장의 평등자'는 사회적·경제적 힘이라기보다는 사람들을 일컫는다. 평등자들은 영국 내전 기간(1642-1648) 동안 정치적 파벌을 형성하여 귀족의 특권 폐지와 완전한 종교적·정치적 평등성의 확립을 제안했다. 한 때 급진적이었던 그들의 아이디어가 보편적으로 받아들여지면서 고대의 평등주의자들은 시대에서 사라져갔다. 오늘날에는 경쟁의 위협과 사회적 관습이라는 장벽이 억만장자를 열망하는 사람들이 맞서 싸워야할 시장의 평등자로 대두되었다. 그것들에 굴복한다면 보통 수준 이상의 부의 축적과 성공은 결코 꿈꿀 수 없을 것이다.

—— 경쟁의 위협에 맞서라

시장에 존재하는 가장 지독한 평등자는 바로 자유기업 체제의 최고 미덕이기도 한 '경쟁'이다. 20세기 후반 공산권이 붕괴하고 자본주의 사회의 독주체제가 시작되면서 좌우 각 진영 대부분의 정치가들은 이제 자유경쟁시장 체제가 공공의 복리를 증진시킬 것이라고 의견을 모으고 있다. 경쟁이 치열한 사회의 상품과 서비스 생산업자들은 생산비 절감을 통해 이익을 도모한다. 절감된 생산비용은 소비자 가격의 인하로 이어져 소비자가 자신의 소득으로 더 많은 재화를 구입할 수 있게 되면, 궁극적으로 삶의 질은 향상된다는 것이다.

그러나 소비자의 점진적인 삶의 질 향상은 격렬한 경쟁으로 파생되는 또 다른 부산물과 급격한 대비를 이룬다. 바로 생산자 이익 마진의 정체 현상이다. 경제가 호황일 때 기업의 이윤이 증가하는 것은 당연하다. 그러나 경쟁은 기업의 수익률 증가에 제약을 가한다. 수익률이란 판매마진율 또는 투자 자본 수익률로 측정된다.

기업이 새로운 방식을 도입하여 생산비를 절감할 경우, 그 결과 생기는 수익의 증가는 단기적일 수밖에 없다. 이유인 즉, 경쟁업체들이 곧바로 생산비 절감의 기술이나 경영방침을 모방하거나 그와 동일한 효과를 낼 수 있는 다른 방안을 모색하기 때문이다. 생산자 모두가 현재 높은 수익을 올리고 있다 해도, 시장에서 더 큰 파이를 차지하고자 한다면 어느 경쟁사가 됐든지 간에 가격인하는 필연적이다. 그렇게 되면 나머지 경쟁업체들도 기존 고객들을 유지하기 위한 압박을 받으며 가격인하를 할 수 밖에 없다. 이러다 보면 머지않아 기업의 이윤은 비용 절감 혁신을 하기 이전의 상태로 되돌아가게 된다. 결국 이익을 보는 것은 소비자들뿐이다.

어쩌면 경제학도들은 이 단순한 이야기가 '완전경쟁'을 묘사해놓은 것이라고 받아들일지 모른다. 그러나 완전경쟁이라는 그 이름에서 알 수 있듯이 이는 실제 현실에서는 존재하지 않는 일종의 이상적인 시장 형태이다. 그럼에도 불구하고 완전경쟁은 대부분의 산업 분야에서 목격되는 우울한 현실과 닮아 있다. 기업들은 해마다 전력투구를 하지만 이익률을 끌어올려 유지하는 데는 실패한다. 경쟁은 기업의 이윤을 끊임없이 최소한으로 끌어내려 마침내 투자자들이 안정적인 수익률의 채권보다는 위험도가 높은 주식에 자본을 투자하도록 유도한다.

오랜 시간 동안 이러한 시스템에 길들여진 기업가들은 경제의 전반적인 성장을 통해 자신이 소유하고 있는 재산을 현 상태로 유지할 수는 있지만 백만장자나 억만장자의 대열에 낄 수는 없다. 일반적으로 경제 상황이 발생시키는 이익보다 더 높은 이익을 벌어들일 수 있어야만 성공할 수 있다. 즉 억만장자가 되고 싶다면 어떤 식으로든 경쟁을 이겨내야 한다.

경쟁에 대한 가장 확실한 해결안은 '담합'이다. 모든 생산업자들이 비용절감에 따른 가격인하를 하지 않겠다고 공식적인 협상을 하고 그들이 실제로 이 협상을 준수한다고 가정해보자. 그럴 경우 담합을 통해 생산비용과 판매가격 사이에서 생겨나는 이윤은 고스란히 그들의 몫이 된다.

그러나 안타깝게도 소비자들도 생산업자들의 이런 책략을 알고 있고, 정부도 이를 방지하는 법적인 조치를 취해놓았다. 법을 위반하지 않고도 담합할 수 있는 엄청난 행운이 따라주지 않는다면 담합이라는 것도 실제적인 대안이 될 수는 없다. 게다가 경쟁을 극복하는 방법도 세월이 지나면서 담합에서 '독점'으로, 독점에서 '시장 점유'라는 방식으로 전개되어 왔다.

19세기 석유왕 존 록펠러는 공급량을 통제하기 위한 수단으로 담합을 시도했다. 경쟁사간 공급량을 조절할 수 있다면, 공급과잉 사태로 번번이 겪을 수밖에 없는 경쟁사간 과다 경쟁을 피할 수 있기 때문에, 정유

회사들이 집단적인 이익을 낼 수 있다고 생각한 것이다. 공급과잉 현상은 주기적으로 발생하여 모두의 이익을 갉아먹는다. 따라서 록펠러는 정유 업체들이 현명하게 행동하여 자신의 계획을 받아들일 것이라고 추론했다. 그러나 정유 업체 사장들은 록펠러의 예상과는 달리 계속해서 자사에 할당된 생산량을 초과했다.

정유 업체 사장들이 사리사욕을 챙기기 위해 자신의 제안을 완강히 거부하는 데 질려버린 록펠러는 담합을 통해 이루지 못했던 그 목적을 달성하는 효율적인 방법을 고안해냈다. 바로 '독점'을 창안했던 것이다. 록펠러는 독점시대를 최초로 연 인물이다.

미국 전역에 있는 대부분의 정유회사를 스탠더드 오일 트러스트 Standard Oil Trust를 통해 '독점' 함으로써, 상황에 유리하도록 공급량을 조절할 수 있었다. 록펠러는 그 시대의 다른 산업의 독점가들과는 달리, 인상된 가격을 소비자들에게 떠넘기기 위해 자신의 지위를 이용하지는 않았다. 대신 예전에 사업을 극도의 위험에 빠뜨리곤 했던 공급과잉과 부족 현상을 줄여나가기 위해 가격을 조정했다. 또한 정유업에 새롭게 진입하는 새로운 경쟁사들의 사기를 사전에 꺾기 위해 가격을 낮게 유지했다. 그 결과 업계에 질서가 확립되고 록펠러는 거대 규모의 경영 효율성을 달성함으로써 막대한 수익을 올릴 수 있었다. 더 나아가 그는 자신의 시장 지배력을 활용하여 철도업자들로부터 유리한 운송료 조건을 얻어내어 이익률을 극대화했다. 이처럼 특별한 비용절감은 철도업자들이 스탠더드 오일에 은밀히 제공한 리베이트를 통해 가능했다.

한동안 록펠러와 그의 경쟁사들은 철강과 담배와 같은 산업에서 경쟁의 문제를 잘 다루는 것처럼 보였다. 그러나 시장의 평등자들은 전장을 떠나 투쟁을 포기한 것이 아니었다. 야심에 찬 정치가들은 기업들이

트러스트를 통해 축적한 경제적 힘에 대항하기 위해 대중들의 분노에 편승하여 막후조정에 나섰다. 20세기 초반에 미국 정부는 반(反)트러스트 법 실행을 강화하여 독점주의자들이 지금껏 이룩해놓은 업적들의 대부분을 원상태로 돌려놓았다. 이로써 모든 경제 분야는 다시 한 번 경쟁이라는 혹독한 시련을 겪어야 했다.

그러다가 뉴딜(1933-1935) 초기에 주요 산업들은 잠시나마 한숨을 돌릴 수 있었다. 대공황에서 나라를 구출하기 위한 노력의 일환으로, 프랭클린 루즈벨트 대통령이 기업들에게 카르텔cartel 결성을 권장하여 가격을 올리고 이윤을 증대할 수 있도록 한 것이다. 하지만 결국에는 미연방 대법원이 그 계획을 불법으로 판결했다.

오늘날에는 기업이 경쟁으로 인한 평준화 효과(leveling effect, 어떤 기업이라도 지속적으로 확립할 수 있는 운영상의 우위를 감소시키는 것)를 이겨내기 위해 활용할 수 있는 기본적인 전략으로 두 가지가 있다. 하나는 가격을 고정시키고 반(反)트러스트 법에 위배되지 않기를 바라는 것이다. 또 다른 하나는 기업이 법의 테두리 안에서 독보적인 가격 결정력을 확보하는 것이다. 이러한 우위를 점하기 위한 전략으로 아래와 같은 방법들이 있다.

기업의 가격 결정력 확보를 위한 전략

1. 브랜드 정체성(BI, brand identity) 구축
2. 특허권 보호
3. 지배적인 시장 점유
4. 지속가능한 비용우위

_____ 사회적 관습이라는 장벽

　판매상들과의 깐깐하고 단호한 협상력으로 유명한 샘 월튼의 명성은 억만장자를 꿈꾸는 사람들이 극복해야 할 두 번째 평등자에 대해 단서를 제공한다. 사회는 법뿐만 아니라 보편화된 관례를 따르기 마련이다. 하지만 이러한 비법률적인 관례를 모두 준수하는 사람은 억만장자가 되기 힘들다. 샘 월튼이 저비용 운영이라는 것을 실현할 수 있었던 것은 기존 소매업자들이 암묵적으로 지켜온 규범을 위반할 수 있을 만큼의 배짱이 있었기 때문이다. 월마트는 제조업자들과 직거래를 하기 위해 중간 유통업자들을 모두 돌려보냄으로써 소매업의 일반적인 통념을 깨버린 것이다.

　칼 아이칸Carl Icahn은 언제나 논쟁거리가 되는 적대적 인수합병, 즉 M&A를 통해 억만장자 대열에 합류한 사람이다. 기업 매수인은 그들의 배후에 있는 주주들 사이에서 인기가 좋다. 기업 매수인들을 반기는 쪽이 있으면 반드시 싫어하는 쪽도 있기 마련이다. 다수의 자유방임주의 경제학자들은 능력 없는 경영자들을 퇴출시키고 인수합병에 관계된 자들이 이들을 대신한다는 것에 대해 긍정적으로 생각하는 편이다. 이들은 기업 매수인을 부정적인 시각으로 보지 않는다. 반면 기업의 주인이 교체됨에 따라 퇴출을 눈앞에 두고 있는 기업 경영자들에게는 기업 매수인이 저승사자와 같은 존재일 것이다.

　아이칸이 주도한 적대적 인수합병 때문에 경영자의 지위에서 쫓겨난 한 회사의 경영자는 그가 '기업 사냥의 교묘한 음모에 관련 있다'고 주장하면서 소송을 제기하기도 했다. 또 다른 이들은 그를 '지구상에서 가장 탐욕스러운 사람'이라고 맹렬히 비난하기도 했다. 논설위원들이나 시나

30

리오 작가들도 기업 사냥꾼들을 비도덕적이라며 상당히 껄끄러운 시선으로 묘사하기는 마찬가지이다.

맹렬한 비난에도 불구하고 아이칸이 성공할 수 있었던 것은 그러한 비난과 야유를 흘려버릴 수 있는 그의 무감각 때문이었다. 물론 그도 사람들이나 기업들과 좋은 관계를 맺기 원했지만, 친구를 만드는 것이 사업의 주된 목적은 아니었다. 아이칸은 충고한다. "만약 월스트리트란 곳에서 친구를 만들고 싶다면 차라리 개를 키우는 것이 낫다." 아이칸은 잔인하다 싶을 정도로 거친 협상가로서 자신의 역할을 한껏 즐기며 다음과 같이 말한다.

'이봐, 나는 지금 당신의 주식을 가지고 있고 이제 일을 저지를 생각이야. 당신 자리로 쳐들어 갈 거란 말이지. 그러니 나에게 회사를 파는 게 어때?' 라고 말하는 사람을 비열한 인간이라고 부른다면 나는 아마도 비열한 인간 중에서 최악으로 손꼽힐 것이다.

논란이 되었던 석유회사 필립스Phillips Petroleum에 대한 아이칸의 적대적 입찰 건을 두고, 모건 스탠리의 투자 은행가인 조 포그Joe Fogg는 그 제안은 말도 안 된다고 말했다. "도대체 당신이 석유 사업에 대해 알기나 해?"라고 해명을 요구하는 그에게 아이칸은 조용히 대답했다. "조, 당신은 이해 못해. 나는 지금 인터뷰를 하는 것이 아니라네."

억만장자가 되겠다는 꿈을 가진 사람은 주변으로부터 존경받는 최고의 인기인이 되는 것과 〈포브스〉가 선정하는 400대 부자 리스트의 맨 위에 이름을 올리는 것은 근본적으로 다르다는 것을 알아야 한다. 만약 워렌 버핏이 친구를 사귀고자 했다면 주중 평일에만 발행하는 〈버팔로 이브닝 뉴스〉를 인수하면서 일요일판을 새로 시작하지는 않았을 것이다. 버핏의 그런 선택으로 인해 경쟁지인 〈쿠리어 익스프레스〉와 그 동안 편의적으로 맺어져왔던 잠정적 협정이 깨졌다. 버핏이 인수하기 전에는 〈버팔로 이브닝 뉴스〉가 주중 판매부수에서 지배적인 위치를 차지하고 있었던 반면 〈쿠리어 익스프레스〉는 일요일판 판매 독점을 유지하고 있었다. 이러한 신사적인 합의를 통해 두 경쟁사는 서로에게 파괴적일 수 있는 경쟁과 한 지역이 한 개의 독점 신문사에 의해 좌우되는 것을 피했던 것이다. 그러나 한편으로 이러한 비공식적 협약에는 〈버팔로 이브닝 뉴스〉를 주중 7일간 발행하는 일간지로 전환시킴으로써 버핏이 투자한 것의 가치를 향상시킬 수 있는 여지가 있었다. 〈쿠리어 익스프레스〉가 일요일판 발행을 멈추고 마침내 〈버팔로 이브닝 뉴스〉가 독점적인 위치를 확보했을 때, 버핏은 신문기자들과 편집자들을 이익분배 계획에 포함시켜 그들의 환심을 살 수도 있었을 것이다. 그러나 대신 그는 편집국에서 누가 무슨 일을 하든지 수익에 영향을 미치는 일은 없을 것이라고 단호히 말하면서 그들의 제안을 일언지하에 거절했다. 버핏은 온화하다는 평판에도 불구하고 돈 문제가 걸려 있는 경우에는 개인적인 비난을 감수하면서 결연한 자세로 임해온 것이었다.

친구가 되지 않고도 사람들에게 영향력을 행사할 수 있는 또 하나의 확실한 방법은 바로 시장에서 지배적인 위치를 확보하는 것이다. 1902년에서 1903년까지, 존 록펠러는 스탠더드 오일 사가 창립된 이래 착수한 모든 계획과 방침 등을 폭로하고 비난한 잡지 〈맥클러스McClure's〉의 기사를 1년간 조용히 감내해야만 했다. 작가인 아이다 타벨Ida Tarbell은 과거 30년간 록펠러가 경쟁자와 공정한 경쟁을 한 적이 없다고 노골적으로 발표했다. 그녀는 록펠러가 신앙심이 깊고 경건한 이미지를 가지고 있지만 그것은 약탈적인 사업가의 위선과 허울이라고 비난했다. 심지어 론 체르노Ron Chernow의 1998년 록펠러 전기에는 '록펠러가 받은 살해 협박 7건은 모두 각각 다른 7가지의 동기가 있었다'고 언급되어 있다. 록펠러 이후 90년 만에 마이크로소프트 사가 소프트웨어 시장을 거의 독점하다시피 하자, 이에 분노한 사람들은 빌 게이츠를 배타적으로 비방하는 웹사이트를 만들기도 했다.

만약 수십 억 달러의 재산을 모아서 억만장자가 되었다면, 동시에 그것은 다른 사람들을 불행하게 만드는 데도 성공했다는 것을 의미한다. 피땀 흘린 대가로 스포츠 경기에서 우승을 하거나 업무능력이 뛰어난 공무원이 승진을 하는 것과는 달리, 사업이나 장사를 하여 성공한 사람을 마치 다른 변변한 능력이 없어서 그저 돈만 많이 벌었다고 생각하는 사람들도 있다. 만약 당신이 엄청난 노력을 기울이는데도 가난을 면치 못하고 있다면 당신은 쉽게 돈을 번 것처럼 보이는 사람들에게 어떤 반응을 보일까? 분명 그들에게 맹렬한 비난을 퍼부을 것이다.

사업, 스포츠, 정치는 모두 극도로 경쟁적인 분야이다. 수십 억 달러를 버는 것은, 윔블던 테니스 대회에서 우승을 하거나 상원의원으로 당선되는 것보다 오히려 선천적인 재능이 덜 영향을 미치는 분야라고 할 수 있다. 그럼에도 불구하고 사업으로 돈을 번 사람들은 단지 돈만 긁어모은 것이라고 비하하면서 상대적인 위안을 삼는 사람들이 있다. 만약 자신이 하늘을 우러러 한 점 부끄럼이 없다면 이런 노골적인 비난은 신경 쓰지 마라. 재산을 축적하는 것을 범죄로 간주하는 현대 사회주의자들의 비방 섞인 목소리에 자신의 에너지를 낭비하지 마라. 또한 당신을 탐욕스러운 사람이라고 비난하면서 동시에 부러움이 섞인 목소리로 야유하는 사람들의 목소리도 무시하라. 속담에 이런 말도 있지 않은가!

'사람들이 자신을 만만하게 보고 잡아먹을 듯이 하는 것보다는 차라리 험담을 듣는 편이 훨씬 낫다.'

___ 주식 투자만으로 부자가 될 수 있는가?

시장에 존재하는 평등자들을 물리칠 수 있을 만큼 강한 정신력으로 무장이 되었다면, 이제는 부를 축적해나가는 과정에서 막다른 골목들을 피해야 한다. 되는 것과 되지 않은 것을 구분해낼 수 있어야 한다. 〈포브스〉가 선정하는 미국 최고 부자 400명의 리스트를 훑어보면 그들이 행한 것과 하지 않은 것을 알 수가 있다. 〈포브스〉는 5억 달러 이상을 소유한 최고 자산가들의 부의 원천이 주로 무엇이었는지 밝히고 있다. 대부분은 각양각색의 기업이나 사업권을 비롯해 선대로부터 상속 받은 경우이다. 안타깝게도 샐러리맨으로 출발하여 최고 부자 대열에 든 사람은 전혀 찾아볼 수 없었다. 물론 월급을 받는 직장인보다는 사업체를 운영하는 편이 억만장자가 될 가능성이 더 많은 것은 분명하다. 또한 '주식시장에서 재미를 본 경우'도 부의 주요 원천에서 빠져 있는 점이 눈에 띈다.

주식투자는 경마에 베팅을 하거나 아카데미상 수상자를 예측하는 것만큼이나 상당히 매력적인 놀이다. 그러나 소극적인 투자로 현재의 억만장자 리스트에 오른 사람은 단 한 명도 없다. 만약 자신의 포트폴리오를 기민하게 운용하여 〈포브스〉 400대 부자 리스트에 오르기를 꿈꾼다면, 그 생각을 저버리고 보다 생산적인 경로로 갈아타야 한다. 이것은 이미 그 리스트에 오른 사람들의 경험이 증명한다.

가장 성공적인 자산 운용가가 해마다 시장 평균을 몇 퍼센트 포인트씩 상회하는 수익률을 기록한다고 해도, 그 정도로 10억 달러를 만들기란 평생에 걸쳐도 이루기 힘든 일이다. 예를 들어, 1926년부터 1998년까지 스탠더드앤드푸어 주가지수(S&P 500)의 연간 평균 수익률은 13.2 퍼센트였다. 만약 수수료와 세금을 제하고 연간 시장 평균보다 3퍼센트 포인트 높은 수익률을 지속적으로 기록하는 사람이 있다면, 그 사람은 포트폴리오 매니저로서 명성을 날릴 만한 자격이 충분히 있다(아이러니하게도 대부분의 투자 매니저들은 S&P 500의 평균 수익률보다 낮은 수익을 올린다). 그 수익률(16.2 퍼센트)에 10만 달러 투자를 시작한다면, 50년이란 인고의 세월 후에 축적된 부는 고작 1.82억 달러가 될 것이다. 반면 대부분의 평범한 투자 매니저들처럼 시장 평균에도 못 미치는 수준의 수익률을 장기간에 걸쳐 기록한다고 해보자. 그럴 경우 50년 후 얻게 되는 부는 훨씬 더 적은 4900만 달러가 될 것이다.

낙관적인 관점에서 이러한 액수는 수익을 장기간에 걸쳐 꾸준히 올리는 복리의 경이적인 위력을 보여준다. 처음 10억 달러가 가장 어렵다는 말이 있다. 이 말을 새겨두고 장기적으로 재산을 투자한다면 분명히 억만장자의 대열에 올라서 자손에게 엄청난 유산을 물려줄 수 있으며 자선사업도 할 수 있을 것이다. 또한 은퇴하기 전에 억만장자가 되기를 희망하더라도 주식 투자는 결코 좋은 방법이 못됨을 알 수 있다.

여기서 다음과 같이 질문할 수 있다. "순전히 주식 투자만으로 10억 달러를 번 사람이 정말 단 한명도 없다는 것이 사실입니까?" 마침내 〈포브스〉는 10억 달러 이상을 소유한 미국의 재력가들 중 7명이 '투자'를 통해 거대한 부를 이루었다고 밝혔다. 하지만 〈포브스〉가 함께 제공한 상세 내용을 보면, 이들이 단순히 매력적인 주식을 발굴하고 보유하는 것으로 부를 축적한 것이 아님을 명확히 알 수 있다. 그들은 몇 년에 걸쳐 그 밖의 다른 활동들을 하면서 재산을 축적했던 것이다.

- ◆아무런 기반 없이 전세 비행기 사업을 시작해 1억 4백만 달러의 수익을 남기고 되팔기
- ◆세계에서 가장 큰 호텔 짓기
- ◆여러 방송국을 모아 미디어 제국을 만든 다음 33억 달러에 되팔기
- ◆대형 병원 관리회사인 콜럼비아/HCA의 의료보험 사기죄에 대한 검찰의 수사가 있은 뒤 그 회사의 경영진을 추방하기
- ◆하나의 약국을 체인점으로 만들어 5천만 달러에 팔기
- ◆적대적 기업 매수에 참여하기
- ◆문제가 있는 은행을 온전하게 회복시켜 네이션스뱅크^{NationsBank}로 합병하기

결국 〈포브스〉가 미국 최고 재력가의 명단을 작성하기 위해 내린 투자의 정의는 주식을 사서 주가가 오를 때까지 기다리고만 있는 것이 아니다. 오히려 상당량의 회사 지분을 사들여 적극적으로 회사 정책에 개입하고 영향력을 행사함을 의미한다. 적극적인 영향력을 발휘한다는 것은 심지어 사업체를 직접 소유하여 경영 전면에 나서는 것을 포함할 수도 있다. 사실 투자를 통해 억대의 재산을 모은 존 클러지^{John Kluge}도 이렇게 말했다. "나는 투자가가 아니라 운영자입니다."

세계에서 가장 위대한 투자의 귀재로 알려진 워렌 버핏조차도 소극적인 투자를 통해서라기보다는 주로 자신이 주식을 소유한 기업에서 영향력을 적극적으로 행사했기 때문에 억만장자의 대열에 들 수 있었다. 〈포브스〉는 버핏을 억만장자로 만들어준 부의 원천은 주식 투자가 아니

라 그가 운영하고 있는 '버크셔 해서웨이' 투자회사라고 적고 있다.

널리 알려진 오해와는 달리 버크셔 해서웨이는 버핏이 운용하는 폐쇄형 뮤추얼펀드의 성격과 목적성만을 가지는 것이 아니다. 이 오마하의 현인은 버크셔 해서웨이 자회사들의 경영에 직접적인 역할을 하지는 않지만, 그는 이사회 전략을 수립하고 각 부문의 관리자들을 면밀히 모니터링한다.

마찬가지로 주식 투자를 통해 억만장자가 된 사람들도 값싼 주식을 찾아서 세상이 그 가치를 알아줄 때까지 기다리는 것만으로 돈을 번 사람들이 아니다. 예를 들어, 칼 아이칸은 저평가된 기업에 대한 소극적인 가치투자로 세계적인 거부가 된 것이 아니다. '경영상태가 불확실한 회사의 운명을 자기 뜻대로 제어하려는 시도' 라고 묘사되는 그의 기법은 훨씬 더 탁월한 면이 있다.

아이칸의 진면모는 1975년 그가 동료 알프레드 킹슬리Alfred Kingsley와 맺은 첫 번째 투자 파트너십과 관련하여 회람된 내부 문서에 잘 나타나 있다. 그들이 함께 지향했던 구체적인 기법들은 이후 그들이 착수하게 되는 놀라운 작전들의 청사진이 되었다.

기업 경영권 쟁탈전을 통한 이익 창출 방법(칼 아이칸−1975)

◆ 회사를 청산하든가 '백마탄 기사(우호적 인수자)' 에게 매각하도록 경영진을 설득한다

◆ 대리전을 벌인다

◆ 주식공개매수를 실시한다

◆ 획득한 주식 지분을 그 회사에 되판다

잠재적인 가치보다 낮게 거래되는 회사를 정확하게 고르는 것만을 모방하는 것으로 아이칸의 경이적인 성공을 그대로 재현하려는 사람이 있다면 그것은 현실적으로 불가능하다. 같은 맥락에서 좋은 주식을 골라 잡는 것만으로 조지 소로스나 줄리안 로버트슨처럼 막대한 부를 축적할 수 있다고 믿는 것도 옳지 않다. 확실히 투자가로서는 탁월한 재능을 타고난 소로스와 로버트슨은 헤지 펀드를 설립함으로써 순자산가치 10억 달러를 훌쩍 능가할 수 있었던 것이다.

이러한 제한적 파트너십은 그들에게 투자자들을 위한 거래 수익에 대해 꽤나 무심할 수 있는 여지를 주었다. 소로스와 로버트슨 펀드에 대한 인기로 투자자들이 그러한 조치에 불만을 터뜨리지 않았지만, 손실은 그와 같은 방식으로 분담되지 않았다. 결국 피델리티 투자회사의 네드 존슨과 애비게일 존슨, 그리고 파예즈 사로핌은 자신들의 개별적인 포트폴리오 운용에서보다는 투자 회사들의 경영권을 획득하면서 자신들의 부의 상당 부분을 축적했었다.

____ 아이디어만으로 거대한 부는 탄생하지 않는다

역사상 가장 거대한 부가 어디에서 창출되었는지 유심히 살펴본다면 억만장자가 되기 위해서 주식에 손을 대는 것은 무익하다는 것, 독창적인 아이디어가 곧 부와 직결되지 않는다는 점을 깨달을 수 있다. 독창적인 아이디어가 막대한 재산을 만들어내는 출발점인 것은 사실이지만, 역사적으로 살펴보면 독창적인 아이디어를 생각해낸 사람은 그다지 큰돈을 벌지 못했다. 독창적인 아이디어를 현실화시켜 돈을 벌기 위해서는 그러한 아이디어를 돈으로 연결시킬 수 있는 사람에 의해서 자본화가 되어야 한다.

앞서 말한 내용들에 대해 그다지 동의하지 않는다면, 억만장자가 되는 법을 알려주는 이 책이 개리 킬달Gary Kildall, 테오도르 유다Theodore Judah, 에드윈 드레이크Edwin Drake, 레오니더스 메릿Leonidas Merritt과 같은 훌륭한 아이디어맨들에 관한 책이 아니라는 점을 주지하기 바란다. 이 책은 빌 게이츠, 르랜드 스탠포드(Leland Stanford, 19세기 말 미국 철도 건설업자이자 정치인), 존 록펠러와 같이 실제로 돈을 거머쥔 사람들에 관한 것이다.

한 때 PC에서 가장 많이 사용되던 운영 체제는 도스DOS였다. 마이크로소프트 사의 획기적이고 눈부신 성공의 초석이 된 이것은 디지털 리서치 사의 창립자인 개리 킬달이 개발한 CP/M(마이크로프로세서를 위한 통제 프로그램)에서 발전한 것이다. 1970년대에, 킬달의 CP/M은 개인 컴퓨터를 위한 최초의 운영 체제였다. 사실 IBM이 개인용 컴퓨터 산업에 뛰어들기로 결정했을 때, 마이크로소프트의 빌 게이츠는 킬달로부터 CP/M의 라이선스를 구입하라고 충고했다. 그러나 킬달은 IBM이 지불하고자 하는 20만 달러보다 더 많은 금액을 받아내기 위해 계속 버텼다. 그러는 동안 마이크로소프트는 그 틈에 끼어들어 CP/M을 토대로 개발된 한층 더 진보된 운영 체제에 대한 특허권을 재빨리 가로챌 수 있었다.

빌 게이츠는 컴퓨터 생산자들과 소프트웨어 개발자들에게 라이선스를 판다면 훨씬 더 큰 수익이 창출될 것이라 재빨리 판단하고서, DOS 라이선스를 IBM에 5만 달러라는 보잘 것 없는 가격에 팔았다. 이로써 디지털 리서치는 급격히 쇠퇴하기 시작했고 마침내 1991년 노벨에 통합되고 말았다. 3년 후, 게리 킬달은 술집에서 벌어진 싸움 때문에 입은 머리 부상으로 52세의 나이로 세상을 뜨고 말았다. 반면 빌 게이츠는 세계 최고의 갑부가 되었다.

물론 창의적인 아이디어맨들이 모두 다 킬달과 같은 끔찍한 최후를 맞이하는 것은 아니다. 그러나 모두 다 비슷비슷하게 이야기가 전개된다. 각 사례마다 10억 달러 이상의 부를 거머쥐는 누군가는 있지만, 그 사람이 맨 처음 독창적인 아이디어를 생각해낸 사람이었던 적은 단 한 번도 없었다.

테오도르 유다는 무너질 것 같은 시에라 네바다 산맥을 가로지르는 철도를 건설하겠다는 계획을 창안해낸 괴짜 엔지니어였다. 그는 철도에는 전혀 경험이 없는 4명의 상인으로부터 재정적인 도움을 받으면서 1863년에 새크라멘토에서 동쪽으로 향하는 센트럴 퍼시픽 노선을 건설하기 시작했다. 6년 후에 센트럴 퍼시픽 노선은 오마하에서 서쪽으로 향하도록 건설된 유니온 퍼시픽 노선과 연결되어 최초의 대륙 횡단 철도가 되었다. 그러나 당시 유다는 그 사업에서 내몰려 손을 뗀 상태였다. 그의 후원자들이 정부 관료들에게 뇌물을 주는 것을 참다못한 그는 마침내 거의 무일푼으로 죽음을 맞이했다. 당시에 그를 후원했던 4명의 상인들은 오늘날 억만장자가 되었다.

열차 차장이었던 에드윈 드레이크는 서부 펜실베이니아에서 석유를 추출하기 위해 지하에 매장된 소금을 추출하는 데 사용되었던 굴착 방법(지하의 소금을 물로 녹인 뒤 파이프로 끌어올리는 방법)을 응용하면 어떨까 하는 착상을 했다. 그보다 몇 년 전에는 조지 비셀이 '펜실베이니아의 암석유(岩石油)는 당시 널리 사용되고 있던 석탄유 제품들보다 훨씬 질이 좋은 제품으로 정유가 가능하다'는 독특한 아이디어를 제안했었다. 마침내 1859년 석유를 상업적인 대량 생산이 가능하도록 드레이크가 돌파구를 마련한 것을 계기로 석유 산업이 탄생되었다. 그러나 실제 돈이 되는 것은 석유 생산보다는 정유(적어도 산업 초기 단계에서는)라고 간파한 사람은 존 록펠러였다. 석유 정유 사업의 독점을 통해 록펠러는 국민총 생산의 상당량을 차지할 정도로 전대미문의 거대한 부를 축적할 수 있었 다. 그러나 에드윈 드레이크는 가난한 미망인을 남기고 쓸쓸히 죽었고 그녀는 스탠더드 오일 사의 헨리 로저스가 펼치는 자선활동의 보조를 받 아야만 했다.

마지막으로 레오니더스 메릿과 그의 몇몇 친척들은 미네소타에 있는 메사비 산맥에서 거대한 철광석 광맥을 개발하려는 대담한 착상을 했다. 그곳 삼림지대 운영자는 거대한 땅에서 캐낸 철광석을 슈피리어 호수로 운반하기 위한 철도를 건설하기 시작했다. 그러다 1893년 공황이 닥쳤 다. 철광석 가격은 하락했고 부채가 갑자기 불어난 메릿은 현금을 조달 하기 위해 존 록펠러에게 의존할 수밖에 없었다. 록펠러는 철강 산업에 대한 경험은 없었지만 정유 사업을 하면서, 잠재적 가치가 있음에도 불 구하고 파산할 지경에 처한 사업에서 이익을 창출하는 법을 알고 있었 다. 철광석 가격이 계속 떨어지자 메릿은 결국 회사의 소유권을 록펠러 에게 완전히 넘겨주어야 했다. 록펠러가 1894년에 메릿으로부터 90만 달러에 매입했던 주식이 1901년에는 9백만 달러의 가치를 지니게 되었 다. 이에 대해 메릿은 록펠러가 불공정 거래를 했다고 법적인 대응을 하 자 록펠러는 52만 5천 달러를 메릿에게 주는 것으로 해결했다. 1921년 의회가 그 거래를 재조사했을 때 레오니더스 메릿은 발언할 수 있는 기 회를 가졌지만 파산으로 인한 정신적 충격으로 극심한 고통을 받은 나머 지 결국엔 일관성 있는 진술을 하지 못했다.

이와 비슷한 수많은 일화들이 주는 메시지는 나폴레온 힐이 거부들 의 경력을 연구하며 뽑아낸 교훈들과 확연히 다르다. 그는 자신의 저서

《놓치고 싶지 않은 나의 꿈 나의 인생》에서 남들이 미쳤다고 생각하지만 자신의 뜻을 결코 포기하지 않았던 토머스 에디슨, 라이트 형제, 마르케스 마르코니(Guglielmo Marconi, 이탈리아의 발명가이자 기업가. 런던 마르코니 무선전신사를 창립하였다)와 같은 공상가들을 본받으라고 충고하고 있다. 하지만 메릿과 록펠러의 서로 대비되는 경험에 비추어볼 때, 인내의 중요성에 대한 힐의 강조는 하나의 성격적 특징을 의미한 것에 가깝다.

물론 뛰어난 발명가들이 모두 가난하게 생애를 마친 것은 아니다. 한 예로, 에디슨은 자신의 생각들을(백열전구, 축음기, 그리고 활동사진을 포함하여) 돈으로 전환시킬 수 있을 만큼 유능했다. 1931년 그가 죽었을 때 그의 재산은 약 1,200만 달러에 달했다. 당시로는 상당한 액수였지만, 에디슨보다 1년 먼저 세상을 뜬 헨리 핍스Henry Phipps의 재산에 비하면 5분의 1밖에 되지 않는 것이었다. 핍스는 앤드류 카네기의 철강 산업 파트너로서 아무것도 발명한 게 없는 사람이었다.

더 좋은 제품을 만들어낸다면, 집이 숲속에 있을지라도 세상은 그의 집 앞으로 길을 내어 줄지도 모른다. 그러나 그 발명으로부터 돈이 되는 것을 포착해내는 사람들이야말로 자산가가 된다. 독창적인 생각이 없다고 해서 억만장자가 될 수 없다고 미리부터 좌절할 필요는 없다. 월마트의 창립자 샘 월튼은 경쟁업체의 아이디어를 모방하는 것을 자랑스럽게 생각한 사람이었다. 그러나 다른 소매업계의 어느 거물보다도 월튼은 아이디어로 돈으로 만드는 방법을 제대로 알고 있었다.

____ 세계적 부자들로부터 무엇을 차용할 것인가?

이 책은 유명 인사들의 잘 알려지지 않은 소문으로 사람들의 흥을 돋우는 책이 아니다. 억만장자의 대열에 오른 자수성가한 사람들이 어떻게 성공할 수 있었는지에 초점을 맞추었다. 정말로 돈을 벌 수 있는 방법들과 방송 매체가 만들어낸 허망하고 불필요한 이야기들은 구분되어야 한다. 물론 자수성가한 억만장자들의 다채로운 삶도 소개하겠지만, 그들의 스캔들이나 괴벽에 흥미가 있다면 지금 이 책을 덮어도 늦지 않다.

이 책은 또한 거대한 부를 축적한 슈퍼리치들의 정신분석을 시도한 책도 아니다. 물론 그런 책도 무척 흥미로울 것이다. 이 책에서 말하고자 하는 것은 '어떻게 하면 당신도 거대한 부를 창출할 수 있는가'이다. 부모와의 관계나 유년시절의 경험이 이 책의 억만장자들과 다르다고 해서 실망할 필요는 없다. 중요한 것은 세계적인 부자들로부터 당신이 배우고 차용할 수 있는 것들, 즉 습관과 전략들을 찾아내어 자신에게 맞게 적용할 수 있느냐는 점이다.

마찬가지로 거대한 부를 창출하는 것과 같은 야심적인 일을 착수할 때는 약간의 자기 평가를 해보는 것이 먼저다. 자수성가한 억만장자들이 보여준 성격적인 특성들을 찾아내어 그것을 자신의 강점으로 만들기 위해 꾸준히 노력할 수 있다. 만약 자신이 성공한 사람들보다 모험을 받아들이지 못하고 피하려고만 한다고 가정해보자. 패배주의자는 모험을 감수하지 못하는 것을 유전자적 결함이나 혹은 가정환경의 문제점에서 비롯되었다고 책임을 돌릴 것이다. 그렇다면 당신은 절대로 억만장자가 될 수가 없다. 자신을 바꾸려고 노력하지 않는다는 것은 성공하고 싶은 의지가 없다는 것과 같기 때문이다.

보다 생산적인 접근법은 '성격은 외부의 영향에 반응하여 변화할 수 있는 최소한의 유연성이 있다'고 받아들이는 것이다. 그러고 나서 자신에게 가장 잘 맞으면서도 대부분의 자수성가 억만장자들이 보여줬던 성격적 특징이 무엇인지 발견하여 실제 적용해볼 수 있다. 자신의 결점을 인지하고 보완해 나가는 동안, 스스로에게 가장 잘 맞는 성공 전략을 만들 수 있다. 각자의 성격적 특징과 흥미를 고려할 때, 이 책에서 소개되는 어떤 인물들이 다른 인물들보다 더 나은 역할 모델이 될 것이다.

___ 도박과 사업의 공통점을 간파하라

모험적인 것을 좋아한다는 측면에서 도박만큼 억만장자들의 구미를 당기는 것도 없다. 특히 포커와 같은 게임에서 그들이 노리는 것은 '한 탕'이다. 석유 사업을 하기 전에 H. L. 헌트H. L. Hunt는 목화 농장을 운영했다. 홍수로 인해 연달아 농작물을 잃고 난 다음 그는 포커 게임에서 딴 돈으로 가족들을 부양해 나갔다. 컬럼비아 대학에 다니고 있던 존 클러지는 도박에 빠져 헤어나지 못할 지경이었는데, 이 때문에 대학 당국으로부터 따가운 눈총을 받았다. 1937년 대학을 졸업할 때까지 클러지는 7천 달러(1999년의 8만 달러에 상당하는)를 도박으로 모았다고 한다.

빌 게이츠 역시 하버드 대학을 중도 퇴학하기 전까지는 포커 게임에 빠져 있었다. 칼 아이칸은 프린스턴 대학을 졸업하고 6개월 간 군복무를 했는데, 이 기간 동안 포커 게임을 통해 모은 4천 달러로 처음 주식 투자를 했다. 또 다른 비슷한 예로, 커크 커코리언Kirk Kerkorian을 들 수 있다. 커크는 항공기 전세 사업을 통해 억만장자가 될 수 있었는데, 그가 이 사업을 시작할 때 그에게 자금을 지원한 사람들은 모두 포커 게임에서 딴 돈으로 그를 도왔다. 펜실베이니아 대학의 와튼 스쿨을 다니던 워렌 버핏도 도박으로 유명하다. 그 당시 친구들은 그가 브릿지를 하고 있는 모습으로 그를 기억한다고 했다. 나중에 버핏은 영국 의회 의원들로 구성된 팀에서 게임을 할 만큼 소질을 발휘했다.

카드 게임과 사업 사이에 특별한 관계가 있다는 것은 아니다. 그러나 둘 다 불확실성과 싸워야 한다는 공통점을 가지고 있다는 것은 분명하다. 분별없는 무모한 용기로는 거래에서 이길 수 없다. 자신의 확고한 신념 없이 상황을 분석하는 것만으로 승리를 얻을 수는 없다.

——— 학업성적과 돈 버는 것은 상관없을까?

자수성가한 억만장자들의 일화를 살펴보다 보면, 돈 버는 데 필요한 것은 지식이나 지혜가 아니라 눈속임이라고 오해할 수도 있다. 이 같은 시선과는 반대로 워렌 버핏, 빌 게이츠, 칼 아이칸, 존 클러지처럼 엄청난 재력가들의 아이비리그 성적은 이들이 사실은 상당히 지적인 사람이었다는 것을 보여준다. 로렌스 티시 Laurence Tisch도 가족의 사업을 돕기 위해 하버드 법대를 그만두기 전까지는 훌륭한 우등생이었다.

혹 이들이 혈연을 통해 바람직하지 못한 방법으로 일류 대학에 진학해서 적당히 C학점 정도를 받았을지 모른다는 의구심을 가질 수도 있다. 그러나 이들의 지적인 수준에 대한 일화들은 얼마든지 들 수가 있다. 워렌 버핏은 컬럼비아 비즈니스 스쿨을 다니면서 딱 한 번 A+학점을 받았는데, 그에게 이런 학점을 준 사람은 전설적인 주식 분석가이자 그의 멘토인 벤저민 그레이엄이었다. 빌 게이츠는 대학적성시험^{SAT}의 수학 과목에서 800점 만점을 기록했고 전국 수학경시대회에서 상위 10위권에 들 만큼 수학 실력이 뛰어났다. 철학을 전공한 칼 아이칸은 프린스턴 대학 3학년 때 매년 주목할 만한 주제를 발표했다. 그의 주제는 '경험적 기준의 의미를 조직화하는 문제' 였다. 이 유명한 기업 매수인은 발표회장에서 이렇게 말했다. "20세기 철학을 공부하는 것은 기업 인수를 위해 자신의 마음을 훈련하는 데 도움이 된다."

물론 억만장자가 되기 위해서 꼭 학업 성적이 우수해야만 하는 것은 아니다. 웨인 휘젠거$^{Wayne\ Huizenga}$는 대학을 다니다 중도에 그만두었고, 커크 커코리언은 중학교 2학년을 끝으로 학교를 그만두었다. 헌트도 단지 기초적인 가정 학습을 받았을 뿐이다. 이들 세 사람은 모두 쓰레기 청소부에서 프로 권투선수에 이르기까지 무산계급의 직업을 경험했다. 그러나 이들의 직업이 그들이 본래부터 무식하다는 것을 의미하지는 않는다. 예를 들어 헌트는 세 살에 벌써 글을 읽었을 뿐만 아니라 세심한 것까지 모두 기억하는 엄청난 기억력의 소유자였다. 헌트가 정규교육을 받지 못한 것은 학자적인 소양이 부족했기 때문이 아니라 가족의 목장 일을 도와야 했기 때문이었다. 열아홉 살이 되었을 때, 초등학교 교육도 제대로 받지 않았음에도 헌트는 인디애나 주의 발파라이소 대학에 입학할 수 있었다.

_____ 넉넉한 집안에서 세계적 거부가 탄생한다

휘젠거, 커코리언, 헌트의 성공에 관한 이야기는 자수성가한 억만장

46

자들의 새로운 측면을 보여준다. 만약 이 세 사람의 투철한 절약정신이 어린 시절의 가난에서 비롯한 것이라면 미국의 자유경쟁 체제를 지지하는 사람들은 아주 기뻐할 것이다. 그러나 실제로 자수성가한 사람 중에서 가난을 딛고 부자가 된 사람은 그리 많지 않다. 대체적으로 재력가가 된 사람들은 중산층의 가정에서 태어나 아버지를 통해 사업과 꽤 친숙하게 지냈다. 가난을 딛고 처음부터 자신의 힘으로 재산을 모으기 시작했다기보다는 이미 선대에 가지고 있던 재산을 기반으로 불린 것이다. 물론 아버지의 사업 실패에 대한 기억이 동기 유발을 한 경우도 있다.

웨인 휘젠거의 할아버지는 네덜란드에서 미국으로 이주해온 이주민이었다. 웨인의 할아버지는 새로운 세계 미국에서 처음에는 노동자로 출발했으며 쓰레기 운반 사업에 착수하게 되었다. 그의 아들, 즉 웨인의 아버지인 해리는 주택 건설업자가 되었다. 부동산 시장의 변덕으로 많은 가정의 재정상황이 불안정했지만, 휘젠거 집안은 웨인을 플로리다 주 포트 로더데일에 있는 사립학교로 보낼 수 있었다.

커코리언의 아버지는 아르메니아에서 이주한 사람으로 거의 일자무식의 무지렁이였지만 사업 수완은 있는 사람이어서 캘리포니아의 산 호아퀸 밸리에 있는 몇 개의 소유지를 1천 에이커의 농장으로 통합하기 위한 자금을 마련했다. 그는 자기 자신을 부농이라고 생각했고, 어떤 면에서는 억만장자라고도 여겼다. 그러다 1921년의 불경기로 상황이 매우 어려워지게 되면서 결국 커코리언 집안은 땅을 몰수당하고 로스앤젤레스로 이사를 가야만 했다. 그리고 임대료를 내기 힘들 만큼 어려워서 자주 집을 옮겨 다녀야 했다. 2년 후 마침내 커코리언의 아버지는 중간 유통업자가 되어 다시 가세를 펼 수 있게 되었다.

남북전쟁 당시 남부 연합군으로 출전한 헌트의 아버지는 일리노이

주에서 80에이커의 농장으로 사업을 시작했다. 그는 다른 농부들을 위한 중간상인 역할을 하면서 자신의 사업을 확장해 나갔다. 시카고에서 농작물의 선물매매 분야로 사업을 확장하면서 그의 소유지는 500에이커나 되었고 은행도 개업할 수 있었다. 열여섯 살이 된 헌트는 집에 있으면서 자신이 집안일을 도와야 할 필요까지는 없었기 때문에 다양한 일을 해볼 수 있었다. 한때는 목동으로, 한때는 벌목꾼으로, 그리고 철도 갱에서도 일을 했다. 아버지는 헌트가 자신의 은행에서 사무직에 종사하기를 바랐지만 헌트는 그렇게 하지 않았다. 몇 년 후, 아버지는 세상을 뜨면서 그에게 5천 달러라는 유산을 남겼다. 헌트는 아버지의 유산을 밑천으로 목화농장을 시작했다.

워렌 버핏, 로스 페로Ross Perot, 로렌스 티시, 샘 월튼의 가족들 모두는 경제 공황 동안에 어려운 고비를 겪긴 했지만 집도 없고 남루한 누더기에 영양 부족인 사람들은 아니었다. 워렌 버핏이 태어난 다음, 아버지 하워드는 자신이 다니고 있던 은행이 파산하면서 저축도 모두 날려버리고 말았다. 그 이후의 시간은 고통스러웠다. 버핏의 어머니는 커피 1파운드를 살 29센트가 없어서 교회 모임에 나가지 못했다. 그러나 버핏이 학교에 들어갈 무렵, 하워드는 중개업으로 어느 정도 성공을 거둘 수가 있었다. 하워드 버핏은 나중에 국회의원이 되었고, 자신의 아들을 결코 가난하게 키우지 않아도 되었다.

비슷한 맥락에서 목화 중개업과 가축 거래를 했던 로스 페로의 아버지도 1930년대의 경제 불황으로 어려움을 겪고 있는 사람들에게 자선을 베풀었다. 로렌스 티시의 아버지가 운영하는 의류 체인점도 힘들기는 했지만 파산하지는 않았다. 그의 아버지는 아이 옷을 만드는 소매업체를 소유하고 있었고 어려운 시기였지만 나름대로 괜찮은 이익을 내고 있었다. 그래서 인지 로렌스는 '우리 가족들에게 그렇게 힘든 시기는 없었던 것 같다'라고 회고했는지도 모른다. 샘 월튼의 아버지는 공황이 시작되면서 보험과 저당권에 관련된 사업에서 파산을 했지만 곧 주택자금융자 회사에서 일을 맡을 수 있었다. 월튼의 아버지는 가족들에게 고기를 먹이기 위해 자신의 손목시계를 팔기도 했다. 그러나 가족들이 극심하게 가난하지는 않았다. 결국 월튼은 아버지 소유의 땅을 자본으로 하여 엄청난 성공을 거두었다.

경제 공황 이전에 아버지가 세상을 뜬 존 클러지는 포드 자동차 공장의 작업장에서 잠시 일을 한 적이 있었다. 그 이후 그는 컬럼비아 대학에서 장학생으로 학교를 다닐 수 있었다. 칼 아이칸은 경제 공황이 끝나갈 무렵 뉴욕 퀸즈의 중산층 가정에서 태어났다. 사회주의적 성향을 다분히 지니고 있던 그의 아버지는 교회 성가대 합창단의 지휘자로 일하면서 돈에 대한 욕심은 품지 않는 사람이었다. 칼은 아버지보다 사업가로서 성공했던 삼촌으로부터 엄청난 재력가가 될 수 있는 기회를 얻을 수 있었다. 경제 공황이 끝난 한참 뒤에 태어난 빌 게이츠는 시애틀의 저명한 변호사의 아들로 태어나 부유하게 자랐다. 리처드 브랜슨Richard Branson 역시 변호사의 아들이었으며 그의 조부는 고등법원 판사였다. 그는 런던 교외에서 부유한 어린 시절을 보냈다. 발레 강사, 글라이더 조종사, 비행기 승무원 등으로 일했던 그의 어머니는 집안 살림을 하면서 생활비를 아껴야 했지만 그리 어렵게 살지는 않았다. 필 안슈츠Phil Anschutz의 아버지는 석유 시추업자로 결국엔 성공한 사람이었고, J. 폴게티J. Paul Getty의 아버지도 석유 시추업자로 성공한 경우였다.

간추려 말하자면 자수성가한 사람들의 일반적인 인생 이야기는 가난 때문에 부자가 될 욕망을 품은 것이라고 볼 수는 없다. 그러나 몇몇 사람들은 가족들에게 닥친 갑작스러운 재난 등으로 힘들게 되었을 때, 어느 정도 자극을 받았다고 한다. 이것은 돈으로 환산할 수 없는 값진 자극 혹은 갈망이었다.

___ 아들은 아버지를 보고 자란다

보편적이지는 않지만 자수성가한 억만장자들 상당수가 초기 삶에서 자신의 역할 모델로 아버지를 꼽는다. 특히 워렌 버핏과 로스 페로는 자신의 아버지를 우상처럼 여기는 사람들이었다. 커코리언은 자신의 아버지를 가장 터프한 남자라고 표현했다. 어린 시절 그의 눈에 비친 아버지는 '남으로부터 아무것도 받지 않는 강인하고도 큰 사람이었다'고 말한다. 샘 월튼의 아버지도 고용자들로부터 커크의 아버지와 비슷한 평을 받았다.

존 록펠러는 예외였다. 대부분의 사람들이 자신의 아버지를 역할 모델로 삼는 반면 록펠러는 그렇지 않았다. 록펠러의 아버지 윌리엄 애버리 록펠러는 특허 의약품을 팔고 다니면서 의사 행세를 한 사기꾼이었다. 다양한 가명들을 사용하여 몇 번이나 결혼을 한 사람으로 아들의 성공에는 장애가 된 사람이었다. 그러나 존에게 긍정적인 영향을 끼친 면이 있는데, 그것은 바로 그의 아버지가 목재 사업으로 번창하면서 발휘한 경영 전략과 협상 능력이다.

자수성가하여 억만장자가 된 사람들이 초년 시절 품게 되는 사업에 대한 열의는 아버지들의 영향이 어느 정도 작용했다는 점을 부정할 수 없다. 어린 워렌 버핏, 로스 페로, 샘 월튼은 모두 그 흔한 신문 배달 아르

바이트를 했고 여기에 각별한 열정을 쏟아 부은 사람들이다. 예를 들어 버핏은 500명이나 되는 구독자가 있는 〈워싱턴 포스트〉와, 그 라이벌인 〈타임스 헤럴드〉의 똑같은 배달 구역을 뛰어 다녔다. 만약 한 구독자가 한 신문 때문에 다른 한쪽을 취소한다고 해도 버핏이 손해 볼 일은 없었던 것이다.

___ 여자 백만장자는 어떻게 등장할까?

아버지와 아들의 관계를 설명하는 것에서도 알 수 있듯이 자수성가한 사람들 중에는 여성이 별로 없다. 1998년 〈포브스〉의 리스트에서 수십 억 달러의 자산을 가지고 있는 여성들은 대부분 가족 재산과 관련된 것으로 독자적으로 자산을 이루어낸 경우는 드물다. 홀Hall 가의 가족을 수십 억 달러의 돈방석에 올려놓은 홀마크 카드Hallmark Cards를 제외하고는 대부분이 남자들이 이룩해놓은 것들이다.

그러나 〈포브스〉가 선정한 여성 억만장자들 또한 매우 열정적으로 자신의 사업에 헌신한 사람들이었다. 호텔의 여왕 레오나 헴슬리Leona Helmsley, 세계 최대 뮤추얼 펀드 그룹인 보스턴 피델리티 투자회사의 애비게일 존슨Abigail Johnson, 대형 유통업체를 운영하고 있는 마사 잉그램Martha Ingram이 대표적이라 할 수 있다. 앨리스 월튼은 샘 월튼과 성이 같아서 월마트와 관련이 있을 것이라는 오해를 받기도 한다. 그러나 그녀는 월마트와는 관련이 없으며, 자신의 일가가 소유하고 있는 은행에서 실력을 발휘한 여성이다.

게다가 1999년 초반에 시버트 금융회사Siebert Financial Corporation의 주식

이 11달러에서 49.5달러로 급상승하면서 뮤리엘 시버트Muriel Siebert의 순 자산은 10억 달러를 조금 넘어서게 됐다. 온라인 상거래 회사들의 주식 이 호황일 때 투자자들이 시버트 증권회사의 지주회사인 시버트 금융회 사를 놓고 가격 경쟁을 벌였던 것이다. 시버트가 10억 달러 자산을 유지 할 수 있는 가능성은 의문이었다. 그녀는 전체 주식의 92%를 보유하고 있었는데, 이는 인터넷 관련주 덕분에 가열된 장에서는 주가의 소폭 움 직임만으로도 보유 지분의 장부 가치가 결정될 수 있음을 의미한다. 비 교적 적당량의 주식을 매각하는 것은 자칫 전체 시버트 금융의 주가를 급격히 떨어뜨릴 수도 있는 일이었다.

그럼에도 그녀가 억만장자의 위치를 오랜 기간 지키고 있는 것을 본 다면, 다른 자수성가한 억만장자들과 마찬가지로 그녀도 끈질긴 인내심 으로 지금의 자리에 올랐다는 것을 아무도 부인할 수 없다. 1967년, 그녀 는 엄청난 인내를 요하는 투쟁의 장인 뉴욕 증권거래소에서 여성으로는 최초로 의석(seat, 뉴욕증권거래소 안에서 매매하고자 한다면 자격증을 돈으로 사야 한다. 멤버십 카드 정도로 생각하면 되는데, 초기에는 거래소 홀 안에 할당 된 의자가 있었기 때문에 이 자격증을 'seat'이라고 불렀다)을 획득했다.

그녀가 맨 처음 10명의 남자에게 자신의 스폰서가 되어 달라고 했을 때, 9명이 거절했다. 그리고 나서 거래소는 새로운 요건을 덧붙였는데, 44만 5천 달러라는 그 당시로는 유래 없이 치솟은 가격의 '의석'을 그녀 가 살 수 있도록 은행이 30만 달러를 융자해주겠다는 은행의 증서를 받 아 제출하는 것이었다. 그러나 은행은 거래소가 그녀에게 '의석'을 허용 할 때까지 증서의 발급을 거절했다. 마침내 시버트는 닭이 먼저냐 계란 이 먼저냐와 같은 곤경을 극복하고 뉴욕증권 거래소 회원사들을 이끈 최 초의 여성이 되었다. 후에 그녀는 시버트 금융회사의 경영을 재개하기 전까지 뉴욕 주 은행국의 감독관으로 일했다.

뮤리엘 시버트가 여자로서 억만장자가 되는 데 타고난 장애는 없다는 것을 보여줌에 따라, 앞으로 그녀가 성공한 방식을 모방하려는 야심 찬 여성들이 나올 것이다. 사회적으로 여성의 직업에 대한 선택 폭이 넓어짐에 따라, 성공한 남녀 사업가들은 억만장자를 꿈꾸는 어린 여자아이들의 역할 모델이 되었다. 로스 페로, 샘 월튼, 빌 게이츠의 인생을 성공 대로로 만드는데 보이 스카우트가 큰 역할을 한 것처럼, 아마도 이제는 걸 스카우트가 미래 억만장자들을 탄생시키는 데 결정적인 역할을 하게 될지도 모른다. 로스 페로는 전체 보이 스카우트의 1퍼센트만이 3~5년 만에 겨우 입성할 수 있는 이글 스카우트(최상위의 보이 스카우트 단원)에 16개월 만에 들어섰다. 월튼 역시 당시 이글 스카우트 중에서 최연소자였다.

── 자신의 현재를 능가하는 사람이 되어라

과거에도 그랬고 현재에도 그렇듯이 미래에도 변하지 않을 억만장자들의 기본적인 특징 한 가지가 있다. 바로 부의 추구를 즐긴다는 것이다! 상을 받는 것보다 이겼다는 만족감 그 자체가 그들을 보통의 재력가에서 순자산 가치 10억이라는 슈퍼리치의 대열로 이끈 원동력이었다.

자수성가한 억만장자들은 돈으로 살 수 있는 것들에 무관심하다고 묘사하는 것이 어쩌면 과장된 표현일지는 모르지만, 그들 중 많은 사람들의 삶이 소박하다는 것은 주목할 만하다. 샘 월튼과 워렌 버핏은 자신들의 막대한 재력으로 사치스러운 토지를 사들이는 것을 거절한 사람들이다. 로스 페로와 필 안슈츠는 그리 비싸지 않은 자동차를 타고 다니면서 만족했으며, 해마다 최신 모델을 찾지도 않았다. 다른 슈퍼리치들도 사치스러운 생활을 하면서 그들의 물질적 욕망을 좇기보다는 더 많은 돈을 벌기 위해 노력했다. 일렉트로닉 데이터 시스템EDS의 성공이 로스 페로를 만족시키지는 못했던 관계로 그는 새로운 사업을 시작했고 마침내 페로 시스템Perot Systems 사의 주식이 공개되었을 때 무려 20억 달러가 넘는 수익을 올렸다.

웨인 휘젠거는 쓰레기 수거 회사인 웨이스트 매니지먼트Waste Management의 성공을 바탕으로 블록버스터 엔터테인먼트Blockbuster Entertainment도 성공하는 쾌거를 이룩한 다음 자동차 판매업을 혁명적으로 바꾸는 데 착수했다. 마찬가지로 필 안슈츠도 퀘스트 커뮤니케이션스Qwest Communications을 설립하기 위해 완전히 새로운 분야의 사업인 석유와 철도사업에 뛰어들어 정상의 자리에 올랐다. 전반적으로 억만 달러의 순이익을 거두는 데 성공한 사람들은 그들이 이룩해놓은 것을 단순히 지키려 하기보다는 자신을 능가하고자 하는 욕망을 가지고 있었다고 할 수 있다.

커크 커코리언이 처음 사업을 시작했을 때 목표는 10만 달러였다고 한다. 나중에 그가 100만 달러를 벌었을 때, 자신이 마침내 해냈다는 생각을 했다고 한다. 1억 달러를 벌고 난 후에 그는 무엇이 그를 자극하느냐는 질문에 이렇게 답했다. "이제 돈은 아닙니다." 30년이 지나 10억 달러를 벌고 난 후 80대에 들어선 그는 여전히 사업을 하고 있었다. 그에게 있어 단순한 부의 소유는 '부의 추구'에서 오는 짜릿함을 결코 대신하지 못하기 때문이다.

—— 부자들의 가족은…… 외롭다

만약 당신이 지금 억만장자가 되기 위한 준비 단계에서 실행 단계로 옮겨가고 있다면, 당신은 자수성가한 억만장자들이 시작한 시점보다 확실히 한 발 앞서 있는 셈이다. 부자가 되겠다는 막연한 바람을 가지고 시작한 사람은 많아도, 처음부터 10억 달러를 모으겠다는 확고한 신념을 가지고 돈을 벌었던 사람은 별로 없다. 마이크로소프트 사의 빌 게이츠는 컴퓨터 소프트웨어 산업의 발전 가능성이 높기 때문에 거기서 엄청난 재력도 가질 수 있을 것이라 막연히 생각하고 노력했을 뿐 구체적인 목표금액은 없었다.

당신의 목표가 순자산 10억 달러보다 다소 낮더라도 다음 장에서 설명할 여러 가지 원칙들은 도움이 될 것이다. 그러나 절대 실수를 해선 안된다. 명확한 초점과 한 가지 목표에만 골몰하는 신념이 없다면 1억 달러도 모을 수 없다는 것을 알아야 한다. 만약 개인 순자산 랭킹에서 정상을 차지하겠다는 목표를 세웠다면 본인을 포함한 가족들이 견뎌야 할 고통과 외로움 등을 이 책을 통해 미리 알 수 있을 것이다.

웨인 휘젠거는 하루에 20시간을 그의 독창적인 사업인 쓰레기 수거 사업에 투자한 사람이다. 유사한 사업을 웨이스트 매니지먼트로 통합하는 과정에서 그는 정기적인 수거 및 처리를 위해 일요일 저녁부터 금요일 저녁까지는 마을로 내려가야만 했다. 세월이 지난 후에 그는 다음과 같이 회고했다.

나는 내 아이들이 야구를 하며 노는 것을 한 번도 본 적이 없었다. 딱 한 번 딸아이가 연극하는 것을 봤을 뿐이다. 내 아이들과 함께할 수 있는 추억을 나는 모두 놓쳐

버렸다. 거부가 된다는 것은 결코 좋지만은 않다. 만약 누군가가 나처럼 모든 것을 팽개치고 일에만 몰두하고 있다면 가족들을 위한 시간을 조금 남겨두라고 충고하고 싶다.

사실 대부분의 억만장자들은 너무 많은 것들을 일에만 쏟아 붓고 그 가족들은 그것을 견뎌내고 있다. 예를 들어, 록펠러는 그의 결혼식 날조차도 아침과 오후 시간에 일을 했다고 한다. 헌트는 일에 너무 몰두한 나머지 85세의 나이로 세상을 뜨기 두 달 전부터 병원에 입원했으면서도 일주일에 6번은 사무실로 출근하는 것을 그만두지 않았다. 마지막 날에는 휠체어에 몸을 간신히 기댄 채 출근했다.

필 안슈츠, 로렌스 티시, 로스 페로, 샘 월튼은 엄청난 재산을 모으는 것과 정상적인 가정 생활이 양립할 수 있다는 것을 보여준 사람들이다. 게다가 사회 전반적으로 높은 이혼율은 재산을 모으기 위해 일에 열중하지 않는다고 해서 그것이 행복한 결혼생활을 보장해주는 것이 아님을 보여준다. 그러나 막대한 부를 축적한 사람들의 가족 대부분이 심각한 스트레스를 받고 있는 것은 사실이다.

억만장자가 되는 데 반드시 뒤따르는 개인적인 번뇌와 가족에 대한 중압감을 감내할 준비가 되었다면 2장으로 넘어가도 좋다. 다음 장에서는 '사업 선택의 중요성'에 대한 주제를 다룰 것이다. 이 장에서 제기되는 이슈를 해결하는 것이 억만장자라는 매혹적인 타이틀을 거머쥐기 위한 첫 번째 단계임을 기억하기 바란다.

어떤 사업에 뛰어들어야 할까?

성장을 위해 가장 중요한 원칙은 훌륭한 인재를 선택하는 일이다.

조지 엘리엇George Eliot

___ 기회는 어디에 숨어 있을까

억만장자가 되기 위해서 특정 산업을 선택하는 일이 꼭 필요한 전제조건은 아니다. 1998년 수십 억 달러의 재산을 스스로 일구어낸 미국인들이 돈을 벌 수 있었던 분야는 컨트리클럽, 모발관리 제품, 식물성 커피크림, 감자, 선글라스, 상품교환권, 유니폼 임대 그리고 청첩장에 이르기까지 실로 다양했다. 자본가인 워렌 버핏, 로널드 페렐먼Ronald Perelman, 커크 커코리언 역시 특정 산업에 집중적으로 투자하는 방법을 통해 억만장자의 대열에 오른 사람들은 아니다. 반대로 도널드 트럼프Donald J. Trump,

샘 젤Sam Zell, 모트 주커먼Mort Zuckerman, 캘리포니아 어바인 랜치의 소유주인 도널드 브렌Donald Bren과 같은 사람들은 부동산을 통해서 엄청난 재산과 함께 명성을 얻은 사람들이다.

오늘날의 억만장자들은 다양한 직업에서 시작했는데, 억만장자들에 대한 연구 결과를 보면 가장 확실한 산업 분야 하나를 알 수 있다. 1998년 〈포브스〉의 거부 리스트 400명 중에서 5위 안에 든 사람들 중 마이크로소프트의 빌 게이츠(1위), 폴 알렌(3위), 스티브 발머(5위)와 델 컴퓨터의 마이클 델(4위)은 모두 컴퓨터 소프트웨어 업계에 종사한 사람들이다. 2위를 차지한 워렌 버핏은 금융업 범주에 든 반면, 상위 10위권의 나머지 사람들은 미디어, 이동통신, 반도체, 또는 소매업 종사자였다. 쉽게 말하자면 오늘날 미국 최고의 부자 집단에 속하는 이들은 후기 산업경제의 초상화라고도 할 수 있다.

최첨단 산업은 수세기 동안 엄청난 부의 원천이 되어 왔다. 다음 그림은 1996년에 미국의 역대 최고 부자 100인에 대한 프로파일을 공개한 《100대 부자The wealthy 100》를 참고한 것이다. 리스트에 오른 모든 이들이 당대 억만장자였다.

1800년대 이전에 태어난 사람들은 농업과 상업이 주도하는 경제에서 중심적인 활동을 하면서 엄청난 기회를 잡을 수 있었다. 토지 소유자, 상인, 선박왕이 엄청난 부를 선점했다. 그러나 산업화가 모든 것을 변화시켰다. 1801년에서 1850년 사이에 태어난 사람들은 광산업과 철강 산업을 포함하여 그 시대에 역동적으로 성장하고 있는 산업을 통해 막대한 재산을 모았다. 펜실베이니아에서 석유가 발견되자, 발빠른 사업가들은 조명용 등유를 공급하여 막대한 부를 축적했다. 그 외의 다른 부호들은 산업화와 그에 따른 부산물인 도시화를 촉진한 경제의 하부구조(철도와

운송 등 사회 기반 산업)를 통해 재산을 모으게 되었다. 이러한 산업이 형
성되는 데는 엄청난 규모의 자본이 필요했는데, 이것을 계기로 은행가와
금융가들이 엄청난 재산을 모을 수 있었다.

산업화 이후에도 은행과 금융은 엄청난 부의 원천으로 남아 있었다.
그리고 이전부터 계속 이어져 온 석유 산업은 1851년에서 1900년 사이

∷ 출생년도를 기준으로 살펴본 미국 100대 부자의 주요 종사 분야

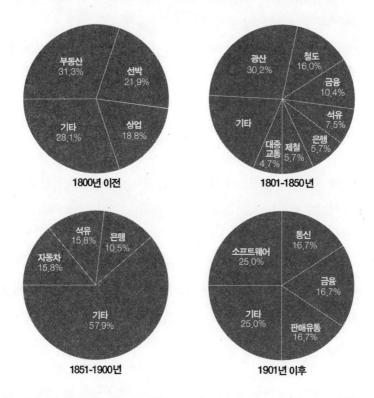

*주 : 자신이 두 분야 해당된다고 밝힌 사람들의 경우, 두 분야에 각각 0.5명으로 나누어 포함했다. 각 표의 총
퍼센트 합계는 100%가 아닐 수 있다.

출처 : Michael Klepper and Robert Gunther, The Wealthy 100 : From Benjamin Franklin to Bill Gates - A Ranking of the Richest
Americans, Past and Present (Secaucus, NJ: Citadel Press, 1996)

에 태어난 몇몇 사람들이 거부가 될 수 있도록 도약판 역할을 했다. 하지만 그들이 부를 축적하던 몇 년 동안에 가솔린이 가장 중요한 정유 생산품으로 등유를 대체했다. 자동차 산업의 도래는 석유 산업의 양태를 변화시켰을 뿐만 아니라 당대 새로운 부의 창출을 이끌었다. 마지막으로 이전의 〈포브스〉 400대 부자 리스트에 대한 분석에서도 확인할 수 있듯이, 후기 산업시대의 산업 특성을 살펴보면 1900년 이후에 태어난 억만장자들이 어떤 산업에서 재산을 모았는지 알 수 있다. 즉 소프트웨어, 통신, 판매유통, 금융이 그것이다.

요약하면 그 시대 경제 발전의 주류를 이루고 있는 산업에 투자하는 것이 억만장자가 되는 가장 좋은 방법이다. 이는 새롭게 산업화가 이루어지고 있는 국가에서 엄청난 기회는 바로 기반 산업에 있다는 것을 의미한다. 반면 선진국에서 미래의 억만장자는 아마도 통신, 서비스, 그리고 기술 분야에서 출현할 것이다. 그러나 이런 분야는 리스크도 크다. 초기 진입에 성공하고 오랫동안 살아남기 위해서는 제한된 자리를 놓고 경쟁해서 이겨야 한다.

새롭게 형성된 동맹군들이 그다지 좋은 위치를 점하지 못한 경쟁자들을 시장에서 몰아내는 것처럼 예측불허의 치명적인 공격들이 느닷없이 일어난다. 어떤 회사들은 미처 예상치 못한 기술의 진보로 공들여 만든 사업계획이 한 순간에 쓰레기가 되면서 사업 실패의 쓴 잔을 마셔야 한다.

그런데 기술이라는 것이 꼭 컴퓨터나 소프트웨어에 국한되는 것은 아니다. 예를 들어, 생명공학에서의 눈부신 발전은 앞으로 의료과학과 농업 분야에서 혁명적인 진보를 이끌어낼 것이다. 그 과정에서 적어도 몇몇 억만장자들이 탄생할 가능성은 충분하다.

_____ 급성장하는 산업에 기회가 있다

1800년대 초 이후로 돈을 벌 수 있는 산업은 시대가 흐름에 따라 계속 변화했다. 최근 몇 년 동안 급속한 경제 변화로 미래의 억만장자를 배출할 수 있는 사업을 가늠하기란 쉬운 일이 아니다. 그러나 엄청난 부를 형성하는 데 있어 19세기부터 내려오는 변치 않는 요소가 하나 있다. 우리는 '급성장'이라는 요소에 주목해야 한다. 일반적으로 높은 성장률을 기록하고 있을 때 그 사업에 뛰어든 사람들 대부분은 부자 대열에 동참할 수 있다. 높은 성장률이란 전반적인 경제 성장률보다 높은 성장을 말하는 것이다.

그러나 머지않아 모든 고속 성장 산업은 침체한다. 만약 산업 내 매출액이 감소하지 않는다면, 결국 경제 전반의 총생산량을 초과해야 되는데 그것은 논리적으로 불가능하다. 따라서 필연적으로 성장이 주춤하면 주도권은 경이적인 속도로 성장하여 새로운 억만장자들을 탄생시킬 다른 산업으로 넘어가게 된다. 물론 고속 성장하는 산업과 엄청난 부의 축적이 직접적으로 관련성이 있다는 사실에는 예외가 있다. 그 예외들 중 몇몇은 이 장의 뒷부분에서 다룰 것이다. 그러나 많은 연구에서 밝혀졌듯이 성장 속도가 더딘 산업을 통해 성공하는 길은 더욱 어렵다는 사실을 알아야 한다.

성장이 더딘 산업은 안정되어 있어서 가능성을 예상하기가 보다 수월한 편이다. 이런 산업 분야에서 경쟁자들은 손실의 위험을 예상할 수 있고, 그 손실 또한 그리 크지 않기 때문에 비교적 적당한 수입에 안주한다. 따라서 이러한 경쟁은 산업을 평준화시키며 엄청난 부가 창출될 수 있는 여지가 없다.

반면에 급성장하고 있는 산업에서 기회는 아주 풍부하지만 무질서하고 위험이 도사리고 있다. 투자가들은 리스크가 다소 있더라도 잠재적인 이윤이 높다고 판단되면 그러한 분야에 자본을 투자하려고 한다. 누구나 참여할 수 있는 모험 가득한 경기에 참가하여 승리한 자들만이 막대한 부를 누릴 수 있다.

—— 성장이 느린 산업에서 성공할 확률은 낮다

고속으로 성장하는 산업에 뛰어들어 높은 수익률을 기록한다는 생각에는 당연히 함정이 있다. 즉, 고속 성장을 기대했던 산업이 예상대로 실현되지 않을 수도 있다는 것이다. 상품이나 서비스에 대한 수요가 기대했던 것처럼 일어나지 않을 수도 있다. 그러한 경우 투자한 시간을 포함하여 상당한 규모의 손실을 기록할 수 있다. 그렇다면 그 대안으로, 기존 산업을 택해서 위험성을 줄이고 경쟁업체보다 더 빨리 성장하는 회사를 창조해내는 것은 어떨까? 만약 판매를 활성화시키고 판매 직원들에게 동기를 부여하는 데 탁월하다면 이것은 구미가 당기는 선택일 수 있다.

성장률은 회사마다 다양한데 그것은 몇몇 회사가 판매 부문에서 다른 회사보다 뛰어나기 때문이다. 사업에서 성공하기 위해서는 무엇보다 판매력이 중요한 만큼 영업사원을 훈련시키고 동기를 부여하는 데 주력하는 또 다른 사업이 탄생하게 된다. 수많은 책과 세미나, 비디오테이프와 컨설턴트들은 영업사원들에게 동기를 부여하고 소비자들의 욕구를 점검하며 긍정적인 태도를 유지하라고 충고한다. 이와 같은 '인간 자본'에 대한 투자는 비용은 많이 들지만 탁월한 효과를 얻을 수 있다. 판매력이 뛰어난 회사는 실제로 어느 정도까지는 동종업계 경쟁자들보다 더 빨리 성장할 수 있다.

그러나 여기에는 한계가 있다. 일 년에 2~3% 정도의 미약한 성장률을 기록하고 있는 산업에 속한 회사가 적당한 이익을 내면서 10~15% 정도로 성장하기란 극도로 어렵다. 영업사원의 자신만만한 미소, 잘 닦여서 반짝반짝 빛나는 구두, 성공을 향한 야망들이 뒷받침된다 하더라도 영업사원은 자신들과 거래하도록 소비자들을 설득하기 위해 좀 더 실질적인 조건을 갖추어야 한다. 만약 이러한 조건이 낮은 가격이라면? 그 회사는 가격을 낮추어야 한다는 압력에 시달릴 수밖에 없고 결국 적당한 이윤을 창출하여 급속도로 성장하기 힘들어진다.

___ 이미 성숙된 산업에 대한 미련을 버려라

물론 보다 낮은 가격으로 더 많은 상품을 판매하여 회사의 이익을 중대시킬 수도 있다. 그러나 경쟁업체들도 같은 기회를 가지고 있다. 당신이 상품가격을 낮추면, 그들도 즉시 자신들의 가격을 낮추어 고객을 다시 자기 쪽으로 되돌리기 위해 노력할 것이다. 이로 인해, 산업 전반의 가격 전쟁은 산업 전체의 이익 수준을 한층 더 하락시킬 것이다. 그러한 조건에서 10억 달러의 재산을 벌기 위한 노력은 가파른 경사를 재주넘기를 하면서 올라가려는 것과 같다. 가능할 수도 있지만 분명히 아주 힘든 방법이다.

일반적으로 말하면 어떤 산업이든 초창기에 가장 높은 성장률을 기록한다. 그 이유를 추측하기란 어렵지 않다. 신제품의 판매량은 '0'에서 시작한다. 그러나 잠재적인 판매수량은 그 단위가 천만 또는 1억 개에 이를 수도 있다. 예를 들어 소비 제품의 경우, 잠재적인 판매량은 한 가정 당 하나가 될 수 있다. 해마다 0이라는 판매량에서 시작하는 새롭게 창조된 산업은 수요를 만족시키기 위해 놀랄 만한 비율로 성장할 수밖에 없다.

결국 모든 가정이 그 제품을 하나씩 소유하고 있는 상태에 이르면 그 산업은 포화 상태에 이른다. 그러나 포화 상태에 이르러도 판매는 정지하지 않는다. 각각의 가정은 첫 번째 제품이 다 닳았거나 새로운 모델의 출시로 자신의 기존 모델이 구형이 되면 신상품을 다시 구입하기 때문이다. 그러나 더 나은 성장은 새로운 가정의 형성이라는 새로운 수요를 통해서만 일어날 수 있다. 본질적으로 일단 절정기에 오른 산업의 성장은 인구 증가율 수준으로 서서히 늦춰진다. 다시 말하면 이들은 이미 성장이 완료된 산업이다.

'서로 잡아먹고 먹히는 경쟁'은 절정기에 오른 산업의 일반적인 상황이다. 이와 유사하게 생산자들도 가격을 낮춤으로써 대체 판매 수준 이상의 성장을 촉진하고자 노력한다. '이익이 없는 성장'은 그러한 전략을 통해 얻을 수 있는 최상의 것이다.

시장 점유를 위한 다른 전략은 경쟁업체의 추가적인 생산 능력을 먼저 빼앗는 것이다. 예를 들어, 단위 판매량을 1년에 2%씩 성장시킨다고 가정해보자. 그러면 기존의 모든 공장들은 장기적으로 추가시설의 건설이 필요하겠지만 앞으로 2년 동안은 무리 없이 생산량을 맞출 수 있을 것이다. 더 나아가 새로운 공장을 짓는 데 2년이 걸리며, 비용 측면에서 효율을 높이기 위해서는 현재 연간 산업 생산량의 10%에 해당하는 생산 능력을 갖춰야 한다고 가정해보자.

회사 XYZ는 첫 번째로 새로운 공장을 건설하겠다고 발표하고 이로써 모든 문제를 해결했다고 생각할 것이다. 왜냐하면 1년에 단지 2% 성장하는 산업에서 생산력의 10% 확대는 공장을 가동한 처음 몇 년 동안의 잉여 생산을 의미하기 때문이다. 그러니까 산업의 제품 공급능력이 소비자의 수요를 앞지르게 되어 가격인하 요인이 발생하게 된다. 이러한 상황에서 어떠한 경쟁자도 새로운 공장을 세워 상황을 더 악화시키려고 하지 않을 것이다. 만약 경쟁자가 공장 증설을 결정한다면 산업 전체의 생산능력은 20% 초과하게 된다. 그 결과 가격은 폭락할 것이고 이는 추가적인 생산시설 증가를 결정한 회사를 포함하여 산업 전체에 어려움을 발생시킨다.

그러나 종종 한 경쟁사가 XYZ사가 두려워하는 것을 저질러버리곤 한다. 그 경쟁사는 XYZ사 경영진이 가격 경쟁을 피하기 위해 증설 계획을 철회하길 바라면서 자신의 회사는 새로운 공장을 건설하겠다고 선언한다. 이 밀고 당기는 게임의 결과, 종종 양측 공장이 건설되어 제품 가격이 급격히 하락하기도 한다. 최악의 경우는 인구 증가로 야기된 성장에 의해 수요가 공급능력을 따라잡을 때마다 이러한 상황이 발행한다는 것이다. 풍부한 이익 마진과 더 나은 내일에 대한 희망은 결코 실현되지 않는다.

성숙한 산업에서는 경쟁 문제에 대한 단순하고 논리적인 해결책이 있다. 서로 격렬하게 싸우는 대신에, 모든 생산자들이 만족스러운 이윤 마진을 얻고 생산비용을 충당할 수 없는 가격 아래로는 판매하지 않기로 동의하는 것이다. 또한 그들은 과도한 생산 능력이 심각한 문제가 되는 것을 막기 위해서 확장 계획을 조정할 수 있다. 하지만 불행하게도 이러한 전략은 반(反)트러스트 법이 있는 한 불법이다. 그럼에도 불구하고 이러한 방법은 대단히 구미가 당긴다. 그 결과 성숙기 산업의 사업가들이 때때로 개인적인 자산을 늘리는 일보다 가격 담합으로 인한 소송을 해결하는 데 많은 시간을 쓰고 있지 않던가.

모든 것을 고려했을 때 성숙기에 도달한 산업은 10억 달러를 축적하기 위한 적절한 분야가 아니다.

____ 성장 산업에서 기회를 잡는 것도 쉽지 않다

급속하게 성장하고 있는 산업에서조차도 거금 10억 달러를 만드는 것은 결코 쉬운 일이 아니다. 그러나 충분한 동기와 결심이 선 사람이라면 성숙기 산업에서보다는 더 많은 승산이 있다. 역시나 그 이유는 공급과 수요의 관계 때문이며, 이는 가격 결정과 이윤에 영향을 미친다.

일반적으로 새로운 상품이 처음 시장에 출시될 때, 제조업자들은 즉시 모든 잠재적인 수요를 만족시킬 만큼 충분한 생산 능력을 갖추지는 않는다. 공장을 건설한다는 물리적 제약은 그렇다 치더라도, 수요보다 한참 앞서 생산시설을 마련하는 것은 위험 부담이 매우 크기 때문이다. 장래성이 있어 보이는 신제품 중에서도 실패하는 품목의 비율은 놀라울 정도로 높다. 신제품의 성공 비율이 낮을 경우, 불필요한 공장이 남아도는 것보다는 적은 것이 훨씬 바람직하다. 그렇기 때문에 신제품이 정말 성공하는 경우, 처음 수년간은 수요가 생산능력을 뛰어넘을 가능성이 높다. 그러한 상황에서 경영진을 가장 압박하는 일은 경쟁자를 물리치고 시장 점유율을 높여 판매량을 늘리는 것이 아니다. 당분간 가장 중요한 것은 이미 들어와 있는 주문을 제 시간에 충족시키는 것이다. 생산자들은 아직까지 이윤 마진을 잠식하는 치열한 가격 경쟁에 대해 걱정할 필요는 없다.

일반적으로 성숙 산업에서 이익에 대한 압박이 더 큰 것은 사실이지만, 그렇다고 신생 산업이 손쉽게 짭짤한 수익을 얻는다고 결론을 내려서는 안 된다. 일단 생산능력이 수요를 따라잡기 시작하면, 성숙 산업을 괴롭히는 가격 전쟁과는 다른 양상이라고 해도 경쟁은 극도로 치열해진다. 성숙 산업의 기업들은 경쟁의 결과로 인해 수십 년간 적은 이익에 만족해야할 운명에 처하게 되겠지만, 새로운 상품의 생산자들은 오히려 그 업계에서 다함께 퇴출당할 위험이 상당히 높다.

일반적으로 신생 산업에서는 다수의 경쟁자들이 공존하며, 각자가 총 생산량의 작은 몫을 담당하고 있다. 성숙 산업의 경우에는 정확히 반대의 상황이 일반적이다. 즉, 적은 수의 생산자가 전체 생산량의 대부분을 담당한다. 이처럼 성장의 두 단계 사이에 조정기가 생기는데, 이때 많은 경쟁자들이 파산하거나 사업 분야를 전환하고, 또는 생존자 중 하나에 합병되어버린다.

일반적으로 최종 생존자들은 경쟁 초반에 상당한 시장 점유율을 차지한 생산자이다. 이들은 규모의 경제를 통해 자리 잡은 회사들이다. 간단히 말하면, 이것은 그들이 경쟁자들보다 생산에서 발생하는 고정비에 대한 부담이 적기 때문에 최저 원가로 밀어붙일 수 있다는 것을 의미한다. 시간이 지나면서 판매량에서 우세를 확보한 회사들이 단위당 가격을 충분히 낮추는 데 실패한 생산자들보다 오래 살아남는다.

규모의 경제와 단가 개념이 전통적인 제조업에서 분석적 가치가 가장 큰 것은 사실이다. 하지만 고속 성장 국면에서 저렴한 단가가 시장 점유율을 높이 데 중요한 지렛대로 작용하지 않는 업계도 있다. 대신 이들 업계의 경우 목적이 업계 표준으로 채택되거나 인정받는 것일 수 있다. 예를 들어 빌 게이츠의 초기 성공의 주된 요인은 마이크로소프트의 운영 시스템 DOS를 소프트웨어 개발자들이 운영체제로 선택하게 만드는 것, 즉 산업의 표준으로 확립했기 때문이었다. 어느 순간부터 컴퓨터 사용자가 다른 운영 시스템보다 DOS에서 더 많은 프로그램을 사용했기 때문에 마이크로소프트는 강력한 경쟁우위를 가지게 되었다.

그러나 경영의 목표가 단위당 낮은 가격이든 또는 산업 표준을 정립하는 것이든 일반적으로 생존자들은 초기에 빨리 시장 점유율을 높이는 데 성공한 회사들이다. 이 전략에는 조정기 국면 동안 가격을 낮게 유지하는 것이 필수적인데, 이는 단기간의 이익은 희생해야 한다는 것을 의미한다. 그러나 장기적으로 봤을 때 신생 산업에서 선두의 위치로 뛰어오르는 데 성공한 기업가가 10억 달러의 순자산을 실현할 가능성이 가장 크다. 반면 성숙기에 들어선 산업에서는 가장 유능하고 경쟁력 있는 몇 명의 경영자들이 수십 년간 지속적으로 경쟁하면서도 그들의 전체 순자산이 10억 달러의 수준에 이르지 못할 공산이 크다.

____ 성장 속도가 빠를수록 주식의 가치도 커진다

저성장과 고성장의 차이는 회사가 상장된 이후에, 즉 주식시장에서 자금을 모으기 시작한 후에 실제로 순가치에 영향을 미치기 시작한다. 즉 주식시장에서는 결코 모든 회사가 동등하게 평가되지 않는다. 현재는 비슷한 수준의 판매와 수익을 기록하고 있는 두 회사라도 주식시장의 가치 평가에 있어서는 매우 큰 차이를 보일 수 있다. 이러한 현상의 원인은 투자가들이 가치 평가를 할 때 현재보다는 미래가치를 반영하려고 노력하기 때문이다. 가장 중요한 것은 그 해 매출과 수익이 아니라 미래의 매출과 기대 수익에 대한 합의다.

한 회사의 미래가 밝거나 혹은 어둡다 하더라도 그 회사 주식의 총 가치(시가총액)는 일반적으로 해당년도 수익의 배수로 표현될 수 있다. 예를 들어 한 회사가 한 해에 5,000만 달러의 수익을 올렸고, 총 발행주식 수가 2,500만 주라고 가정하자. 만약 현재 주식이 한 주당 40달러에 거래되고 있다면, 전체 주식의 시가총액은 40달러의 2,500만 배이므로 약 10억 달러에 이르게 된다. 따라서 그 회사 시가총액과 수익 간의 비율, 또는 주가수익배수price-earnings multiple는 10억 달러를 5,000만 달러로 나눈 연 수익의 20배가 된다.

주가수익배수의 변동 폭은 매우 크기 때문에 억만장자를 열망하는 사업가들은 회사를 선택할 때 이와 같은 계산을 중요하게 여겨야 한다. 두 번째 회사의 경우를 생각해보자. 그 회사의 수익 또한 5,000만 달러이고 발행주식 수는 2,500만 주이지만, 주가수익배수가 50이라고 가정해보자. 그럴 경우 주당 수익은 2달러(=5,000만 달러/2,500만 주)가 되며, 주당 시장가치는 100달러(=50×2달러)가 된다. 그러므로 주식시가총액은 25억 달러(=2,500만 주×100달러)에 이르게 된다.

다음 장에서 설명하겠지만, 회사의 경영권에 대한 주요 지분이나 보통주를 보유하는 것은 억만장자를 열망하는 이들이 달성해야 할 주요 목표다. 이 목표를 이루게 되면 회사가 높은 주가수익배수에 거래될 때 그 혜택은 급격히 증가한다. 시가총액이 25억 달러인 두 번째 회사의 지분을 40% 보유하고 있는 창업자는 억만장자의 대열에 낄 수 있다. 반면에 첫 번째 회사의 지분을 40% 보유한 창업자가 갖게 되는 순자산은 겨우 4억 달러에 불과하다. 여기서 우리는 중요한 교훈을 얻을 수 있다.

높은 주가수익배수를 보이는 산업에서 성실하게 일하고 위험을 감수하는 것이 그렇지 않은 산업에서보다 훨씬 더 큰 보상을 가져다준다.

근본적으로 주가수익배수의 큰 격차는 다음의 금융 이론과 관련이 있다. '회사의 수익 증대가 더 빠르게 실현될 것으로 기대될 때, 현재 수익에서 1달러의 가치는 더 높아진다.'

다음의 표는 이러한 관계가 성립하는 예를 보여준다. 보통 성장 기업과 고성장 기업의 현재 한 해 수익은 각각 1,000만 달러로 동일하다. 그러나 앞으로 10년 후 고성장 기업의 수익은 매해 20%씩 성장하는 데 비해, 보통 성장 기업은 단지 10%씩만 증가할 뿐이다. 예측대로 된다면, 10년 후 보통 성장 기업의 연 수익 2,590만 달러는 고성장 기업의 6,190만 달러에 비해 초라할 정도이다.

10년 동안 빠른 성장을 한 후에, 고성장 기업의 성장률이 급격히 둔화되어 보통 성장 기업의 성장률과 같아졌다고 가정해보자. 이렇게 되면 그 시점에 투자자들은, 향후 두 회사가 영위하는 사업이 완만하게 성장할 것으로 전망하여 각각의 회사 수익에 동일한 주가수익배수를 적용할 것이다. 15배수를 적용해보자. 보통 성장 기업의 시가총액은 3억 8,850만 달러(=2,590만 달러×15)인 반면, 고성장 기업은 9억 2,850만 달러(=6,190만 달러×15)에 이르게 된다.

현재 시점에서 분석해보면, 10퍼센트의 기대성장률을 보이는 회사의 배수를 13이라고 해보자(이 수치는 주가수익배수의 격차가 큰 것을 감안하여

	보통 성장 기업	고성장 기업
당해년도 수익	1,000만 달러	1,000만 달러
연간 기대성장률	10%	20%
발행주식수	1,300만	1,300만
10년 후 예상 수익	2,590만 달러	6,190만 달러
10년 후 예상 주가수익배수	15배	15배
10년 후 예상 시가총액	3억 8,850만 달러	9억 2,850만 달러

10년 후 배수인 15보다 낮게 가정한 것이다). 현재 한 해 수익이 1,000만 달러라고 하면, 보통 성장 기업의 시가총액은 1억 3천만 달러가 된다.

그렇다면 고성장 기업의 이점은 무엇인가? 시장은 보통 성장 기업의 1,000만 달러 수익에 부여한 가치보다 더 높은 주가수익배수를 고성장 기업의 1,000만 달러 수익에 부여할 것이 분명하다. 당연한 결과지만 불공평해 보이는 것도 사실이다. 보통 성장 기업의 창립자는 고성장 기업의 창립자만큼 최선을 다해 일했다. 두 기업가는 각각 자기 회사의 25퍼센트 지분을 보유하고 있다. 그렇다고 해서 고성장 기업 창립자가 훨씬 더 많은 보수를 받는 것도 아니다. 단지 이러한 결과는 계산에 의해 필연적으로 나올 뿐이다.

두 회사의 현재 주당 가격은 10달러다(=시가총액 1억3천만 달러/총 주식 수 1,300만). 주어진 가정에서, 10년 후 보통 성장 기업의 주당 가치는 29.88달러(=3억 8,850만 달러/1300만)가 된다. 다시 말해, 현시점의 보통 성장 기업 주주들은 10년 동안 자신들의 투자액을 3배 이상 증식하지 못한다는 것이다. 반면 고성장 기업의 주당 가치는 71.42달러(=9억 2,850만 달러/1,300만)로 솟아오를 것이다. 이것은 보통 성장 기업 주식 보유자가 10년 동안 200퍼센트 증가에도 못 미치는 수익을 얻는데 비해, 고성장 기업 주식 보유자는 600퍼센트 이상 증대된 수익을 얻을 수 있음을 의미한다. 만약 두 회사 주식이 현재 같은 가격에 거래되고 있다면, 상식적인 보통 성장 기업 주식 보유자라면 그 주식을 즉시 팔아치우고 그 돈을 고성장 기업 주식에 투자할 것이다.

사실 이러한 매매가 짧은 시간동안에만 이루어진다면, 비교적 미미한 수준의 가격 상승만 예상되는 보통의 주식들을 매도한 후 쏟아져 나온 돈이 고스란히 고성장 주식으로 몰릴 것이다. 그에 따른 엄청난 매수 물량으로 고성장 기업의 주가는 극적으로 상승할 것이다.

그렇다면 주가는 얼마까지 오를 수 있을까? 현실 상황을 다소 간소화시켜 계산해보자. 중요한 것은 고성장 기업의 주식이 보통 성장기업의 10년 간 주식가치 상승률과 동일한 수준에서 거래될 것이란 점이다. 보통 성장 기업의 미래 시가총액(3억 8,850만 달러)을 현재 시가총액(1억 3,000만 달러)으로 나눈 비율은 2.988이다. 고성장 기업의 미래 시가총액(9억 2,850만 달러)을 같은 2.988로 나누면, 이 회사의 현재 시가총액으로 3억 1070만 달러가 도출된다. 따라서 고성장 기업의 적정 주가수익배수는 31(=3억 1,070만 달러/1,000만 달러)이 된다. 요약하자면, 고성장 기업의 높은 기대 성장률로 인해, 시장은 성장이 둔화된 보통 기업의 주식가치를 단지 13배 수익 증가로 평가하는 것과는 대조적으로, 고성장 회사의 주식 가치는 31배 수익 증가를 가져다 줄 것으로 평가한다.

___ 그러나 상황은 변하고 예외도 있다

만약 당신이 성숙기 산업에서 일하고 있거나 기업인으로 활동하고 있다면, 고속 성장을 하는 신생 기업에서 누릴 수 있는 프리미엄 가치 평가의 기회를 놓쳐버렸다고 느낄지 모른다. 설상가상으로 후기 산업사회 경제에서 높은 성장이 이루어지는 분야는 아주 정교하고 복잡한 기술과 관련된 기업들이 대부분을 차지한다. 컴퓨터를 제대로 다루지 못하는 사람으로 낙인찍힌 사람들에게는 수십 억 달러의 재산을 거머쥘 기회가 없다는 것일까?

그러나 아직 실망할 필요는 없다. 만약 역사가 제시하는 증거가 믿을 만하다면, 첨단기술 분야 기업가가 되는 것은 미래에 〈포브스〉 선정 400대 부자의 반열에 오르는 방법 중 하나에 불과할 것이다. 억만장자를 꿈꾸면서도 마땅한 곳을 찾지 못해 불안해하는 사람들을 위해 수많은 대안 전략들이 존재한다.

엔지니어들만이 첨단기술을 통해 부자가 되는 것은 아니다. 일례로, 존 애릴러가John Arrillaga와 리처드 피어리Richard Peery는 실리콘 벨리에서 부동산 사업을 통해 억만장자의 대열에 들어섰다. 1998년에 120억 달러의 재산으로 〈포브스〉에서 5위에 랭크되었던 스티브 발머는 마이크로소프트에서 고용한 '최초로 프로그래머가 아닌 사람'이었다. 발머가 마이크로소프트로 이직한 것은 타 분야로의 직종 변경을 의미한다. 그는 이전에 프록터&갬블Procter & Gamble 사에서 축적한 소비자 판매와 인력 채용 분야 경험을 마이크로소프트에 응용했다. 다른 수십 억대 자산가들도 처음에는 첨단기술 사업과 관련 없는 분야에서 돈을 모으기 시작한 다음 투자와 경영에 대한 노하우를 최첨단기술 산업 분야에 적용했다.

예를 들어 필 안슈츠는 초기에 석유와 철도사업에서 성공을 거두었고 이후에 다시 광학섬유 분야에서 큰 성공을 거두었다. 안슈츠가 고성장 산업에 발을 들여놓기 이전에 이미 억만장자의 대열에 낄 수 있었던 것은 그의 빈틈없는 거래협상 능력 덕분이었다. 처음에 그가 입문했을 당시 이미 100년이나 된 오래된 사업 분야인 석유 탐사에서 협상 기술을 발휘하여 부를 축적하기 시작했다는 것은 주목할 만하다. 석유와 천연가스를 발굴하는 산업은 오래된 산업임에도 불구하고, 경쟁이 치열하여 새로운 부의 창출이 정체된 일반적인 성숙기 산업의 특징에서 예외였다. 기존의 유전을 제외한 지역에 대한 탐사가 수반되는 석유 시추는 지질학 관련 기술의 발달에도 불구하고 여전히 극도로 위험 부담이 큰 사업이다. 많은 자본을 들인 거대한 시추 작업은 실질적인 수확이 전혀 없는 곤경에 처할 수도 있기 때문이다. 석유 가격은 유정 발굴에 성공했을 경우 큰 보상을 제공하면서도 거대한 손실의 위험을 상쇄할 수 있는 수준을 유지해야 한다. 그렇지 않으면 석유 탐사를 중단해야 하고 이미 발견된 유전들이 하나둘 바닥을 드러내면서 공급이 수요를 따라가지 못하게 될 것이다.

이러한 이유로 석유와 천연가스 탐사에서 성공하기 위한 필수 조건은 헌트와 J. 폴 게티 등이 활약하던 20세기 초반 이래 변한 것이 별로 없다. 성공 가능성이 가장 높은 채굴 후보 지역을 획득하기 위한 협상 기술과 높은 위험 부담 능력이 합쳐진다면 아직도 영세 사업자가 억만장자로 바뀔 가능성이 있는 산업이다. 또한 이와 유사하게 높은 위험 부담과 협상 기술이 강조되는 부동산업도 신생 산업의 범주 밖에 있는 기회 분야라 할 수 있다.

필 안슈츠가 역동적인 성장 분야인 광학섬유 분야 쪽으로 눈을 돌린 것과 비슷한 예는 역사적으로 많이 발견할 수 있다. 존 록펠러 역시 석유 사업에서 특별한 전문가적인 지식 없이 석유 거래 중개업자로 그의 경력을 시작했다. 그러나 곧 그는 이 산업에 대한 감을 잡았다. 석유 산업은 1859년 에드윈 드레이크의 유전 발견과 성공적인 시추로 펜실베이니아의 티스터스 빌에서 탄생하게 되었다. 록펠러의 본거지인 클리블랜드는 정유 시설을 짓기에 아주 적합한 지리적 위치에 있었다. 이곳에서 새로 시작하는 정유 공장의 투자가로서 그는 스탠더드 오일 사를 통해 독점적인 위치로 올라섰다. 보다 최근의 예로, 샘 월튼이 5센트에서 10센트짜리 물건을 파는 전통적 소매점들을 운영하며 첫 성공을 거둔 후에, 월마트 할인점 체인을 시작한 것을 들 수 있다. 그가 미국의 억만장자 중에서도 최고 부자로 한동안 인정받았던 것을 생각하면, 그의 방법을 따라해 보는 것도 괜찮을 것이다.

새로운 분야의 고속 성장 산업과 관계없는 또 하나의 성공 스토리로는 웨인 휘젠거가 쓰레기 운송업에서 부를 창출한 것이다. 그 사업은 절대 새로운 분야라고 할 수 없었지만 조정이 필요한 분야임에는 틀림없었다. 앞서 논의한 것처럼 이 분야는 시간이 지나면서 많은 수의 경쟁자가 쇠퇴하고 있었다. 휘젠거와 딘 번트록이 운영하던 웨이스트 매니지먼트는 지방의 소규모 운영자들을 합병한 것이다. 규모를 키움으로써 작업의 효율성과 경영 방법이 개선되었다. 그리고 매우 계획적으로 웨이스트 매니지먼트는 주식시장의 투자가들에게 그들의 이야기를 효과적으로 알렸다. 나중에 휘젠거는 합병을 통한 성장에 대해 그가 배운 것을 고속 성장 사업인 비디오 대여 체인점의 운영에 적용했다.

위렌 버핏은 화려한 첨단기술 분야의 사업이 아닌 곳에서 자신의 꿈을 이룰 수 있는지에 대해 궁금해 하는 미래의 억만장자들에게 최고의 역할 모델이다. 그의 친구인 빌 게이츠와 함께 항상 미국의 최고 부자 리스트에서 정상을 차지하는 버핏은 전문적인 지식이 없다는 것을 이유로 내세우며 기술 분야의 주식에 투자하지 않았다.

버핏은 그다지 화려해 보이지 않는 사업 분야에서 평가절하 되어 있는 자산을 찾아내는 데 유능하다. 그러나 이 책의 뒷부분에서는 그가 항상 저평가된 회사를 사들이는 것만이 능사가 아님을 보여줄 것이다. 버핏의 투자 중 가장 성공적이지 못했던 투자는 섬유회사인 버크셔 해서웨이로, 궁극적으로 이름만 남겼을 뿐 그의 광대한 산업 왕국에 별다른 기여를 하지 못했다. 그러한 경험과 무수한 관찰을 통해, 버핏은 재정 상태가 좋지 못한 기업은 훌륭한 경영으로도 돌이키기 쉽지 않다는 결론에 도달했다.

버핏은 거대한 성장 잠재력을 지닌 신생 산업에 자신의 투자를 집중하지는 않았지만, 그는 강력한 프랜차이즈나 독점에 가까운 가격결정 능력을 지닌 기업들을 발굴해냈다. 버핏이 자신의 포트폴리오를 통해 얻는 큰 소득은 앞의 표에서 본 것처럼 성장 산업의 높은 주가 수익배수의 마법에서 나오는 것이 아니다. 대신 번번이 버핏은 자신이 직접 주가에 개입함으로써 수익성을 높여왔다. 개인적인 재산을 축적하는 방법으로 그는 보험회사를 통한 투자로 얻은 자본 이득을 활용했다.

이미 설명한 전략 이외에도 과거와 현재의 억만장자들은 투자한 산업 분야에서 얻은 기회를 발전시키기 위해 몇 가지 차선책을 활용했다. 그들은 우수한 경영 능력과 정치적인 영향력에 대한 투자를 통해 과다경쟁으로 인한 평준화의 함정을 극복했다. 마지막으로 거대한 재산을 모은 성공담의 뒷이야기에서 되풀이되는 주제는 노조와의 협상에서 유리한 위치를 점하는 것이다. 물론 앞으로 논의될 사람들이 모두 조직화된 노동조합을 저지하는 방법으로만 부를 축적한 것은 아니다. 그러나 억만장자들은 대부분 성공적인 노조 결성으로 인한 자신들의 통제력 상실을 피하려고 애썼다.

── 모든 산업에 적용되는 전략이 있다

이 책에서 자주 되풀이되는 주제들이 있다. 어떤 방법은 엄청난 부를 모은 사람들의 연구를 통해 계속 반복된다. 그리고 많은 슈퍼리치들에게 막대한 보상을 안겨주었던 아이디어도 고려할 만한 가치가 있다. 이 책은 세계적 수준의 거부들을 분석한 엄청난 양의 자료들 중에서 핵심만을 뽑아 정리했으며, 그것을 반복적으로 거론하는 이유는 본질적인 태도와 습관을 강조하기 위해서다.

거대한 부를 축적한 사람들의 비교 연구에서 나타난 사실 중 하나는 그들이 몇 가지 독특한 사업 전략을 이용했다는 점이다. 예를 들어 로스 페로와 샘 월튼, 리처드 브랜슨은 아무것도 없는 상황에서 새로운 사업 브랜드를 만들었고, 웨인 휘젠거는 소규모의 부부가 운영하는 가게를 거대한 기업으로 통합하여 부를 축적했다. 존 록펠러나 빌 게이츠와는 대조적으로 이 4명은 시장 지배적이라기보다는 강자로서의 지위를 목표로 삼았다. 거대한 부를 축적한 사람들의 연구에서 나타나는 몇 가지 기본적인 전략은 다음과 같다.

1) 특별한 모험을 감수하라.
2) 새로운 방식을 도입하라.

3) 시장을 지배하라.

4) 사업을 통합하라.

5) 낮은 가격에 사라.

6) 협상을 냉철하게 즐겨라.

7) 경쟁심을 자극하라.

만약 오늘날의 억만장자들이 자수성가에 관한 책이나 과거 부자들의 자서전을 꼼꼼히 읽었다면, 그들은 이러한 개념들을 발견해 낼 수 있었을 것이다. 그러나 이러한 개념들에 몰두한 나머지 성공담에 포함되어 있는 몇 가지 가치 있는 요인들을 간과했을지도 모른다. 아래에 소개된 두 가지 전략은 쉽게 간과되는 것들이지만 위험을 감수하거나 혁신적인 사업 계획을 전개시키는 것보다 더 많은 논란의 여지가 있다.

8) 정치적 영향력에 투자하라.

9) 노조의 힘을 약화시켜라.

당연하게도 과거에 막대한 재산을 모은 사람들은 정치적 영향력에 의존하거나 노조를 약화시키는 전략에 관심을 두지 않았다. 사람을 격려하고 영감을 주는 책을 쓰는 작가들 역시 그러한 실상들을 교묘히 피해 가며 낙관적인 논조를 유지하고 싶어 했다. 결과적으로 노조와 정부 관계에 대한 곤란한 부분은 주로 비리 폭로를 전문으로 하는 기자의 기사를 통해 밝혀졌다. 그러한 내용은 비즈니스나 자수성가에 대한 책에서는 다룰 수 없는 성질의 것이었다.

이 책의 마지막 구성 요소는, 사업상의 기본적인 전략 차이와는 무관하게 최고의 부를 축적한 사람들에게서 공통적으로 보이는 특정 태도와 행동양식을 공식화하는 것이다. 이 책에 정리된 인물들은 광범위하고 다양한 개성을 지녔지만 그들의 습관에서는 놀랄 만한 유사성을 보이고 이다. 이미 제1장에서 열거했듯이 자수성가하여 성공한 사람들의 가장 중요한 원칙을 다시 한 번 반복한다.

◆ 아이디어 중에서 돈이 될 만한 것을 찾는다.
◆ 규칙은 깨어지기 마련이다.
◆ 모방이 혁신보다 유용하다.
◆ 끊임없이 성장한다.
◆ 주식을 보유한다.
◆ 고생을 기꺼이 감수한다.
◆ 금융 수단을 최대한 이용한다.
◆ 만약을 위해 대안을 항상 염두에 둔다.
◆ 실패는 할 수 있지만 거기서 뭔가를 배워야 한다.
◆ 근검절약을 잊어선 안 된다.
◆ 일을 즐겨야 한다.
◆ 때로는 철면피가 되어야 한다.

이 책을 읽으면서 이러한 원칙들이 실제로 적용된 사례를 주의 깊게 살펴봐야 한다. 이를 통해 막대한 재산을 축적한 사람들이 어떻게 자신들의 아이디어와 행동을 하나의 성공적인 실행계획으로 통합할 수 있었는지 이해하게 될 것이다. 그리고 나서 제3부를 통해 최대한의 효과를 스스로 거둘 수 있어야 한다.

SUPER
RICH
PART 2

슈퍼리치의
전략

불멸의 모험을 즐겨라

돈은 용감한 사람만이 가질 수 있다.

테렌스Terence

____ 행운이 슈퍼리치를 만든다?

리스크와 수익의 상관관계는 재무와 투자에서 가장 기본적인 개념이다. 투자에서 손실의 위험이 클수록 잠재적인 이익도 크다. 이러한 원칙에 따라 회사채는 큰 손실의 위험에 대한 보상으로 정부가 발행한 채권보다 더 높은 수익률을 제공한다. 그 다음으로 주식은 회사채보다 위험부담이 더 높기 때문에 장기적인 주가 상승과 더불어 배당금의 형태로 더 높은 잠재적인 수익을 제공한다. 선물 거래나 벤처 캐피탈처럼 투자손실의 가능성이 엄청나게 높은 것들은 그에 상응하여 훨씬 더 큰 잠재적 수익을 제공한다.

사람들은 이처럼 다양한 형태의 자산들 중에서 자신이 감수할 있는 위험도에 따라 투자처를 선택한다. 즉 어떤 수준의 위험도를 선택하느냐에 따라 개개인들의 성향을 구별할 수 있다. 그것은 마치 판이 큰 포커 게임에서 가장 공격적인 사람들이 판돈을 계속적으로 올리는 것과 유사하다. 보수적 성향의 사람들이 하나씩 떨어져 나가고, 테이블에는 결국 판돈을 크게 거는 소수의 모험적인 도박사들만 남게 된다. 포커 게임에서 사람들이 하나둘씩 사라지는 것과 비슷한 현상은 투자 리스크와 수익이 커질수록 똑같이 일어난다. 예를 들어 블루칩 주식의 안정성에 편안함을 느끼는 사람들은 작은 벤처 회사의 주식에는 눈길조차 주지 않는데, 그것은 벤처 회사들이 모 아니면 도라는 식으로 리스크가 매우 크기 때문이다.

그러나 투기성 주식으로 대표되는 상당히 높은 수준의 위험에서도 주식 투자가들은 몇 백만 달러의 돈을 벌고 있다. 역설적이게도 이런 위험을 감수하는 사람들은 스스로를 심각한 재정 위험 속으로 몰고 가지 않는다. 왜일까? 예를 들어 연봉이 7만5,000달러인 안정적인 직장이 있으면서 보유한 주식의 가치가 10만 달러인 사람이 있다고 가정하자. 그가 보너스를 받아서 이를 두세 배로 늘리기 위해 1만 달러를 주식에 투자했다면? 만약 그의 기대와는 반대로 그 사람이 투자한 회사가 파산을 했고 그래서 그가 전체 투자액을 잃었다 하더라도 그의 가족들의 생계에는 전혀 지장이 없다. 그는 계속 월급을 받을 뿐만 아니라 소득세 공제로 주식 투자에서 본 손실을 충당할 수도 있다. 게다가 그는 아마도 파산한 회사의 주식을 상쇄해줄 다른 주식을 가지고 있을 것이므로 큰 걱정을 하지 않아도 된다.

아주 많은 사람들이 이러한 종류의 위험을 감수하고 있기 때문에 사실 그 보상은 천문학적인 숫자가 되지는 않는다. 투기성 주식은 매수자들을 끌기 위해 블루칩보다는 더 큰 가격 상승이 있어야 하지만 〈포브스〉의 400대 부자 리스트에 오를 만큼 엄청난 상승은 아니다. 그 결과, 앞에서 이미 살펴봤듯이 그 누구도 단순히 주식시장에서 소극적인 투자만 해서는 억만장자의 대열에 오를 수 없었다.

자수성가한 억만장자들은 완전히 다른 차원의 엄청난 위험을 감수한다. 데니스 워싱턴Dennis Washington은 고속도로 건설에서 한몫 단단히 잡았지만, 여러 차례 자신의 집과 회사를 담보로 자본을 대출받으면서 사업을 펼쳐나갔다. 그런데 워싱턴은 자신이 선뜻 이런 식의 모험을 감행할 수 있는 것은 유리한 조건을 계산한 다음에 생기는 자신감 때문이 아니라고 주장한다. 자신의 능력을 믿고 투자하는 것은 아니라는 뜻이다. 워싱턴은 당당하게 말했다. "행운이 슈퍼스타를 만든다."

스티브 발머Steve Ballmer 역시 백만장자들의 위험감수 스타일과 분산투자의 차이를 보여주고 있다. 1989년 3월 마이크로소프트는 애플 컴퓨터와의 계속되는 소송에서 불리한 판결을 받았다. 마이크로소프트가 윈도 작동 시스템의 새로운 버전을 개발하면서 매킨토시와 유사한 특징을 사용한 것 때문에 불리한 판결을 받았다고 투자자들이 초조해하자 마이크로소프트의 주식이 급격히 하락했다. 당시 영업이사였던 발머는 애플의 매킨토시가 널리 보급되지 않을 거라고 예견하면서 대량의 마이크로소프트 주식 4,600만 달러어치를 매입했다. 3년 후에 그는 빌 게이츠와 폴 알렌Paul Allen의 뒤를 이어 백만장자의 대열에 들어서게 되었다. 발머가 4,600만 달러로 사들였던 마이크로소프트의 주식은 나중에 3억5,000만 달러 이상의 가치를 지니게 되었다. 발머는 그의 모든 계란을 한 바구니에 담는 것으로 승부수를 던진 것이다.

자수성가한 억만장자들 중에서도 위험에 대한 태도는 상당히 다양하게 나타난다. 커코리언은 라스베이거스 도박판에서 자자한 명성만큼이나 도박 같은 위험을 무릅쓰고 번창할 수 있었다. 다른 사람들은 본래 위험 속에서 승부수를 던지려 하지 않지만, 거대한 부를 위해서는 어느 정도의 위험이 필요하다는 것을 인정했다.

예를 들어 샘 월튼은 빚을 많이 지고 있으면 갖게 되는 위험부담을 피하기 위해 유난히 엄격한 결산 보고서를 제출하게 했다. 이러한 보수적인 성향은 아마도 경제공황 중에 자신의 아버지에 의해 저당 잡힌 많은 농부들이 쫓겨나야 했던 것을 지켜본 어린 시절의 기억 때문인지도 모른다. 그러나 월마트가 상장되기 전에 월튼은 개인적으로 엄청난 부채를 지면서까지 그의 소매업 왕국을 급속하게 확장시켰다. 나중에 그는 바코딩과 개인 위성통신 네트워크와 같은 기술 분야에 막대한 투자를 했는데, 그때까지는 그러한 분야들이 일반적으로 상품 소매에서 어떠한 영향을 미치는지 전혀 알지도 못한 상태였다.

샘 월튼의 월마트처럼 존 록펠러의 스탠더드 오일 사도 지극히 보수적인 재정정책을 고수했다. 게다가 록펠러의 기본전략은 독점을 창출하는 것으로 석유산업이 본래 가지고 있는 위험 부담을 줄여보자는 것이었다. 그럼에도 그는 상황이 유리하게 돌아갈 때는 그 기회를 놓치지 않았다. 나중에 오하이오에서 스탠더드 오일이 엄청난 양의 석유를 시추하자 그는 곧 투자하기 시작했는데, 그 지역에서 생산되는 유황색의 원유가 사용 가능한 등유로 정유될 수 있는지 명확하게 밝혀지지도 않은 상태에서 그는 투자를 결심했다.

자수성가한 억만장자들은 때때로 양쪽에 다 내기를 걸어서 손실을 막는데, 이는 '항상 대안을 준비하라'는 커크 커코리언의 교훈과 일맥상통한다. 예를 들어 로스 페로는 일렉트로닉 데이터 시스템[EDS]이 설립된 지 얼마 되지 않았을 무렵 개인적으로 돈을 벌기 위해 컨설턴트로 일했다. 컴퓨터 서비스 사업에는 비교적 적은 자본이 들어갔기 때문에 그는 판매실적이 좋은 컴퓨터 영업사원 시절 모아두었던 돈으로 벤처 사업을 할 수 있었다.

만약 EDS가 실패했다고 해도 페로는 결코 파산하지는 않았을 것이다. 반면 그는 IBM을 떠나는 것으로 탯줄을 확실하게 잘라내었다. 자수성가한 사람들이 모두 재정적인 면에서 물불을 가리지 않는 대담한 사람들은 아니지만 안전하고 확실한 길을 마다하는 배짱과 대담성을 가지고는 있다. H. L. 헌트와 존 클러지는 엄청난 부를 모으기 위해 모험을 받아들이고 위험을 감수한 사람으로서 좋은 본보기이다.

〉〉 슈퍼리치가 되는 법

▶ **기본전략**

- ◆ 모험을 기꺼이 감수하라
- ◆ 거래를 냉철하게 즐겨라.

▶ **주요원칙**

- ◆ 지속적으로 성장한다.
- ◆ 빠져나갈 길을 마련해둔다.
- ◆ 가장 효과적인 금융수단을 이용한다.

___ 도박꾼에 더 가까웠던 억만장자, 헌트

20만 달러를 가지고 있는 사람을 꽤 부자라고 할 수 있다면 나는 부자다.
– H. L. 헌트

1957년, 당시 혼자였던 H. L. 헌트는 두 번째 결혼을 했다. 새 아내와 결혼을 하면서 이전에 침례교 합창단 단원이었던 헌트는 술과 담배를 끊었다. 또한 규칙적으로 운동을 했고 요가를 배우기 시작했으며 건강식품을 즐겨 먹게 되었다. 하지만 무엇보다도 놀라운 변화는 세계적인 석유 사업가인 그가 도박에서 손을 뗐다는 것이다.

예전의 그는 축구와 경마에서 엄청난 액수의 돈을 걸고 내기를 하는 내기 광이었다. 하루 한 번의 경주나 한 판의 게임에 50만 달러 이상을 거는 것은 흔한 일이었다. 한 때는 개인 경마 분석가를 고용하기도 했다. 하지만 그는 의심할 여지없이 모든 억만장자들이 그러했듯이 모험을 감행할 수 있는 배짱이 있었고 다른 억만장자들이 사용했던 몇 가지 고전적인 방법들을 적용하여 엄청난 재력가로 부상할 수 있었다.

헌트가 스포츠에 내기를 거는 것보다 사실 더 좋아한 것은 카드 게임이었다. 카드 게임이야말로 헌트가 세계적인 재력가가 되는 데 큰 공헌을 했다는 말이 돌 정도였다. 하지만 헌트는 항상 자신만의 거대한 왕국을 건설하는 시발점이 된 것은 자신의 현명한 계약 덕분이었다고 말한다.

사실 아칸소의 엘도라도에 있을 때 젊은 헌트의 수완은 카드 게임에서 발휘하던 것과는 정반대의 것이었다. 우선 헌트는 농장 주인으로부터 시추권에 대한 가격을 흥정하고 난 다음 바로 석유 시굴업자에게 그보다 더 높은 가격을 제시해 팔았다. 양쪽에서 거래를 시작하면서 헌트는 위험부담 없이 이익을 챙기면서 거의 동시에 거래할 수 있었던 것이다.

그는 6개월 이내에 자기 소유의 땅을 임대할 수 있을 만큼 돈을 벌게 되었다. 헌트는 사업의 첫 시도로 석유 시굴을 시작했고 단 2년 만에 엘도라도와 근교 스맥코버 44개의 유정에서 석유를 생산할 수 있게 되었다. 석유가 생산된다는 말에 많은 광산 투기꾼들이 몰려들었고 헌트와 이들의 포커 게임은 시작되었다. 들리는 소문에 따르면 그들은 자신들의 굴을 파는 인부의 월급을 판돈으로 내기를 했다고 한다. 1924년까지 헌트는 자신의 40여 개 유정 중 20개 유정의 수익에 달하는 50만 달러치의 어음을 모을 수 있었다.

그 당시 아무 경험도 없이 석유 시추업자에게 주는 배당금 단돈 50달러만을 가지고 석유 사업을 시작한 사람치고 헌트의 성공은 엘도라도에서 놀라운 것이었다. 그 이후로 몇 십 년 간 헌트는 미국과 캐나다로 사업을 확장해 나갔으며 그 후에 리비아에서 지금껏 그의 회사가 발견한 것 중에서 제일 큰 유정을 발견했다. 판돈이 큰 게임을 좋아하는 사람은 자랑하기를 좋아한다. 헌트도 2차 세계대전 동안 헌트 오일Hunt Oil 사와 그 지사가 독일보다는 연합군 측에 더 많은 석유를 공급했다는 것을 자랑했다.

1948년, 〈라이프〉는 헌트를 미국 최고의 부자로 발표했다. 몇 년이 지난 후에 억만장자 헌트를 지켜보고 있던 사람들은 세계에서 가장 부자인 사람이 헌트인지 아니면 그의 동료이자 석유재벌인 폴 게티인지 내기를 하기 시작했다. 이에 대해 폴 게티는 다음과 같이 말했다. "엄청난 가치의 독자적인 재산을 가졌다는 의미에서는 딱 한 사람, 바로 헌트가 최고의 부자일 수밖에 없다."

___ 기회는 또 올 테니 두려움 없이 실패하라

1901년, 텍사스 남부의 스핀들탑에서 유정이 발견되면서 일게 된 석유 붐으로 여기저기서 셀 수 없이 많은 광산 투기꾼들이 한몫 잡기 위해 텍사스로 몰려들었다. 그곳에는 여섯 개나 되는 유정이 있었는데, 거기서 생산되는 석유를 모두 합하면 당시 전 세계가 다 사용할 수 있을 만큼의 양이었다. 시추 후보 지역을 선택하기 위한 경쟁은 치열했는데, 헌트도 그중 한 사람이었다. 어떤 특별한 자질이 헌트를 그 분야에서 최고의 자리에 오르게 했을까?

의심할 여지없이 그것은 바로 '도박'이다. 도박에 대한 강한 집착이 헌트를 도운 것이라 할 수 있다. 헌트의 말을 빌자면, 한 번은 미국에서 가장 유명한 몇몇 포커 도박사들과 함께한 게임에서 그는 단 하루만에 100달러를 1만 200달러로 늘렸다고 한다. 나중에 그는 자신이 이겼던 이유를 설명했는데, 그의 강점은 그 도박꾼들이 헌트에 대해서 알고 있는 것보다 자신이 그들에 대해 알고 있는 것이 더 많았기 때문이라고 했다. 하지만 분명한 것은 헌트는 생명이 위태로울 정도로 아슬아슬한 상황에서도 오히려 흥분과 편안함을 느꼈다는 점이다.

헌트의 경우에는 성공하고 싶다는 생각이 꽤 일찍 찾아온 편이다. 열여섯 살에 그는 일리노이에 있는 아버지의 은행에서 사무를 보라는 것을 거절하고, 6년 동안 이곳저곳을 떠돌아다니면서 주로 막노동을 하는 노동자로 일했다. 어설픈 철도 노동자들과의 심심풀이 포커 게임에 만족하지는 않았지만, 멕시코 노동자들이 있는 캠프에서 칸쿤(cancoon, 스페인 버전의 카드게임을 나타내는 고유명사)을 하기 위해 6마일이나 되는 길을 가기도 했다고 한다. 헌트는 그 이야기를 하면서 포커에 비해 40개의 카드로 하는 스페인 버전의 카드 게임은 낯선 것이었다고 한다. 그럼에도 그는 4천 달러를 따게 되었는데, 그 액수는 캠프에 있는 현금 전부였다.

게임에서 계속 돈을 따게 된 헌트는 나무들을 쳐내며 숲을 가로질러 자신의 캠프로 급히 도망가야 했다. 아마 상식적으로 생각하기에도, 만약 철도를 따라 돌아가게 되면 방금 전 도박을 같이 했던 동료들과 다시 마주치게 될 테고, 그러면 빈털터리가 된 일꾼들이 순순히 자신을 보내 줄 리가 없다고 생각한 모양이다. 헌트는 그들이 자신을 다시 데려가 우격다짐으로 잃은 돈을 되돌려 받으려고 할 것으로 생각했던 것이다.

1991년 헌트의 아버지가 세상을 뜨자 헌트는 그를 외지로 몰았던 자신의 강박관념을 극복한 듯했다. 6,000달러에 이르는 유산으로 그는 960에이커의 아칸소 목화 농장을 샀다. 그러나 농부로서 정착하겠다는 헌트의 계획은 1916년과 1917년에 걸친 미시시피 강의 홍수로 좌절되고 말았다. 아내와 두 자식을 부양해야 한다는 것 때문에 그는 다시 한 번 더 포커에 손을 댔다. 낮에는 레이크 빌리지의 작은 마을에서 가능한 한 많은 푼돈을 모았고 밤에는 그린빌에 있는 더 큰 마을에서 액수가 큰 판돈으로 게임을 했다. 정기적으로 헌트는 판돈이 더 큰 곳으로 가기 위해 강을 타고 뉴올리언스로 갔다.

그곳에서는 악전고투하던 목화농장 주인이 농지와 재산을 걸자는 제의를 해왔다. 목화농장 주인은 면화 가격이 오른다는 데 자신의 토지 15,000에이커를 내기에 걸었고, 반대로 헌트는 면화 가격이 내려갈 것이라는 데 내기를 걸었다. 1920년, 헌트의 운이 바닥나기 시작했는지 면화 가격은 오르기 시작했고 결국 그는 재산의 대부분을 잃게 되었다. 설상가상으로 그 이후 면화 가격이 붕괴되자 헌트의 농지 가치는 곤두박질 쳤지만 그의 판단이 옳았음은 입증되었다.

헌트가 석유 사업에 대해 관심을 갖게 된 것은 이때부터였다. 쓴 경험을 맛본 헌트는 더욱 신중해졌다. 그는 자신의 목화농장을 팔아서 새로운 사업에 도전할 자금을 마련했다. 하지만 헌트는 1차 세계대전으로 인한 농업 침체기가 끝나게 되면 땅값이 다시 한 번 더 폭등할 것이라는 나름대로의 계산을 했다. 그래서 그는 50달러를 빌려서 갑자기 엘도라도로 떠났다.

젊은 시절에 석유 시추업자로 성공할 수 있었던 헌트는 쉴 틈도 없이 1925년에 다시 한 번 새로운 사업으로 방향을 전환했다. 그는 60만 달러의 어음을 할인된 현금으로 교환하여 초기 토지 붐에 투자하기 위해 플로리다로 향했다. 아칸소에 자신의 원래 가족들을 안전하게 숨겨두고 헌트는 다시 한 번 결혼했다. 아칸소와 플로리다의 두 집을 오가며 헌트는 8년 동안 7명이나 되는 자식을 두었는데, 각 집안에서는 서로의 존재를 몰랐다. 그러는 동안 계속 그는 석유사업에 몸담으면서 오클라호마와 루이지애나로 경영을 확장해나갔다. 그리고 나서 1930년에 마침내 헌트는 자신을 슈퍼리치 대열에 올려준 거래를 맺는 데 성공했다.

텍사스 러스크 카운티의 유정 발견은 좋은 아이디어를 가진 사람과 그것을 돈으로 전환시킬 능력을 가진 사람이 만나 성공을 일궈낸 고전적인 사례다. 콜럼버스 마리온 조이너Columbus Marion Joiner는 1897년 이래로 석유 시추 작업을 계속 했지만, 큰 유정을 발견하는 데는 항상 실패했다. 70세가 되었을 때 그는 사업을 그만두어야 할 지경에 이르렀다. 그가 연이어 뚫은 17개의 시추 구멍 중 어디에서도 기름 한 방울 나오지 않았기 때문이었다.

운이 좋게도 데이지 브래드포드라는 미망인은 조이너가 자신이 소유한 땅에서 무료로 석유 시추를 할 수 있도록 허락해주었다. 거의 무일푼이었던 조이너는 한 신문 기사를 읽고 나서 그곳에서 석유를 발견할지도 모른다는 실낱같은 희망을 가지고 있었다. 그 기사는 지질학의 근처에도 가본 적이 없는 A. D. 로이드^{A. D. Lloyd}라는 한 의약품 판매업자가 쓴 것이었는데, A. D. 로이드 박사에 의하면 동부 텍사스를 가로지르는 지역이 전 세계에서 석유 시추 가능성은 최고라는 것이었다.

로이드의 분석은 그리 신뢰할 만한 것은 아니었지만 러스크 카운티의 가난한 농부들은 조이너가 그랬던 것처럼 석유를 찾아내기 위해 필사적이었다. 그들은 유정이 발견되면 수익의 일부분을 배당받을 것이라는 희미한 기대를 걸고 25달러짜리 증서를 발행했고, 그 덕에 조이너는 기본적인 석유 굴착 장치 구입에 필요한 자금을 마련할 수 있었다. 또한 늙은 조이너는 간단한 악수와 형식적인 서류 작성만으로 데이지 브래드포드 소유지 주변의 상당 면적의 토지를 임대했다.

계속되는 불행에도 불구하고 조이너는 30년 동안의 땀의 결실을 거둘 수 있게 되었다. 마침내 성공한 것이다. 하지만 불행하게도 데이지 브래드포드 유정은 이제까지 보아왔던 유정과는 다른 양상을 보였다. 그 유정에서는 얼마 되지 않는 양의 석유만이 생산될 뿐이었고, 다음날이 되자 그것조차 말라버리고 만 것이다. 결과적으로 주요 석유개발 회사들은 그 유전을 개발하는 데 전혀 관심을 보이지 않았고, 그와 동시에 조이너의 채권자들은 자본 회수를 요청해왔다. 게다가 조이너의 토지 재산 소유권이 문제가 되어 그는 고액의 소송에 휘말리게 되었다.

조이너가 이런 어려운 상황에 처하게 되었을 때, 헌트는 조이너가 석유 유정 시추작업을 끝마치는 데 급히 돈이 필요하다는 말을 한 친구로부터 전해 들었다. 헌트는 작업 현장으로 곧장 달려갔다. 그리고 그 지역의 가능성을 따져본 다음 조이너의 유정이 석유가 나올 수 있는 지역의 가장자리에 위치하고 있다는 결론을 내렸다. 당시 대공황으로 석유 값이 폭락했다는 것 말고도, 지질학적인 리스크와 법적인 절차 문제는 감당하기에 어마어마한 것들이었다. 이런 난관에도 불구하고 헌트는 조이너와 계약을 했다. 현금 5만 달러, 어음 45,000달러 그리고 만약 그곳에서 석유가 생산된다면 수익금 중 130만 달러를 더 주겠다는 조건이었다. 헌트는 석유가 생산될 경우 지급하는 후불제 방식을 제안하면서 그러한 방식을 석유업계에 도입했다. 이러한 방법은 모든 법적인 절차들을 밟은 후에 비로소 에너지 개발 관련 자금조달의 표준이 되었다.

헌트가 회상하길, 데이지 브래드포드 유정을 사들이겠다는 자신의 제안에 조이너는 친절하게 다음과 같이 말했다고 한다. "이보게, 자네는 물건을 잘 알아보지도 않고 사겠다는군!" 조이너도 이 유정에서 엄청난 대박이 터질 것이라고는 예상하지 못했던 것이다. 조이너의 걱정스러운 말에도 개의치 않고 헌트는 모험을 해보기로 했고 그것은 헌트에게 엄청난 성공을 가져다주었다. 그 지역에서 발견된 길이 43마일, 폭 9마일에 이르는 유정은 그 당시로는 전 세계에서 가장 큰 것이었다. 헌트는 자신의 배짱과 노력으로 어림잡아도 총 1억 달러에 이르는 회사의 지분을 얻을 수 있었다.

지금까지 살펴본 것에서 알 수 있듯이, 헌트의 막대한 재산은 모험에 대한 도전과 인내심에서 비롯된 것이다. 동시에 그는 기회가 닿을 때마다 자신의 성공 가능성을 높이기 위해 최선을 다했다. 노년기에 접어든 헌트는 포커 게임에서 대부분 이길 수 있었던 것은 자신의 기억력 덕분이라고 설명했다. 그는 머릿속에 사진을 찍듯 상세히 기억하는 정확한 기억력을 갖고 있었다. 헌트는 카드가 있었던 자리를 기억할 뿐만 아니라, 다음에 그 카드들이 어느 시점에 다시 나타날지 대략 짐작할 수 있었는데, 그것은 모두 패를 돌리기 전에 대충 카드를 섞어놓는 사람들 덕분이었다고 한다.

또 다른 이야기에 따르면, 헌트가 러스크 카운티에서 조이너와 협상을 할 때 헌트 나름대로 그 지역의 막대한 잠재적 가치에 대한 정보를 모으고 난 뒤에 조이너가 그 지역을 빨리 포기하도록 했다고 한다. 몇몇 사람들의 이야기를 들어보면, 헌트는 베테랑 석유 시추업자인 조이너를 한 호텔방에 모셔다 놓고는 자신이 원하는 거래가 성사될 때까지 그에게 여자와 술을 제공했다는 것이다. 여하튼 조이너가 '여자와 술에는 약한 사랑스러운 사람이었다'는 데는 반론이 없는 듯하다.

성공의 가능성을 높이기 위한 헌트의 노력은 여기에 그치지 않고 정부가 에너지를 생산하는 기업들에게 주는 특혜도 적극적으로 이용했다. 석유 고갈 수당(석유를 채취할수록 한정된 석유가 고갈된다는 점을 고려하여 기계의 감가상각비를 인정해주듯이 미국 조세법에 의해 석유업자들에게 주는 세금혜택)이라는 보조금을 받기 위해 그는 로비활동을 펼쳤다. 헌트는 석유 회사 경영자들에게 거대한 부를 안겨준 조세 특혜 기반을 만든 사람이었다. 이와 관련한 이야기는 10장에서 다시 나올 것이다.

—— 존 클러지, 거대한 위험 속에서 행운을 발견하다

그는 작은 아이디어를 거대한 것으로 변화시켰다.

-패트리샤 클러지 Patricia Kluge

H. L. 헌트만이 젊은 시절 포커 게임에서 딴 돈을 사업 자금으로 투자

하여 성공한 것은 아니다. 존 클러지 또한 도박을 통해 자신의 사업 자금을 마련한 사람이다. 존 클러지는 경제 공황이 한창이던 때 컬럼비아 대학에서 장학생으로 학교를 다니면서 도박에 거의 미쳐 있었다고 한다. 그가 도박에 너무 집착하자 대학 학장이 경고를 하기에 나섰고, 존 클러지는 '도박을 하고 있는 저를 앞으로는 결코 보실 수 없을 겁니다' 라는 서약까지 해야 했다. 그러나 클러지는 몇 십 년이 지난 후 짓궂은 미소를 지으며 '내가 결코 도박을 하지 않겠다고 한 것은 아니었다'며 말을 바꿨다.

그 일이 있은 후 대학시절의 나머지는 손에 책을 들고 포커를 했다. 만약 밤늦게 게임을 하고 있을 때 학장이 그의 기숙사 문을 두드릴 경우 클러지는 황급히 손을 털고 마치 공부를 하고 있던 것처럼 책을 펴들었던 것이다. 한번은 파이브 카드 게임(카드 5장을 가지고 하는 포커게임의 일종)을 하고 있었는데, 클러지가 엄청난 대승리를 눈앞에 두고 있었고 게임은 거의 끝나갈 무렵이었다. 그때 갑자기 문을 두드리는 소리가 들렸다. 재빨리 카드를 치우고 책을 집어든 순간 클러지는 문을 두드린 사람이 학장이 아니라는 것을 알게 되었다. 두통으로 머리가 아픈 친구 녀석이 아스피린을 빌리러 온 것이었다. 클러지는 그때를 생각하며 이렇게 개탄했다. "아마 그 친구는 두통이 나았겠지요. 그러나 나는 그 즉시 머리가 아프기 시작했어요."

훗날 그가 사업을 할 때 가장 큰 도움이 된 것은 대학 강의실에서 익힌 원칙들이 아니라 포커 게임을 하면서, 그리고 감시망을 피해가면서 익힌 여러 가지 교훈들이었다. 컬럼비아 대학에는 워렌 버핏의 정신적인 스승인 벤저민 그레이엄Benjamin Graham이 강의하는 수업을 포함하여 훌륭한 교육과정들이 많이 있었다. 물론 억만장자가 되는 교과과정은 없었지만 클러지는 학교에서 배운 것들을 응용하기 시작했다. 운 좋게도 컬럼비아 대학은 도박 벌레 클러지를 치료하는 데 실패했다. 몇 년이 지난 후, 그는 모교에 1억 달러 이상을 기증했다. 제2차 세계 대전 중 미군 정보부에서 복무한 후에, 클러지는 대형 음식도매 할인점에서 일하면서 드디어 그의 첫 사업인 라디오 방송국을 사들이게 되었다. 그의 초창기 사업에 대해서 그는 다음과 같이 회고한다.

나는 은행에서 5천 달러를 빌려서 그 중 1천 달러만 사용했다. 그리고 사업체를 50만 달러에 팔았다. 은행은 나에게 이렇게 물었다. "그건 차입 자본을 이용한 투기잖소?" 나는 반문했다. "대체 그게 뭡니까?" 세월이 흐른 후에 나는 그렇게 되물었던 것이 미안했다.

클러지가 위와 같이 차입 자본을 이용한 투기가 무엇인지 비로소 알게 된 계기는 1984년 메트로미디어Metromedia를 사들인 거래였다. 그가 25%의 주식 지분을 가지고 지난 25년 간 운영해왔던 미디어 제국이 주식시장에서 그다지 좋은 가치평가를 받지 못하자 그 회사를 아예 통째로 사들이기로 결심했다. 클러지는 인수를 위해 12억 달러를 빌렸다. 그것은 미디어 업계 역사상 가장 큰 차입매수(LBO, leveraged buy out, 기업 매수자금을 매수대상 기업의 자산을 담보로 조달하는 방법)였다. 전문가들이 보기에도 그 당시까지 시도된 거래 중에서 가장 위험한 것이었다.

클러지는 단기간 내에 빚을 청산하기 위해 메트로미디어를 해체시켜서 계열사별로 팔아치워야 했다. 그러나 곧 프리미엄 가격에 자산을 빨리 처분하기란 불가능하다는 것이 분명해졌다. 문제는 잠재적 인수자들이 미국 연방통신위원회가 정한 '추가로 소유할 수 있는 방송국 수의 제한'에 걸린다는 것이었다. 채무불이행으로 파산 위험에 처한 클러지는 자산 처분에 대한 추가적인 시간을 벌기 위해 새로운 자금조달 방안을 제공해주는 투자 은행 드렉셀 번햄 램버트Drexel Burnham Lambert로 돌아섰다.

2년이 지난 후에 방송국 자산에 대한 가격이 크게 오르면서 클러지는 7개의 TV 방송국과 11개의 라디오 방송국을 내놓았다. 경매로 할렘 글로브트로터스Harlem Globetrotters, 아이스 커페이즈Ice Capades와 같은 사업체와 클러지의 이동통신 사업체도 팔렸다. 통이 큰 노련한 이 경영자는 마침내 엄청난 부채 더미를 청산했을 뿐만 아니라 어림잡아 16억 달러의 순익까지 남겼다. 얼마 지나지 않아 클러지는 그렇게 남긴 수익을 이동통신 사업에 재투자했고 관련 벤처들을 인수하여 1989년까지 〈포브스〉 선정 미국 최고 부자 리스트에 오를 수 있었다.

물론 클러지는 메트로미디어를 차입매수하면서 자신의 운명을 거기에 완전히 내맡기지 않았다. 그는 재정적으로 약삭빠르게 움직이면서 채권 보유자가 떠안고 있는 리스크의 상당 부분을 줄여나갔다. 그 당시에는 높은 수익률을 제공하는 채권(때로 경멸적으로 '정크본드'라는 꼬리표가 붙는) 시장이 폭발적으로 성장하고 있었다. 소액 투자자들은 이러한 고위험-고수익 증권에 전문적으로 투자하는 뮤추얼 펀드에 엄청난 자금을 쏟아 부었던 것이다. 그 결과 월스트리트는 전형적인 고수익 채권 발행 회사들, 즉 성숙기 산업에서 투자 자금을 날리기 일쑤이며 심각한 부채를 떠안고 있는 회사들의 요구를 충족시키기 힘들다는 것을 알게 되었다.

차입매수가 그 틈새를 메우기 시작했다. 비록 그러한 거래가 이전부터 사채와 주식의 중간형태를 취한 '중간층' 사채 시장에 의존해오고 있었지만 말이다. 즉, 그러한 시장에서는 채권 보유자에게 부채율이 비정상적으로 높은 벤처기업의 리스크를 상당 부분 보상해주기 위해 신주인수권과 같은 '주식 감미료'를 제공했다. 고수익 채권시장에는 그러한 감미료가 없었다. 즉, 채권보유자는 잠재적 이득에 대한 수혜 없이 리스크의 상당부분을 고스란히 짊어져야 함을 의미한다. 메트로미디어는 고수익 채권시장을 두드린 최초의 차입매수가 아니었지만, 자금 규모 덕분에 분수령이 되었다.

클러지는 금융·재무적인 식견을 활용하는 데 민첩했을 뿐만 아니라 엄청나게 큰 리스크를 감수하기 위해 필요한 요소, 즉 행운의 특혜를 받은 사람이었다. 한 언론에 따르면, 만약 이자율이 상승했거나 또는 클러지가 사들인 방송국 자산의 가격이 오르지 않았다면, 메트로미디어의 차입매수가 결국 클러지를 파산시켰을 것이라고 장담했다. 그를 풍족하게 해준 비장의 카드는 그의 이동통신 사업과 휴대용 소형무선호출기 사업이었는데, 그는 그 업체들을 13억 달러에 팔 수 있었다. 불과 4년 전에 클러지가 그 사업체들을 고작 3억 달러에 매수한 것에 비하면·엄청난 수익이다. 그는 '철저하게 검토하거나 따져보지도 않은 채' 자기 자신만의 생각으로 그런 투자를 했던 것이다.

이와 같은 경험들을 바탕으로 클러지는 행운이 주는 이득에 대해 솔직하게 말한다. "대부분의 기업가들은 그것을 밝히기 꺼려하지만 내가 큰 성공을 거둔 데는 행운이 크게 작용했다." 그것은 순전히 1959년에 옛 듀퐁 텔레비전 네트워크의 남은 부분을 인수할 기회를 우연히 잡게 되면서부터였다고 그는 회상한다. 그 거래로 인해 메트로미디어를 미국 최대 규모의 독립적인(네트워크로 연계되지 않은) 텔레비전과 라디오 방송국 그룹으로 발전시키게 되었다.

운이라는 것은 분명 행운과 불운이 번갈아 작용하기 마련이다. 클러지에게도 훗날 불행이 찾아왔다. 메트로미디어 매각을 끝낸 후에 그가 시도한 모험은 오리온 픽처스Orion Pictures라는 영화 스튜디오와 폰데로사 앤드 보난자 스테이크 하우스Ponderosa and Bonanza steak house 체인점이었다. 두 사업 모두 대박을 터뜨리지 못했다. 외식사업을 경험하고 나서 그는 이런 재치 있는 말을 남겼다. "경기는 어려워지는데 우리 식당에는 항상 음식을 먹을 수 있는 자리가 마련되어 있었다." 클러지는 또한 푸가지 익스프레스 리무진Fugazy Express limousine 프랜차이징 사업에 3,200만 달러를 투자했지만 파산하고 말았다. 그의 성공에 있어 운과 전략의 상대적 기여도를 묻는 질문에 클러지는 다음과 같이 대답했다. "만약 나의 성공과 실패가 모두 운 때문이었다고 말한다면 나는 진실하지 못한 사람입니다. 그러나 만약 모든 성패가 전략의 결과라고 말한다면 그것 또한 완전히 거짓말입니다."

돈이란 유리한 조건이나 성공 확률을 따져보는 비법을 알고 있는 사람에게 따르기 마련이다. 데이먼 루니언Damon Runyon이 다음과 같이 말한 것처럼. "항상 재빠른 사람만이 경기에서 이기는 것이 아니며, 또 언제나 강한 자만이 투쟁에서 살아남는 것도 아니다. 하지만 그것이 바로 내기를 거는 방식이다." 도박에 몰두한 존 클러지와 같은 인물조차도 때로는 게임이 한창일 때 판돈을 거둬들이는 선택을 하곤 한다.

예컨대, 그는 이동통신 사업이 앞으로도 더욱 성장할 것을 알고 있었음에도 불구하고, 1989년에 자신의 휴대전화 사업을 매물로 내놓았다. 그는 이렇게 설명했다. "때로는 최대 투자 이익을 고수하지 않을 수도 있다. 즉, 100% 만족스러운 거래를 고집한다는 것은 아니다. 나는 80~85% 만족하는 선에서 거래한다."(기록에 따르면 클러지는 그 휴대전화 사업의 지분을 유지하기 위해 팔려고 내놓았던 주식의 일부를 다시 사들였다) 무모한 도박꾼으로서의 명성에도 불구하고 클러지는 다음과 같이 말했다.
"리스크를 추정하는 능력이 절대적으로 중요하다고 생각한다. 나는 밑
도 끝도 없이 리스크를 누적해가면서 끝을 알 수 없는 거래들은 절대 상
대하지 않는다."

CHAPTER
4

새로운 방식으로 접근하라

내가 만드는 것은 아무것도 없다.
오직 신만이 창조한다.
나는 언제어디서나 그것을 긁어모으고 훔칠 뿐이다.

조지 발렌신George Balanchine

____ 아이디어 VS 모방

혁신은 억만장자를 꿈꾸는 사람들에게 두 가지 관점에서 상당히 매력적이다. 첫째, 혁신을 통해 높은 성장률을 기록할 수 있고, 이것은 결과적으로 높은 주가수익배수로 이어진다. 둘째, 혁신을 이루는 데는 특별히 독창적인 마인드를 요구하지 않는다.

로스 페로는 컴퓨터 서비스 산업을 창안한 것에 대한 공로를 인정받고 있지만, 그가 일렉트로닉 데이터 시스템EDS을 창립하기 전에 IBM은 그 분야에서 그저 그런 평범한 방식으로 운영되고 있었다. 페로의 놀라운 통찰력은 컴퓨터 관련 서비스가 단지 메인프레임 컴퓨터를 팔기 위한 부수적인 것이 아니라 독자적인 사업으로서 성장 가능성이 크다는 사실을 알아차린 것이다. 자신의 통찰력과 함께할 IBM 경영진을 설득하는 데 실패한 그는 직접 그 사업에 뛰어들었다. 즉, 페로는 억만장자가 되기 위해 완전히 새로운 아이디어를 고안해낼 필요가 없었다. 이미 있는 아이디어를 돈이 되게 하는 방법을 아는 것만으로 충분했다.

이와 유사하게 샘 월튼도 할인 판매업을 창안한 것이 아니다. 마이클 쿨렌Michael Cullen이 1930년에 그의 첫 번째 슈퍼마켓을 뉴욕의 자메이카에서 열면서 박리다매라는 상품판매 방식을 소개한 적이 있었다. 마틴 체이스Martin Chase도 1953년 로드아일랜드의 컴버랜드에서 '앤 앤드 호프'라는 가게를 열고 의류 할인판매를 시작했다. 월튼이 1962년 월마트라는 할인판매 사업에 뛰어들 때쯤엔 소매 업계에서 할인판매 형태는 이미 연간 20억 달러의 거대한 산업으로 성장해 있었다.

그러나 이 책에서는 마이클 쿨렌이나 마틴 체이스에 대한 이야기는 하지 않을 것이다. 샘 월튼의 월마트 체인점은 이제까지의 다른 경쟁업체들보다 더욱 효율적으로 할인판매업이라는 개념을 실행해왔기 때문에 이 분야에 있어서 독보적인 존재로 남아 있다. 그러니 샘 월튼의 월마트만을 살펴보아도 할인판매 사업은 충분히 설명될 수 있다. 월튼의 고백에 따르면 자신이 성공적으로 사업을 할 수 있었던 주요 원동력은 바로 할인매장을 성공적으로 운영하고 있는 사람들의 방법을 모방하는 데 주력했기 때문이라는 것이다.

사업 혁신으로 엄청난 주가 상승을 기대할 수 있고, 그렇게 하는 데 독창성도 필요하지 않다면 혁신의 장애물은 무엇일까? 가장 큰 문제는 변화로 인해 필연적으로 일어나는 반발이다. 계속 해오던 방법을 뒤바꾸는 것은 확실히 그 동안에 익숙해진 방법을 변함없이 고수하려는 사람들의 불편과 분노를 초래한다.

페로를 비난하는 사람들은 그가 국가의 복지정책에 의존하여 부를 축적한 자본가라고 혹평했다. 그러나 전산화가 없었다면 정부는 효율적인 업무 처리를 할 수 없었을 것이다. 만약 페로가 그 시점에 그 자리에 없었더라도, 결국 다른 회사들이 그 프로세스를 전산화했을 것이다. 그러나 페로의 사업적인 노력 덕분에 공공 부문의 낭비를 제거할 수 있었고 비대해진 관료 정치에 맞서 격분함으로써 값싼 인기에 연연하는 정치가들보다 더 많은 기여를 했다. 언론의 관심은 기존의 질서를 뒤흔드는 것에 뒤따르는 대가의 일부분에 지나지 않았다.

하지만 혁신으로 사람들을 분노케 하는 책을 쓴 사람은 월튼이었다. 그 공격을 주도한 것은 월마트의 싼 가격에 경쟁조차 할 수 없는 작은 마을의 소매업자들이었다. 월마트가 상륙하자 그 동안 마을에서 소규모 잡화상을 운영하고 있던 이들은 문을 닫아야 했는데, 그에 대해 혹자들은 미국의 작은 마을 특유의 개성이 사라지고 있다고 개탄했다.

월튼은 손님들이 그의 대형 할인매장으로 몰려든다는 사실에 더욱 강한 인상을 받았다. 분명히 그들은 월마트의 분위기를 싫어하는 것보다 더 월마트의 저렴한 가격을 좋아했으며, 그것은 어디까지나 소비자의 주관적인 문제였다. 즉 월튼은 소비자들이 그들의 돈을 최대한 경제적으로 쓸 수 있도록 도와줌으로써 자신이 좋은 일을 하고 있다고 진정으로 믿었다. 결국 그들은 월마트를 미국에서 가장 거대한 소매점으로 만들어주었고, 그로 인해 월튼의 신념에 대한 정당성이 입증된 셈이다.

억만장자가 되는 과정에서 로스 페로와 샘 월튼은 그들이 바른 길을 가고 있다는 흔들리지 않는 확신과 자신감으로 버틴 사람들이었다. 그들

개인의 삶 역시 강한 확신으로 가득 찼다. 종교적인 헌신과 가족의 유대는 그들이 소중히 여기는 가치들이었다.

〉〉슈퍼리치가 되는 법

▶ **기본전략**

- 새로운 방식을 도입하라.
- 경쟁심을 자극하라.
- 거래를 냉철하게 즐겨라.
- 모험을 기꺼이 감수하라.

▶ **주요원칙**

- 아이디어 중에서 돈이 될 만한 것을 찾는다.
- 규칙은 깨어지기 마련이다.
- 모방이 혁신보다 유용하다.
- 끊임없이 성장한다.
- 주식을 보유한다.
- 고생을 기꺼이 감수한다.
- 금융 수단을 최대한 이용한다.
- 만약을 위해 대안을 항상 염두에 둔다.
- 실패는 할 수 있지만 거기서 뭔가를 배워야 한다.
- 근검절약을 생활화해야 한다.
- 일을 즐겨야 한다.
- 때로는 철면피가 되어야 한다.

이러한 개인적 성향이 엄청난 재산을 축적하는 데 필수적인 것은 아니다. 워렌 버핏은 조직화된 종교에 회의적이고, J. 폴 게티는 그의 몇 번의 결혼만큼이나 많은 혼외 관계로 정평이 나 있다. 억만장자를 꿈꾸는 사람들에게 실제로 중요한 포인트는 페로와 월튼이 선택한 길이기도 한 혁신이다. 이는 평등주의자들에게 반기를 들고 정면으로 맞선 전략이다. 만약 당신이 진정 슈퍼리치가 되고 싶다면, 변화가 사람을 당황하게 한다는 피할 수 없는 사실을 겸허하게 받아들이되 주저하지 말아야 한다.

___ 새로운 컴퓨터 서비스 산업의 개척자, 로스 페로

독수리는 무리를 짓지 않는다.

오직 한 마리씩 날아다닐 뿐이다.

-로스 페로

억만장자가 된 사람들은 어딘가 특별한 구석이 있기 마련이다. 그러나 로스 페로는 그 특별한 사람들 중에서도 더욱 특별한 사람으로 손꼽힌다. 페로는 자신을 기업가, 박애주의자, 정치개혁 운동가라고 말한다. 1986년 영국 왕실의 찰스 왕태자는 윈스턴 처칠 재단의 '훌륭한 지도자상' 을 페로에게 전하기 위해 달라스로 왔다. 로스 페로 이전에 이 상을 수상한 사람은 영국 수상인 마가렛 대처Margaret thatcher와 미국 정치가인 애버렐 해리먼Averell Harriman, 오직 두 명 뿐이었다. 페로는 화려한 팡파르도 없이 자신이 텍사스 스타일의 말 장사꾼 아들이라는 것을 다시 한 번 보여주었다.

1969년 이후 페로가 베트남에 있는 미군 포로들을 석방하기 위해 노력하고 있을 때, 대중들은 그를 거의 알지 못했다. 켄 폴레트Ken Follett가 쓴 베스트셀러이자 TV 드라마로도 제작된 《독수리의 날개On Wings of Eagles》는 1979년 이란의 테헤란 감옥에 인질로 잡혀 있는 두 명의 직원을 구출하기 위해 특수부대를 조직하는 페로의 모습을 묘사하고 있다. 1980년 페로는 마약 남용에 대한 처벌을 강화하는 텍사스 대책위원회의 의장이 되었고 3년 후에는 주 전체를 대상으로 하는 교육개혁 법안을 내놓았다. 고등학교 미식축구 팀들의 격렬한 비난에도 아랑곳하지 않고 그는 선수들이 기본적인 학과과정을 이수하지 못하면 미식축구 팀에서 제명당하는 조항을 억지로 밀어붙였다.

1992년 페로는 무소속으로 미 대통령 선거에 출마할 의사를 표했다. 관료주의에 물든 사람들이 페로를 아무리 비방해도 그는 개의치 않았다. 그는 정부 정책의 테두리를 벗어나 소외된 사람들을 위한 정치를 할 것이라는 공약을 내걸고 유세전에 들어갔다. 만일 그때 그가 대통령으로 당선되었다면 아마도 많은 사람들과 의견 대립으로 마찰만 일으키면서 자신은 삐쩍 말라버리고 말았을 것이라고 페로는 나중에 회고했다. 그렇다 하더라도 유권자들의 지지율은 34%까지 올라가 충분히 승산이 있어 보일 정도였다. 그러나 실제 투표에서는 19%의 지지를 얻음으로써 선거에서 패하고 말았다. 페로가 무소속으로 출마하여 그 정도의 득표율을 얻은 것은 1912년 테오도르 루즈벨트 이래로 무소속 후보나 제3당 후보자들도 가능성이 있다는 것을 보여준 일대 사건이었다. 한 번의 실패에 좌절하지 않고 페로는 1996년 다시 선거에 출마하겠다는 의지를 표명했으며 실제로 1996년 밥 돌, 빌 클린턴과 함께 대선에 출마했다. 그때까지 그가 사용한 선거 자금은 무려 8억 달러에 이르렀다.

처음으로 공직자 선거에 나가면서 이후에 대통령 선거에도 출마하겠다고 한 페로의 대담성은 그의 자선 사업을 비롯한 사회 사업에서도 나타났다. 베트남 전쟁 참전자들이 워싱턴에 세워진 베트남 전쟁 기념관에 대해 별로 만족스러워하지 않자, 페로는 120피트에 이르는 웅장한 조각상을 세우라면서 비용을 선뜻 내놓기도 했다. 그러나 페로가 아무리 많은 정치적 모험을 하거나 자선 사업에 거액을 기부한다 해도 그가 비즈니스 세계에서 일궈낸 뛰어난 업적들은 흔들리지 않았다. 로스 페로는 1985 〈포브스〉가 선정한 미국 최고 재력가 리스트에서 샘 월튼의 뒤를 이러 2위에 올랐다(텍사스 주지사는 페로가 두 번째인 것이 오히려 이상하다고 농담을 하면서 왜 페로가 최고의 자리에 오르지 못했느냐고 익살스럽게 반문했었다).

컴퓨터 서비스 산업의 개척자인 페로는 EDS를 맨손으로 시작한 지 10년이 채 되기도 전에 주식 시가총액으로 거의 20억 달러에 이르는 거대한 회사로 만들어놓았다. 40세가 되기 전에, 그의 개인 순자산은 자그마치 15억 달러에 이르게 되었다. 1984년 현금과 주식을 받고 EDS를 제너럴 모터스^{GM} 사에 넘김으로써 그는 GM 대주주 중 한 명이 되었을 뿐만 아니라 경영 간부급의 이사가 되었다. 하지만 다른 의미로 본다면 페로는 GM 경영자들 사이에서 눈엣가시가 되어버렸다. GM의 경영자들은 페로를 밀어내기 위해 시가에 3억5천만 달러의 프리미엄을 덧붙여 주식을 사들였다. 하지만 GM을 떠난 페로는 비경쟁 협정이 만료되자마자 페로 시스템을 창립했고 EDS와 정면으로 맞서게 되었다. 교육개혁 운동에 많은 돈을 날렸고 채권에 크게 투자하는 바람에 1990년대 주식 호황 시장이 끝나기만을 기다려야 했지만 1998년 그의 순자산은 37억 달러에 이르렀다.

____ 어린 시절부터 거래와 모험을 즐기다

페로의 전설적인 모험담은 1930년 텍사스 주와 아칸소 주의 경계선으로 분할된 마을인 텍사카나에서부터 시작한다. 텍사카나는 마을의 특성상 주 경계선을 넘어야만 하는 무법자들의 천지였다. 페로가 어린 시절 영웅으로 생각한 사람 중에는 로데오 카우보이도 있었다. 그 카우보이는 비록 세계 로데오 선수권대회에서 손가락 세 개를 잃어버렸지만 여전히 페로의 우상이었다. 페로는 훗날 이렇게 말했다. "강하다는 것이 무엇인지 그 카우보이를 보고 알게 되었다." 일곱 살쯤에 페로는 그의 아버지에게 잘 보이기 위해 말을 길들이기 시작했다. 그 일로 인해 페로는 몇 번의 부상을 입어야 했고 그때의 부상으로 자신의 트레이드마크인 납작코를 가지게 되었다고 농담처럼 말하곤 했다.

페로가 사업가가 된 것은 당연한 결과였다. 왜냐하면 페로의 가정환경에서 떼낼 수 없는 것이 바로 아버지의 사업이었기 때문이다. 아버지는 직업상 언제나 사업 이야기를 했고 페로는 어린 시절부터 그런 아버지의 이야기를 들으면서 자랐다. 목화 중개업자이자 말 장사꾼이었던 그의 아버지 가브리엘 페로에게서 어린 페로는 사업상 필요한 협상 기술을 배웠다.

그는 어린 시절을 회상하면서 이런 이야기를 들려주었다. 어린 시절, 한 농부가 페로의 농장으로 차를 몰고 와서 의기양양하게 그의 아버지에게 이렇게 말했다. "가브리엘, 내가 방금 무슨 일을 하고 왔는지 알면 당신이 무척이나 부러워할걸! 당신이 항상 갖고 싶어 하던 바로 그 말을 내가 손에 넣었소!" 페로의 아버지는 그 말이 무척이나 탐이 나기는 했지만, 별거 아니라는 듯이 대수롭지 않게 대답했다. "그래서 뭐가 어쨌단

거지?" 그리고 그는 그 농부에게 얼마나 주고 샀느냐고 아무 관심도 없는 듯한 표정으로 넌지시 물어보았다. 마치 자신은 그 말에 흥미조차 없다는 듯이 말이다. 25마일이나 신나게 달려온 그 농부는 허무하게 곧바로 돌아가고 싶지가 않았다. 페로의 아버지는 그 말에 대해 계속 무신경하게 대꾸했다. 그 농부는 다급해졌다. 노련한 말 장수 가브리엘은 밖에 나가 어슬렁거리면서 건성으로 그 말을 칭찬했지만 여전히 계속 자신은 그 말을 사고 싶은 의향이 없다는 것을 내비쳤다. 그로부터 며칠이 지난 후, 가브리엘 페로와 그 농부는 거래를 했다. 페로의 아버지는 자신이 그렇게 갖고 싶어 하던 말을 손에 넣은 것이다. 그것도 처음 농부가 팔려고 제시했던 가격의 1/3에 말이다.

어린 시절부터 가브리엘의 아들 로스 페로는 장사에 재능을 보이기 시작했다. 가브리엘은 정원에 뿌릴 씨앗, 크리스마스카드, 중고 말안장, 주간 잡지 같은 것을 파는 일을 아들에게 맡겼다. 열두 살이 되었을 때, 페로는 자신의 인생에서 첫 거래를 성공적으로 성사시켰다. 그 당시 〈텍사카나 가제트〉 신문은 흑인들이 대부분 거주하고 있는 뉴타운이라는 빈민가에서 신문을 팔 생각은 아예 하지도 않았다. 사람들 말로는 그 지역은 아주 위험할 뿐만 아니라 읽고 쓸 줄 아는 사람이 아무도 없다는 것이었다. 페로는 뉴타운에서 판로를 개척하겠다고 텍사카나 가제트 신문사에 제안했다. 조건은 통상적으로 행해지는 수익금의 30%가 아니라 그곳에서 판매되는 이익금의 70%를 자신이 갖는다는 것이었다. 신문사 측에서는 잃을 것이 아무것도 없다는 계산을 했다. 생각지도 않고 있던 지역에서 독자를 확보하는 것이 나쁠 것 없었으며 또한 어린 페로가 그런 위험한 지역에서 팔아봐야 얼마나 많이 팔 수 있을 것이며 그 수익 또한 미미할 것이라고 생각했기 때문이다. 이런 이유로 텍사카나 가제트는 페로의 제안을 수락했다.

페로는 매일 새벽 4시에 일어나 학교에 가기 전에 말을 타거나 혹은 자전거를 타고는 20마일이나 되는 곳을 돌아다니며 신문을 돌렸다. 그는 나중에 이렇게 회고했다. "오후에는 그 지역의 다른 곳을 가야 했다. 매춘을 하는 여자들 집의 구독 예약을 받기 위해서였다. 그런 여자들 집은 낮 시간 동안에 문 앞에다 신문을 가져다 놓았다. 그들은 언제나 날 친절하게 대해주었고 배달 즉시 계산을 해주었다." 머지않아 그는 주당 40달러의 순이익을 올리게 되었다. 열두 살의 어린 소년이 벌어들인 엄청난 수익에 텍사카나 가제트 신문사는 일방적으로 그의 급료를 30% 삭감해버렸다. 그러나 어린 페로는 쉽게 겁을 먹지 않았다. 그는 사장 사무실로 곧장 달려가서 이렇게 말했다. "저는 당신 신문사와 계약을 하고 거래를 했습니다. 제가 해야 할 몫을 다하고 있는데 당신 신문사는 약속을 지키려 하지 않습니다. 저는 당신의 신문사가 그 약속을 계속 지킬 수 있을지 걱정입니다." 어린 페로의 당찬 말에 신문사는 원래의 계약대로 급료를 지불했다. 이런 경험을 통해 어린 페로는 '결정권을 가지고 있는 사람을 직접 찾아가라'라는 사업상의 중요한 교훈을 터득했다.

페로는 고등학교를 졸업한 후에 텍사스 대학에 진학하여 법률을 공부할 것이라는 기대를 품고 텍사카나 주니어 대학에 등록했다. 그러나 그의 진짜 소원은 미 해군 사관학교에 들어가는 것이었다. 페로는 해군 사관학교에 진학하기로 결정했지만, 행운의 여신이 도와주기 전까지 그런 그의 소망은 쉽게 이루어질 수 없었다. 해군 사관학교에 들어가기 위해서는 상원의원 한 사람의 추천서가 필요했던 것이다.

이 때 텍사스의 리 오다니엘의 부관은 '은퇴를 앞두고 있지만 아직은 해군 사관학교에 추천서를 써줄 수 있는 권한을 가지고 있는 한 상원의원이 있다'고 페로에게 알려주었다. 페로는 바로 자신을 추천해달라고 부탁했고, 오다니엘의 부관은 그 의원에게 '추천서가 없어 해군 사관학교에 몇 년 째 들어가지 못하는 텍사카나 출신 청년이 하나 있다' 고 전했다. 상원의원은 그 말을 듣자마자 그 청년에게 추천서를 써주라며 선뜻 허락했다. 그는 페로의 이름조차 물어보지 않았다. 이런 간절한 염원과 우여곡절 끝에 페로는 미 해군 사관학교에 입학할 수 있었다.

____ 해군이 되고 싶어 했지만 군인 체질은 아니었다

미 해군 사관학교에서 페로의 성적은 학급에서 중상 정도였다. 그러나 그의 활동적인 성격과 매력적인 성품은 그 어떤 누구보다도 사람들의 주목을 끌었다. 페로의 한 선배는 이렇게 말했다. "로스는 자신의 신체적 왜소함을 내적인 능력, 즉 친구를 사귀고 사람들에게 영향력을 발휘하는 것으로 극복했다." 페로는 토론에 탁월하고 위원회를 이끌면서 미해군 사관학교의 명예 선서를 했을 뿐만 아니라, 구명보트의 키잡이로도 선발되었다. 한 동료는 페로를 이렇게 기억했다. "페로는 키잡이로서 가장 체구가 작은 사람이었다. 그러나 날카롭게 소리치는 그와 함께라면 우리는 그 어떤 경기에서도 이길 수 있었다." 페로는 활동력이 뛰어나고 사교적이며 리더십을 동시에 가지고 있다는 강점 때문에 두 번이나 동기들의 회장으로 선출되었다(나중에 해군 제독이 된 한 동기는 자신은 부회장 자리에 만족해야 했었다고 고백했다).

사관학교 동기들은 페로가 확실히 해군 제독이 되리라 생각했고 몇몇은 심지어 그가 미국의 대통령이 될지 모른다고 기대하기도 했다. 동기생들은 야망에 찬 페로가 해군 사관학교에 만족하지 않을 거라고 생각했었다. 페로는 1953년에 텍사카나로 돌아와 어린 시절의 한 친구에게 해군에 지원할 생각이라고 말했다. 당시 미군은 한국전쟁에 참여하고 있었고 많은 군인들이 한국으로 투입되고 있는 상황이었다. 하급 장교들은 한국전에서 수도 없이 죽어간다는 말을 들은 친구는 도대체 왜 페로가 그런 목숨을 건 위험에 뛰어들려는지 알 수가 없었다. 페로는 친구에게 이렇게 말했다. "위험하지만 모험을 할 수 있으니까. 만약 그곳에서 살아 돌아올 수 있다면, 해군 제독이 되는 것은 시간문제일 거야."

결국 페로는 해군에 입대했는데 독립심이 강한 텍사스 출신에게 해군은 결코 이상적인 곳이 아니었다. 비록 좋은 출발을 하여 구축함의 기관사라는 주요 보직으로 빠른 승진을 했지만, 얼마 되지 않아 새 지휘관과 개인적인 마찰을 빚게 되었고, 결국 항공모함 안에서 시시한 임무를 부여받게 되었다. 이로써 페로는 군을 떠나기로 결심하면서 그의 군 생활도 막을 내렸다.

페로는 군대 시절의 자신을 회상하며 이렇게 말했다. "군대에서 승진 체계는 자신의 능력에 따라 검증받고 인정받는 것이 아니라 어떤 사람 뒤에 줄을 섰느냐에 따라서 결정되었다. 능력에 따라 인정받아야 한다는 내 가치관과 타협할 수 없는 곳이 군대였다." 게다가 술, 담배, 신성모독, 동성애 등이 난무한 해군의 부도덕적인 측면들도 그가 더 이상 견디지 못한 원인이 되었다.

____IBM 퇴사의 변 :
능력에 따라 대우받지 못한다면 나가겠소!

해군에서 초기 단계의 컴퓨터를 다뤄본 적이 있는 페로는 처음에는 달라스에 본사를 둔 첨단기술 분야의 소규모 회사인 텍사스 인스트루먼트에 취직할 계획이었다. 그러나 전역하기 얼마 전에 IBM의 한 경영 간부를 만나게 되었고 그가 페로에게 IBM의 판매직으로 지원하는 것이 어떻겠냐고 권유했다. 수습사원으로 고용된 페로는 회사란 소비자의 욕구를 만족시켜야 한다는 기본 원리를 재빨리 터득했다. 문제가 있는 컴퓨터를 수리하는 동안 그는 데이터 카드의 일시 기억 장치를 컴퓨터 속으로 설치하기 위해 며칠을 소비하기도 했다. 페로는 자신이 가지고 온 간이침대에서 자면서 판독기가 중단되어 덜컹거리는 소리가 날 때마다 또 다른 시스템을 설치하기 위해 잠을 설치기도 했다.

판매 훈련 교육에서 최고의 성적을 기록한 페로는 당장 IBM의 달라스 지점 중 가장 상대하기 힘든 거래처에서 몇 개의 주문을 따내기 시작했다. 이 전망 있는 사업을 철저히 연구한 덕택에, 그는 메인프레임 컴퓨터의 구매와 임대에서 확실한 실적을 꾸준히 낼 수 있었다. 엄청난 노력과 열정으로 그는 상품 판매에 장애가 되는 모든 문제들에 대해 해결책을 찾으려 했다. 예를 들면, 그는 사우스웨스턴 생명보험회사에 대형 컴퓨터를 팔기 위해, 사우스웨스턴이 컴퓨터를 사용하지 않는 시간대에 임대하여 컴퓨터를 이용할 다른 고객들을 찾으려고 열심히 영업을 뛰었다.

그러나 결국 페로는 스스로 달성한 목표의 희생양이 되고 말았다. 1961년 IBM은 새로운 커미션 플랜을 도입했다. 회사는 그 해에 예상되는 판매량에 기초하여 각각의 판매원들에게 할당량을 지정했다. 할당량을 채운 판매원은 책정된 상여금 전부를 받을 수 있었다. 그 계획에 따르면 책정된 보너스보다 더 많이 벌 수 있는 유일한 방법은 할당량의 두 배 이상을 판매하고 두 배의 상여금을 받는 것뿐이었다. 1962년이 막 시작되었을 때 페로는 기술학교에 IBM의 가장 비싼 모델인 IBM 7090을 판매하기 위해 동분서주했다. 마침내 1월에 계약을 마무리하고 나자, 그는 그 해 자신의 할당량을 다 채운 셈이 되었다. 그 해가 다하기 전에 페로가 팔기 힘든 7090 모델을 하나 더 판 것을 제외하더라도, 회사가 그에게 보상으로 더 해준 것은 없었다.

물론 1월에 한 해 할당량을 모두 다 판매한 전례가 없던 것은 아니었다. 즉 페로가 처음이 아니었다는 말이다. IBM 창립자의 아들인 토머스 왓슨 주니어Thomas Watson Jr.가 1월 1일에 그의 판매 목표를 달성했다. 페로와 마찬가지로 토머스도 새로운 커미션 제도에 불만을 표시했다. 해군에 있었을 때와 마찬가지로, 그는 능력에 따라 발전할 수 없음을 알게 되자 다시 한 번 좌절하게 되었다. 회사에서 승진하기 위해 줄을 잘 서야 한다는 것은 그에게는 별 호소력을 갖지 못했다. 게다가 회사의 경영 간부들은 IBM의 작은 컴퓨터 서비스 부서를 정식으로 확장시키자는 페로의 제안에 흥미를 보이지도 않았다.

해결책은 한 가지밖에 없었다. 페로 혼자서 그 사업에 뛰어드는 수밖에 없었다. 페로가 혼자서라도 이 일을 하겠다고 결심하게 된 것은 이발소에서였다. 이발소에 비치된 〈리더스 다이제스트〉에 실린 작가 헨리 데이비드 소로Henry David Thoreau의 글을 읽고서 혼자서라도 자신의 계획을 실행하리라 마음먹었던 것이다. "많은 인간들이 자신의 삶을 절망의 상태로 이끈다." 이것이 소로가 한 말이었다.

그는 결코 그 글이 자신의 삶에는 해당되지 않도록 하겠다는 결심을 하고 과감히 IBM을 그만두었다. 그의 32번째 생일날, 그는 아내에게 1,000달러를 빌려서 컴퓨터 서비스 전문 회사인 일렉트로닉 데이터 시스템EDS이라는 회사를 설립했다. 페로는 설립 초창기에 부족한 자금을 조달하기 위해, 텍사스 주정부의 건강보험 프로젝트 '블루 크로스-블루 실드Blue Cross-Blue Shield'에서 데이터 프로세스 컨설턴트로 일하기 시작했다. 커크 커코리언이 위험을 최소화할 수 있는 전략으로 제시한 '다른 길을 항상 염두에 두어라'와 더불어 페로는 다른 억만장자들이 활용하는 몇 가지 고전적인 기법들을 보여주게 된다.

1962년 EDS가 창립되었을 당시 컴퓨터 산업의 서비스 분야(컴퓨터 제조나 하드웨어 판매와는 대립관계에 있는 개념)는 지불 대금과 급여 계산과 같은 기본적인 데이터 처리에 국한되어 있었다. '서비스국'은 고객들로부터 데이터를 수집하여, 그것을 자신들의 컴퓨터로 처리한 후 그 다음날 돌려주었다. 그에 비해 페로가 시작한 혁신적인 아이템은 보다 복잡한 업무들을 해결해주는 것이었는데, 시스템 설치와 자동화된 데이터 처리에 이르기까지 사용자들이 힘들어하는 데이터 변환 관리를 총망라한 것이었다. 스낵 식품회사인 프리토-레이Frito-Lay와 판매 경로 회계 시스템 개발에 관한 계약을 체결하면서, 페로의 신생 회사는 급성장했고 수익을 내기 시작했다.

1965년 연방 정부가 국민의료보장제도를 도입했을 때, EDS의 차별화된 서비스 능력은 이 제도의 실행에 있어 가장 중요한 역할을 담당하게 되었다. 예상치 못했던 불만 접수가 건강 보험회사들로부터 쇄도했고, 적절한 통제가 이루어지지 않아 갑작스런 어수선함을 타고 사기 행각이 널리 퍼졌다. 그러던 중에 EDS가 개발한 텍사스 블루 크로스-블루 실드 국민의료보험 프로그램이 보험금 청구 업무를 가장 효율적으로 처리하는 대표적인 시스템으로 자리 잡으면서, 전국에 걸쳐 건강 보험 정책의 실행에 물꼬를 트는 계기가 되었다.

1967년까지 EDS는 시설 장비 위탁관리라는 또 다른 새로운 사업을 개척했다. 페로를 중심으로 한 팀은 다른 회사들의 불안정한 컴퓨터 센터(장비, 직원 및 전체)를 위탁받아 그것이 효율적으로 운영될 수 있도록 개선해주었다. 이 사업을 통해 EDS는 시스템을 만들고 작동하도록 도와주는 본래의 사업 영역과는 달리 장기간 고객을 보유하게 되었다. 이 사업을 성공적으로 운영할 수 있었던 것은 사내에서 보다 유연하고 막힘없이 운영되는 시스템을 활용하기 원하는 고객들의 요구 덕택이었다.

이 새로운 비즈니스 모델은 페로의 영감에서 떠오른 것이 아니었으며 도움이 절실한 기업 고객들에 의해 EDS에 제안된 것이었다. 그러나 페로가 독자적으로 그 사업 아이디어를 생각해내지 않았다 하더라도, 그 사업의 잠재 수익을 감지하는 데는 그다지 오랜 시간이 걸리지 않았다.

＿＿ 직원의 로열티는 어디서 나오는가?

머릿속의 아이디어를 돈으로 전환시킬 수 있는 예리한 본능과 함께 페로의 성공에서 빼놓을 수 없는 중요한 요인은 조직을 만들고 관리하는 능력, 즉 사람들과의 관계를 이끌어나가는 능력이었다. 페로의 사교성은 이미 대학 시절부터 엿볼 수 있는 그의 매력 중 하나였다. 그는 자신처럼 혼자서 무엇인가를 시작해보겠다는 열의로 똘똘 뭉친 사람들을 모으고, 그들로 하여금 회사 내에서 최소한의 규범 아래 자율적으로 일하도록 했다. 페로는 의사결정권이 거대한 본부가 아닌 업무 현장에 있어야 한다고 믿었다(EDS는 가장 간소한 업무 절차로 유명하다. '이치에 맞는 것을 즉시 행하라').

페로는 스톡옵션제를 도입해 EDS에서만 100명 이상의 백만장자가 나오기도 했다. 자율적인 업무환경과 확실한 인센티브 제도로 직원들의 사기를 향상시켰고, 이로써 EDS는 강력한 경쟁력을 가질 수 있었다. '수단과 방법을 가리지 말라'라는 모토 아래 EDS 직원들은 많은 시간을 프로젝트에 할애하면서 몇 달씩 집에 들어가지 못할 때도 있었다.

페로의 카리스마는 EDS 엔지니어들과 영업사원들의 몰입과 헌신에서 간접적으로 알 수 있다. 페로는 '독수리는 무리를 짓지 않는다. 오직 한 마리씩 날아다닌다'와 같은 모토로 끈기 있게 자신의 군단을 격려해왔다. 그러나 EDS 사람들의 단결력에는 리더 개인의 카리스마 이상의 것이 작용했다. 페로는 직원들의 충성심은 일방통행이 아니라 쌍방향 통행이라고 설파했다. 직원들만 일방적으로 회사에 충성을 맹세해서는 안 된다는 것이다. 흔히 말하는 '주고받기'가 가능해야 한다는 것이다.

이것은 그저 입에 발린 소리가 아니었다. 그가 1979년 이란의 감옥에 불법적으로 감금되어 있던 두 명의 EDS 직원을 구출하기 위해 생각해낸 아주 극적인 작전인 'HOTFOOT(Help Our Two Friend out of Teheran, 테헤란에 있는 두 친구의 구출 돕기)'에서 잘 드러난다. 이와 비슷한 예로 페로는 의료 사고를 당한 직원들을 도왔고 EDS의 강도 높은 업무량으로 고통을 감내해야 하는 직원들의 배우자들에게 감사를 표하기 위해 일일이 찾아다니기도 했다. 페로는 EDS 직원이 아이를 낳게 되면 부인이 있는 산부인과 병동으로 찾아가 축하해주기도 했다.

초창기에 EDS가 이룬 경이적인 성공의 또 다른 핵심 요인은 저비용 운영이었다. 명색이 컴퓨터 관련 사업을 한다는 회사가 1965년에서야 비로소 컴퓨터를 소유하게 되었는데, 그 이전까지는 임대한 장비를 사용하여 모든 것을 처리했다고 한다. 고객 회사의 컨설턴트들은 고객의 사무실이나 자택에서 작업을 했기 때문에 EDS는 굳이 사무실로 쓸 공간이 필요하지 않았던 것이다. 직원회의는 월 100달러를 주고 임대한 페로의 사무실에서 열렸다(변변한 사무실도 하나 없던 풋내기 회사가 마침내 본사 건물 앞에 간판을 내걸고 정식으로 사무실을 차리게 되었을 때, 행인들은 그 빌딩이 '에즈Ed's'라는 간판을 단 레스토랑이라고 착각했을 만큼 소박했다).

___ 자사 주식을 최대한 많이 보유하라

최소한의 자본으로 운영한 덕택에 1968년 주식시장에 상장될 때까지 페로는 전체 EDS 주식의 81%를 보유하고 있었다. 나머지는 투기 자본가들에게 간 것이 아니라 회사를 처음 창립할 때 같이 고생했던 엔지니어들에게 나누어준 것이었다. 그로부터 몇 년 후 빌 게이츠와의 공동 사업은 그가 이룩한 성공의 전초전에 불과했다. 그를 억만장자의 대열로 끌어올린 것은 바로 그가 주식의 상당량을 보유하고 있었기 때문이었다. 그러니 자사의 주식을 보유하고 있는 것이 얼마나 중요한지 알아야 한다.

한 가지 더 주목할 것은 EDS의 기업공개(IPO, Initial Public Offering)에서 페로가 좋은 가격으로 상장하기 위해 들인 엄청난 노력이다. 월스트리트 방식에 익숙하지 않았던 페로는 새롭게 발행된 주식의 가격을 산정하기 위해 투자 은행들이 사용하는 표준 공식이 있을 것으로 가정하고 시작했다.

페로는 17개 발행 주관사들이 EDS에 제안한 발행가격들의 차이가 너무 크다는 것을 알고 경악했다. 대부분의 투자 은행들이 수익의 60~90배 범위 안에서 가격 산정을 한 반면, 한 회사는 수익의 30배로 가격 산정을 했다.

수십개의 다른 첨단기술 회사의 IPO에 관한 정보를 수집하고 연구하면서, 페로는 일반적으로 제안되는 엄청난 금액에 충격을 받았다. 많은 경우 주식은 수익의 30~90배 사이에서 가격이 산정되지만, 첫날 거래에서 다시 2~3배로 뛴다는 것이었다. '그러한 회사들은 너무 낮은 주식 제안가 때문에 회복하기 힘든 손실을 입게 된다'고 페로는 결론을 내렸다. 게다가 말 장사꾼인 아버지에게서 사업의 기초를 배운 텍사스의 페로를 곤혹스럽게 하는 것은 IPO 요강에 사용되고 있는 용어들이었는데, 그가 보기에는 기업의 상장을 만류하기 위해서 계획된 것처럼 보였다. 주식에 관한 법률에는 최초로 기업공개를 할 때 모든 발생 가능한 위험 부담에 대해서 밝히라고 하고 있지만 그 중 몇 가지는 너무 과도한 것들이었다.

EDS의 기업공개 이후 새로운 주식의 가격을 산정할 때, 그 주식의 가치를 다방면에서 평가하기 위해 오랜 준비 기간이 걸리는 것은 일반적인 경향이 되어버렸다. 투자 은행가들과 경제학자들은 이 현상을 몇 가지 다른 방법으로 설명한다. 우선 최초 기업공개 시에는 회사 주식의 극히 일부분만을 내놓는다. 만약 그 회사의 주식이 상장되고 나서 곧바로 가격이 가파르게 올라갈 경우 투자자들을 그 회사의 다음 주식 공개에 더욱 흥미를 갖게 된다. 발행 주관사들은 또한 신주 판매 시 부당하게 높은 가격이 책정되는 것을 막기 위한 목적의 청공법(blue-sky law : 주 내의 유가증권의 판매를 규제하고 투자자를 보호할 목적으로 제정된 법률)을 염두에 뒤야 한다. 어쨌든 1990년대 후반 인터넷 관련주에서 나타난 극심한 변동처럼 급속하게 성장하는 첨단기술 분야 회사들의 가치를 평가하기란 매우 어렵다. 게다가 최초 기업공개 시 EDS에 대한 평가는 회사의 장밋빛 전망뿐만 아니라 상당 부분의 리스크도 고려되어야 했다. EDS의 1968년도 재정 수익 중 64%는 전적으로 세 개의 고객사들에서 나온 것이었다. 그들 중 어느 한 회사라도 EDS의 첫 번째 고객이었던 프리토 레이처럼 서비스 계약을 갱신하지 않기로 결정할 수 있다. 요약하자면, 최초 판매 이후 신주 발행이 급증한다고 해도 투자은행이 실수로 망쳤다는 것을 보여주는 객관적인 자료는 거의 없다.

그러나 로스 페로는 금융 이론에 별 관심이 없었다. 존 록펠러와 워렌 버핏 등 뉴욕과는 상관없이 성장한 다른 억만장자들과 마찬가지로 그는 월스트리트에 회의적이었다. 페로에게 강한 인상을 준 몇 안 되는 투자 은행가들 중 한 사람이 알렌 앤 컴퍼니Allen & Company의 찰스 알렌Charles Allen이었다. 페로는 찰스 알렌에 대해 자신의 아버지와 같이 '위대한 말장사꾼 스타일'이라고 말함으로써 그에게 최상의 찬사를 보냈다. 결국 페로는 가장 낙관적인 회사에 주식인수를 위임하기로 했다. 그때까지 페로가 한 번도 들어본 적이 없는 R. W. 프레스프리치 앤 컴퍼니Pressprich & Co.사는 EDS라면 수익의 100배에서 공모가가 산정될 수 있다고 그에게 확약했다.

협정서에 서명하는 도중에 페로는 투자 은행가의 미끼 상술 책략에 대해 들었던 이야기가 생각났다. 그는 프레스프리치의 켄 랭곤Ken Langone에게 이렇게 말했다. "당신은 이제 내게 100배의 수익은 안 될 것 같다고 말할 것 같군." 랭곤은 페로의 아내 마고에게 윙크를 하며 대답했다. "로스 씨, 당신이 전적으로 옳아요. 수익의 100배는 안 되겠지요." 화가 난 페로는 날카롭게 말했다. "당신도 여느 사람과 다를 바가 없군." 아내 마고가 끼어들었다. "여보, 이분이 할 말이 무엇인지 끝까지 들어보시지 그래요." 페로는 아내의 말대로 마음을 차분히 가라앉히고 그러면 주가 수익이 도대체 얼마나 되겠느냐고 묻자 랭곤이 답했다. "글쎄요. 아마 116배 정도 쯤 될까요? 수요가 너무 많아서 제 생각에는 가격을 올려야 할 것 같습니다!"

결국 EDS는 최고 기록에 가까운 수익의 118배, 다르게 말하면 주당 16.5달러에 공모가격이 정해졌다. IPO에서 판 주식에 대해 최고가를 받겠다는 페로의 확고한 추진도 있었지만, 가격은 첨단기술 분야에 대한 매수 열기 탓에 즉시 급상승했다. 주식을 공개한 날, 1968년 9월 12일, 장거래가 마감되기 전에 EDS 주식은 23달러까지 올랐다. 다음해에 EDS는 놀랍게도 주당 160달러로 급등하며 주가수익배수는 500이 되었다. 1969년 호황 장의 정점에서 페로가 보유하고 있던 나머지 EDS 주식 900만 주는 장부상으로 15억 달러의 가치에 달했다. 〈포춘〉은 '로스는 미국 비즈니스 역사상 가장 놀라운 개인적인 대성공을 이뤘다'라는 기사를 실었다. 그리고 '어느 누구도 그렇게 빨리 그토록 많은 돈을 번 적이 없었을 것'이라고 덧붙였다.

1970년 주식시장이 급격한 하락세를 보일 때, 그는 매우 다른 방식으로 재정적인 성과를 크게 거두었다. 1970년 4월 22일 주가 폭락으로 단 하루 만에 그의 순자산은 거의 5억 달러까지 곤두박질쳤다. 그러나 페로는 항상 말해왔던 것처럼 자신이 EDS에서 일하는 목적은 돈을 버는 것이 아니라고 이야기하면서 대수롭지 않게 받아들였다. 한번은 다음과 같이 말한 적이 있다. "내가 최고의 보이 스카우트가 된 날이 억만장자가 되었다는 것을 알게 된 날보다 내게는 더 기쁘고 소중한 날이었다."

하루 만에 거대한 손실을 입은 그 다음해, 페로는 몰락해가는 증권 회사인 듀퐁 글로어 포건duPont Glore Forgan을 구하려다가 다시 한 번 실패를 겪게 된다. 페로의 전문가적인 식견과 재정적인 능력을 고려했을 때 그가 듀퐁 글로어 포건이 겪고 있던 문제를 해결하는 데 적임자로 여겨지는 것은 당연한 것처럼 보였다. 그러나 다른 한편 월스트리트의 방식에 의구심이 많은 사람이 이러한 일을 맡은 것도 옳지는 않았다. 덧붙여 해병대 출신을 대량으로 영입한 EDS의 단순 과격한 분위기는 자유분방한 중개업자와 투자가들이 보기에 지나치게 경직되고 퇴행적으로 여겨졌다. 페로가 EDS에 복장 규제와 수염 기르기 금지 조항을 군대처럼 강요하려 했던 시도는 사내 문화적 충돌을 유발할 뿐이었다. 〈배론〉의 칼럼니스트인 알랜 어벨슨Alan Abelson은 이렇게 적었다. "그의 스타일은 다소 문제가 있다. 그는 마치 초일류 보이 스카우트라도 되는 것처럼 보인다."

정부 기관에서는 그의 합병 시도가 실패할 경우 금융 시스템 전체가 위험에 빠질 수도 있다고 조심스럽게 경고했다. 하지만 페로는 시종일관 자신은 오직 애국심에서 듀퐁 글로어 포건과의 합병에 참여하게 되었다고 주장했다. 결국 페로의 '하면 된다'는 정신도 듀퐁 글로어 포건을 구할 수는 없었다. 합병된 기업은 페로가 투자한 노력과 6,000만 달러의 자금을 껴안고 침몰했다. 그러나 거기서 단념하지 않고, 페로는 다시 그의 특유의 활기를 되찾아 사업 활동을 계속했다. 하지만 익숙지 않은 사업 분야에 막대한 자금을 쏟는 것과 같은 잘못은 반복하지 않았다. 그가 그 다음에 시작한 주요 벤처 사업은 처음 그를 억만장자의 대열로 들어서게 했던 사업과 직접적인 경쟁 관계에 있는 것이었다. 그러나 컴퓨터 서비스 분야에서 다시 한 번 더 성공하기 전에 그는 말 장사꾼인 아버지의 전술로 큰 이득을 보았다.

_____ 모험을 회피하면 관료주의에 빠지고 만다

그의 54번째 생일, 그러니까 EDS를 창립한 지 정확히 22년이 되던 해에 페로는 'GM이 25억 5천만 달러에 EDS를 매입하겠다'는 제안을 수락했다. GM의 제안에 대해 그는 자동차 생산업자를 컴퓨터 서비스 사업의 잠재적인 큰 고객으로 생각한 것이다. 반대로 GM의 로저 스미스 Roger Smith 회장은 EDS의 공격적이고 기술적으로 진보된 조직 분위기가 매출이 부진한 GM에 활기를 불어넣어줄 것이라 생각하고 사업 합병을 결심했던 것이다. 페로는 말 장사꾼이었던 자신의 아버지로부터 배운 교훈을 적용해 더욱 유리한 조건을 얻기 위해 계속 기다렸다. 그는 이런 상황에서는 사려는 사람이 팔려는 사람보다 훨씬 적극적이라는 것을 알고 있었다.

EDS를 GM에 팔면서 페로는 다시 한 번 그가 해군과 IBM에 있을 때 그토록 참을 수 없어 하던 관료주의라는 난관에 부딪히게 되었다. 그러나 다른 한편으로 이사로서 그리고 회사의 최대 지분을 보유한 주주로서 그는 GM과 미국 전체 자동차 산업에 다시 활기를 불어넣고 있었다. 분명히 미국의 자동차 회사들은 그들의 수익을 빼앗아가고 있던 일본과의 경쟁을 위해 새로운 조율이 필요했던 것이다.

그러나 페로와 스미스는 시작부터 서로 충돌했다. 페로가 앞으로도 EDS를 자유롭게 운영할 수 있도록 하겠다고 약속했음에도 불구하고 스미스는 자회사의 스톡옵션 계획을 없던 것으로 만들려 했다. 페로의 말에 따르면, 문제는 스톡옵션제를 시행할 경우 많은 EDS 직원들이 스미스가 버는 것보다 더 많은 돈을 벌 수 있다는 데 있었다. 거수기 역할만 하는 GM의 이사가 된 페로는 휴즈 항공을 52억 달러에 인수하자는 안에 반대함으로써 다시 스미스와 충돌했다. 페로는 1930년대 이후로 이사들이 한 번도 회장의 의견에 반대한 적이 없다는 것을 알고 실망을 감추지 못했다. 머지않아 그는 이사회를 스미스의 '애완용 동물'이라고 조소했다. 그는 한 언론 인터뷰에서 이사진들은 특전으로 제공되는 최고급 자동차를 받지 말고 일반 고객들의 상황을 이해하기 위해 GM의 일반 자동차를 타야 한다고 선언했다. 또한 페로는 '경영진들을 최고급 사무실에서 내쫓아 공장으로 보내면, 그곳에서 그들은 자동차 설계자나 노동자들과 더욱 가까워질 수 있을 것'이라고 말함으로써 GM의 경직된 조직 분위기에 경종을 울렸다. 그는 GM의 엄청난 경비지출 프로그램에 대해서도 날카로운 지적을 했다. "우리는 새로운 차를 개발하기 위해 수십 억 달러를 쓰고 있다. 이것은 달나라로 쏘아 올릴 로켓이 아니다. 단지 자동차일 뿐이다." 무엇보다도 페로는 GM의 관료주의적인 업무처리 방식을 비난했다.

EDS의 직원은 처음 뱀을 보자마자 죽여 버린다. GM의 직원이 뱀을 발견하면 다음과 같은 절차를 거치게 된다. 우선 뱀에 대한 위원회를 조직하고 그 다음 뱀에 대해 잘 알고 있는 컨설턴트를 데리고 온다. …… 그리고 1년 동안이나 그 뱀에 대한 토론을 한다.

페로가 공공연한 비난을 하고 다니는 것에 화가 난 스미스는 술책을 써서 페로를 이사회에서 제외시키려고 했다. 이에 대해 페로가 쉽게 물러나지 않겠다고 응수하자 스미스는 전술을 변경했다. 우선 스미스는 EDS를 AT&T에 파는 것으로 골칫덩어리 페로에게서 벗어나고자 했다. 하지만 그 거래가 성사되지 않자 스미스는 페로가 가지고 있는 GM의 주식을 모두 사겠다는 제안을 했다.

스미스는 막다른 골목으로 몰렸다. 회사의 수익은 매우 저조했고 GM
은 적대적 인수합병의 희생자가 될 수도 있는, 이전에는 생각도 할 수 없
는 처지에 몰렸다. 말 장사꾼 페로는 다시 한 번 자신의 실력을 유감없이
발휘했다. 페로는 "나는 계속 말도 안 되는 요구만 했고, 그쪽은 계속 그
것들에 대해 동의를 했다"라고 말했다. 가격 흥정이 끝났을 때, 페로는
당시 시세의 거의 두 배에 달하는 매입가를 스미스로부터 받아냈다. 거
의 7억5,000만 달러에 달하는 돈을 받게 되었는데, 그것은 페로가 단지 2
년간 보유했을 뿐인 GM 지분 가치의 세 배에 달하는 금액이었다(그 2년
간 GM의 경영 악화는 매우 심각했다). 그 대가로 페로는 비교적 적은 양보
를 했는데, 5년 간 GM에 대한 적대적 인수합병에 착수하지 않고, 3년간
EDS와 경쟁관계인 회사를 설립하지 않는 데 동의한 것이다(그러나 그는
EDS 직원들을 18개월 후에 고용할 수 있었다). 또한 GM과 페로는 서로 공공
연하게 비난하지 않는다는 데 합의했으나 이 협정은 매입이 종결되는 순
간 깨졌다. GM의 방향을 전환하는 데 자신의 무능을 얘기하며 페로는
'나는 계산된 도박을 해서 실패했다'고 말했다.

페로는 더 이상 그가 창립했던 회사의 일부가 아닌 곳으로 관심을 돌
렸는데, 바로 투자였다. 그는 채권과 더불어 텍사스의 부동산에도 지대
한 관심을 보였는데, 1980년대 석유와 천연가스 가격의 하락으로 그곳에
싸게 나온 매물들이 많다는 사실을 감지했던 것이다. 그는 또한 투기 자
본에도 잠시 손을 댔다. 애플 컴퓨터의 창립자인 스티브 잡스가 설립한
넥스트 컴퓨터NeXT Computer 주식을 2,000만 달러어치를 사기도 했지만 수
력 엔진이나 날아다니는 자동차와 같이 아직 의문점이 많은 발명품에는
투자하지 않았다. 그러나 GM을 상대로 한 페로의 대결은 끝난 것이 아

니었다. 경쟁을 하지 않겠다는 협약 기한이 만료되자마자 그는 페로 시
스템이라는 새로운 컴퓨터 서비스 회사를 설립했다. GM 측이 경악할 정
도로, 그는 EDS 초창기 시절 IBM에서 우수 인력만 뽑아온 것처럼 수완
좋게 EDS의 인력을 빼가기 시작했다. 비경쟁 협정의 해석에 대한 법적
인 소송은 계속되었지만 호전적인 페로가 이러한 충돌 때문에 그만둘 리
는 없었다.

EDS가 처음 주식시장에 상장된 이래로 30년이 지났지만 여전히 페
로는 새로운 벤처 사업을 통해 금융계를 좌지우지할 수 있는 힘을 가지
고 있음을 보여주었다. 1999년 2월 1일, 페로 시스템의 첫 주식시장 상
장 가격은 16달러였다. 다음날 거래가 시작되자 수요가 너무 많아서 하
루 동안 거래를 두 번이나 중단해야만 했다. 그날 증시가 문을 닫을 때
쯤 페로 시스템의 주가는 27.5달러에서 43.5달러로 급등했다. 처음 상장
된 주식이 뉴욕 주식시장에서 거래 첫날 주가가 두 배 가까이 뛴 경우는
전례가 없었다.

모든 종류의 IPO를 감안했을 때, 페로 시스템의 첫날 시세는 미국 증
시 역사상 10위에 해당된 것이었다. 한 때 주가는 85.75달러까지도 치솟
았다. 페로는 IPO 단계를 거치는 동안에도 회사 주식의 많은 부분을 팔
지 않고 보유했다. 그가 보유하고 있던 38% 지분은 첫째 주의 종가인 66
달러로 계산했을 때 대략 21억 달러의 가치를 지녔다. 물론 초기 붐은 인
터넷 관련주에 대한 투자 열기를 타고 발생한 것이었다. 비록 페로가 인
터뷰에서 인터넷을 통한 B2B Business to Business 판매가 기업 성장의 중요한
요소가 될 것이라고 강조했지만 페로 시스템은 완전한 인터넷 기업은 아
니었다. IPO 이후 두 달 동안 투자가들이 컴퓨터 서비스 회사의 사업 역
량을 세밀하게 평가하기 시작하면서 페로 시스템의 주식은 최고치였던

66달러에서 50% 이상 하락했다. 그럼에도 불구하고 페로는 68세의 나이에 EDS를 상장하면서 이룬 업적과 GM 이사회를 떠나면서 받아낸 엄청난 보상 등 자신이 성취한 전설적인 성과들을 다시 한 번 뛰어넘었다.

_____ 억만장자? 그냥 로스라고 불러주시오!

〈텍사카나 가제트〉 신문사에서 어린 나이에 당차게 사장과 언쟁을 하던 시절부터 예순이 넘은 나이에 IPO에서 전설적인 성공을 거두기까지, 1949년 고향을 떠났던 로스 페로는 정직하고 성실한 사람 그 자체였다. 한 기자가 그에게 백만장자로 불리는 것이 좋은지 아니면 억만장자라고 불리는 것이 좋은지 물었다. 그러자 그는 다음과 같이 대답했다. "그냥 로스라고 불러주시오." 그의 오랜 친구는 이렇게 말한다. "페로는 대통령과 함께 있을 때나 길거리에 있는 보통 소년과 있을 때나 어떠한 곳에서든 변함이 없는 사람이다." 그리고 페로는 항상 일반 기성복을 입는다. 대형 할인 마트에서 한꺼번에 장을 보기도 하고 가끔 백화점에서도 쇼핑을 한다. 1992년 미국 대통령 후보로 출마한 로스는 대통령의 자동차 행렬로 인해 교통 혼잡을 일으키지 않고 대신 빨간 신호에 멈추겠다는 공약을 했다. 그 당시 그의 이동 수단은 그가 GM에서 제공받은 7년 된 올즈모빌Oldsmobile이었다. 그는 운전기사도 없이 손수 운전을 하면서 선거 운동을 하러 다녔다.

페로는 GM 시절 이사진에게 제공되는 차는 특별 점검을 거친 후 전달된다는 것을 알고 나서는, 3개월마다 이사진에게 특전으로 제공되는 새 자동차를 받지 않겠다고 선언했다. 일반 고객들이 느끼는 자동차 구매와 이용 경험에 대한 감을 보다 구체적으로 얻기 위해, 페로는 직접 대리점에서 가격 흥정을 해가며 자신의 1985년식 올즈모빌을 1989년식 시보레로 바꿨다.

____ 샘 월튼은 왜 20세기 최고의 사업가로 불리는가?

난 모방을 했을 뿐이다.

-샘 월튼

로스 페로와 웨인 휘젠거와 같이 샘 월튼도 억만장자라는 타이틀을 오랫동안 거머쥐고 있다. 월튼 회장이 자신의 할인 판매점을 둘러보면서 직원들을 격려하는 것은 그리 특별한 장면이 아니다. 그는 직원들을 '동료'라고 부르면서 진심으로 그들과 함께하려고 하는 사람이었다. 월튼은 고객의 이야기에 귀를 기울이고, 그 일을 하는 사람들의 이야기에 귀를 기울이며 경영혁신을 위한 탐구를 게을리 하지 않았다. 한번은 월마트의 트럭 운전사와 함께 100마일이나 되는 거리를 달리면서 운전사에게 아이디어에 대한 생각들을 끊임없이 물은 적도 있다. 운전사는 평소 자신이 느끼는 것에 대해서 별 생각 없이 이야기를 했다. 갑자기 월튼은 운전사에게 직원회의에서 브리핑을 해달라고 요청했고, 그 운전사는 그때서야 월마트의 다른 직원들과 마찬가지로 회장이 자기의 의견을 신중하게 받아들인다는 것을 알게 되었다고 한다. 회사의 업무 혁신에 누구나 참여할 수 있는 것, 이것이 월마트의 경영철학 중 하나이다.

월튼이 입고 있는 옷들은 대부분 자신이 미국에서 가장 큰 소매업체로 키운 창고형 할인매장의 체인점에서 구입한 것들이다. 아칸소 주 벤톤빌의 월마트 본사 근처에 있는 그의 자택은 인상적이긴 하지만 그 외관과 규모는 월튼의 지위와 재산에 비해 초라해 보인다. 그의 검소함을 보여주는 몇 가지 일화가 있다. 한번은 월튼의 고향 오클라호마 킹피셔에서 어린 시절의 친구가 찾아왔다. 미국 소매업계의 대부라고 할 수 있는 억만장자 월튼이 자신의 친구를 마중하러 가기 위해 타고 간 차는 계기판이 고장난 오래된 차였다. 작위가 있는 한 영국인 부부가 월마트가 펼치고 있는 '국산품애용운동Buy American Campaign'에 대한 논의를 위해 벤톤빌을 방문했을 때, 월튼은 자신의 새 사냥용 개와 함께 타고 다니는 화물용 트럭을 몰고 나갔다. 언론에 낯선 촌구석에서 검소하게 사는 한 남자가 〈포브스〉가 선정하는 미국 400대 부자 리스트의 정상에 올랐다는 경이적인 뉴스가 주목 받는 이유는 이런 이야기들 때문이다. 월튼은 한숨을 쉬며 이렇게 말했다. "언론은 내가 수십 억 달러의 돈을 동굴 깊숙이 숨겨놓고는 개나 끌어안고 자는 인색한 괴짜 은둔자나 남부 촌뜨기로 그려내곤 합니다."

미국 대부호에 대한 언론의 기대에 부응하고 직원들의 사기 진작과 월마트 홍보를 위해 샘 월튼은 종종 화려한 헤드라인 기사거리를 제공하기도 했다. 가장 유명한 일화는 1984년에 월튼 회장이 회사의 사장들과 내기를 한 것이다. 경영 실적, 즉 세전 이익 마진이 8% 이상이 될 수 없다는 데 월튼 회장이 내기를 건 것이다. 만약 월튼이 진다면 벌칙으로 그가 하와이언 셔츠와 전통의상을 입고 월스트리트에서 홀라춤을 추기로 했는데 월튼은 그 일을 해야 했고 언론들은 대서특필했다.

월튼은 언론이 유언비어에 혹하여 월마트의 실제 이야기, 즉 경이적인 성공을 뒷받침해준 경영 원칙을 놓치고 있다고 불평했다. 투자가들도 언론과 다를 바 없이 월마트가 지닌 성장 잠재력을 알아보는 데 둔하기는 마찬가지였다. 월마트가 1962년 창립된 이후 처음 10년 동안, 월스트리트는 지역의 작은 동네 소매점에 지나지 않았던 월마트를 '촌뜨기들의 디자이너'라고 무시했다.

1971년 말까지도 월마트는 당시 미국에서 가장 큰 할인 판매점 71개의 대열에 들 규모가 아니었다. 월튼의 초기 잡화점 13개와 25개 할인 판매점은 4,400만 달러의 매출액을 기록했을 뿐이다. 이는 당시 488개의 매장을 가지고 있던 K마트 매출액의 2%에 불과했다. 이렇게 경쟁사들보다 한 참 뒤쳐져 있던 월마트는 1990년 11월 K마트를 추월하면서 전미 최대의 할인 판매점으로 자리매김하기 시작했다. 다음해 1월에는 판매 실적 326억 달러를 기록하면서 월마트는 시어스Sears를 물리치고 미국에서 가장 큰 소매업체로 부상했다.

월튼이 이렇게 할인 소매업계의 새로운 별로 떠오르자 언론은 너도나도 월마트를 보도하기 시작했지만 샘 월튼의 천부적인 경영능력과 재능, 경영철학, 마인드 등에 대해서는 제대로 보도하지 못했다. 그러나 유수의 경영 전문가들, 자금 관리자들, 심지어 경쟁사들조차도 샘 월튼에게 칭찬을 아끼지 않았다. 1980년, 50명의 증권 애널리스트로 구성된 심사단은 〈파이낸셜 월드〉가 후원하는 올해의 기업인, 즉 미국에서 가장 뛰어난 경영자로 샘 월튼을 선정했고 1989년에는 국민 여론 조사에서 지난 10년 간 미국 소매업계를 평정해온 최고의 경영자로 뽑히기도 했다. 1990년 주주의 권리 보호를 위한 비영리 단체인 미국 주주협의회는 상장된 1,000여 개의 회사 중에서 주주들의 이익에 대한 성과와 책임 경영에 기초하여 월마트를 최고의 기업으로 선정했다. 네이먼 마르쿠스Neiman-Marcus 백화점의 스탠리 마르쿠스Stanley Marcus는 월튼을 '기업가 정신의 가장 이상적인 본보기'라고 격찬했고, 월마트의 최대 라이벌인 K마트 할인 체인점을 창립한 해리 커닝햄^{Harry Cunningham}은 월튼을 '금세기 최고의 사업가'라며 찬사를 아끼지 않았다.

____ 시작은 미미했으나 그 끝은 창대하리라

몇몇 미국 대통령의 절친한 친구이기도 한 빌리 그레이엄^{Billy Graham} 목사의 평가에 따르면, 샘 월튼은 탁월한 사업가일 뿐만 아니라 그의 모든 삶의 행적들에 비춰볼 때 '20세기 가장 주목할 만한 미국인 중 한 명'이었다.

누구나 그렇듯이 어린 시절 한때 대통령으로 출마할 생각도 하고 혹은 사업을 해서 성공할까 하는 고민을 하면서 월튼은 자신이 종사할 분야에서 최고가 될 것이라는 원대한 목표를 세웠다. 월튼이 열세 살 때, 경제 공황으로 어려워진 월튼의 가족들은 새로운 기회를 찾기 위해 미주리로 이사를 갔다. 그곳에서 월튼은 가장 어린 나이로 이글 스카우트의 명예를 차지했다(다른 이글 스카우트인 로스 페로처럼 어린 샘 월튼도 잡지와 신문 판매 경로를 개척하면서 사업에 대한 능력을 처음으로 발견하고 연마했다).

단지 5피트 9인치의 작은 체구였지만 다부진 월튼은 주 대항 농구 경기에서 가드로 뛰었고, 미식축구에서도 쿼터백을 맡는 등 적극적이고 활동적인 유년시절을 보냈다. 학생회장으로 선출되면서 월튼은 다방면에서 적극적으로 활동하기도 했다. 그 당시를 회상하면서 월튼은 겸손하게 말했다. "내가 특별히 잘한 게 아니라 팀워크가 좋았던 것뿐이다. 게다가 난 쿼터백으로 뛰기에는 상당히 느린 편이었지만 가끔은 아주 빠르기도 했었다." 그는 회계와 기술 분야에서는 그리 뛰어나지 못했다. 물론 그가 나중에 소매업에 진출해 성공했을 때도 이러한 결점을 보완해줄 수 있는 능력 있는 동료들의 도움을 받아서 성공할 수 있었다고 말하곤 했다.

동시에 월튼은 5~10센트 사이의 싸구려 물품을 판매하는 시골 잡화상에서 파트타임으로 일하면서, 앞으로 그가 평정하게 될 소매업을 처음으로 접했다. 소매업이라는 형태(보통은 잡화점으로 알려졌다)는 가전제품은 물론 장난감, 식품들, 의류에 이르기까지 다양한 상품들을 저가로 공급한다. 당시 유명한 회사들로는 최초 소매업체이기도 한 울워스컴퍼니Woolworth Company, 나중에 K마트 할인 체인점의 모태가 된 크레스지Kresge, 그리고 월튼이 점장으로서의 경력을 쌓았던 벤 프랭클린 체인점이 있었다.

독자적으로 사업을 시작하기 전에 월튼은 미주리 대학에 입학하여 4년간 아주 바쁜 나날을 보냈다. 학생 회장직을 맡는 한편 세계에서 규모가 가장 크다는 명성을 얻고 있는 엘리트 사교 클럽 선데이 스쿨의 회장으로도 선출되었다. 학비를 벌기 위해 음식점에서 아르바이트를 하고 수영장의 안전 감시원으로도 일했고, 160여 명의 신문 구독자들이 있는 배달 구역을 관리하기도 했다. 몇 년 동안 신문 배달원으로 열심히 뛰어다닌 결과, 그는 그 신문의 최우수 배달 판매원이라는 명예를 얻게 되었다. 단체 대량 구독 계약을 성사시키면서 매년 별도의 커미션 500달러를 더받기도 했다(몇 년 후에 워렌 버핏도 월튼처럼 〈워싱턴 포스트〉를 배달하면서 다섯 구역에서 500여 명의 고객을 확보함으로써 신문 배달업에서 사업가적인 기질을 발휘했다).

월튼은 펜실베이니아 대학 내 와튼 스쿨에서 MBA 과정을 이수하고 싶었지만 가정 형편이 여의치 않았다. 하지만 월튼은 실망하지 않고 주로 잡화류를 취급하는 소규모 백화점인 J. C. 페니에서 판매수당을 포함하여 주당 75달러를 받기로 하고 견습생으로 근무했다. 월튼이 소매업에 종사하겠다는 생각을 확고히 굳힌 것은 이곳에서 운영자로 일하면서부터였다. 상점 운영에 대한 노하우를 하나씩 익혀가기 시작한 곳도 이곳이었다. 이때부터 그의 평생 바뀌지 않는 습관이 생기기 시작했다. 바로 소매업 관련 서적을 탐독하고, 아이디어를 구하기 위해 점심시간을 활용하여 경쟁 상점들을 찾아가서 이것저것 비교하고 관찰하는 것이다. 이 습관은 그가 2차 세계대전이 한창일 때 군 복무를 하는 동안에도 계속 이어졌다. 솔트 레이크 시티 도서관에서 소매업 관련 서적을 모두 읽었으며, 비번일 때는 몰몬 교회의 ZCMI 백화점에 대해 공부하면서 시간을 보냈다. 미래에 전 세계 유통 소매업을 이끌 수 있었던 것도 월튼의 끊임없는 노력 때문이었다.

2차 세계대전이 끝난 1945년, 월튼은 소규모 백화점들을 거느린 페더레이티드 백화점Federated Stores 체인뿐만 아니라, 벤 프랭클린 프랜차이즈 총판권을 제공하는 회사인 버틀러 브라더스Butler Brothers의 신발사업부에서 일하는 조합원을 접촉했다. 월튼은 이 두 건의 접촉을 통해 세인트루이스에 있는 페더레이티드 백화점을 인수할 계획을 세우게 되었는데, 그의 아내가 극구 반대하여 무산되고 말았다. 월튼의 아내는 파트너십에 대해 부정적이었는데, 이는 어린 시절 겪었던 가족들의 불행한 기억 때문이었다. 또한 그녀는 인구 만 명 이상이 사는 도시에서 살고 싶어 하지 않았다. 그래서 결국 그는 거대 소매 체인 기업들이 진출하기 싫어하는 소도시나 작은 마을로 전향하여 그의 사업 성공의 기반을 다지게 된다. 1945년 9월 1일, 월튼은 인구 7,000명의 목화 생산이 주산업인 아칸소의 뉴포트에서 그의 첫 번째 상점인 5,000평방피트의 벤 프랭클린 잡화점을 열게 된다.

　이 초라한 구멍가게가 거대한 유통업체인 월마트의 출발점이었고 월튼을 세계 최고의 부자의 자리로 올려놓은 초석이 되었다. 그가 월마트라는 소매업체를 통해 성공할 수 있었던 것은 바로 모방이었다. 그는 끊임없이 성공한 사람들의 경력을 중심으로 그들이 성공할 수 있었던 전략을 분석하고 응용하여 자신의 것으로 만들었기 때문이다. 대부분의 경우 월튼은 일반인들의 생각을 뛰어넘는 아이디어를 차용하여 혁신적인 경영전략을 세우고 실행했다.

＿＿ 그저 모방을 했을 뿐입니다

　잡화 체인점들이 창고형 할인점으로 전환된 소매 유통업의 혁명에서 월튼이 한 역할은 무척 컸다. 그는 기존의 할인 유통업계에 새로운 방식의 경영전략을 도입해 경이적인 성공을 거뒀다. 하지만 그는 자신이 독창적으로 창조하여 이룩한 것은 아무것도 없다고 말한다. "전 그저 모방을 했을 뿐입니다." 겸손하게도 월튼이 한 말은 이것뿐이다. 월튼은 자신이 성공할 수 있었던 것은 바로 경쟁업체 때문이라고 말한다. 그는 어느 누구보다도 많은 시간을 소매업계의 라이벌 상점들을 둘러보면서 그곳에서 관찰한 것들을 자신의 것으로 소화해냈다. 다른 사람이 생각한 컴퓨터 운용 시스템에 관한 좋은 아이디어를 막대한 수익 사업으로 전환시킨 마이크로소프트의 빌 게이츠처럼 월튼은 자신의 부족한 창의성을 자신이 가지고 있는 강한 추진력과 인내심으로 채우며 오늘날의 성공을 이루어낼 수 있었던 것이다.

미국에서 가장 거대한 잡화점 체인을 독자적으로 소유하기 위해서는 그 분야에서 가장 성공적인 사례들을 차용하는 것이 관건이었다. 월튼은 이러한 점을 이전부터 알고 있었다. 그는 미네소타의 벤 프랭클린 잡화 체인점 두 곳의 새로운 아이디어가 소개된 책을 읽고 난 다음 경영 방침을 '고객이 직접 물건을 고르는 셀프 서비스 판매'로 바꾸었다(자신이 직접 눈으로 확인하기 위해 월튼은 그곳까지 버스를 타고 가서 체험했다). 또한 스털링 잡화 체인점으로부터는 그때까지 모든 매장들이 사용하던 나무 진열장을 금속 진열장으로 대체하는 아이디어를 가져오기도 했다.

그러나 월튼은 잡화점 형태의 성공에 만족하지 않았다. 그는 앞으로의 새로운 물결은 할인점이 될 것을 확신하고 이를 염두에 두었다. 할인점의 전략은 저비용 운영을 철저하게 지켜 상품의 가격을 낮춤으로써 소비자 만족의 극대화와 판매 실적의 극대화를 추구하는 것이었다. 상품을 대량으로 판매하면 할인점 체인들이 제조업체나 공급업체로부터 상품을 더 낮은 가격으로 들여올 수 있게 되고 소비자들은 저렴한 가격으로 물품을 구입할 수 있기 때문에 시장 점유율의 증가로 이어진다. 소매업자가 인건비, 임대료, 광고 홍보비용과 같은 것을 절감하는 저비용 정책을 실현한다면, 할인점은 박리다매 형식으로 엄청난 매출을 올릴 수 있다.

잡화점 사업에 차용한 할인매장 방식은 1940년대 초반에 이미 다른 업종에서 소개된 것이었다. 1953년에 로드아일랜드의 컴버랜드에서 의류 할인판매점을 시작한 앤 앤드 호프 스토어Ann & Hope store는 파산한 직물 공장 내에 창고형 매장을 만들었다. 1962년 월튼은 자기 소유의 할인점을 시작하기 위한 준비 과정에서 앤 앤드 호프의 설립자인 마틴과 어윈 체이스를 방문하는 것을 시작으로 할인 소매업에 종사하고 있는 사람들을 차례로 만났다. 월튼은 자신을 '아칸소 촌놈'이라고 소개하면서 그들로부터 할인 소매업에 대한 정보를 끈질기게 캐내기 시작했다. 월마트가 세워지고 난 뒤에도 월튼은 작은 시골에 위치한 자신의 상점을 경쟁자로 여길 소매업자는 아무도 없다는 것을 이용하여 여기저기서 정보를 캐고 다녔다. 월튼 자신이 생각하기에도, 역사상 다른 할인판매 체인점 본부를 자신보다 더 많이 찾아간 사람은 없었다. 점포 관리자들은 호기심 때문이라도 월튼을 받아주었으며 아무 경계심 없이 그들의 경영 방침이나 전략을 알려주었던 것이다.

월튼은 아무것도 없는 바닥에서 새로운 체인점을 만들어낸다는 것이 얼마나 어려운 일인지를 알고 있었다. 그래서 우선 그는 버틀러 형제에게 버틀러 브라더스의 기존 자원들을 자신에게 지원해주면 좋겠다고 설득했지만 먹혀들지 않았다. 버틀러 형제에게 거절당한 뒤 월튼은 깁슨 프로덕츠 컴퍼니Gibson Products Company의 창립자인 허버트 R. 깁슨Herbert R. Gibson을 찾아갔다. 깁슨은 '싸게 사서 높이 쌓아놓고 싸게 팔자'라는 모토 아래 미국 남서부에서 할인판매 체인점을 성공적으로 운영하고 있는 사람이었다. 월튼은 사전에 아무런 예고도 하지 않고 무작정 깁슨의 달라스 본부로 찾아갔다. 오후 한나절을 꼬박 기다려서야 깁슨을 만날 수 있었다. 월튼이 대뜸 그의 체인점 몇 개를 인수하겠다는 제안을 하자, 깁슨은 이렇게 물었다. "당신, 10만 달러는 가지고 있는 거요?" 물론 월튼은 아직 그만큼 가진 것이 없다고 했고 깁슨은 잘 가라는 말과 함께 사라져버렸다.

결국 별다른 선택의 여지가 없어 월튼은 다시 한 번 더 모험을 시작하게 되는데, 이 모험은 궁극적으로 월튼 가문을 미국에서 가장 성공적인 할인 체인의 소유주로 만들었다.

월튼이 할인 판매업에 뛰어들면서 그가 생각해낸 단 한가지의 독창적인 아이디어는 인구 5,000에서 2만5,000명에 이르는 소규모 시골만을 선택한 것이다. 당시까지 할인 판매점은 전통적인 잡화점보다 소비자들의 반응이 아주 좋은 소매업계의 유망 사업이었다. 하지만 할인 판매점은 인구가 많은 도심에는 적합하지만 인구가 적은 시골에는 적합하지 않다는 것이 당시 소매업계의 통념이었다. 물론 월튼이 선택한 지역도 대형 체인점들이 들어가기를 꺼려하는 곳이었다. 그러나 1945년 이후로 작은 마을에서 점포를 경영한 월튼은 이러한 곳이 사업 가능성이 더 많다는 것을 확신했다. 거대한 체인점들이 회피하고 있지만 시골 사람들이야말로 상품 종류가 더 많은 할인 판매점에서 할인된 가격으로 물건을 지속적으로 사고 싶어 한다는 것을 간파하고 모험을 시작했다.

이러한 월마트의 전략은 결국 엄청난 성공을 거두었다. 회사의 대형 할인점들은 거대 도심지역을 끼고 있었고, 이 도심에서 외부로 이주하는 사람들을 통해서 번영할 수 있었다.

월튼의 '작게 생각하기'는 그가 물론 독자적으로 생각해낸 아이디어겠지만, 그것을 실행하기 위해 월튼이 택한 접근법은 같은 시기 다른 지역의 소매업체들이 적용하고 있던 개념을 한 걸음 더 나아가 실천한 것일 뿐이다.

미네아폴리스에 위치한 소매 체인 대기업인 갬블 스코그모Gamble-Skogmo는 1964년 미국 전역의 소도시에 2만~4만 평방피트의 할인센터를 운영하기 시작했다. 그 회사의 중역은 "그러한 소도시에 최초로 진출하게 되면, 그 지역을 독점적으로 점유하기 쉽다. 우리가 진출한 대부분의 소도시들은 그와 유사한 규모의 다른 할인점이 들어오는 것을 허용하지 않을 것이다"라고 말했다. 샌디에고에 위치한 페드 마트Fed-Mart가 인구 1만2천~3만5천 명의 소도시에서 몇 개의 매장을 여는 동안, 울워스는 인구 2만5천~7만5천 명의 도시에서 소수의 할인체인을 운영했다. 사실 월튼에게 할인점이 그의 잡화점 운영에 위협이 된다는 경보를 울린 것은 인구 2만~5만 명의 도시를 집중 공략하는 깁슨 프로덕츠의 아칸소 북동지역 진출이었다.

입점할 목표 지역의 규모에 관한 아이디어를 제외하면 월마트의 거의 모든 아이디어는 차용된 것들이다. '월마트'라는 이름은 그와 함께 벤톤빌의 잡화점에서 일한 관리자가 제안했던 것인데, 월튼은 '페드 마트'와 유사하다는 이유로 그 이름을 선택했다. 월튼은 페드 마트의 설립자인 솔 프라이스Sol Price에 대해 이야기하면서 이렇게 말했다. "나는 그 이름을 도용했다. 사실 나는 '빌린다borrowed'라는 단어를 좋아하는데, 나의 아이디어 대부분은 솔 프라이스를 비롯한 유통업계의 모든 사업가들로부터 나온 것이다."

월마트를 창립한 지 20년 후에 월튼은 클럽 형태의 도매업에도 손을 뻗었는데, 그것이 바로 샘스 클럽Sam's Club이다. 물론 이것도 솔 프라이스의 아이디어를 차용한 것이다. 프라이스는 1976년에 프라이스 클럽Price Club 체인점을 통해 식료품은 물론 가전제품에 이르기까지 모든 것을 판매하는 초특가 할인매장 형태를 도입한 사람이다. 프라이스로부터 아이디어를 얻은 월튼은 식료품을 포함하지 않은 할인점으로는 대도시에서 한계가 있다는 것을 간파하고, 회원제 도매 클럽인 샘스 클럽을 개점한 것이다.

월마트를 성공적으로 키워내기 위해 가장 중요한 요소로 물류 센터의 활용을 들 수 있다. 이것은 월튼이 자신의 첫 상점이었던 벤 프랭클린 체인점을 운영하면서 터득한 것이었다. 배송된 화물을 수납하고 그것들을 다시 점포로 내보내는 일련의 절차를 물류 센터에서 일괄적으로 통제하고 관리함으로써 회사는 불필요한 비용을 줄일 수 있었다. 이전에 이미 월마트는 벤 프랭클린의 단순 회계시스템을 도입하여, 당일의 판매실적을 일주일 전 같은 요일, 일 년 전 같은 날과 비교할 수 있는 장부beat yesterday를 활용하고 있었다. 월튼은 이렇게 말한다. "나는 대학에서도 회계 과목에는 소질이 없었다. 그래서 벤 프랭클린에서 본 장부를 따라했을 뿐이다."

직원을 다루는 월튼의 특별한 능력도 상당 부분 모방의 산물이었다. 예컨대, 그는 시간제 근로자들조차도 '친구'라고 지칭하는 것으로 엄청난 인기를 얻었다. 월튼은 이 같은 아이디어를 자신이 윔블던 테니스 대회를 구경하러 가는 도중에 방문했던 루이스 컴퍼니의 한 영국인 소매업자로부터 들었다고 했지만, 사실은 월튼을 처음 정식 직원으로 고용한 제임스 캐시 페니James Cash Penney가 즐겨 쓰던 말이었다. 소규모 백화점 페니의 창립자인 제임스 캐시 페니는 점포 지배인이 점포 소유권의 일부를 살 수 있도록 했는데, 때때로 이 방법은 월마트의 전매특허로 오해되기도 한다. 또한 페니는 자신의 매장들을 자주 방문하여 고객과 가까운 거리를 유지했고, 체인점을 통해 아이디어를 수렴했다. 이 방법 또한 월튼은 한 단계 발전시켜 적용했다. 월튼은 직접 비행기 조종법을 배워서 전국 각지에 흩어져 있는 체인점들을 둘러보면서 관리한 것이다. 또한 월튼은 1975년에 한국과 일본의 공장을 방문했을 때, 아침 체조를 하고 회사 구호를 외치는 것이 직원들의 사기진작에 효과적이라는 것을 알았다. 그래서 이후로 그는 점포를 방문할 때마다 직원 격려 시간을 포함시켜 함께 구호를 외치고 직원들의 흥을 북돋워주었다. 예를 들면 이런 식이다. 샘 월튼이 'Gimme a W!'라고 외치면 직원들은 'W!'라고 따라 외치면서 회사 이름인 'Wal-mart'를 연호하는 것이다. 그리고 하이픈(-)을 외치면서는 엉덩이를 실룩실룩 흔들어댔다.

___ 월마트 급성장의 원동력은 경영방식의 차별화다

월튼 회장은 월마트 성공의 원동력에 대해 이렇게 말한다. "우리가 남들과 다른 점은 바로 직원들을 상인으로 훈련시킨다는 것이었다. 우리는 직원들에게 회사의 모든 경영 실적과 수치들을 보여준 다음 그들이 매장과 회사 내에서 어떻게 하고 있는지 정확히 알게 했다. 이를 통해 그들은 회사의 장부에 근거하여 가격인상, 간접비, 이윤에 대해 알고 있다." 바로 월마트의 모든 임직원들이 월마트 운영에 깊숙이 관여한다는 것이 월마트 경영전략의 특징 중 하나이다. 1970년대 후반, 월마트는 배송 중 손상이나 분실, 내부 도난이나 고장을 통한 제품의 손실을 줄이는 데서 발생하는 이익을 직원들과 나누었다. 1984년까지 월마트는 제품 손상을 1.4%까지 줄일 수 있었는데 이는 소매업 평균인 2.2%보다 상당히 낮은 것이었다. 목표 이상의 판매실적에 대해서는 모든 직원에게 공정하게 이윤을 배분하는 수익분배 프로그램과 우리사주제(종업원지주제)는 회사 조직의 상급자나 하급자 모두에게 효과적인 동기 유발제로 작용했고 월마트를 성공으로 이끄는 원동력 중 하나가 되었다. 이러한 특별 급여제도는 사업가로서 월튼이 실용주의와 능력주의를 중요하게 생각한다는 것을 보여주는 예이다. 잡화점을 운영할 당시부터 월튼은 경쟁사와의 가격 경쟁에서 이겨야 한다는 강박관념 때문에 시간제 근로자들에게 급료를 지급할 때는 인색했다고 고백했다.

1980년대 월마트가 경쟁사를 인수하는 데 있어 직원들의 성과를 최대한 끌어올리기 위한 노력 외에 가장 중요하게 작용했던 요소는 첨단기술의 적극적인 도입이었다. 재고관리를 전산화하고 바코드 스캐닝 시스템을 앞서 도입함으로써, 회사는 급속히 성장해도 혼선 없이 관리와 통제가 가능했다.

하지만 첨단 기술 영역에서 빛난 월마트의 우월성은 월튼이 만들어 낸 긍정적인 기업문화에서 비롯된 것이었다. 월튼은 회사의 계급적 구조의 폐쇄성으로 직원들의 아이디어를 사장시키기보다는 활발하고 개방적인 토론 문화를 통해 그들의 혁신적인 아이디어를 독려했다. 그렇지 않았다면, 새로운 시스템 적응에 들이는 시간을 탐탁해하지 않는 월튼의 개인적인 성향으로 월마트는 최첨단 기술과는 거리가 멀었을지도 모를 일이다.

월마트의 경영 방침과는 대조적으로 K마트는 회사 간부들의 결정을 신뢰할 수 없을 만큼 조직이 무능했기 때문에 재고 목록 시스템을 전산화하는 데 한발 늦을 수밖에 없었다. 회장인 해리 커닝햄의 후계자는 업무의 전산 처리가 자신들의 기존 권위를 위협하는 것이라고 생각하는 매장 관리인들과 같은 생각을 가지고 있었다. 엄격한 상의하달 방식의 권위주의적인 회사 문화의 특성상 그 누구도 이의를 제기하지 못했고, K마트의 직원들은 재고 목록을 일일이 손으로 써야만 하는 수고를 계속할 수밖에 없었다.

월튼이 월마트를 창립하고 가장 신나게 사업을 할 수 있었던 기간은 1970년대였다. 이 기간 동안 월마트는 경이적인 성장을 이룩했다. 1970~1980년 사이의 10년간 점포 수는 32개에서 276개로 9배나 늘었으며, 판매실적 또한 3,100만 달러에서 12억 달러로 증가했다. 1990년까지 총 점포 수 1,525개(샘스 클럽을 포함), 판매실적 258억 달러에 이르게 된다.

월튼은 이 당시를 다음과 같이 회고했다. "마치 화산이 분출하는 것과 같았다."

지속적으로 회사를 키우기 위해, 월튼은 꾸준하게 점포들을 방문하여 현장을 살피곤 했는데, 그때마다 그는 자신이 직접 조종하는 비행기를 타고 다녔다. 비행기를 타고 하늘을 날면서 그는 아래로 보이는 지형들을 살피며 새로운 점포를 개점할 만한 정소를 물색했다. 신도시 개발, 교통망의 발전, 인구 성장과 같은 점포 개점에 필요한 지리적인 요건을 꼼꼼하게 살핀 다음, 이상적이라고 생각되는 곳을 발견하는 즉시 그는 비행기를 착륙시키고 그 땅의 주인과 부동산 거래를 시작했다.

월튼이 월마트를 이만큼 성장시킬 수 있었던 것은 물론 그의 피나는 노력의 결과이기도 하지만, 또 한 가지 중요한 것은 전략적으로 다른 소매업체들을 사들였기 때문이기도 하다. 예를 들면 월튼은 1975년 텍사카나에 있는 지브코 주식회사로부터 하워드 할인점 점포 세 개를 사들인 데 이어 1977년에는 미주리와 일리노이에 있는 16개 할인판매 체인점 전부를 사들여 월마트로 전환시켰다. 1981년에는 104개의 점포를 가지고 있는 빅K의 체인점을 모두 사들이는 쾌거를 이룩했다. 더욱이 빅K의 체인점들은 회사의 본사를 화려하게 짓는 등 지나친 확장 노력을 한 이후였기 때문에 월튼의 입장에서는 손쉽게 사들일 수 있었고 크게 남는 장사였다. 샘스 클럽이라는 새로운 업종으로 뛰어든 다음, 월마트는 미국 중서부에 있는 27개의 홀세일 클럽 체인을 전부 인수했다. 좀 더 큰 도시로 진출해야 할 시기가 왔을 때, 월튼은 뉴올리언스에서 발판을 다지기 위해 21개의 홈즈 백화점을 인수했다. 이처럼 월튼의 성공은 웨인 휘젠거와 마찬가지로 합병을 통해서 이루어진 것이라 해도 과언이 아니다.

소매 할인판매업에서 경쟁업체들만큼 풍부한 자원을 가지지 못했던 월튼은 전략적인 면에서 경영방식의 차별화만이 성공할 수 있는 길이라고 확신했다. 최초로 월마트는 하루 이내에 모든 상품이 공급될 수 있도록 시스템을 만들기 위해 벤톤빌에 있는 단 하나의 물류센터를 중심으로 점포들을 개점했다. 그럼으로써 상품이 바닥나기 전에 상품을 점포에 신속히 재공급하고 재고는 감소시키면서 운영상의 경쟁 우위를 획득할 수 있었다. 전략적인 관점에서 보자면, 한 지역에 밀집하여 들어선 점포들은 경쟁사를 압도시키고 월마트의 브랜드 가치를 극대화하는 효과가 있었다. 이와 같은 성공 공식을 반복하면서, 월마트는 다른 지역들에도 물류센터를 세우고 그 주변에 점포들을 밀집시켰다.

월튼이 돈을 벌 수 있었던 것은 최소의 직원들로 점포를 운영했기 때문이다. 급속하게 점포 수가 증가함에 따라 관리인들도 추가적으로 필요했다. 월튼은 일반적인 승진제도를 거부하고 능력에 따라 사람들을 고용했는데, 특히 상인으로서 그리고 관리인으로서 탁월한 잠재력을 보이는 초보자들을 물색하는 데 주력했다. 6개월 정도의 경험밖에 없다 하더라도 수완이 좋은 사람은 부관리인으로 승진시켰는데, 이는 다른 소매업 체인점들에 비해 훨씬 빠른 승진 체계였다.

____ 하찮은 실수가 돌이킬 수 없는 과오가 된다

샘 월튼은 돈을 쓰는 데 매우 조심스러웠지만 필요하다고 생각될 때는 과감하게 투자했다. 기업이 성장하기 위해서는 모험을 할 필요가 있다는 것을 그도 알고 있었다. 이미 독자적으로 가장 큰 잡화점 체인을 운영하고 있는 그가 새로운 할인판매라는 사업에 입문하여 성공할 수 있을

지는 미지수였다. 성공과 실패의 가능성은 50:50이었던 것이다. 〈던 앤 브래드스트리트Dun & Bradstreet〉에 따르면, 1962년 월튼이 아칸소의 로저스에서 월마트를 처음 개점한 그 해에 146개의 할인판매 소매업자들이 파산했고 그 다음해에는 더 많은 수인 158명의 소매업자들이 점포 문을 닫아야만 했다.

월튼이 아칸소의 뉴포트에서 첫 번째 잡화점을 운영하고 있을 당시, 월튼의 주요 경쟁자가 크로거 잡화점을 매입하여 사업을 확장할 것이라는 소문을 듣게 되었다. 그 소문을 들은 그 길로 월튼은 140마일을 달려가 핫 스프링에 있는 그 잡화점의 주인을 만나서 자신의 경쟁자보다 먼저 계약해버렸다. 이 일로 결국 월튼은 아주 작은 백화점을 열게 되었지만 이 모험으로 이익을 보지는 못했다. 이를 통해 월튼은 위험을 감수하면서 모험을 하는 것이 언제나 긍정적 보상만을 주지는 않는다는 것을 알게 되었다. 여하튼 월튼은 자신의 경쟁자가 2500 평방피트의 땅을 소유하지 못하게 하는 데는 성공한 셈이었다.

점포 수가 증가하고 월마트의 시장 점유율이 높아지자 월튼은 첨단 기술 분야에서 모험을 할 수밖에 없었다. 전화선을 이용하여 각 점포를 연결하고 그 운영을 점검하며 관리하는 일이 엄청난 양의 데이터 때문에 한계를 드러내기 시작한 것이다. 1983년 월마트의 컴퓨터 책임자가 한 가지 해결책을 제시했는데, 그것은 바로 개인 위성통신 시스템이었다. 이로써 회사는 초고속으로 음성과 데이터를 송수신할 수 있을 뿐만 아니라, 직원들의 사기를 북돋기 위한 월튼의 화상 위성방송 전송도 가능해졌다. 그러나 당시까지 아직 이 기술은 검증받지 못한 것이었으며, 월마트의 규모에 비해 설치비용이 막대했다. 이러한 불확실성에도 불구하고 월튼은 대규모 위성통신 프로젝트를 적극 지원했다. 예상했던 바와 같이 설치비용은 예산을 훨씬 초과했다. 위성통신 시스템이 완성되고 나서도 버그 때문에 종종 애를 먹었지만 기술자들의 노고로 마침내 이 시스템은 완공되었다. 월튼의 모험은 막강한 경쟁력의 획득으로 이어졌다. 기업 내 통신망이 세계 최대 규모를 자랑하면서, 월마트는 위성통신 네트워크를 통해 모든 배송 차량의 이동 위치를 추적할 수 있게 되었다. 또한 각종 교육 프로그램에 관한 비디오를 순식간에 전송할 수 있었고, 신용카드 거래를 신속히 처리할 수 있었다. 뿐만 아니라 신용카드 이용 사기를 미연에 방지함으로써 얻은 비용 절감액은 그 시스템의 투자비용을 훨씬 뛰어넘고도 남았다.

월튼은 1970년까지 회사 성장을 위해 진 개인적인 부채 몇 백만 달러를 해결하고자 월마트를 주식시장에 상장해야 했다. 이 때 만약 회사가 상장되지 않았다면 지금의 월마트와 억만장자 월튼이라는 타이틀을 가질 수 없었을 것이다. 그러나 월마트가 기업공개 후보 단계까지 오르는데 결정적인 역할을 했던 것은 기업 성장을 위한 적극적인 대출이었다.

월튼은 아칸소의 뉴포트에서 처음으로 잡화점을 운영하면서 점포 확장을 위해 자금을 빌리거나 대출받는 것에 익숙해져 있었다. 처음 잡화점을 열 당시에도 소프트 아이스크림 기계를 사기 위해 은행 빚 1,800달러와 함께 사업을 시작했고 그 이후에도 그의 이런 점은 달라지지 않았다.

이런 월튼을 보고 있던 그의 어린 딸 앨리스는 다섯 살이 되었을 때 울음 섞인 목소리로 친구에게 이렇게 털어놓았다고 한다. "아빠가 무엇을 하려고 하는 건지 도통 알 수가 없어. 아빠는 빚을 지면서도 점포를 계속 내고 있어." 월튼이 점포 숫자를 계속 늘려야 한다는 강박관념에 사로잡힌 것은 그가 하나의 목표 달성에 만족하지 않고 계속 새로운 것에 도전하고자 했기 때문이다. 그는 연관 사업의 다각화를 추진했다. 잡화상을 운영하면서 할인판매라는 아이디어를 생각했고, 할인판매점을 하면서도 도매업의 개념을 사업에 도입하고자 했던 것이다. 그 이후에도 그는 할인판매 매장에 식료품을 추가하여 식품과 공산품을 한곳에서 살 수 있도록 한 월마트 슈퍼마켓을 열었다.

월마트 슈퍼마켓은 아주 성공적이었는데 그 형식은 하이퍼마켓의 축소판으로 생각하면 된다. 하이퍼마켓은 월튼이 4호점까지 개점하고 난 다음에 그만둔 것이다. 20만 평방피트에 달하는 거대한 하이퍼마켓은 슈퍼마켓의 상품과 그 외의 더욱 다양하고 많은 상품들을 한자리에 모아 놓은 것이었다. 하지만 소비자들이 오히려 너무 넓은 공간에서 물건을 찾는 것에 쉽게 피로를 느끼고 지친다는 단점이 있었다. 게다가 손님들은 하이퍼마켓이 전기제품과 같은 몇몇 아이템에 지나치게 한정되어 있다고 생각했다. 또한 그들은 하이퍼마켓의 특징이기도 한 대량으로 포장된 식품을 구매하는 데 주저했다.

1950년대에 월튼은 쇼핑센터를 건립하려는 시도를 했지만 자본 부족으로 그의 소망을 접어야만 했다. 소매업은 앞으로 장래성이 있고 기대할 만한 새로운 신종사업으로 충분한 잠재적 가능성을 지니고 있었지만, 자본 공급이 원활하지 않았기 때문에 시기상조였던 것이다. 그로부터 2년 후에 월튼은 2만5,000달러의 빚을 지면서 점포 운영에만 몰두했다. 이런 일을 통해 월튼은 실패를 회피하려고 하는 것보다 패배를 인정할 줄 아는 용기와 지혜를 배웠다. 실패는 성공의 어머니인 것이다.

소규모 자본으로 낯선 사업에 뛰어든다고 해서 모든 이들이 다 실패만 하는 것은 아니다. 월튼의 경우가 그러했다. 그가 아칸소의 뉴포트라는 작은 마을에서 처음으로 잡화점을 열었을 때, 그는 점포의 임대계약

기간이 5년이라는 사실에 크게 신경 쓰지 않았다. 그는 당연히 계약기간이 지나도 별 문제가 없거나 재계약을 할 수 있을 것이라 생각하며 장사에만 몰두했다. 월튼은 그곳에서 연수입이 7만2,000달러에서 25만 달러로 성장하는 적지 않은 성공을 거두고 있었다. 그러나 월튼이 이 성공을 거두기 시작하자 건물주는 충격을 받게 되었고 나름대로 다른 계산을 하게 되었다. 건물주는 어떤 가격으로도 재계약을 하지 않겠다고 못을 박으며 강경하게 나왔고, 결국 월튼은 재계약을 하지 못하고 건물을 비워야만 했다. 건물주는 그 가게를 인수하여 자기 아들에게 물려주었다. 월튼은 이때를 회고하면서 판매실적이 향상되고 있던 중에 역설적이게도 '마을에서 쫓겨나게 되었다'고 쓴 웃음을 지었다. 벤프랭클린 잡화점 체인 중에서 월튼이 운영하던 6개 주의 체인점이 가장 큰 수익을 올리고 있었고, 아칸소 주에 자신이 운영하는 가장 큰 잡화점이 있었지만 계약상의 문제를 간과했던 월튼은 벤톤빌에서 다시 시작해야 했다.

과거의 실수를 교훈 삼아 다음 계약을 체결할 때에는 계약서를 아주 유심히 살펴보았다. 미래의 억만장자가 될 또 하나의 자질을 갖게 된 것이다. 뉴포트에서 황당한 일을 당한 이후 월튼은 여섯 살 난 아들 롭이 변호사가 되도록 격려했다고 한다. 자신이 잘 알지 못한 데서 일어난 일 때문에 월튼은 아들이 변호사가 되어서 자신의 법률 고문이 되어주기를 바랐는지도 모른다. 결국 롭은 월마트의 고문으로 아버지를 돕다가 나중에는 월튼의 뒤를 이어 월마트의 회장에 취임하게 된다. 롭이 처음 법률적으로 월튼을 도운 것은 상표등록에 관한 것이다. 월튼은 회사를 창립한 이후에도 몇 년 동안이나 '월마트'를 트레이드마크로 등록조차 하지 않고 있었다. 월튼이 못 보고 지나친 세밀한 것부터 롭은 아버지를 도왔다.

엄청난 재산을 모아 억만장자의 대열에 드는 것이 한 개인만의 노력으로 이루어지는 것은 아니다. 그 가족들의 도움 또한 많은 역할을 했다. 월튼의 가족도 그러했다. 그의 가족들은 휴가나 여행을 간다는 개념에 또 다른 의미가 포함된다는 것을 시간이 지나면서 차츰 깨닫게 되었다. 또 다른 의미란 바로 경쟁업체의 점포를 시찰하는 것이다. 한번은 월튼과 그의 딸 앨리스가 서커스를 보러간 적이 있었다. 물론 월튼의 부인은 남편이 딸과 서커스를 구경하고 있는 줄 알았다. 그러나 실상은 그렇지 않았다. 월튼과 딸은 둘만의 협상을 했는데, 그것은 딸이 서커스를 구경하고 있을 동안 아버지는 그 주변의 상점들을 둘러보고 온다는 것이었다. 월튼이 관심을 가진 것은 오로지 사업에 관한 것이었다.

한번은 이런 적도 있었다. 솔 프라이스 부부가 사교모임 자리에서 월튼과 이야기를 한 적이 있었다고 한다. 그런데 월튼은 모든 대화의 주제를 제품 공급업자들이 구매자들에게 뇌물을 주지 않을 방법이 무엇인지에 대해서만 이야기했다는 것이다. '월튼의 관심은 오직 사업에 관한 것뿐'이라며 나중에 프라이스는 불평을 했다. 월튼은 소매업 분야에서 성공하기 위해서는 필수적으로 해야 할 일이 경쟁업체의 점포를 냉철하게 꾸준히 관찰하는 것이라고 생각했다. 그의 관점에서 볼 때 주말에 일을 하는 것은 당연했다. 그리고 월마트의 책임자들은 반드시 토요일 아침에 있는 회의에 참석해야 했다. 월튼은 토요일 새벽 2~3시경에 출근하여 약 세 시간 정도 그 주에 각 점포들에서 발생한 실적을 검토하며 보냈다. 그는 이렇게 말했다. "그 일을 마치고 나면 나는 회사가 돌아가는 상황을 그 누구보다 잘 알고 있다는 좋은 느낌을 받는다." 그는 일할 때 가장 큰 즐거움을 맛보았고, 선임 관리자들도 자신과 같기를 바랐다. 물론 그에 대한 보상 또한 후하게 내렸다.

월마트의 한 직원에 따르면, 한때 사장 잭 슈메이커Jack Shewmaker의 좌우명은 'TGIM^{Thank God It's Monday}' 였다고 한다. 이것은 우리가 흔히 알고 있듯이 'TGIF^{Thank God It's Friday}'라는 패밀리 레스토랑의 이름을 딴 것이다. 즉, 슈메이커는 월요일과 금요일 사이의 날들이 사라지고 금요일이 곧장 월요일로 이어지기를 바랐다는 것이다. 월마트의 책임자들은 벤톤 빌에서 점포가 있는 전국 각지로 비행기를 타고 숱하게 돌아다녀야 했는데, 그것은 매우 힘들고 지치는 일이었다. 부사장인 론 러브리스^{Ron Loveless}는 업무 관련 스트레스라는 이유를 들면서 42세의 나이로 은퇴했다. 강도 높은 업무를 부과하는 월튼은 심지어 회사 비행기 조종사들에게 비행이 없는 시간에는 가장 가까운 월마트로 가서 재고가 바닥난 상품을 조사하라고 지시했다. 그러나 조종사들의 맹렬한 항의에 부딪쳐 그는 그 지시를 마지못해 철회했다.

____ 최저가 정책은 최저비용 전략에서 나온다

1960년대 말에 월마트는 확장해도 될 만큼 큰 성공을 거두었다. 하지만 사업을 확장하기 위해서는 막대한 자본이 필요했고, 은행에서 대출을 받는 것에도 한계가 있었다. 결국 그는 자본 부족으로 다섯 군데의 점포 부지를 포기해야만 했다. 자금이 필요한 월튼은 월마트를 주식시장에 상장했으며 그것만이 유일한 해결책이었다.

첫 번째 단계로 월튼은 보험회사로부터 25억 달러 대출을 받은 것으로 빚을 청산했다. 그 계약 조건은 매우 불리했다. 월튼은 그때를 '우리의 오른팔과 왼쪽다리를 내어준 꼴이었다'고 회상했다. 보험회사는 구체적인 대출 조건으로 이자율 9.75%와 상장 가격으로 45,000주의 월마트 주식을 살 수 있는 15년 옵션(15년 후에 주식을 팔 수 있다는 조건)을 요구했다. 45,000주의 주식은 상장가로는 총 가치가 74만2,500달러로, 향후 15년 간 일곱 차례의 주식분할(자본의 증가 없이 발행 주식의 총수를 늘리고, 이를 주주들에게 나누어주는 것을 말한다)을 통해 3억 달러의 가치를 가질 것으로 평가되었다.

지분의 상당한 양을 포기했음에도 샘과 버드 형제, 그의 직계 가족들은 회사 주식의 69%를 보유하고 있었다. 주식의 23%는 일반 투자자들의 몫으로 돌아갔다. 남은 8%의 지분은 개개의 매장이 가지고 있는 소수지분과 교환되었다. 이 소수 지분은 주식 상장에 우선하여 월마트가 각 매장에 배분한 것이었다. 직원들과 월튼의 친족들이 다양한 비율로 소유권을 가진 하나의 독립된 회사로 각 매장은 개점된 것이다.

주식 공개 이전에는 효율적인 관리가 힘들었지만, 각 매장 관리자들에게 그 매장의 지분을 배분하자 효과적인 동기부여를 할 수 있었다. 또한 월튼은 기존 매장의 관리자들이 새로 개점하는 매장의 지분을 사도록 유도했다. 결과적으로 각 매장의 관리자들은 월마트 성공에서 직접적인 이익을 얻을 수 있었다.

관리자들의 돈을 끌어들임으로써 월튼은 또한 한정된 자본으로 급속한 성장을 해야 할 때 하나의 대안 전략인 프랜차이즈 사업을 피해갈 수 있었다. 불충분한 자금을 이유로 월튼의 프랜차이즈 가맹 신청을 모두 무시했던 허버트 깁슨은 궁극적으로 프랜차이즈 가맹점주들에 대한 의존성이 높아지면서 실패했다. 할인 체인점 대부분을 깁슨 일가가 소유하고 있기보다는 점포 운영자가 소유하고 있었는데, 1978년에 648개의 점포로 최고의 자리에 올랐지만 그해 74개의 점포가 체인점에서 탈퇴하기 시작했다. 그 이후 깁슨 할인점은 급속하게 쇠퇴하기 시작했다.

저비용 운영을 통해 소비자들에게 저가의 상품을 배송하는 것이 가능했던 것은 바로 월튼의 근검절약하는 습관 때문이었다. 월튼은 쉽게 돈을 벌면서 사치스럽게 살던 경쟁 소매업자들에 대한 이야기를 하면서 냉소적인 태도를 취했다. "할인점 초창기에 돈을 좀 벌었다는 사람들은 대부분 멋진 캐딜락을 타고 다니고, 전용 제트기에 전용 요트까지 가지고 있었다. 결국 대다수가 그 사업에서 쓴맛을 보고 말았다. 요트나 탈줄 알았지 할인판매업에서 점포를 운영하는 데 필요한 기본 원칙조차 모르는 사람들이었기 때문에 그들이 망한 것이다."

하지만 월튼은 절약이라는 기본 원칙에 지나치게 집착한 탓에 지출에 있어서 매우 엄격한 방침을 정해두고 있었다. 월튼은 경제적인 방편으로 새로 점포 개점을 할 때 다른 점포의 부관리인들을 차출해서 돕게 했다. 이 기간 동안 월튼은 최소 한 번은 이 임시 작업자들을 설득하여 아직 가구도 채 갖추어지지 않은 그 지역 관리인의 집 바닥에서 자도록 함으로써 최대한 호텔 숙박비용을 절감했다. 월마트 구매담당 직원들이 뉴욕을 방문했을 때도 월튼의 경비 절감 원칙에 따라 그들은 아주 값싼 호텔에 머물렀고 회의장까지 가는 차비를 아끼기 위해 걸어야 했다.

월마트의 저비용 저가격 전략을 유지하는 데는 '작은 본사, 즉 초소형 본사'가 결정적인 역할을 했다. 월마트의 본사에는 카펫도 깔려 있지 않았고 엘리베이터도 없었으며, 그 외의 다른 장식도 찾아볼 수가 없었다. 월튼이 회사를 꾸미는 데 드는 돈은 낭비라고 생각했기 때문이다. 데이비드 글래스 사장이 월마트 본부를 '오래된 버스 정류장'이라고 묘사한 것도 결코 지나치지 않았다. 본사 로비 벽에 있는 장식은 월마트에서 가장 주문량이 많은 인기 상품인 돼지고기와 콩이었고, 월마트가 세계 최고라는 것을 기념하는 현판과 월튼이 가장 좋아하는 새 사냥개의 초상, 그리고 제품 공급업자들로부터 받은 감사의 선물들이 걸려 있을 뿐이었다.

저비용 전략의 또 다른 사례는 바로 월마트는 지역 관리사무소가 한 군데도 없다는 것이다. 지역 관리사무소를 두는 대신, 회사는 모든 지역 부사장들을 벤톤빌에 주둔시켜놓고 월요일 아침마다 그곳에서 각 담당 지역으로 비행기를 타고 날아가도록 했다. 이와 같은 월마트의 전략 덕택에 경쟁업체인 K마트와 타겟Target에 비해 매출액의 2%나 절감할 수 있었다. 또한 비행기 유지관리 비용을 절약하기 위해 월튼은 다른 비행기 소유주들에게 연료, 보관, 유지를 서비스하는 편의 시설인 격납고를 하나 만들었다. 이로써 그는 자신이 항공기 산업 부문에 관련이 있다는 것을 보임으로써 도매가격으로 비행기 부품과 연료를 구입할 수 있었다.

1980년대 후반 현대적인 시설을 갖춘 물류센터 덕택에 월마트는 배송비를 매출액의 1.3% 수준으로 절감한 반면 K마트와 시어즈는 각각 3.5%와 5%로 월마트와는 비교도 되지 않을 만큼 많은 지출을 하고 있었다.

월마트는 광고 홍보 면에서도 절약을 했다. 일반적으로 소매업체들이 일주일에 한 번씩 하는 광고를 월마트는 한 달에 한 번으로 줄임으로써 매출액의 2%만 광고비로 지출했다. 자신의 점포로 손님을 끌기 위한 방법을 모색하던 중 월마트는 가격 파괴, 애완동물 가게에서의 생쥐 경주, 파이 먹기 세계챔피언대회와 같은 이벤트를 개최함으로써 그 지역 주민들의 이목을 끌었다. 파이 먹기 대회는 1985년 알라바마 주의 오네온타의 월마트 관리인이 우연히 시작한 것이다. 그 관리인은 재고품으로 남은 쿠키와 마시멜로우를 없애기 위해 그런 계획을 실행했는데, 우연히도 그것이 월마트의 전통이 되어버렸다. 1990년까지 최고 기록을 보유하고 있는 사람은 10분 안에 직경 3.5인치의 파이를 16개나 먹어 치운 사람이었다. 그 사람을 '고질라 대식가'라면서 광고를 했고, 전 세계의 보도진들이 앞다투어 그를 취재해 갔다. 이로써 월마트는 큰 비용을 들이지 않고도 엄청난 광고 효과를 거둘 수 있었다.

저비용에 대한 월튼의 집착은 심지어 대대적인 성공을 거둔 기업 홍보활동에서도 그대로 적용되었다. 한 예로, 1989년 허리케인 휴고가 강타하여 엄청난 피해가 속출하자 월마트는 피해자들과 희생자들에게 1백만 달러어치의 상품을 기부했다. 이를 계기로 월마트는 소비자들과 언론으로부터 상당한 신임을 얻게 되었다. 그러나 월마트가 기부한 상품에는 다른 소매업자들이 보태준 것들도 있었다. 단지 모든 기부 상품은 월마트의 트레이드마크가 찍힌 배송 트럭으로 배달되었기 때문에, 언론사들은 마치 월마트가 모든 것을 기부한 것으로 보도했고, 소비자들도 그렇게 믿게 된 것이다. 의문을 제기한 사람도 있었지만 월마트의 관리 책임자들은 상품을 기부한 다른 소매업자들의 이름을 밝히기를 회피했고, 1백만 달러 중 월마트 자체 기부액이 얼마라는 것에 대해서는 얼버무리고 말았다. 일반적으로 경쟁사를 누르고 원가우위를 점하기 위한 기업의 열의는 자선사업 영역으로까지 이어진다. 예컨대, 1987년에 월마트는 세전 매출액의 몇 퍼센트를 자선 기부하는 주요 할인업체들 중 최하위를 기록했다. 그러나 월튼의 개인적인 소식통에 따르면, 그는 상당 규모의 액수를 교육 단체와 종교 기관에 기부하고 있었다.

월마트가 소비자들의 환심을 살 수 있었던 것 중 하나는 바로 점포 입구에 손님이 들어올 때마다 반갑게 인사를 하는 직원들을 배치한 것이다. 이 혁신으로 나이든 사람들이 일자리를 얻을 수 있었다. 이들은 고객을 반갑게 맞아주고 친절하게 쇼핑 카트도 가져다주었으며 할인판매중인 품목의 광고 전단도 나누어주었다. 그러나 고객 입장에서 이런 유익

함은 이 아이디어를 맨 처음 도입했던 루이지애나 크로울리의 월마트 매장 책임자가 의도한 바가 아니었다. 본래 그의 고민은 소매치기들이었다. 그가 새롭게 안 사실은 정복을 입은 경호원보다는 환한 미소를 짓는 사람들이 매장 입구에서 손님을 반기면 정직한 손님들에게는 훨씬 친근하게 느껴지면서도 소매치기들에게는 경각심을 줄 수 있다는 것이다. 소매치기 발생률을 줄이고 싶었던 월튼에게는 혁신적인 아이디어가 아닐 수 없었다. 월튼은 곧바로 이 아이디어를 채택하여 모든 체인점에 적용했다.

1980년대에 들어서서 월마트는 협력 업체와의 관계 강화를 보다 적극적으로 진행하기 시작했는데, 여기서 중요한 것이 엄청난 호응 속에서 착수된 '바이 아메리칸Buy American' 캠페인이었다. 월튼이 이 캠페인을 시작하게 된 계기는 바로 1984년 그가 중앙아메리카를 방문하면서부터였다. 월튼은 미국 소매업자들을 위해 상품을 생산하는 중앙아메리카 공장들의 작업효율이 마음에 들지 않았다. 무역 균형에 역행하면서도 월마트는 국내 생산품으로 모든 상품을 대체하면서 상당한 대중의 지지를 얻게 되었다. 여론조사에서도 '미국인이 일을 해야 강해진다'라는 문구가 적힌 형형색색의 깃발들이 걸려 있는 월마트의 매장은 국민들로부터 뜨거운 사랑을 받았다.

그러나 1983년에 월마트 경영 간부진들은 '중국 정부의 보조금이 지급된 직물과 의류에 대한 관세를 인상하라'는 미국 제조업자들의 요구에 대해서는 불리한 증언을 했다. 월마트는 여전히 가격에 민감한 구매 정책을 고수하면서, 1980년대 초반에는 홍콩과 타이완에 구매 사무소를 열어가면서까지 외국산 상품을 적극적으로 찾아 나섰다. 하지만 월마트는 해외에서 직접 구매한 상품들 중 일부분을 제외하고는 거의 대부분 값싼 인건비를 위해 생산기지를 해외로 옮긴 미국 제조업체들에 의존했다.

수많은 찬사를 받은 '바이 아메리칸' 캠페인은 해외에서 제품을 구입할 경우 값이 싸다는 이점이 종종 다른 문제들 때문에 상쇄된다는 점에서 시작되었다. 여기에는 주문 후 더딘 입고 시간, 상품의 품질을 관리하기 위해 해외까지 책임자를 보내는 데 드는 비용, 하자가 있는 상품 교환의 어려움과 같은 문제들이 있었다. 일단 월마트가 이러한 숨은 비용들을 균등화하는 대책을 준비했고 월마트는 미국의 제조업자들이 생산비용을 절감하는 방법을 모색한다는 조건으로 그들에게 공급을 맡긴 것이다. 바이 아메리칸 캠페인을 담당한 월마트의 한 관리자는 이렇게 말했다. "우리의 가장 큰 목적 중의 하나는 미국 제조업자들의 제품 가격을 낮추기 위해 그들에게 매운 맛을 보여주는 것이었다."

얄궂게도 미국 의류 제조업자들이 비용절감을 위해 생각해낸 방법은 고비용의 미국 내 회사 대신 해외 생산자들로부터 직물을 수입해오는 것이었다. 그것은 패리스 버로우Farris Burrough가 채택한 전략으로 바이 아메리칸 캠페인의 본보기가 되었다. 월튼은 당시 아칸소 주지사였던 빌 클린턴의 개인적인 요청에 따라 한 회사로부터 엄청난 물량의 셔츠를 공급받기로 계약했다. 1988년에 이르러 월튼의 월마트는 소매업만으로 연간 판매액이 12억 달러에 달했으며, 공급업체를 국내 제조업체들로 전환함에 따라 미국 내 17,000개의 일자리를 창조했다고 할 수 있다. 그러나 1985년과 1988년 사이에 월마트가 유통업체를 통해 구매하는 것보다 제조업체(외국 제조업자들도 포함하여)로부터 직접 사들이는 상품 비율이 증가함에 따라 회사의 수입품 직접 구매율도 높아졌다.

____ 돈을 목적으로 돈에 집착하지 마라

작은 마을에만 할인판매점을 연다는 것은 강한 비난에도 개의치 않는 사람만이 이룰 수 있는 것이었다. 월마트가 생겨나면서부터 가격 면에서 작은 소매업자들은 월마트와 경쟁하기에 역부족이었고 결국 문을 닫을 수밖에 없었다. 혹자들은 월마트 체인은 도시와는 떨어진 작은 마을의 생활에 큰 충격을 가한 것과 같다고 비난했다. 그러나 월튼은 소비자들에게 좀 더 우수한 다량의 상품을 공급하는 것이 불공정하다거나 비도덕적이라는 데 동의하지 않았다.

월튼은 또한 관례적으로 이어온 구매담당 직원과 제품 공급업자 사이의 우호적인 관계를 거절했다. 그는 완고하게 할인판매를 고집했고, 그의 구매담당 직원들이 제품 공급업자의 식사접대나 선물을 받는 것을 금지했다. 월마트와 거래를 한 적이 있는 제품 공급업자는 이렇게 말했다. "월마트의 구매담당 직원들은 마치 집에서 재배한 토마토처럼 순박하고 친근한 사람들이었다. 그러나 일단 그들과 거래를 시작하게 되면 그들은 손톱과 같이 단단하고 모든 면에서 날카롭게 변했다." 다른 회사의 한 간부는 월마트를 '미국에서 가장 무례하고 버릇이 없다'고 말하기도 했다.

1980년대 초반 월마트는 독자적인 제조업체 판매 대리인들과는 거래하지 않는다는 암묵적인 방침을 채택하면서 더욱 냉정하게 변했다. 월마트는 제조업자들로부터 직접 상품을 주문했고 중간에 절약되는 유통 커미션만큼 가격을 싸게 해줄 것을 요구했다. 현실적으로 중간 상인을 거치지 않는다고 해서 제조업자들이 얻는 이득이란 그다지 매력적이지 않다. 결국 자신의 직원이 그 일을 감당해야 하기 때문이다. 제조업체 판매 대리인들이 월마트의 정책을 비난하는 활동을 조직화하자 공급업자들을 향한 월마트의 자세가 조금 부드러워졌다. 그렇다고 월튼이 그러한 비난에 직면하여 후퇴했음을 의미한 것은 아니었다. 중간 상인들과 적대적인 관계를 유지하는 것보다 정보공유 협정을 통해 그들과 협력하는 것이 경제적으로 이득이라고 생각했던 것이다.

월튼은 제품 공급업자를 향한 자신의 냉정함이 부분적으로는 월마트 초창기에 그들로부터 당한 불쾌한 대우에 대한 분노를 반영하는 것이라고 시인했다. 그는 이렇게 고백했다. "우리는 그 당시에 거만한 제품 공급업자들의 희생자였다. 그들은 우리를 필요로 하지 않았고 그래서 그들은 우리에게 무례하게 행동했다. 우리는 어느 누구와 거래하는 기쁨을 위해 그들에게 그 대가를 필요 이상으로 지불하는 것에 항상 분노해왔다."

제품 공급업자들과 월튼과의 매끄럽지 못한 관계는 접어두고, 월튼의 완고한 태도는 부분적으로는 유전적인 것이라 볼 수 있다. 그의 아버지인 토머스 월튼은 오래 전에 농사꾼으로서 자신의 직업을 그만두고 사채업자가 되었다. 농부들은 그들의 빚을 수확기에 상환하기로 하고, 씨를 뿌리기 위해 그들 땅의 일부분을 담보로 맡기게 된다. 만약 농부들의 농작물이 제대로 수확되지 않으면 그들은 빚을 갚을 수 없게 되고 그러면 결국 땅을 잃게 되는 것이다. 1930년대 경제적으로 어려운 기간 동안 농부들이 빚을 갚지 못하는 경우는 다반사였고, 종종 대를 이어가며 소유해온 그 땅을 월튼 가족에게 넘겨야 했다. 그런 방법으로 월튼의 아버지는 결국 백만장자가 되었다. 1984년 월튼의 아버지가 세상을 뜰 때, 그의 재산은 네 개의 주를 가로지르며 퍼져 있는 23개의 농토와 대농장이었다. 경제공황 동안 농부들로부터 저당 잡힌 땅을 받아내는 일은 결코 사람들의 좋은 인심을 끌 수 없었기 때문에 월튼의 아버지는 필연적으로 철면피가 되어야만 했다. 오랜 기간 토머스 월튼Thomas Walton에게 고용되었던 한 고용인은 이렇게 말했다. "나는 14년 간 월튼을 위해서 소를 부리며 일을 했다. 내가 말하고 싶은 건, 그를 위해 일을 하기에는 그가 너무나 비열한 인간이었다는 점이다." 그의 아버지가 다른 사람의 비난에 대해 전혀 상관하지 않는 태도는 샘 월튼에게도 그대로 나타났다.

월튼의 직업윤리, 모험을 받아들이는 적극성, 그리고 성공의 다른 원칙들에서 찾아볼 수 있는 공통점은 경쟁에서 이기겠다는 강한 열망이다. 이것이야말로 그가 돈에 목을 매지 않더라도 성공할 수 있었던 원동력이었다. 만약 그가 1960년대에 사업을 확장하지 않고 빚을 갚기 위해서 일했다면 그는 결코 억만장자가 되지 못했을 것이다. 그러나 일단 그가 할인판매 소매업의 특별한 확장 가능성을 인식한 이상 그는 최고가 되기 위해 자신을 채찍질했다.

〈포브스〉가 1982년 미국내 최고 부자 400명의 리스트를 발표했을 때, 그는 6억1,900만 달러의 재산으로 9위에 올랐다. 1년 후에 월튼은 폴 게티의 아들인 고든의 뒤를 이어 2위에 당당히 올라섰다. 이 순위는 다음해에도 변하지 않았다. 고든은 41억 달러로 1위를 지켰고 2위인 월튼의 재산은 23억 달러에 달했다. 1985년 월튼은 순자산 28억 달러로 1위를 기록했다. 〈포브스〉가 발표한 순위의 근거는 가족 투자회사인 월튼 엔터프라이즈Walton Enterprise가 보유하고 있는 월마트 주식의 39%이다. 〈포브스〉는 1987년 월튼의 순자산이 85억 달러라고 보도했고, 이듬해인 1988년 월튼은 다시 1위의 자리에 이름을 올려놓는다. 월튼은 1987년 10월 19일 주식시장 파동으로 18억 달러의 손실을 입게 되었는데 이는 1970년 로스 페로가 하루만에 5억 달러의 손해를 입은 것을 능가한 금액이었다. 18억 달러의 손해를 보고 나서 월튼은 기자들에게 재산이란 여하튼 한 조각의 종이일 뿐이라고 말했다.

월튼 엔터프라이즈가 1989년에 이중 과세를 피하기 위해 공동경영 방침으로 전환하자 〈포브스〉는 신경을 곤두세웠다. 미국 최고의 재력가인 월튼과 그의 자식들이 400인의 리스트에서 각각 몇 위를 차지할 것인가에 세인의 이목이 집중됐다. 그해 18억 달러로 월튼 일가는 20위에서 24위로 내려앉았다. 샘의 형인 버드 월튼은 월마트 주식 4억1,500만 달러로 172위에 올랐다. 그해 정상의 자리는 워렌 버핏의 뒤를 이어 존 클러지가 물려받았다.

월튼 엔터프라이즈의 재정비가 월튼이 이제 가장 부유한 미국인이 아니라는 점 이외에 실제로 변화시킨 것은 없다. 장인의 충고에 따라 월튼은 1953년 다섯 가지의 방식으로 자신의 재산을 분산시켰다. 중요한 것은 자산을 평가받기 전에 분산시키는 것인데, 이를 통해 상속세를 최소화시킬 수 있었다. 월튼 일가 주식의 소유권이 실제로는 바뀌지 않았다 하더라도, 〈포브스〉는 1988년 월튼이 최고 경영자의 자리를 내놓고 일선에서 물러난 것으로 월튼 엔터프라이즈에 새로운 전환점이 되었다고 지적했다.

여하튼 월튼의 공동경영 선언은 그가 이제 다시는 〈포브스〉의 리스트에 모습을 드러내지 않겠다는 것이다. 잡지사가 처음으로 미국 최고의 재력가 중 한 사람으로 그의 기사를 대서특필했을 때, 그는 편집장에게 이런 글을 썼다. "나를 부자라고 한 것에 대해서 당신 엉덩이를 걷어찰 수도 있소." 억만장자를 열망하는 사람들에게, 샘 월튼의 이야기는 돈을 모으겠다는 단순한 욕망만으로는 많은 돈을 벌 수 없다는 것을 가르쳐준다. 성공은 돈을 목적으로 돈에 집착하는 사람에게 오지 않는다. 성공이란 돈을 모으는 것보다 하나의 일을 해냈다는 본질적인 만족감을 찾는 사람에게 자연적으로 찾아온다. 이것이 샘 월튼의 이야기에서 우리가 배울 수 있는 교훈이다.

CHAPTER 5

시장을 선점하고 지배하라

하나를 위한 모두,
모두를 위한 하나.

알렉산드르 뒤마Alexandre Dumas

──── 시장 지배적 위치를 현명하게 이용하라

부를 축적하기 위해 시장을 지배하는 것은 매우 효과적인 전략이다. 이러한 전략을 통해 자수성가한 최초의 억만장자인 존 록펠러와 최초의 백억만장자인 빌 게이츠가 탄생했다. 물론 그들이 높은 시장 지배력으로 부를 축적하는 데 기반 역할을 했던 스탠더드 오일 사와 마이크로소프트 사는 분할하라는 요구를 받았다. 부를 축적하기 위한 험난한 길에 들어섰다면 무엇보다 먼저 비난에 둔감해져야 한다.

'시장 지배'는 '독점'과 동의어가 아니다. 경쟁을 완전히 없애는 것이 시장 지배의 궁극적인 형태이기는 하지만 이는 현실적으로 쉽지 않다. 또한 생산자와 공급자, 소비자가 상호 의존하고 있기 때문에 특정 시장을 지배하게 되었다고 해서 무한한 경제적 힘을 갖게 되는 것도 아니다. 스탠더드 오일이 전성기 시절에 미국 정유산업의 대부분을 지배하고 있었다지만, 원유 생산 분야에서는 비교할 수 없을 정도로 시장 지배력이 미약했다. 마이크로소프트는 운영 체제 시장을 지배하고 있었지만, 응용 소프트웨어 프로그램 시장에서는 운영 체제와 비교할 수 없을 정도로 시장 지배력이 미약했다.

시장 지배가 이루어진 경우라 하더라도 그것이 절대적으로 유지되는 것은 아니다. 독점 반대 기관들이 조치를 취하기도 전에 일반적으로 먼저 경쟁과 혁신이라는 문제가 시장 점유를 위협하기 시작한다. 대법원이 스탠더드 오일을 분할했을 때, 이미 정유산업에 대한 스탠더드 오일의 지배력은 약화되어가고 있었다. 기술이 급변하는 사업의 경우, 도태에 대한 끊임없는 위협으로 제품이 우위를 유지하기란 쉽지 않다. 아마 시장을 지배하고 있는 공급업체는 자신의 시장 지배력을 경쟁적인 혁신을 억누르는 데 사용하려 할지도 모른다. 마이크로소프트에 대한 반트러스트 움직임의 경우 미국 행정부는 마이크로소프트가 그러한 편법을 사용했다고 주장하고 있다. 명백하지는 않지만 그러한 전략은 오랜 기간 동안 널리 애용되어 왔을지도 모른다.

시장 지배적인 위치에 대한 만족감이 커지는 것도 물론 피해야 하지만 진짜 함정은 최적의 상태가 아닐 때 그것을 남용하는 것이다. 경제학 개론 시간에 배웠을 공급과 수요, 가격 간의 균형이라는 단순한 경제 모형은 이 문제에 대해서는 적절한 답을 주지 못한다. 수요와 공급에 관한 기초적 논의에 따르면, 독점 업체는 생산을 제한하고 가격이 자유경쟁

시장에서 형성되는 수준 이상으로 인상되도록 한다. 하지만 인위적으로 높은 이익을 끌어내는 것이 장기적인 운영 전략 면에서 볼 때 반드시 최선은 아니다.

이러한 주장은 직관에 반하는 것일지도 모른다. 그러나 결국 독점을 통해 얻을 수 있는 과잉 이익은 휘청거리기 마련이다. 그 파장의 규모는 1990년대 중반 뉴욕시가 조직폭력단의 보호를 받는 쓰레기 수거 카르텔을 엄중하게 단속했을 때 잘 드러났다.

수십 년 동안 그 조직폭력단의 두목은 가격을 조작했다. 상가 건물주들은 쓰레기 수거업자들을 고용해야 했는데, 거래처를 선택하고 계약 조건을 협상할 여지가 전혀 없었다. 웨인 휘젠거는 지역 수거업체들을 웨이스트 매니지먼트로 통합하면서 조직 폭력단의 입김을 피하기 위해 뉴욕 지역을 제외시킬 정도였다. 마침내 검찰은 카르텔은 해체시켰다. 검찰은 세 명의 조직폭력배와 그 계획에 가담한 14명의 쓰레기 수거업체 사장들에 대해 유죄판결을 얻어냈다. 조직폭력단에 연루된 10여 개의 회사가 파산하거나 국가 운영기관에 의해 인수되었다.

그 결과 쓰레기 수거 비용은 제자리를 찾게 되었고, 그 감소액은 도시의 사업체 소유주들에게 엄청난 것이었다. 한 옷 가게 주인에 따르면, 2주에 한 번 씩 쓰레기 수거 비용으로 매월 40달러를 지출했는데, 카르텔 해체 이후 주 5일씩 수거하면서도 한 달에 25달러면 된다고 했다. 또 한 사무용 건물 관리자에 따르면, 이전에 1만 달러가 들었지만 지금은 매월 950달러를 낸다고 말했다. 검찰에 따르면, 뉴욕 사업체들의 지출액 15억 달러 중 자그마치 4억 달러가 쓰레기 수거 비용으로 청구되었으며 그것은 고스란히 쓰레기 수거 업체의 과잉 이익이 되었다.

고가격 정책은 지배적 공급 업체에게는 높은 이윤을 안겨주지만, 그와 동시에 새로운 회사가 그 사업에 뛰어들어 상당 수준의 이익을 얻을 수 있는 여지도 만들어준다. 머지않아 후발 업체는 시장을 차지하기 위해 가격을 낮출 것이다. 그때 만약 당신이 더 낮은 가격을 통해 진입 업체가 시장에서 떨어져나가도록 한다면 반독점 기관들의 관리 대상이 될 수밖에 없다. 반독점 기관이 개입하게 되면 오랜 기간 동안 합법적인 방법으로 공들여 쌓아왔던 시장에서의 지배적 위치가 무너질 수도 있다.

경쟁을 초래할 수 있는 가격 방어책 대신 새로운 진입을 제한하는 능력을 발휘하는 것이 더 현명하다. 어떤 회사가 특정 제품을 주력으로 생산하여 엄청나지는 않지만 적당한 이윤을 남기는 정도의 가격으로 판매한다고 가정해보자. 잠재적 신규 진입자는 단기간에 그 회사의 생산비용을 따라잡을 수 없다. 그 회사의 엄청난 경쟁 우위인 규모의 경제를 누를 수 없기 때문이다. 이 점을 잘만 활용한다면 새로운 경쟁자의 진입을 영원히 저지할 수 있을지도 모르겠다. 그 동안 회사에 대한 소유 지분을 늘려가면서, 제품 수요 증가에 따른 대량 판매가 일어나고 그로 인해 더 많이 이익을 거둘 수 있다면 당신의 부도 증가할 것이다. 즉, 시장에서의 지배적인 위치를 수십 억 달러의 부로 전환하기 위해 폭력배처럼 굴 필요가 없다는 말이다.

다음 표는 같은 산업에서 최대 공급업체가 될 때 얻을 수 있는 규모의 경제의 위력을 보여준다. 생산량이 가장 많다면 단위제품 당 최소 비용으로 최대 이익을 실현할 수 있다. 표에서 총 생산비용은 생산량과 크게 상관없이 기본적으로 들어가는 고정비와 생산량에 따라 변하는 변동비로 구성되어 있다. 고정비에는 임대료, 직원 급여, 그리고 공장과 장비에 대한 연간 감가상각비가 포함된다(감가상각비란 기업의 기물이나 설비 등은 해마다 소모되는데 이러한 가치의 감가분을 제품이나 서비스의 원가에 반영

:: 지배적인 시장 점유의 이점

비교 손익계산서(2009. 12. 31)

항목	선두 기업	보통 기업
판매량(단위, 백만 개)	25	20
단위제품 당 가격(달러)	100	100
매출액(백만 달러)	2,500	2,000
고정생산비(백만 달러)	850	850
일반관리비(백만 달러)	525	525
고정비 합계(백만 달러)	1,375	1,375
단위제품 당 고정비(달러)	55	69
단위제품 당 변동비(달러)	20	20
단위제품 생산개수(백만 개)	25	20
변동비 합계	500	400
총비용(백만 달러)	1,875	1,775
단위제품 당 총비용(달러)	75	89
세전 이익(백만 달러)	625	225
단위제품 당 세전 이익(달러)	25	11

하는 것이다). 변동비에는 원재료비와 시간당 임금이 포함된다. 즉, 단위
생산량이 많을수록 더 많은 시간당 인건비와 더 많은 원재료비가 들어간
다. 여기에 제시된 예를 보면, 시장 지배적인 선두 기업은 경쟁사와 동일
한 고정비로 경쟁사가 생산하는 2천만 개보다 더 많은 2천5백만 개를 생
산하는 데 분산시킬 수 있다. 또한 변동비를 고려한 선두기업의 총비용

은 18억7,500만 달러로 경쟁사의 17억7,500만 달러보다도 크다. 그러나 선두기업의 단위제품 당 생산비용은 경쟁사에 비해 상당한 차이로 더 낮다. 선두기업이 75달러인 반면 경쟁사는 89달러에 이른다. 시장의 격렬한 경쟁으로 인해 선두기업은 가격 프리미엄을 누리지 못하고 기본적으로 경쟁사의 가격과 동일한 수준을 유지해야 한다. 그러나 비용에서의 우위로 선두기업은 단위제품 당 더 높은 세전 이익을 얻게 된다. 즉 선두기업의 단위제품 당 세전 이익은 25달러, 경쟁사는 11달러가 된다.

___ 성공한 사람들의 사례를 보라

시장을 지배하는 데 있어 가장 힘든 일은 최초로 시장을 선점하는 것이다. 존 록펠러와 빌 게이츠는 강철 같은 결단력을 가지고 선대의 억만장자들이 사용했던 방법들을 잘 응용하여 위업을 달성했다. 자수성가한 억만장자들은 각자의 시대에서 가장 부유했던 사람들이므로 그들의 경력을 자세히 살펴보는 것은 가치 있는 일이다. 한번 읽는다고 해서 컴퓨터 소프트웨어 분야의 최강자가 되기까지 빌 게이츠가 어떤 노력을 했는지 상세히 알 수는 없을 것이다. 억만장자가 되기 위한 자신만의 길로 나아가고 싶다면 이 부분을 반복해서 읽는 것만으로도 굉장한 도움을 받을 수 있다.

▶기본전략

- ◆ 시장을 선점하고 지배한다.
- ◆ 새로운 방식으로 사업을 운영한다.
- ◆ 역사에 남을 만한 모험을 한다.
- ◆ 여러 사업체를 통합한다.
- ◆ 협상을 냉철하게 즐긴다.

▶주요원칙

- ◆ 아이디어 중에서 돈이 될 만한 것을 찾는다.
- ◆ 규칙은 깨어지기 마련이다.
- ◆ 모방이 혁신보다 유용하다.
- ◆ 끊임없이 성장한다.
- ◆ 고생을 기꺼이 감수한다.
- ◆ 일을 즐겨야 한다.
- ◆ 때로는 철면피가 되어야 한다.

—— 록펠러는 어떻게 독점적 위치를 확보했을까?

나의 의무는 돈, 그것도 많은 돈을 버는 것이고,

번 돈을 양심의 명령에 따라 동료들을 위해 쓰는 것이라고 믿는다.

– 존 록펠러

오늘날 록펠러는 석유 산업을 지배하면서 어마어마한 부를 창출한 사람으로 기억되지만 그에 못지않게 그가 펼친 자선활동으로 기억되기도 한다. 베풀기 좋아했던 그는 황열병 백신, 십이지장충 약, 잡곡류 해충 박멸제 등의 개발을 후원했을 뿐 아니라 시카고 대학, 록펠러 대학, 스펠만 칼리지, 록펠러 재단과 북경 유니언 의과 대학도 설립했다. 1917년 11월에 록펠러는 자신이 자선 단체나 후계자들에게 막대한 양의 돈을 베풀지 않았더라면 그의 자산은 30억 달러에 이르렀을 것이라고 추정했다.

엄청난 재산을 기부하고 나서도 1937년 록펠러가 사망했을 때 그의 순자산 가치는 당시 미국 국내총생산GNP의 1/65과 동일한 액수인 14억 달러에 이르렀다. 이러한 방법으로 비교한다면 록펠러는 역대 최고로 부유했던 미국인이다. 더 놀라운 것은 부를 창출하기 위한 록펠러의 이런 아이디어와 전략 덕분에 무려 5명이나 되는 다른 이들이 미국의 역대 최고 부자대열에 올라설 수 있었다.

헨리 플래글러, 올리버 페인, 헨리 로저스, 존 록펠러의 형제인 윌리엄, 이들 모두는 스탠더드 오일 사의 파트너로 벼락부자가 된 경우다. 또한 에드워드 스테판 하크니스는 아버지로부터 회사의 막대한 지분을 상속받게 되면서 항상 최고의 부자 대열에 올랐다. 후임 억만장자들은 역사상 보기 드문 막대한 부를 창출한 록펠러의 방법을 오늘날에도 계속 적용하고 있다.

록펠러는 젊은 시절에 클리블랜드의 농산물 매매업자로 성공을 거두었고 그 후 정유라는 신생 산업에 뛰어들었다. 그는 시장을 점유하는 것과 그 지배적인 힘을 이용하는 것이 중요하다고 곧바로 알아차렸다. 원유를 정유업체로 선적하거나 정제된 석유를 전국 각지에 분포된 시장에 공급할 때 드는 방대한 운송비용을 고려할 때 규모가 주는 이점은 자명한 것이었다.

1860년대 후반 펜실베이니아 철도회사는 펜실베이니아 지역에서 생산되는 원유 선적을 독점하기 위해, 자신의 노선을 따라 늘어서 있는 뉴욕과 필라델피아 정유업체들이 얻게 될 이익에 대해 한창 선전하고 있었다. 그러자 클리블랜드의 정유업체들은 원유 공급이 차단될 수도 있다는 두려움에 빠졌다. 그와는 반대로 록펠러는 클리블랜드 지역의 기업들에 의존해 왔던 뉴욕 센트럴의 레이크 쇼어 라인Lake Shore Line과 제이 굴드의 에리 레일로드Erie Railroad라는 두 철도회사와의 협상에 이 상황을 이용했다. 록펠러와 플래글러는 정기적인 대량의 선적을 약속하는 조건으로 비밀리에 철도회사의 공식 운임료에서 30~75퍼센트 할인받는 계약을 이끌어낼 수 있었다. 이 덕분에 안정적이고 예측 가능한 운송물량을 보장받은 철도회사들은 상당 수준의 운영 효율을 달성할 수 있었다. 반대로 록펠러는 엄청난 비용 우위를 획득하면서 펜실베이니아 철도회사가 다른 철도회사의 원유선적 수익을 위협하는 시도를 종식시켰다.

스탠더드 오일 사가 세계에서 가장 큰 정유업체이기는 했지만 철도 운송요금 할인의 대가로 약속했던 선적 양을 충족시킬 만큼 생산량이 크지는 않았다. 그에 따라 그는 클리블랜드 지역의 다른 정유업체들과 협력을 꾀하여 선적 양을 조정해나갔다. 경쟁을 협력으로 대체하려는 록펠러의 전략은 수익률이 높고 진입 비용이 낮아져 새로운 주자들이 정유사업에 뛰어들게 되면서 더욱 탄력을 받았다. 1870년까지 정유시설의 생산능력은 원유 생산량의 3배로 커져 있었다. 그 결과 정유업체의 90퍼센트가 손실을 입고 있다고 록펠러는 추정했다.

이익을 쥐어짜야 하는 상황을 돌파하기 위한 록펠러의 해결책은 정유산업을 통합하여 '파멸을 부르는 경쟁'을 종식시키는 것이었다. 파트너

관계에 있는 회사들을 스탠더드 오일 조직으로 포함시키기 시작했고, 그로 인해 자신의 계획에 따라 엄청난 양의 정유를 새롭게 생산하기가 더욱 쉬워졌다. 그리고 나서 1872년 초에 스탠더드 오일은 펜실베이니아, 뉴욕 센트럴과 에리 레일로드라는 세 개의 대표적인 석유 선적 철도회사와 동맹을 맺었다. 세 철도회사는 자기들 간에 치열한 가격 경쟁으로 서로 지쳐 있었다. 사우스 임프루브먼트 사South Improvement Co.(SIC)로 알려진 운송회사들 간의 동맹으로 모든 정유업체를 대상으로 한 수송료가 대폭적으로 오른 데 반해, SIC 회원사들에 대해서는 50퍼센트까지 리베이트 제공이 허용되었다. 독점 자본주의 비평가들을 극도로 분개하게 만든 일은, 비회원사가 선적하는 배럴 당 석유에 대해 철도회사들이 회원 정유업체들에게 리베이트를 제공한 것이었다. 이러한 막대한 비용 우위와 더불어 록펠러는 SIC로부터 비회원사의 선적량에 대한 자세한 정보를 받았는데, 그것은 경쟁업체의 가격보다 저가로 공급하는 데 매우 유용했다.

 2개월이 채 되기도 전에 뉴욕 정유업체들의 반발로 SIC는 해체되었다. 하지만 그때까지 스탠더드 오일 사는 같은 지역 내 26개의 경쟁 업체들 중에서 무려 22개 회사를 인수한 상태였다. 이는 훗날 '클리블랜드 대학살'이라고 기억되었다. 매각 회사들은 자신들의 회사를 매각하지 않는다면 록펠러의 엄청난 선적 비용 우위에 눌려 질질 끌려 다니다 마침내 파산할 것이라고 생각했다. 1872년 중반까지 스탠더드 오일은 클리블랜드의 석유 사업을 지배했고, 그러는 동안 그 지역은 미국 정유생산의 최대 중심지가 되어 있었다. 그럼에도 불구하고, 호황과 불황을 오가는 석유 사업의 특성상 그때마다 수익에 큰 타격을 입을 수밖에 없는 상황은 록펠러의 머릿속을 혼란스럽게 했다. 그의 생각에는 어떤 새로운 형태의 조직이 필요했다.

피츠버그의 정유업체들은 자발적으로 생산량을 제한하자는 록펠러의 첫 제안을 거부했다. 정유업에서 일정 수익률을 유지하기 위해 원유 생산업체들의 생산량 조절을 통해 정유업체들에게 파는 상품 가격의 변동 폭을 통제할 수 있었다. 그러나 록펠러가 넌더리가 날 정도로 원유 생산업체들은 가격 안정화를 위해 서로 담합할 능력이 없었다. 결국 록펠러는 실제적인 해결안은 국가적 규모로 정유 시설에 대한 통제권을 쥐는 것뿐이라고 결론지었다. 스탠더드 오일은 1873년 9월 18일에 있었던 주식시장 공황에 이은 불황을 이용하여, 클리블랜드 외 지역에 있는 경쟁업체들을 인수하기 시작했다.

이 일을 위해 록펠러가 사용한 수법에는 인수하고자 하는 회사가 자신의 장부를 슬쩍 엿보게 하는 것도 포함되어 있었다. 록펠러의 효율적인 경영방식으로 자신들의 가격보다 낮게 팔아도 여전히 수익을 낼 수 있다는 것을 그들이 깨닫는 순간, 인수 합병에 대한 그들의 거리낌은 순식간에 사라졌다.

당시 인수 조건에 따르자면 오하이오에 있는 스탠더드 오일은 그 외 다른 주에 있는 자산을 합법적으로 소유할 수 없었다. 하지만 록펠러는 그러한 세부적인 것 때문에 주저앉을 사람이 아니었다. 그는 인수한 회사에게 기존 회사명을 그대로 유지한 채 운영을 계속하도록 지시했고, 스탠더드 오일의 자회사라는 것과 연관되는 어떠한 문서도 만들지 못하게 했다.

1874년 비밀리에 이루어진 회담을 통해 록펠러는 필라델피아와 피츠버그의 선두 정유업체들에 대한 경영권을 획득했다. 그의 새로운 동맹군들은 차례로 자기 지역의 경쟁 업체들을 인수하기 시작했다. 2년도 채 되지 않아 피츠버그의 정유업체 수는 22개에서 단 하나로 줄었다. 다음

몇 년 동안 스탠더드 오일 사는 펜실베이니아의 원유 생산지역 인근에 위치한 정유업체들뿐만 아니라 정유산업의 주요 중심지인 뉴욕, 서부 버지니아, 볼티모어 등을 비롯한 전 지역에 대해 사실상의 지배권을 비밀리에 통합했다. 1877년쯤에는 스탠더드 오일 사가 미국 정유제품 생산의 90% 가까이를 차지하게 되었다.

____ 카르텔을 형성하는 것도 전략이다

스탠더드 오일 사는 석유 운송에 공격적인 투자를 하면서 독점력을 확장시켜 나갔다. 철도회사들은 미국 내 석유 매장지가 조만간 고갈될 것이라는 지질학자들의 예측에 겁을 먹고 업계의 요구를 충족시키기 위한 비용 투자를 주저했다. 록펠러는 이들의 두려움을 이용하여 석유 선적 시설이 현대화되어 있는 뉴저지 에리 레일로드의 위하켄 터미널을 인수했다. 그 과정에서 스탠더드 오일은 다른 정유업체들의 중요한 선적 정보를 얻어냈을 뿐만 아니라 운송 요금의 특혜도 받아냈으며, 더 나아가 경쟁사의 석유 선적을 차단할 수 있는 힘까지도 확보했다.

철도회사들이 기존의 석유 저장통을 대체할 최신의 석유 운반용 차량에 투자하지 않자 스탠더드 오일은 직접 나서서 해결했다. 철도회사에 운반용 차량을 내주지 않을 수 있는 자신의 힘을 이용하여 그는 소규모 정유업체보다 월등히 유리한 수송비용 특혜를 이끌어냈다. 결국, 석유 수송에 있어 송유관의 중요도가 높아지자 스탠더드 오일은 자체 시스템을 만들었다. 또한 록펠러는 다른 송유관 네트워크의 지분을 사들이면서 스탠더드 오일과는 별개로 보이는 것처럼 운영했다. 얼마 있지 않아 록펠러의 송유관 네트워크와 표면적으로만 경쟁사인 회사들은 카르텔을 형성하여 생산량을 배분하고 가격 담합을 했다.

안타깝게도 록펠러의 전략을 따라하는 이들에게 그의 어떤 수법들은 윤리적으로 애매하거나 완전히 불법적인 것이었다. 예를 들면 스탠더드 오일은 리베이트가 불법화된 1887년이 한참 지난 후까지도 철도회사로부터 리베이트를 끈질기게 받아 챙기면서, 회계장부를 교묘히 꾸미는 방법을 써서 그 관행을 숨겼다. 록펠러는 스탠더드 오일의 규정 준수와 관련하여 법정 증언을 요청받으면 시치미를 떼거나 오해를 불러일으킬 답변만을 반복했다.

스탠더드 오일은 펜실베이니아의 석유 매장지에 경쟁 업체가 송유관을 건설하려 했을 때는 특히 더 날카로운 공격을 가했다. 스탠더드 오일은 석유 유출로 땅속에 길을 낼 권한을 타이드워터 파이프 라인^{Tidewater Pipe Line}사에 판 농부들의 농지가 망가질 수도 있다는 주장의 기사를 신문에 실었다.

스탠더드 오일의 방해 노력에도 불구하고 타이드워터의 공사는 완료되었고 록펠러는 다른 대응책을 펴야 했다. 록펠러는 송유관을 산산조각 내자는 부하직원들의 제안을 거절했다. 대신 수송 요금을 상대보다 대폭 인하했고 상대의 송유관이 원유 생산자와 독립 정유업체들에게 접근하는 것을 차단하여 타이드워터를 방해했다. 결국 록펠러의 동맹군들은 타이드워터 이사회 내의 불화를 그 송유관에 대한 외부 주주 지분을 사들이는 데 이용할 수 있었다. 그리고 나서 스탠더드 오일과 타이드워터는 카르텔을 형성하여 펜실베이니아의 송유관 사업을 서로 나눠 가졌다.

부의 축적을 위한 록펠러의 전략에는 분명 거슬리는 면이 있긴 하지만, 그러한 범죄성에 기대지 않고 본질적인 요소들을 잘 활용할 수 있다.

록펠러의 핵심 원칙 중 하나는 변화를 두려워하지 않는 것이다. 석유 송유관의 중요성을 뒤늦게 인식했지만, 일단 그 점을 파악하자마자 그는 결단력 있게 그 사업에 뛰어들었다. 비슷한 이치로 그는 원유 생산이라는 변동성이 심한 사업에 상당한 투자를 하는 것을 처음에는 싫어했지만 이를 극복했다. 록펠러는 미국의 스탠더드 오일 사가 자신이 통제할 수 없는 외국 자원에 의존하게 될지도 모른다는 우려를 했지만, 그는 미국 석유 생산의 33%를 차지하는 사업 수완을 보여주었다.

——— 위험한 투자에도 과감히 도전한다

스탠더드 오일 사의 원유 생산업 진입은 모험을 기꺼이 감수하는 록펠러의 또 하나의 강점이 빛을 발하는 계기가 되었다. 새로운 석유 매장지가 리마와 인디애나 근처에서 발견되었는데, 그 지역에서 생산된 원유에는 황 성분을 많이 함유하고 있어 고약한 악취가 났다.

하지만 록펠러는 화학자 헤르만 프라치가 중서부의 고약한 석유를 시장성 있는 상품으로 만들어줄 공법을 고안할 것이라는 데 모험을 걸고, 석유가 매장된 부지를 매입하여 송유관을 건설했다. 고약한 악취가 나는 석유조차도 보일러 연료용으로 내다팔 수 있는 스탠더드 오일의 마케팅 능력은 당시 리스크를 줄이는 데는 큰 도움이 못되었다. 보일러 연료용은 자동차가 출현하기 전 시대의 핵심 석유 제품인 등유보다 수익성이 낮았기 때문이다. 록펠러는 주머니를 털어서까지 리마에 투자했다. 이러한 그의 모습은 그동안 주저했던 스탠더드 오일 임원들의 마음을 움직여 결국 적극적으로 나서게 했다. 마침내 프라치의 특허 받은 공법으로 막대한 이익이 스탠더드 오일로 들어오기 시작하자 록펠러의 모험은 보상되었다.

록펠러의 위험에 대한 과감성은 이후 스탠더드 오일의 사업 영역을 벗어나 있는 메사비 지역에 투자할 때도 드러났다. 인디애나의 원유처럼 미네소타에서 발견된 철광석도 당시의 기술로는 상업적 가치를 가지기가 힘들었다. 지하 탄광에서 캐낼 수 있는 일반적인 단단한 광석과는 달리 메사비 광석은 미세가루여서 용광로를 막히게 했다. 록펠러는 이전의 경우와 마찬가지로 경제 불황을 이용했다. 즉, 이번에는 1893년 공황으로 촉발된 철 가격의 급락을 활용한 것이다. 메사비 지역의 초기 개척자인 레오니다스 메릿과 그의 가족은 채굴을 위한 기반시설을 구축하고자 하는 열망으로 재정적인 무리를 한 상태였다. 록펠러는 자금을 제공하면서 그 대가로 메릿 가의 경영권을 조금씩 장악해갔다. 마침내 제강 업체들이 용광로를 메사비 원석에 맞춰 조정하는 법을 알아냈을 때 록펠러의 투자 가치는 하늘 높은 줄 모르고 치솟았다. 사실 록펠러가 엄청난 돈을 벌게 되자 메릿 가는 자신들이 사기를 당했다고 주장했고, 그래서 법정 밖 합의를 통해 그들은 50만 달러를 받아냈다.

사업 조직체를 구축하는 데 있어 록펠러는 일관되게 양자 모두에게 이익이 되는 연합을 추구했다. 스탠더드 오일 제국을 위해 다른 회사들을 인수할 때, 록펠러는 강압보다는 설득을 택했고 인내심과 개인적인 매력도 발휘하여 상당한 효과를 거두었다. 저가 매수 기술의 달인과는 거리가 멀었던 록펠러는 가장 싼 가격에 자산을 획득하려고 애쓴 적이 없다. 오히려 인수 대상의 전략적 중요도 관점에서 그것의 가치를 산정했고, 어떤 경우에는 비효율적이고 중복되는 시설의 폐쇄로부터 얻어지는 이익도 포함했다. 셈에 밝은 록펠러이지만 기존 관리자들을 유지하고 좋은 조건에 그들을 대우하는 것이 이롭다는 것을 알고 있었기 때문에 그는 때로는 자기 역할을 다하지 못하는 사람들에게도 관용을 베풀었다.

___ 일단 게임이 시작되면 반드시 이겨야 한다

그러나 록펠러는 협상을 통한 상술이 먹혀들지 않을 때면 노골적인 힘을 행사했다. 이런 특징은 개인적인 영역에서도 나타났다. 한번은 록펠러가 인접 토지를 조금 더 구입하여 뉴욕 포칸티노 언덕에서의 은둔 생활을 연장하고자 한 적이 있었다. 록펠러는 구입하려는 땅의 주인에게 그가 옮겨갈 수 있는 근처의 다른 땅을 조금 주겠다는 것까지 포함하여 관대한 제안을 했었는데, 그 주인은 그것을 거부했다. 관대하게 행동하고자 했던 자신의 노력이 좌절되자 록펠러는 부하직원을 시켜 그 이웃의 땅 주변을 거대한 히말라야 삼나무로 둘러치라고 명령했다. 영원히 햇빛을 구경할 수 없을지도 모른다고 판단한 그 땅 주인은 석유왕의 의지 앞에 굴복했다. 존 록펠러의 뒤를 잇고자 하는 사람이라면 이처럼 어느 정도 고집스러운 면이 있어야 할 것이다.

___ 록펠러보다 더 빨리 더 많은 부를 쌓은 빌 게이츠

당신은 결코 알 수 없겠지만 우주는 오직 나를 위해 존재할지도 모른다.

그렇다면 내가 잘 되는 것은 확실하며 나는 그것을 인정해야 한다.

-빌 게이츠

윌리엄 빌 게이츠 3세와 존 록펠러의 이름은 1998년에 불가분한 관계를 갖게 되었다. 우연히도 법무부가 빌 게이츠의 마이크로소프트를 반독점 위반으로 기소하기로 결정함과 동시에 스탠더드 오일의 창립자인 존 록펠러의 베스트셀러 전기가 출판되었다. 빌 게이츠도 록펠러처럼 막대한 성공을 거두었다. 오히려 더 젊은 나이에, 엄청난 차이로 그 시대 최고의 부자가 되었다. 인플레이션을 감안해서 계산하더라도 빌 게이츠의 자산은 록펠러의 자산을 훨씬 앞서고 있다. 한 경제 평론가는 빌 게이츠의 자산이 미국의 인구 1억2천만 명(전체 인구의 거의 절반)의 자산을 모아놓은 것과 동일하다고 추정했다. 1990년대 후반 주식시장의 호황은 마이크로소프트 주식이 최고치를 거듭하도록 떠받쳐주었고 빌 게이츠는 브루나이의 술탄 왕자를 제치고 세계에서 가장 부유한 사람이 되었다.

록펠러와 빌 게이츠 모두 '독점화'라는 피할 수 없는 비난에 부딪쳤고, 이에 대해 그들은 자신들이 독점적 지위를 악용하기는커녕 오히려 제품의 가격을 꾸준하게 내렸다고 지적하면서 이에 대응했다. 빌 게이츠는 반독점 소송 재판에서 진술할 때도 법정에 선 록펠러의 빈틈없는 스타일을 연상케 하는 태도로 검사들의 질문에 답변했다. 빌 게이츠는 '시장점유'라는 용어를 이해하지 못하겠다고 주장하기도 했다. 업계 평론가들은 그가 이해하지 못한 용어는 아마 '점유'일 것이라고 제시했다.

두 거인들은 자선 활동에서 기록적인 업적을 달성한 것까지도 유사하다. 1999년 초에 빌 게이츠와 그의 아내는 자신들이 설립한 두 개의 자선 단체에 33억 달러를 기탁하였고, 두 단체의 총자산은 55억 달러에 이르렀다. 게이츠는 생존하는 어떤 미국인보다도 더 많은 돈을 기부했다. 세계의 건강, 인구, 교육에 중점을 두고 있는 윌리엄 빌 게이츠 재단은 자산 규모 면에서 미국의 10대 재단에 들어가고, 그 중에서 기증자가 생존해 있는 경우로는 유일하다.

　록펠러의 전기 저술자인 체르노에 따르면 그 둘 사이에는 공통점이 하나 더 있다. 빌 게이츠는 록펠러의 실수를 되풀이하여 시장에서의 지배적 위치 때문에 필연적으로 생겨나는 비난에 대해 뒤늦게 수습에 나섰다는 것이다. 하지만 마이크로소프트의 홍보 담당자들이 반독점 주장에 정면으로 반박하는 일을 꺼려했다 하더라도, 빌 게이츠를 인정 있는 인사로 홍보하는 데 성공한 이후부터 그들은 줄곧 그런 활동을 벌여왔다. 1982년부터 시작된 홍보 캠페인 덕택에 게이츠는 아주 똑똑한 컴퓨터 전문가로, '어린 시절 모자라 보였던 아이의 복수'라는 이야기의 전설적인 영웅으로 널리 알려지게 되었다.

　〈피플〉은 1983년 말에 빌 게이츠를 '가장 매력 있는 25인'에 선정했다(빌 게이츠의 보이 스카우트 경력을 과장하면서 그가 이글 스카우트까지 올랐다고 보도했다. 그와는 대조적으로 억만장자인 로스 페로와 샘 월튼은 힘겹게 명성을 얻었다고 했다). 1984년 말에 〈에스콰이어〉는 빌 게이츠를 '가장 멋진 신세대 인물'로 선정했다. 가장 특이했던 영예는 1985년 2월에 연예인인 워렌 비티, 마이클 잭슨, 버트 레이놀즈 등과 함께 〈굿 하우스키핑〉이 선정하는 '가장 선호하는 신랑감 후보 50인'에 뽑혔다는 것이다. 편집자는 이렇게 덧붙였다. "그들은 모두 재산이 많고 매력적이며 운명의 여인이 나타나길 기다리고 있습니다."

—— 백만장자 5천 명이 넘게 출퇴근 하는 회사

　빌 게이츠 개인의 괴상한 버릇들도 그를 칭송하는 사람들에게는 친숙한 것이 되었다. 덥수룩한 머리, 정크 푸드에 대한 지나친 선호, 생각에 빠져 있을 때 발을 구르는 버릇 등을 들 수 있다. 빌 게이츠를 모델로 삼은 일본 만화책 〈영점프〉는 그 책 제목을 빌 게이츠가 천장까지 뛰어오르려는 무의식적인 버릇에서 따왔다.

수년에 걸쳐 빌 게이츠는 자신의 전설이 더욱 돋보이도록 꾸며왔다. 오랜 기간 자신의 첫 번째 고객이었던 13개 소프트웨어 회사들이 전부 파산했다고 주장하면서 컴퓨터 업계의 혹독한 경쟁을 강조했다. 그는 뒤이어 '나는 해냈다'고 인정했다. 또한 1970년과 1974년 사이에 빌 게이츠는 자신과 마이크로소프트의 공동 창업자인 폴 알렌이 나중에 미국의 절반 이상의 엘리베이터에서 사용될 컴퓨터 프로그램을 개발했다고 말했다. 하지만 훗날 그가 인정했듯이 그런 일은 없었다. 게다가 빌 게이츠는 자신과 알렌이 후에 끊임없이 되뇌어 마이크로소프트의 신념이 된 문구, '모든 책상과 가정에 마이크로소프트의 소프트웨어로 운영되는 컴퓨터를 보급하겠다!'를 사용하기 시작한 것도 이 시기였다. 그러나 실제는 그러한 회사명조차도 존재하지 않을 때였다. 그 유명한 비전 문구는 1980년대 중반까지도 마이크로소프트 사에서 들어본 적이 없던 것이었는데, 1975년 1월 한 잡지에 '모든 가정에 컴퓨터가 있는 시대'를 예고하는 기사가 나가면서부터 발전된 것이었다.

빌 게이츠가 거둔 진정한 성공에는 과장이 필요치 않다. 소프트웨어 업계에서 그의 뛰어난 능력은 시기심을 자극했고 때때로 이성을 잃은 듯한 적대감도 불러일으켰다. 마이크로소프트의 경쟁 업체인 로터스Lotus 사의 최고 경영 책임자인 제프리 패포Jeffrey Papow는 자신과 데이터베이스 개발 회사인 오라클Oracle 사의 창립자인 래리 엘리슨Larry Ellison이 '빌 게이츠를 미워하는 사람들 모임의 공동 대표자'라고 자신 있게 주장했다.

패포의 설명에 따르면 누가 더 빌 게이츠를 미워하는지 가늠할 수 없어 공동 대표로 뽑혔다고 한다. 엘리슨은 자신들에게 손가락질하고 있는 빌 게이츠의 큼직한 합성 이미지를 컴퓨터 바탕 화면에 띄웠다는 이유로 직원들을 해고하려 했다. 모략가들은 빌 게이츠뿐만 아니라 마이크로소프트가 정성들여 발탁한 뛰어난 프로그래머(그들끼리는 '빌의 복제인간'이라고 불렀다) 전부를 비난의 대상으로 삼고 있다. 1998년 대법원이 마이크로소프트를 대상으로 반독점 소송을 제기했을 때 한 신문은 만평에서 컴퓨터 모니터를 자세히 들여다보고 있는 한 꽁생원의 모습을 그렸다. 화면에는 이렇게 적혀 있었다. "사랑받고 있는 우리의 지도자 빌 게이츠 씨가 공격당하고 있어요. 재산은 남겨두고 사막으로 가세요. 우주선이 기다리고 있으니까요."

많은 웹사이트들도 마이크로소프트 회장에 대한 험담에 가세했다. 그들이 묘사하는 그의 모습은 총을 맞고 쓰러지거나, 얼굴에 다트용 화살 세례를 받거나, 가면을 벗은 사탄의 얼굴이었다. 심지어는 마이크로소프트를 비방하는 데 전념하는 국제적인 반 마이크로소프트 네트워크도 있다. 또한 악의적인 의도가 다분히 있는 '빌 게이츠의 자산을 추적하는 시계'도 있는데 분 단위로 변화하는 그의 순자산을 표시한다. 1999년 초에 마이크로소프트의 주식이 분할되자, 그 수치는 도저히 이해할 수 없는 946억 달러까지 치솟았다. 자산 시계에 따르면, 빌 게이츠는 세계 최초로 천억 대 부자가 되었다.

록펠러처럼 빌 게이츠도 다른 많은 사람들이 엄청난 부를 쌓을 수 있도록 도와주었다. 1998년 〈포브스〉의 400대 부자 리스트는 마이크로소프트의 공동 창업자인 폴 알렌을 3위로 기록했다. 알렌은 또한 1983년에 마이크로소프트를 떠난 뒤, 다른 벤처기업들을 통해 부를 축적한 것이 분명하다. 5위에 오른 스티브 발머도 빌 게이츠의 대학 동창으로 1980년에 마이크로소프트에 합류했다. 1994년 1월의 잡지 기사는 워싱턴 주 레드몬드에 있는 마이크로소프트의 본사를 언급하면서 '지구상에 이보다 많은 백만장자와 억만장자들이 매일 출퇴근하는 곳은 없다'고 논평했다. 당시에 1만5천 명의 직원들 중 약 2,200명이 적어도 1백만 달러가 넘는 마이크로소프트 주식을 소유하고 있었다. 1999년 초까지 마이크로소프트 사내 백만장자의 수는 5천 명이 넘었고 주식가격이 더 오를수록 이 수치는 더욱 증가할 것이다.

── 어린 시절부터 드러난 빌 게이츠의 사업가 기질

마이크로소프트의 성공은 빌 게이츠가 창사 때 예견했던 모든 것을 뛰어넘었지만 어린 시절 그의 꿈도 소박한 것은 아니었다. 빌 게이츠는 1955년 시애틀에서 태어난 조숙한 아이였다. 여덟 살쯤에 세계 백과사전을 겉장부터 마지막 장까지 독파했다. 열한 살에는 산상수훈(신약성서 《마태오의 복음서》 5~7장에 기록되어 있는 예수의 설교)을 처음부터 끝까지 막힘없이 암송하여 담당 목사를 놀라게 했다. 후에는 대학입학 적성시험의 수학 과목에서 800점 만점을 받았고 국립 장학금도 따냈다.

또한 빌 게이츠의 기업가적인 야망은 어린 시절부터 뚜렷이 나타났다. 그는 6학년 때 이미 병원에 관상동맥 치료 시스템을 파는 것을 마음 속에 그리며 '빌 게이츠 웨이 회사' 설립안을 기술하여 A를 받았다. 고등학생 때에는 친구에게 20살쯤에 백만장자가 되어 있을 것이라고 자신 있게 말했다고 한다.

빌 게이츠에 따르면, 그는 일찍이 민주당 대통령 후보인 조지 맥거번 George McGovern의 부통령 후보였던 토머스 이글레톤Thomas Eagleton이 과거에 우울증 때문에 전기충격 요법을 받았다는 뉴스를 접했을 때 큰돈을 벌 수 있는 기회를 포착했다고 한다. 맥거번이 부통령 후보를 바꾸리라고 예상한 빌 게이츠는 친구들과 함께 하나에 5센트씩을 주고 맥거번과 이글레톤의 이름이 같이 박힌 캠페인 기념 배지 수천 개를 사 모았다. 몇 주 후에, 정말로 빌 게이츠가 예상한 일이 벌어졌고, 그들은 5센트를 주고 산 기념 배지를 수집가에게 10~25달러씩을 받고 되팔았다고 한다.

사실 이 사건을 잘 살펴보면 이 이야기가 세월이 지나면서 다소 부풀려졌다는 빌 게이츠의 누나 크리스티의 견해에 신빙성이 더해진다. 빌 게이츠가 이 기념 배지를 팔기 위해 모집했던 소년들은 그들이 실제 10달러 가까이 받고 배지를 팔아본 적이 없다고 한다. 그리고 그 당시 노점상들도 맥거번-이글레톤 배지를 약 1달러 정도로 광고했다.

사실 빌 게이츠로부터 직접 그 캠페인 기념 배지 일화를 생생히 듣는다 해도 그가 유년 시절 컴퓨터를 처음 접하면서 시작되는 이야기보다는 흥미롭지 않다. 빌 게이츠의 부모님은 시애틀 공립학교가 수학에 천재적 재능을 갖고 있는 아들의 능력을 썩힐지도 모른다는 점을 걱정하여 그를 레이크사이드 고등학교라는 사립 기숙사 학교에 등록시켰다. 빌 게이츠가 8학년일 때, 레이크사이드 고등학교는 ASR-33 텔레 타입 기종을 들여놓으면서 미국 내에서 첫 번째로 컴퓨터를 구비한 학교가 되었다. 이 원시적인 전기기계 장치는 전화선을 사용하여 시애틀 중심지에 있는 GE 소유의 미니컴퓨터에 접속할 수 있게 해주었다. 빌 게이츠와 고등학교 2년 선배인 폴 알렌은 점차 이 기계의 처리 속도를 빠르게 하는 데 심취했다.

빌 게이츠는 곧 그의 새로운 취미의 재정적인 면을 분석하기 시작했다. 컴퓨터 시간 사용료는 매우 비쌌는데 레이크사이드 학생들은 컴퓨터를 엄청나게 많이 이용하고 있었다. 빌 게이츠는 친구 몇몇과 함께 컴퓨터센터 코퍼레이션(시큐브드C-Cubed라고 알려져 있다)의 보안 시스템을 망가뜨렸다. 이 회사는 GE와 연계하여 레이크사이드에 컴퓨터 사용 시간을 제공하고 있었다. 빌 게이츠와 그의 친구들은 훌륭한 해킹 실력을 동원하여, 그 회사의 회계 파일을 찾아 자신들의 컴퓨터 사용 시간을 줄여 계산하도록 변경했다. 그 일로 체포되고 심한 꾸지람을 들었지만, 빌 게이츠와 그의 친구들은 후에 시큐브드 사에 고용되어 그 회사의 시스템 디버그 작업(프로그래밍 오류를 제거하는 작업)을 돕기도 했다. 컴퓨터를 무제한 사용하는 조건으로 그들은 밤에 교대로 일하면서 시스템을 망가뜨리는 버그를 찾아내어 그 과정을 자료로 정리했다. 빌 게이츠는 이 일에 사로잡혀 밤에 집을 몰래 빠져나와 시큐브드 사에서 밤을 지새우는 일이 허다했다. 6개월 남짓 일하는 동안 그들이 발견하여 기록한 시스템 버그 자료만도 300페이지가 넘었으며, 그 발견의 대부분은 빌 게이츠나 알렌에 의한 것이었다.

1971년 폴 알렌이 워싱턴 주립대로 진학하면서 빌 게이츠와 폴 알렌은 트라프 오 데이터Traf-O-Data라는 새로운 벤처를 만들었다. 사업 아이템은 시(市) 당국에 의해 차도에 설치된 '고무호수를 이용하여 통행차량 대수가 수집되는 교통 흐름 데이터 전산화 처리 시스템'이었다. 트라프 오 데이터의 프로그램은 원시 데이터를 엔지니어가 이용할 수 있는 가치 있는 정보로 변환하는 데 소요되는 작업을 단축시켰다.

다음으로 빌 게이츠는 대학에서 여름방학을 맞은 알렌의 도움을 받아 레이크사이드의 수업 일정 관리 프로그램을 만들어 4,200달러를 벌었다. 정치적으로 기민한 이 두 파트너는 교장의 딸이 그녀의 요청과 정확히 일치하는 수업 시간표를 받을 수 있도록 했다. 게다가 빌 게이츠는 프로그램을 더욱 보강하여 학교에서 가장 예쁜 여학생들과 한 반이 되도록 자신의 시간표를 짰다!

레이크사이드 프로젝트에서 얻은 지식을 바탕으로 이번에는 워싱턴 대학 내 학생들이 운영하는 자체 강의 일정관리 프로그램을 설계하는 계약을 따냈다. 하지만 그 일로 빌 게이츠는 단지 500달러 밖에 못 벌었다. 그런데 이 일로 대학 신문사가 당시 워싱턴 대학의 학생회 간부이자 빌 게이츠의 누나인 크리스티 게이츠의 입김으로 빌 게이츠가 계약을 따냈다고 비난하면서 논란이 커지기도 했다.

레이크사이드 고등학교 졸업반 시절 빌 게이츠는 학교를 쉬었고, 대학을 그만둔 알렌은 일주일에 165달러씩 받고 TRW Inc.의 보안 프로그래머로 일했다. 그 후 빌 게이츠와 알렌은 함께 매사추세츠 주로 이사했다. 알렌은 하니웰이라는 회사에서 일했고, 빌 게이츠는 하버드 대학에 입학하여 많은 시간을 포커를 치면서 보냈으며 이 때 훗날 마이크로소프트의 사장이 된 스티브 발머를 만나게 되었다. 빌 게이츠와 알렌은 새롭게 떠오르는 소프트웨어 산업에서 이미 베테랑으로 인정을 받고 있었는데, 그 당시는 메인프레임 컴퓨터 제조업체들이 소프트웨어를 하드웨어의 부차적인 것으로 생각하던 시기였다. 빌 게이츠와 알렌은 그들의 경력을 바꿀 결정적인 사건 앞에 놓여 있었다. 진정한 억만장자가 되기 위한 도전이 시작된 것이다.

1975년 1월, 〈파퓰러 일렉트릭스〉는 MITS 사에서 만든 알테어 8800 마이크로컴퓨터에 관한 머리기사를 다루었다. 여러 회사들이 퍼스널 컴퓨터 제작에 골몰하였는데, 뉴멕시코 주 엘버커키에 있는 MITS 사가 처음으로 상업적인 실용화를 이루어낸 것이다. 알테어의 가격은 약 397달러로 책정되었지만 여기에는 이 컴퓨터를 구동할 소프트웨어 가격이 포함되어 있지 않았다. 이 때 빌 게이츠와 알렌은 오랫동안 기다려왔던 퍼스널 컴퓨터 시대가 개막되었음을 직감했다. 한동안 이 변혁의 물결에 동참하고자 했던 사람들은 키보드가 없는 알테어 컴퓨터를 프로그래밍하기 위해 스위치를 눌러가며 오랜 시간 참아낸 컴퓨터 마니아들이었다.

MITS의 창립자인 에드 로버츠는 그 당시 알테어의 사용자층을 확대할 수 있도록 하는 핵심 방안은 베이직(BASIC, Beginner's All-Purpose Symbolic Instruction Code : 초보자를 위한 교육용 프로그래밍 언어)을 사용하는 것과 대형 컴퓨터용 프로그램 언어를 배우기 쉽게 다시 고치는 것이라고 생각했다. 기술적인 측면에서 볼 때 이것은 아주 큰 작업이었다. 알테어에 돌파구가 되어준 것은 반도체 제조회사인 인텔 사의 8080 칩 도입이었다. 그러나 소형 컴퓨터를 염두에 두고 칩을 개발하지 않았던 인텔의 엔지니어들은 베이직을 사용하는 것이 가능한지 의심하고 있었다.

빌 게이츠와 폴 알렌은 이와는 다른 견해를 가지고 있었고 곧 알테어를 위한 소프트웨어를 공급하는 계약을 체결하는 데 초점을 맞추었다. 그들의 사업 계획은 간단했다. 하버드에 있는 빌 게이츠의 방에서 에드 로버츠에게 전화를 걸어 그들이 8080 칩에서 가능한 베이직 프로그램을 개발했다고 거들먹거리며 말했다. 에드 로버츠는 그들에게 그들과 비슷한 주장을 하고 있는 다른 50여 개 업체보다 더 빨리 베이직 프로그램을 성공적으로 시연해준다면 그 일을 맡기겠다고 얘기했다.

빌 게이츠와 알렌이 자신감 있게 배짱을 부리는 방법은 과히 그들을 베이퍼웨어vaporware의 선구자로 인정할 만했다. 베이퍼웨어란 소프트웨어 제품이 완성되기도 전에 미리 발표해버리는 것으로 라이벌 회사가 경쟁용 소프트웨어를 개발하는 활동을 막는 데 주로 사용된다. 베이퍼웨어는 훗날 마이크로소프트의 특징적 전술이 되었다. 빌 게이츠는 한 자서전에서 베이퍼웨어 사용에 대해 이렇게 말했다.

개발이 완벽하게 끝나지 않은 제품을 현존하는 가장 최상의 모델로 발전시켜 프레젠테이션을 하고 나서 장시간 지연 후 다소 버그가 있는 상태로 출시하곤 했다.

문제는 빌 게이츠와 알렌이 이미 만들어놓았다고 큰소리 친 프로그램의 컴퓨터 코드를 작성하는 일이었다. 이렇게 대담한 두 사람의 자신감은 자신들이 경쟁자보다 한층 수준 있는 경험을 했다는 데서 나온 것이었다.

트라프 오 데이터에서 쌓은 경험으로 그들은 이미 인텔 8080 칩 이전 모델에 대한 경험을 가지고 있었던 것이다. 그 경험을 응용하면 퍼스널 컴퓨터를 위한 베이직 프로그램을 완성할 수 있으리라고 확신했다.

빌 게이츠와 알렌의 자신감에도 불구하고 그들은 많은 난관에 부딪혔다. 프로그램 개발 과정에서 그들은 실제 알테어 컴퓨터에서 테스트해볼 수조차 없는 상태였다. 그 장비는 거의 공급이 되지 않은 상태였고 그 유명한 〈파퓰러 일렉트릭〉의 표지에 게재되어 있던 컴퓨터 사진도 실제로는 스위치와 전구 등으로 대충 만들어놓은 속이 텅 빈 금속 장식품에 불과했던 것이다. 빌 게이츠와 알렌은 알테어 설명서에 게재되어 있는 내용을 믿을 수밖에 없었고 만약 이 설명서에 오류가 있거나 그들이 설명서를 잘못 해석한다면, 결국 프로그램 자체에 문제가 생길 수밖에 없는 상황이었다.

실제로 구동을 해볼 수 있는 알테어 자체가 없는 상태로 그 둘은 하버드 대학 컴퓨터 센터에서 신입생인 몬테 다비도프의 도움을 받아가며 소프트웨어를 만들어 나갔다. 빌게이츠가 상업용 제품을 개발하는 데 하버드의 자원을 이용하는 것과, 밤중에 하버드 학생이 아닌 알렌을 컴퓨터실에 있는 코드 작성 룸으로 매번 데리고 가는 일을 두고 학교에서는 말들이 많았다. 룸메이트에 따르면 당시 그 사건으로 빌 게이츠가 걱정을 많이 했다고 하지만, 그는 훗날 그 일로 자신이 퇴학 위험에 처했다는 주장은 부인했다. 결국 학교 측으로부터 심한 질책을 받는 것으로 그 사건은 종결되었다. 학교 측에서 컴퓨터 사용에 대한 명확한 지침을 마련해놓지 않았다는 것을 감안하면 공정한 처사였다.

____ 빌 게이츠, 새로운 산업을 탄생시키다

앞서 밝혔듯이 게이츠와 알렌 팀은 다른 경쟁 팀들보다 월등한 수준이었고, MITS 사는 그들의 베이직 소프트웨어 시연을 하루빨리 보기를 원했다. 알테어에서 프로그램이 실제로 구동될지 확신이 없는 상태였지만 알렌은 비행기를 타고 엘버커키로 향했다. 비행기 안에서 알렌은 갑자기 그와 그의 파트너가 '부트스트랩bootstrap' 코드 작성을 깜빡했다는 것을 깨달았다. 부트스트랩은 알테어에 베이직을 구동시키는 방법을 지시하는 프로그램이다. 알렌은 서둘러 필요한 코드를 만들었고, 비행기가 도착하기 직전에 작업을 끝마쳤다. 다음날, 그는 그 프로그램을 컴퓨터에 탑재하고 컴퓨터에게 2+2는 얼마인지 문제를 풀게 했다. 알테어가 '4'를 출력해내는 순간 빌 게이츠와 폴 알렌은 퍼스널 컴퓨터 혁명의 선구자로 자리매김한 것이다.

오래지 않아 알렌은 자신이 다니던 하니웰 사를 그만두고 MITS 사의 소프트웨어 부문 이사가 되었다.1975년 2학년 여름 방학에, 빌 게이츠는 베이직 프로그램을 더 발전시키기 위해 엘버커키로 가서 알렌과 합류했다. 라이선스 제공을 통해 판매할 제품이 있었기 때문에 이 둘은 파트너십 체제를 구축했고 처음으로 '마이크로-소프트'라 이름 붙였다('마이크로컴퓨터 소프트웨어'를 줄인 말이다). 이익은 60대 40으로 배분하기로 했는데, 이것은 빌 게이츠가 원래의 베이직 소프트웨어 개발에 기여한 부분이 컸다는 점 때문이었다(나중에 이 배분은 64 대 36으로 바뀐다). 빌 게이츠는 가을 학기에 하버드 대학으로 돌아왔지만 마이크로소프트에 전력을 다하기 위해 학교를 그만두었다. 마이크로소프트를 세운 지 1년 만에 베이직 프로그램은 마이크로컴퓨터를 구동하기 위한 필수 요소로 자리잡았다. 자기들만의 퍼스널 컴퓨터를 제조하려는 업체들은 그들 각각의 컴퓨터에 맞는 베이직 언어 개발을 위해 엘버커키로 와서 마이크로소프트와 계약하기 시작했다.

퍼스널 컴퓨터의 소프트웨어 산업시대가 도래하면서 그 중심에 있던 빌 게이츠와 관련하여 끊임없는 논쟁이 일어나는 것은 당연한 수순이었다. 알테어는 급부상했고 창립자인 에드 로버츠가 꿈꾸었던 것보다도 훨씬 많은 매출고를 올렸다. 게다가 마이크로소프트는 MITS와의 라이선스 계약에 있어서 유능한 변호사였던 빌 게이츠의 아버지의 도움을 받아 자사의 이익을 세심하게 보호해놓고 있었다. 그런데도 어떤 연유로 빌 게이츠와 알렌에게 쏟아져 들어와야 할 로열티가 새어나가고 있다는 사실이 발견되었다. 그 이유는 컴퓨터광들이 마이크로소프트의 베이직 프로그램의 불법 복사본을 유통시키고 있었기 때문으로 밝혀졌다.

처음에 빌 게이츠는 마이크로소프트의 베이직 프로그램을 MITS에

6,500달러에 넘겨버린 것을 매우 안타까워했다. 하지만 단지 이 사건에 가로막혀 억만장자 대열에 진입하지 못할 빌 게이츠가 아니었다. 1979년에 빌 게이츠는 EDS에 마이크로소프트를 넘기라는 로스 페로의 제안을 거절했다. 빌 게이츠는 EDS 측과 대면하여 사업 전략을 의논한 적은 없었으나, 마이크로소프트의 가치를 판단하는 데 있어서 양사의 의견 대립이 조금만 좁혀졌더라도 그 계약은 체결될 뻔했다. 훗날 로스 페로는 빌 게이츠의 가치를 좀 더 높게 평가하지 못했던 것을 그의 비즈니스 역사상 최대의 실수로 꼽았다.

빌 게이츠는 베이직 프로그램의 불법 복제판이 범람하는 것에 대해 공격적으로 대응하였다. 그는 알테어 사용자들에게 공개서한을 보내 그의 소프트웨어를 도용하고 있는 컴퓨터광들을 비난했다. 그 편지는 많은 비난을 받았고 결국 빌 게이츠의 오만과 탐욕을 비난하는 단체가 잇따라 생겨나면서 이 일은 컴퓨터 업계에 널리 퍼지게 되었다. 그 당시 1975년만 해도 빌 게이츠를 비난하는 사람들에게 '사업은 이윤을 추구하는 것'이라는 개념이 명확히 서 있지 않았고 '탐욕'과 '이윤'의 명확한 구분도 이루어지지 않은 상태였다. 1960년대의 '반(反)자본주의' 정서에 따라 다수의 초기 이상주의자들은 퍼스널 컴퓨터를 주로 '해방의 도구'로 인식했다. 따라서 베이직 프로그램도 공공이 함께 소유해야 한다는 것이 그들의 견해였다.

한편 빌 게이츠는 컴퓨터를 처음 알기 전부터 성공적인 기업가로서 자신의 모습을 꿈꾸었다. 그는 고등학교 시절부터 〈포춘〉을 열심히 읽었고 하버드 대학 재학 시절에도 경영학 서적을 탐독하였다. 빌 게이츠에게 소프트웨어 개발에 대한 도전은 본능적으로 매력적인 것이지만, 더 나아가 그것은 그의 부에 대한 야망을 실현하는 수단이었던 것이다.

빌 게이츠의 불법 복제 소프트웨어에 대한 논쟁은, 자유기업체제의 핵심적인 개념에 지나지 않았다. 마이크로소프트는 투자 금액을 보상받을 수 있는 합리적인 기회가 없는 상태에서 컴퓨터 사용자들만 좋으라고 계속 상품을 만들 수는 없었다. 소프트웨어 불법 복제에 대항한 빌 게이츠의 열변에 의하면, 그가 베이직 프로그램에 대한 로열티로 받았던 돈은 그와 그의 동료가 코드를 만들기 위해 쏟아 부은 시간으로 계산해 볼 때 결국 시간당 2달러도 채 안 된다는 것이었다. 억만장자를 열망하는 야심가들은 말할 것도 없고 기업가들은 빌 게이츠의 인간성이 어떻든 간에 혹은 훗날 마이크로소프트의 독점 소송 등과는 상관없이 가치 창출에 대해 제대로 보상받기 원하는 그의 바람에 동조하기 시작했다.

___ 소프트웨어 시장을 선점하다

작은 구멍가게에 불과했던 게이츠와 알렌의 회사가 독점 논쟁에 휘말릴 정도의 대규모로 성장할 수 있게 된 기회는 1980년에 IBM이 퍼스널 컴퓨터 시장에 진입하기로 결정하면서부터 찾아왔다. IBM은 베이직 프로그램 개발과 인텔의 신종 16비트 8088칩이 들어간 기기에 필요한 다른 세 가지 컴퓨터 언어의 개발을 위해 마이크로소프트를 필요로 했으며, 그 당시 마이크로소프트는 엘버커키에서 시애틀로 사무실을 옮긴 상태였다. IBM에 결정적으로 필요했던 것은 운영 체제였는데, 이것은 하드웨어가 소프트웨어 명령어를 실행하도록 준비시키는 프로그램이었다. 안타깝게도 마이크로소프트는 IBM이 필요로 했던 것만큼 빨리 운영 체제를 개발해내기엔 자원이 부족했다. 그래서 빌 게이츠는 IBM 관계자들에게 거의 실행 단계에 있는 16비트 운영 체제를 구할 수 있는 곳을 말해주었다. 캘리포니아 퍼시픽 그로브에 위치한 디지털 리서치는 CP/M-86$^{\text{control program for microcomputers}}$ 운영 체제의 최종 마무리 작업을 하고 있었는데, 빌 게이츠는 IBM과 디지털 리서치의 운명적이라 할 수 있는 만남을 주선했다.

그런데 디지털 리서치의 설립자인 게리 킬달은 회의에 참석하지 못했다. 게리 킬달은 다른 사업 건으로 출장을 택하는 바람에 일생일대의 기회를 놓치게 된다. 킬달은 관행적으로 디지털 리서치의 부회장인 자신의 아내에게 협상을 맡겼는데 그녀는 결국 IBM의 조건을 너무 부담스러워하여 거절해버리고 말았다. 게다가 디지털 리서치는 CP/M-86 개발에 시간을 너무 오래 지체하였다. 만약 그 제품이 제때에 나왔다면 IBM은 그냥 그 제품으로 계약했을 것이다. 디지털 리서치와의 작업이 진행되지 못했기 때문에 IBM의 퍼스널 컴퓨터 생산은 지연되었고, 이것은 마이크로소프트를 위한 새롭고 거대한 소프트웨어 시장이 준비되어 있음을 뜻했다.

다행히 폴 알렌은 또 다른 종류의 16비트 운영 체제에 대해 알고 있었다. 시애틀 컴퓨터 프로덕트라는 작은 제조업체가 16비트 칩 기반의 중앙처리장치를 개발하고 있었다. 이 회사는 CP/M-86을 사용하려던 계획을 세웠다가 디지털 리서치의 개발이 늦어지는 바람에 잠재적 판매 손실을 보고 있는 실정이었다. 시애틀의 컴퓨터 엔지니어였던 팀 패터슨은 디지털 리서치의 제품에 근접한 복제품을 만들어냄으로써 문제를 해결했다. 그는 이 운영체제를 QDOS라고 명명했는데, 이것은 빠르고 거친 운영 체제 'Quick and Dirty Operating System'의 머리글자를 딴 것이었다. 킬달은 후에 CP/M 제품을 복제했다는 내용으로 패터슨을 고소했고, 계속 QDOS를 구입해야 했던 마이크로소프트에는 어두운 그림자가 드리웠다. 패터슨은 한번도 킬달의 코드를 본 적이 없다는 이유로 맞섰다. 인텔과 디지털 리서치의 매뉴얼을 보고 원래의 16비트 칩 기반의 CP/M 운영 체제와 똑같은 기능을 실행하는 운영 체제를 만들 수 있었다고 주장했다. '책을 보고 조리법을 만드는 것이 그 조리법에 대한 저작권 침해라고 볼 수는 없지 않는가'가 그의 논리였다. 패터슨은 '누구에게라도, 어떤 판사 앞에서도 기꺼이 증명해 보일 수 있다'고 말하는 한편, 데이터 저장과 파일 구성에 대한 접근법을 개선함으로써 CP/M과 QDOS를 차별화했다.

IBM과 약속한 일정이 다가오면서 압박을 받은 알렌은, 시애틀 컴퓨터 프로덕트에 연락하여 QDOS 사용에 관심이 있는 마이크로소프트 고객이 있다고 알려주었다. 그는 마이크로소프트가 라이선스 에이전트가 되면 어떤지 의향을 물었지만 그 고객이 세계 최대의 컴퓨터 제조업체라는 말은 하지 않았다. 1981년 1월, 시애틀 컴퓨터 프로덕트는 QDOS를 판매할 수 있는 비독점적 권한을 마이크로소프트에 허가했다. 이에 대해 마이크로소프트는 10,000달러를 지불하고 계약했으며, 라이선스 판매가 일어날 때마다 1만 달러를 지불하기로 약정했다(소스 코드 포함 시 1만5천 달러 지급). 그리고 나서 알렌과 빌 게이츠는 시애틀 컴퓨터와의 계약기간 동안 처음이자 유일하게 QDOS와 그 소스 코드의 라이선스를 IBM에 팔았다. 마이크로소프트는 그 판매로 IBM으로부터 고작 1만5000달러만 받았다고 한다. 하지만 그 거래로 IBM의 퍼스널 컴퓨터 개발은 궤도에 올라 지속될 수 있었으며, 그에 따라 마이크로소프트의 언어를 사용하기로 한 계약도 보다 확고해질 수 있었다.

그 누구도 현재 DOS라고 알려진 이 운영 체제의 궁극적인 가치를 완전히 평가하지 못했던 것이다. IBM은 퍼스널 컴퓨터, 즉 PC에 필요한 소프트웨어 개발에 대해서는 전혀 관여하지 않는 정책을 쓰는 바람에 막대한 이익을 희생시켰다. 하드웨어 업체인 IBM은 다가올 미래에 소프트웨어가 컴퓨터 시스템에서 더 중요해질 것이라는 점을 예측하지 못했기 때문이다. 게다가 마이크로소프트와 협상을 진행하는 동안, IBM은 과거의 소송 처리 문제로 바빴다. IBM이 소프트웨어 개발사들과의 분쟁에 휘말리면, 개발사들은 습관적으로 IBM이 자기들의 아이디어를 훔쳤다고 소송을 걸었던 것이다. 시애틀 컴퓨터 프로덕트도 QDOS의 판매 잠재력을 제대로 알지 못한 건 마찬가지였다(하지만 경영진은 IBM이 비밀리에 추진한 퍼스널 컴퓨터에 관한 소문이 흘러나오기 시작했기 때문에 마이크로소프트의 고객이 누구인지 추측했을지도 모른다). 결국 PC에 사용될 복제품이 확산될 것을 예측한 사람은 있다 해도 거의 소수였다. 최초 운영시스템을 공급하는 회사에 또 다른 광대한 소프트웨어 시장이 형성되어 있음에도 불구하고 말이다.

그러나 빌 게이츠는 QDOS가 금광이 될지도 모른다는 사실을 넌지시 비추긴 했다. IBM이 자사의 퍼스널 컴퓨터를 시판하기 2주 전, 마이크로소프트는 5만 달러를 주고 시애틀 컴퓨터 프로덕트로부터 운영 체제 판매권을 사들였다. 알렌은 처음에 독점 라이선스 계약을 논의했으나 시애틀 컴퓨터 프로덕트의 창립자인 로드 브록 사무실에 계약서가 도착했을 때 마이크로소프트가 그 제품을 소유하는 것으로 계약조건이 바뀌어 있었다(소문에 의하면 게이츠가 직접 수정한 것이라고 한다).

마이크로소프트는 한 소프트웨어 공급 업체가 25만 달러에 QDOS에 관한 법적 권리를 사려 한다는 것을 알게 되었다. 이 정보를 알려준 사람은 바로 그 소프트웨어 판매업자였고 그는 자신과 비즈니스 관계에 있는 마이크로소프트와의 신뢰를 지키기 위해 이 제안에 대해 알리는 것이 바람직하다고 생각했다. 브록은 상대적으로 낮은 마이크로소프트의 금액 제안을 받아들였는데, 이는 가격의 차이는 다른 계약 조건으로 충분히 상쇄될 것이라고 생각했기 때문이다. 이러한 협상 조건에는 마이크로소프트의 언어 라이선스를 50% 할인가에 제공하는 것과 QDOS의 업데이트 버전을 제공한다는 약속이 포함되어 있었다. 후자의 조건은 QDOS를 만든 팀 패터슨이 QDOS를 자체적으로 업데이트 할 능력이 없는 시애틀 컴퓨터 프로덕트를 떠나 마이크로소프트로 옮기는 데 큰 영향을 미쳤다.

이 거래를 더욱 확고히 하기 위해 알렌은 패터슨을 데려와서 계약서를 검토하게 했다. 패터슨은 마이크로소프트와 IBM과의 약정에 대해 알고 있었으나 그의 고용 계약서 때문에 패터슨은 브록에게 정보를 줄 수 없었다. 그는 결국 그의 전 고용주에게 그 계약이 공정한 것이었다는 것을 확신시켰다.

패터슨은 그 후에 IBM이 퍼스널 컴퓨터 시장에서 신생 업체임에도 불구하고 PC가 대성공을 거두자 매우 놀랐다고 말한 바 있다. 그는 QDOS를 위해 5만 달러를 지출한 것은 마이크로소프트 입장에서는 50 대 50의 승률을 건 놀라운 모험이라고 말했다. 물론 마이크로소프트 입장에서 보면 훨씬 달랐을 수도 있다. 첫째로, 일본 회사들이 마이크로소프트의 QDOS 라이선스에 대해 문의해오기 시작했다. 이것은 마이크로소프트의 언어를 컴퓨터에서 하나의 주류가 되도록 하는 그 이상의 의미가 있음을 보여주는 단서였다. 덧붙여서 브록은 훗날 마이크로소프트가 그 계약을 빨리 매듭지으려 했다고 회상했다. 그 증거로 회사에서 스티브 발머를 파견한 것인데, 그의 태도는 '서둘러 동의하고 사인하도록 유도하는' 것 같았다고 한다. 한 해 전에 P&G라는 회사에서 마이크로소프트로 옮겨 온 빌 게이츠의 대학 동문 발머에 의하면 이렇다.

> 나는 시애틀 컴퓨터 프로덕트 사무실로 갔다.…… '라이선스 관련 사인을 받아와'
> '라이선스 관련 사인을 받아와' '라이선스 관련 사인을 받아와' 빌이 계속 나를 밀
> 어붙였다. 우리는 IBM 퍼스널 컴퓨터와 MS-DOS(마이크로소프트가 후에 붙인 이름)
> 가 가까운 미래에 공표되리라고 생각했지 86-DOS(시애틀 컴퓨터 프로덕트가 붙인 이
> 름)의 이름이 공표되리라고 생각지 않았다. 그리고 나는 IBM PC가 출시된 후에 이
> 계약을 성사시키고 싶지 않았다.

만약 게이츠가 노다지를 생각하고 있었다면 물론 실망하지 않았을
것이다. IBM PC의 특징으로 개방 시스템을 들 수 있는데, 이는 설계 명
세서가 공개되어 있음을 뜻한다. 그 결과 소프트웨어 업체들은 PC와 유
사품 사용자들을 위한 제품을 개발하기 위해 줄을 섰고, 그들은 MS-DOS
라이선스를 획득해야 했다. 마이크로소프트의 운영 체제는 결국 산업 표
준이 되었고 궁극적으로 80% 이상의 퍼스널 컴퓨터에 도입되었다. 게이
츠는 그 결과로 얻어진 마이크로소프트의 이점에 대해 다음과 같이 말한
적이 있다.

> 표준이 되면 우리의 운영 체제를 팔 수 있는 기본적인 기기 수는 계속 증가한다. 사
> 실 이렇게 말해서는 안 되지만, 어떤 면에서 그것은 개별 제품군 내에서 자연적인
> 독점으로 이어지게 되어 있다. 누군가가 적당히 문서화하고 적당히 훈련하고 적당
> 히 특정 패키지를 홍보한 후, 탄력을 받게 되면 사용자 충성도, 인지도, 판매력, 가
> 격 면에서 경쟁제품보다 훨씬 강력한 포지션을 구축할 수 있다.

운영 체제에서 구축한 강력한 포지션을 강점으로 마이크로소프트의 매출액은 1981년 한 해 동안에만 4배로 뛰어 1600만 달러에 이르렀다. 10년 후 이 회사는 MS-DOS 판매만으로 연간 2억 달러 이상을 벌어들이게 된다. 독점이라는 비난을 받을 때마다 법적으로 대응했지만 시장 선점으로 인한 수익성에는 의심의 여지가 없었다.

게이츠의 승인 아래 마이크로소프트는 너무도 오랫동안 지나치게 배타적으로 언어와 운영 체제에만 집중했다. 그 결과 마이크로소프트는 더 큰 시장인 응용 프로그램을 무시했다. 응용 프로그램은 컴퓨터가 워드 프로세싱이나 재무 분석과 같은 기능을 수행하도록 지시하는 소프트웨어다. 하지만 게이츠가 방향 전환의 필요성을 인식하고 나자 특유의 집중력으로 응용 프로그램에 주력했다.

___ 소프트웨어 개발의 선두에 서다

마이크로소프트의 프로그래머 팀은 애플 컴퓨터의 스티브 잡스와 함께 일하면서 신종 컴퓨터의 소프트웨어를 개발하기 시작했다. 매킨토시라고 불리는 이 컴퓨터는 그래픽 유저 인터페이스Graphic User Interface의 상업화에 성공했는데 이 기술은 원래 제록스 사에서 개발된 것이다. GUI('구이'라고 발음함)라고 불리는 이 신기술은 컴퓨터 사용자가 명령하기 위해 컴퓨터 키보드 하나하나를 입력해야 했던 문자 코드를 없애버렸다. 딱딱한 코드 대신 등장한 것은 생생한 아이콘, 즉 실행하고 싶은 컴퓨터 기능을 표시하는 그림이었다. 예를 들어서 제록스가 출시하여 성공에 실패했던 스타 컴퓨터는 파일을 지우기 위해 캔 아이콘(바탕화면의 쓰레기통 아이콘 같은)을 사용했는데, 후에 매킨토시가 이 아이디어를 도입했다. 손으로 조작되는 마우스를 가지고 아이콘을 클릭하는 것으로 매킨토시 사용자들은 책상 위에 올려놓은 수많은 서류들을 파일 서랍에 옮겨놓는 것처럼 간편하게 컴퓨터를 구동할 수 있게 되었다.

마이크로소프트의 역할은 매킨토시 용 스프레드시트, 비즈니스 그래픽 프로그램, 데이터베이스를 공급하는 것이다. 스티브 잡스는 계약을 체결하면서 마이크로소프트가 매킨토시 작업에서 얻는 경험을 이용하여 마이크로소프트의 소프트웨어를 마우스 사용 컴퓨터용으로 상품화해서 애플 컴퓨터의 시장을 잠식할 가능성을 고려했다. 그리하여 그 계약서에는 1984년 1월 1일 이전에, 혹은 매킨토시가 관련 제품을 출시한 이후 1년 동안 마이크로소프트가 그러한 제품을 출시하는 것을 금지하는 조항이 포함되었다. 훗날 다시 한 번 게이츠에게 유리한 협상이었음이 드러났다. 사실 마이크로소프트는 정말로 매킨토시 개발 작업 경험을 이용하여 경쟁력 있는 GUI 제품을 개발해낸 것이다. 잡스가 이의를 제기했을 때, 게이츠는 그 계약상의 세 개의 애플리케이션 중 어느 하나와도 마이크로소프트가 경쟁하는 것이 없다는 점을 지적하며 1984년 1월 1일까지 그런 일은 없을 것이라고 약속했다. 잡스는 매킨토시 출시에 요구되는 시간에 대해 특유의 낙관적인 태도로 임하는 바람에, 그가 계약서 초안을 작성할 때 기대했던 것보다 더 빨리 출시할 수 없었고, 마이크로소프트 때문에 먼저 시작한 자로서의 유리함도 누리지 못했다.

1981년 말부터 마이크로소프트는 자체 GUI 제품 개발에 들어갔다. 초반에 인터페이스 관리자로 불렸던 이 프로그램은 소프트웨어 애플리케이션과 마이크로소프트의 DOS 운영 체제 사이에서 구동되도록 개발되었다. 게이츠가 마음에 그린대로 인터페이스 관리자를 통해 서로 다른 애플리케이션 간의 호환성이 향상되었다. 주요 특징은 컴퓨터 화면에 여러 개의 '윈도'를 띄울 수 있게 되어 사용자들은 동시에 여러 개의 애플리케이션을 볼 수 있었다. IBM PC의 인터페이스 부문에서 산업 표준을 만들기를 희망하면서 마이크로소프트는 마침내 일반화가 되어버린 그 제품의 이름을 정했는데 그것이 바로 윈도였다.

게이츠는 윈도를 팔기 위해 컴퓨터 제조업체들에 로비하기 시작했고, 소프트웨어 회사들은 아직 실용화되지도 않은 인터페이스에 적합한 애플리케이션 프로그램을 짜기 시작했다. 불행히도 마이크로소프트의 경쟁사들은 GUI 애플리케이션 개발에 있어 훨씬 앞서 있었다. 지지를 결집하고자 게이츠는 1983년 1월 기자들에게 마이크로소프트가 경쟁사인 비지코프VisiCorp 사가 비지온VisiOn 프로그램을 내놓기 전에 윈도를 내놓겠다고 공언했다. 그 예측은 10월 비지코프가 비지온 출시 준비를 다 마쳤다고 발표하면서 빗나갔다. 결국 마이크로소프트는 공식적으로 윈도를 발표하는 것으로 되받아쳤다. 최초에 앨런과 빌 게이츠가 알테어 베이직 프로그램에서 써먹은 수법과 마찬가지로 이것 또한 베이퍼웨어였다. 빌 게이츠는 컴퓨터 제조업체들과 소프트웨어 개발 업체들에게 비지온에 쏟았던 노력을 접어야 한다고 주장했는데, 그 이유는 마이크로소프트가 더 좋은 제품을 조만간 선보일 것이기 때문이라고 했다. 그는 1984년 말까지 윈도가 IBM과 호환되는 90% 이상의 컴퓨터에서 구동될 것이라고 선언했다.

대학 시절 오랫동안 포커 기술에 익숙한 그였지만 이번에 그의 플레이는 너무 지나쳤다. DOS 운영 체제 위에 그래픽 환경을 창조하는 문제는 기술적으로 너무 어려웠다. 결국 마이크로소프트는 윈도 출시를 거듭 연장해야 했다. 마침내 2년이 지나고 제품이 나왔을 때 언론과 업계 전문가들은 마이크로소프트가 스스로를 웃음거리로 만들고 있다고 생각했다. 이 프로젝트에 거의 2년을 쏟아 부은 마이크로소프트의 한 프로그래머 말을 빌리면, 첫 번째 출시된 상품은 '돼지'였다. 이 상황을 모두 알고 정직하게 비교해본 어떤 사람은 이렇게 말했다.

윈도가 처음 출시되었을 때 그것이 조잡한 인터페이스를 갖고 있다는 의견이 지배적이었다. 버그와 고장이 잦았고, 메모리는 그 자체로 '돼지'였으며(컴퓨터 하드 드라이브에서 너무 많은 공간을 차지했다는 의미), 한마디로 애플의 GUI보다 훨씬 못했다.

1985년 당시 사용되던 대부분의 퍼스널 컴퓨터는 속도가 너무 느리거나 윈도의 성능을 모두 활용하기엔 메모리가 턱없이 부족했다. 더군다나 윈도 출시가 하염없이 지연된 결과로 윈도 환경에서 사용할 수 있는 애플리케이션 프로그램도 거의 없었다.

게다가 애플 컴퓨터는 마이크로소프트가 윈도를 만들면서 저작권을 침해했다고 주장하면서 마이크로소프트를 고소하겠다고 위협했다. 하지만 애플은 빌 게이츠가 매킨토시용 엑셀과 워드 프로그램 개발을 중지하겠다는 의사를 내비치자 물러설 수밖에 없었다. 애플은 저조한 매킨토시 판매를 끌어올리기 위해 그 프로그램들이 절실히 필요했다. 소송 문제를 해결하기 위해 마이크로소프트는 비주얼 디스플레이가 애플의 비주얼 디스플레이에서 나온 것임을 인정해야 했다. 그 대가로 마이크로소프트는 매킨토시용으로 개발된 그래픽 디스플레이 기술사용에 대한 로열티를 지불하지 않아도 되었다. 게이츠는 이러한 이슈가 잠잠해졌다고 생각했지만 1988년 애플은 다시 마이크로소프트가 윈도 2.03 업데이트에 매킨토시 기술을 훔쳐 사용했다고 주장하면서 고소했다. 결국 법정은 애플의 저작권 침해 소송을 기각했는데, 매킨토시 데스크 탑의 '룩 앤 필'은 회사의 저작권 보호를 받지 않는다고 판결했다.

마이크로소프트는 1990년 이미 윈도 3.0 버전을 출시하여 윈도에 대한 악평들을 잠재웠다. 이 당시 모든 주요 소프트웨어 개발업체들은 1985년의 경험에 비해 이 제품에 호의적인 평가를 내렸다. 윈도 3.0은 역사상 가장 성공적인 소프트웨어 제품으로 꼽히면서 4개월 동안 백만 개 이상이 팔리는 기록을 달성했다. 이 프로그램의 뒤늦은 성공에 고취된 마이크로소프트는 1990년에 십억 달러 이상의 연간 수익을 올린 최초의 소프트웨어 개발업체로 우뚝 올라섰다. 게이츠는 또한 인터페이스 부문에서 또 다른 산업 표준을 만들겠다는 자신의 목표를 달성했다. 1990년대 후반까지 미국 내 모든 퍼스널 컴퓨터의 90% 이상이 오리지널 GUI 버전의 업데이트 제품인 윈도 95를 쓰게 되었다.

____ 서른 살에 백만장자가 되다

빌 게이츠와 폴 알렌은 1990년 알렌이 마이크로소프트의 이사회에 다시 합류하면서 또 한번 주목받았다. 회사의 공동 창업자인 알렌은 호지킨병을 한바탕 앓고 난 후 건강상의 이유로 1983년 이사회에서 퇴진했었다. 서로 대조되는 강한 성격을 가진 두 창업자 사이의 갈등 또한 알렌의 퇴진을 부추겼다는 설이 있지만, 게이츠는 어린 시절부터 그러한 갈등은 둘의 관계에서 생산적인 요소였다고 말했다. 어찌 됐든 이 오래된 친구들은 팀을 이루어 공동 작업을 시작했던 레이크사이드 고등학교에 알렌·빌 게이츠 과학 센터를 건립하는 기금을 공동으로 마련했다. 빌 게이츠는 이렇게 말했다. "우리는 어릴 적 함께 나눴던 꿈이 실제로 어떻게 실현되었는지 얘기하는 것을 좋아한다."

실제로 게이츠가 꿈꿨던 모든 것은 그 이상으로 실현되었다. 1998년쯤에 마이크로소프트의 직원은 27,000명이었고 140억 달러의 매출을 기록했다. 사업 초기에 게이츠는 만약 회사가 성공적이라면 언젠가 20명의 직원을 고용하게 될 것이라고 예상한 적도 있었다. 1981년쯤 스티브 발머가 50여 명의 프로그래머를 고용해서 부족한 인력을 충원하고자 했었다. 게이츠는 그러한 급진적인 계획을 거부했는데, 그 이유는 추가 인건비로 회사가 부도나지 않을까 하는 우려 때문이었다. IBM의 PC 출시로 마이크로소프트의 수입이 한 해에만 4배 증가하여 160만 달러가 되기 직전에 게이츠는 '소프트웨어 회사가 100만 달러 이상의 수익을 올리며 성장하는 것은 불가능하다'고 주장했다. 시장이 너무 작아 프로젝트에 요구되는 효과적인 프로그래머의 숫자에 제한을 두기 때문에 성장에는 한계가 있다는 것이 그의 주장이었다. 그러나 DOS 운영 체제의 놀라운 성공으로 이러한 논리가 잘못된 것임이 증명되자, 게이츠는 한 벤처 투자자에게 "1억 달러 이상 가는 소프트웨어 회사는 없을 것이다. 내가 증명해 보이겠다"라고 말했다. 훗날 게이츠는 성공적인 기업가 앤 윈블래드Ann Winblad에게 다음과 같이 털어놨다.

내 생각에 나는 마이크로소프트를 매출액 5억 달러 회사로 만들 수 있을 것 같다. 모든 이들이 내가 그렇게 할 수 있다고 믿을 것이다. 만약 내가 온갖 머리를 다 짜낸다면 어떻게 해서든 매출액 5억 달러 회사로 만들 수 있다. 그러고 나면 사람들은 더 많이 기대할 텐데 나는 어떻게 5억 달러를 넘어설 수 있을지에 대해 아무런 생각이 없다.

그러나 투자 은행들의 마이크로소프트에 대한 전망은 밝았다. 1980년대 초쯤에, 투자 은행들은 마이크로소프트의 주식 기업공개를 부추겼다. 애플 컴퓨터는 1980년에 이미 상장되어 창업자 스티브 잡스는 하루 아침에 장부상 2억5천만 달러의 갑부가 되었다. 소프트웨어 회사의 기업공개에 대한 시장의 걸신들린 듯 한 탐욕에도 불구하고 게이츠는 개의치 않았다. 우선 그는 주식공모가 직원들을 혼란스럽게 할까봐 염려했다. 그가 보기에 공개적으로 거래되는 주식은 그 가치가 항상 단기 재무적 성과와 일치하는 것이 아니기 때문이었다.

그리고 빌 게이츠는 '주식 투자자가 최고경영자에게 전화를 걸어 질문하는 것은 비경제적인 일'이라고 덧붙였다. 게다가 1985년 6월 30일 결산 기준으로 12개월 동안 내내 매출액의 19퍼센트를 순익으로 유지하면서 마이크로소프트는 내부적으로 발생하는 자금으로 자체적인 재정 조달이 가능했다.

다른 경쟁사들과는 달리 마이크로소프트는 벤처 자본가들로부터 투자 자금 환수를 위한 상장 압력을 받지 않았다. 확실히 게이츠와 알렌은 5퍼센트 지분을 1981년 이후 데이비드 마쿠아트David Marquardt의 벤처 캐피털 회사인 테크놀로지 벤처 인베스터스 사(TVI, Technology Venture Investors)에 매각함으로써 자신들의 주식가치를 다소 떨어뜨렸다(미래의 억만장자 게이츠, 알렌, 발머는 상당량의 주식을 받았는데, 각각 53%, 31%, 8% 였다). TVI에 매각한 주식으로 백만 달러의 자금이 유입되었지만 사업상 필요한 것이 아니었으므로 마이크로소프트는 이 자금을 자사의 이미 충분한 현금 보유고에 비축했다. 빌 게이츠는 상장에 관하여 여전히 미심쩍어 했지만 마이크로소프트의 성장이 거듭되고 최우수 두뇌를 영입해야 할 필요가 생기면서 상장을 강행했다. 회사 추정으로는 직원들에게 스톡옵션을 부여하고 주식을 판 결과 1987년쯤엔 500명 이상의 관리자와 프로그래머들이 회사 주식을 소유하고 있을 터였다. 그 시점에서 마이크로소프트는 증권거래위원회에 등록할 필요가 있었다. 등록회사가 되면 비록 작을지라도 마이크로소프트 주식에 대한 공개시장을 효과적으로 형성할 수 있기 때문이었다. 상당량의 주식을 일반인에게 팔 수 있다면 그만큼 회사는 유동적인 거래 시장을 형성할 수 있게 된다.

빌 게이츠의 마이크로소프트 IPO 가격 산정에 대한 최초 접근은 로스 페로가 1968년 EDS의 기업공개에서 가능한 한 가장 높은 가격을 받기 위해 결연히 노력했던 것과는 큰 차이가 있다(4장 참조). 주식시장이 호황이고 소프트웨어 회사들의 주가수익배수가 치솟고 있었기 때문에 주요 투자회사들은 한 주당 17~20달러 선에서 공모가를 추천했다. 하지만 게이츠는 16~19달러 선의 좀 더 낮은 공모가를 주장했는데, 이유인즉 그 정도 수준이라면 주관사가 주식을 팔기 위해 공모가를 하한가보다 더 낮춰야 한다고 말하며 마이크로소프트를 난처하게 할 일은 없을 거라는 것이었다.

공모가를 16달러로 하더라도 마이크로소프트의 주가수익배수는 다른 PC 소프트웨어 공급업체들의 평균적인 배수보다는 더 높은 메인프레임 컴퓨터 제조업체와 비슷한 수준이 될 수 있었다. 게다가 한 주당 20달러라면 마이크로소프트의 시가총액은 최고가인 5억 달러에 육박하는데, 그 수준은 게이츠의 마음을 불편하게 하는 것이었다.

하지만 일단 경영진의 프레젠테이션을 보고난 기관 투자자들은 마이크로소프트의 IPO가 투자자들이 대거 참여할 것임을 확신했다. 또한 계속되는 주식시장 호황에 힘입어 게이츠는 결국 21달러에 공모가를 정했다. 거래 첫날인 1986년 3월 13일 뜨거운 매수세에 힘입어 한때 마이크로소프트 주식은 27.75달러에 육박했다. 게이츠는 최초 공모가에 약 170만 달러 치의 주식을 팔았고 거래가 마감될 쯤엔 3억 달러 이상의 가치가 있는 지분을 보유하게 되었다. 〈포춘〉은 서른 살의 빌 게이츠가 미국 내 100대 부자 대열에 올랐다고 추정했다. 1년 후인 1987년 3월 19일 마이크로소프트의 주식은 50달러에 장을 마감했는데, 이것은 게이츠가 억만장자가 되는 데 필요한 가격보다 50센트 더 높은 가격이었다.

당시 그는 억만장자에 오른 사람으로는 가장 젊은 나이였다. 첨단 기술 시대에 게이츠처럼 자수성가한 억만장자로 두각을 나타냈던 사람은 로스 페로와 휴렛 패커드Hewlett-Packard의 데이비드 패커드David Packard, 윌리엄 휴렛William Hewlett이 전부였다. 순 자산 가치 면에서 이 시기는 게이츠에게 황금기였지만 운명은 앞으로 다가올 역경의 그림자를 드리우고 있었다. 그가 공식적으로 억만장자가 된 그 다음 달에, IBM과 마이크로소프트는 새로운 운영 체제인 OS/2를 발표하며 퍼스널 컴퓨터의 새로운 표준이 되길 기대했다. 애석하게도 그 제품은 결국 실패했는데, 부분적으로는 퍼스널 컴퓨터 사용자들이 DOS에서 OS/2로 전환하는 데 드는 비용을 우려해 구입을 꺼려했기 때문이다. 그러나 OS/2가 무대에서 사라졌음에도 불구하고, 이 제품은 독점 금지 논쟁에 있어 계속 논란의 여지를 남겨두었다.

1989년 11월 무역 박람회장에서, 게이츠와 IBM의 데스크 탑 컴퓨터 총괄 책임자는 소프트웨어 판매상들을 대상으로 이미 문제가 된 OS/2에 관한 공동 성명을 발표했다. 그들은 보도 자료를 통해 마이크로소프트가 OS/2에 몇 가지 기능을 추가해 가장 성능이 좋은 퍼스널 컴퓨터에서만 구동되도록 만들 것이라고 밝혔다. 동시에 그 보도 자료에 따르면 마이크로소프트는 잠재적으로 경쟁력을 갖춘 윈도 프로그램의 기능을 제한하여 성능이 덜 한 컴퓨터에서도 구동되는 것을 목표로 하겠다고 밝혔다. 연방무역위원회(FTC, Federal Trade Commission)의 변호사인 노리스 워싱턴에게 이 말은 마치 두 회사가 결탁하여 운영 체제 시장을 양분하여 차지하겠다는 것처럼 들렸다. 이것이야말로 FTC와 법무부가 시행하고 있는 독점금지법의 명백한 위반이었다. 이렇게 해서 독점금지와 관련하여 마이크로소프트에 대한 비방이 시작되었다.

OS/2가 사장된 지 한참 후에도 마이크로소프트를 상대로 한 연방 검사들의 독점금지 소송은 계속되었다. FTC가 1993년에 이 사건을 종결했음에도 불구하고 법무부 산하의 독점금지국은 이 사건을 재수사하기 위해 이례적으로 FTC에 조사 기록을 요청하기도 했다. 그 사건은 1995년 법무부가 반경쟁적이라고 생각하는 특정 관행을 삼갈 것을 요구하는 법원 명령에 동의하는 것으로도 끝나지 않았다. 1998년 검사들은 마이크로소프트가 그 법원 명령 조항을 위반했다는 혐의로 다시 소송을 제기했다.

억만장자를 꿈꾸는 사람으로서 마이크로소프트의 독점금지 소송 사건에서 중요하게 살펴볼 것은 법적으로 골치 아픈 문제 그 자체가 아니다. 법이 정하는 테두리 안에서 경영하는 것이 전제조건이라면, 기존의 테두리를 벗어나 불가피하게 새로 규정해야 할 상황이 발생할 때 유능한 법률 자문가를 고용하여 그 문제를 다루게 하면 된다. 그러한 제약조건 하에서 당신의 목표는 탁월한 수익을 내기 위해 경쟁으로 인한 평준화의 함정을 극복해야 한다.

마이크로소프트는 빌 게이츠, 폴 알렌, 스티브 발머를 억만장자 대열에 합류시키면서 의심할 여지없이 그러한 목표를 달성했다. 반독점 소송은 마이크로소프트의 성공적인 비즈니스 전략을 접할 수 있는 매우 소중

한 사례다. 반독점 소송에 관한 다음의 요약에서 얻게 될 개념들은 내일의 거대한 부를 창조하는 데 적용할 만하다.

____ 사례 연구 : 마이크로소프트 반독점 소송

반독점 소송이 진행되면서 마이크로소프트가 IBM과 공모하여 운영체제 시장을 양분하려 한다는 검사 측의 원래 주장은 바뀌었다. IBM과 마이크로소프트 간에 불편했던 협력 관계가 격렬한 경쟁관계로 맞붙게 되면서 쓸모없게 된 것이다. IBM은 자체적으로 오라클, 선 마이크로시스템Sun Microsystems과 동맹을 맺은 상태였다. 정부는 이에 따라 두 가지 유형의 반경쟁적인 혐의에 초점을 맞추었다.

첫째, 조사단은 고객이 정말 다른 제품을 사고 싶은데도 마이크로소프트의 제품 밖에 살 수 없도록 한 불법적인 거래를 시도한 증거를 찾아냈다. 특히 정부는 마이크로소프트가 PC 제조업체들에게 윈도 95를 설치할 때 마이크로소프트의 브라우저(인터넷 검색을 위한 소프트웨어)를 내장하도록 요구한 것에 반대했다. 제조업체들이 마이크로소프트의 요구를 따라야 했기에 PC 사용자들은 자신들의 모니터를 켰을 때 넷스케이프와 같은 경쟁 브라우저의 아이콘은 볼 수가 없다는 것이다.

그러한 정책 시행을 위해 마이크로소프트가 가했던 압력의 예가 있다. 컴팩Compaq의 소프트웨어 구매 담당 이사는 만약 컴팩이 넷스케이프Netscape 브라우저 아이콘을 프리자리오Presario 제품군의 메인 화면에 보이게 한다면 라이선스 계약을 끝낼 것이라고 위협했다고 진술했다. 마이크로소프트 비평가들은 이러한 전술이야말로 경쟁업체들의 '숨통을 끊어놓는 일'이라며 맹공을 퍼부었다.

반독점 소송을 지지하는 차원에서 마이크로소프트 비평가들은 1951년 〈로레인 저널〉의 선례를 인용했다. 그것은 지역 인쇄 광고에서 실질적인 독점을 누리고 있는 오하이오 일간신문에 관한 것이었다. 미국 대법원은 신문사가 광고 지면을 기업에게 판매하지 않는 것은 불법이라고 판결했다. 마이크로소프트 반대자들은 이러한 선례가 인터넷 서비스 제공자가 비 마이크로소프트 브라우저를 홍보하는 것을 막는 배타적인 수법에도 적용된다고 주장했다. 마이크로소프트는 PC에서 윈도의 지배력 때문에 서비스 제공업체들이 마이크로소프트와 거래할 수밖에 없는 점을 이용했다는 것이다.

마이크로소프트는 윈도에 브라우저를 추가하는 것은 정부가 관여해서는 안 되는 자연스러운 제품 혁신이라고 맞섰다. 마이크로소프트는 이것을 자동차 제조 회사가 처음에 옵션으로 제공했던 것이 결국 표준 장비가 되는 경우에 비유했다. 사실상 마이크로소프트는 윈도에 불법적으로 다른 제품을 끼워 판다는 혐의를 피하기 위해 '운영 체제'의 정의를 확대하려고 했다(사실 윈도 자체는 원래 도스 운영 체제와 애플리케이션 소프트웨어 사이의 인터페이스로 고안된 것이었지만 점차 운영 체제의 일부로 인식되었다).

마이크로소프트는 심지어 윈도와 브라우저는 서로 분리되지 않는 것이라고 주장하기도 했다. 한 테크놀로지 칼럼리스트는 마이크로소프트의 인터넷 익스플로러를 윈도와 함께 사는 것은 마치 린스가 테이프로 꼭 붙여진 샴푸 병을 사는 것과 같다면서 이러한 주장을 반박했다. 또 다른 평론가는 윈도와 익스플로러가 단일 통합 제품이라는 마이크로소프트의 주장에 대해 '명백한 거짓'이라고 논박했다. 그는 마이크로소프트가 이전에는 두 제품을 따로 팔았으며 익스플로러를 엑셀과 같은 '제품들'을 나열할 때 포함시켰다는 것을 지적했다. 마이크로소프트가 1995년 법원 명령을 위반했다는 법무부의 항소에서, 연방 지방법원 판사는 마이크로소프트의 '분리불가' 주장을 일축했다. 그는 윈도가 구동중인 컴퓨터 화면에서 익스플로러를 삭제하고도 윈도가 만족스럽게 잘 운영되는 것을 법정에서 몇 분만에 시연해 보여주었다. 스스로 새로운 기술에 대해 비전문가라고 밝힌 판사가 마이크로소프트의 프로그램 전문가가 불가능하다고 한 주장을 무색하게 만든 것이다. 매사추세츠 주 메드포드에 있는 PC 위크 랩Week Labs의 기술 이사인 마이클 캐톤Michael Caton은 판사의 의견에 동조했다. 그는 자신의 회사에서 테스트 해본 결과 익스플로러 3.0을 삭제하면 운영 체제 부팅이 불가능하다는 마이크로소프트의 주장은 거짓임이 판명되었다고 말했다.

다른 한편 〈비즈니스 위크〉의 기술 분야 칼럼니스트 스티븐 와일드스톰Stephen Wildstorm은 마이크로소프트의 주장을 지지하면서 브라우저는 운영 체제의 필수적인 한 부분으로 간주되어야 한다고 했다. 그는 윈도 98의 테스트 버전을 시동해본 결과 인터넷 익스플로러가 종전보다 훨씬 효과적으로 통합되어 기능한다는 것을 발견했다.

억만장자를 꿈꾸는 당신에게 중요한 것은 브라우저가 윈도와 분리되느냐 안 되느냐가 아니다. 여기서 배워야 할 것은 마이크로소프트가 그 문제와 직면하여 맞서는 정신이다. 반독점 소송에 맞서 싸우는 데 핵심은 독창성과 끈질김이다. 마이크로소프트는 이즈음 양보의 뜻으로 고객에게 세 가지 옵션을 제공했다.

1. 2년 전의 윈도 버전.

2. 인터넷 익스플로러를 뺀 최신 버전. 즉 마이크로소프트가 시스템이 불완전하다고 주장한 버전.

3. 윈도와 인터넷 익스플로러가 함께 들어 있는 최신 버전.

컴퓨터 사용자들은 만약 장애가 일어난다는 마이크로소프트의 주장이 사실이라면 패키지 제품과 제대로 구동하지 않을 수도 있는 제품 사이에서 결국은 선택의 여지가 없음을 깨달았다. 나중에 마이크로소프트의 임원들은 끼워 팔기 논쟁의 용어를 바꾸기 위해 인터넷 익스플로러를 브라우저로 지칭하는 것을 중단하는 시도를 했다. 이러한 어법은 검사들이 주장했던 '윈도와 익스플로러는 분리 가능하다' 는 것과 같은 의미로 받아들여졌다. 법무부와 20명의 변호사들이 제기한 반독점 소송에서, 회사의 임원들은 대신 '브라우징 기술' 이라는 용어를 사용하여 증언했다.

마이크로소프트의 변호팀은 법무부가 제기한 독점금지 위반 소송에 대항하여 싸우면서 재판 진행을 가능한 한 길게 끌었다. 변호인측 증인으로 나온 매사추세츠 기술 경제학 연구소의 리처드 슈말런스Richard Schmalensee는 '소프트웨어 개발 업체의 85%가 마이크로소프트가 인터넷 기능을 윈도에 통합하는 것이 자신의 회사에게도 유익할 것으로 생각한다' 는 조사 결과를 인용했다. 그리고 나서 검사측은 1998년 2월 빌 게이츠가 작성한 이메일을 공개했다. 내용은 아래와 같다.

'90퍼센트의 개발자들이 브라우저를 운영 체제에 포함시키는 것을 일리 있다고 생각한다' 는 조사 결과를 보여줄 수 있다면, 지금 상황에서 큰 도움이 될 것 같습니다. 내가 법정에 서야 하는 3월 3일 전에 설문 결과가 나온다면 더할 나위 없이 좋겠지요.

마이크로소프트 직원이 작성한 다른 이메일 내용을 보면, 게이츠가 기대한 답을 끌어내기 위해 그들이 질문을 어떻게 구성했는지 알 수 있다. 며칠 후 마이크로소프트는 검사측 증인의 주장을 반박하기 위해 나섰다. 그 증인은 자신이 윈도 기능을 저해하지 않고 윈도로부터 인터넷 익스플로러를 분리시키는 프로그램을 만들었다고 주장했다. 마이크로소프트 변호팀은 비디오테이프로 녹화된 시연 장면을 보여주면서, 사실상 그 절차가 윈도를 구동하는 컴퓨터의 속도를 늦춘다고 주장했다. 검사측은 반대 심문을 하는 동안, 비디오테이프 상에서 나타나는 타이틀 바(어떤 프로그램이 구동되고 있는지 알려주는 레이블)를 보면 인터넷 익스플로러가 사실상 제거된 것이 아니라고 지적했다. 표면적으로 보기에, 테이프에 포착된 성능저하는 브라우저를 제거하도록 고안된 프로그램 때문이 아니었다. 마이크로소프트 측의 증인은 당황하여 회사가 법정을 농락한 것이 아니며 '아마도 녹화 과정에 문제가 있었던 것' 같다고 주장했다. 휴정 후 증인은 비디오테이프는 브라우저 없이 윈도가 구동되는 컴퓨터를 녹화한 것이 사실이지만, 어떤 이유에서인지 타이틀 바가 없어지지 않고 남아 있었다고 얼버무렸다. 정부 측 변호사인 데이비드 보이는 마이크로소프트가 제시한 증거자료, 즉 비디오테이프는 믿을 만한 것이 못 된다고 논평했다.

익스플로러와 윈도의 통합에 대한 마이크로소프트의 타협 없는 단호한 입장이 원만한 해결을 막는다고 주장하는 업계 관계자들과 법률가들도 있었다. 따라서 억만장자를 꿈꾸는 사람들에게는 독점금지 위반에 대한 마이크로소프트의 반격에서 어느 선까지 본받아야 하는 것인지 분명치 않을 수 있다. 같은 이유로, 이와 같은 비난에도 영향 받지 않는 둔감성이 경쟁 우위를 끈질기게 방어하려는 의지와 결합되어 게이츠는 균형을 잘 유지할 수 있었다.

마이크로소프트의 사례를 통해 얻을 수 있는 또 하나의 교훈은 시장 지배적인 위치를 지키기 위한 통찰력을 제공한다는 점이다. 만약 당신이 그러한 위치를 점한다면, 경쟁사들이 그 자리를 빼앗기 위해 격렬히 싸울 것이라는 것쯤은 예상할 수 있다. 그렇게 되면 당신은 법의 테두리 안에 있으면서, 이기기 위한 만반의 준비가 되어 있어야 한다.

____ 승리를 위해 목숨 걸고 뛰어라

연방 검사들이 찾아낸 마이크로소프트 사의 두 번째 혐의는 협박, 재정적 유인책 또는 인수 등을 통해 잠재적 경쟁 제품의 개발을 좌절시키려는 시도들이었다. 예를 들면, 1985년 새롭게 애플 컴퓨터 회장으로 취임한 존 스쿨리John Sculley는 매킨토시용 맥 베이직 언어 개발을 중단하고 맥 베이직 네임이 마이크로소프트 권한이라는 것에 서명하라는 게이츠의 요구에 굴복했다. 스쿨리의 말에 따르면, 만약 애플이 그 프로젝트를 포기하지 않으면 이미 인기리에 판매 중인 애플2 컴퓨터에 사용되는 마이크로소프트 언어 사용의 라이선스를 중단할 것을 암시했다고 한다. 애플의 한 소프트웨어 기술 담당자는 이렇게 주장했다. "게이츠는 애플의 특화 제품을 철회할 것을 요구했습니다. 그는 우리의 머리에 총을 겨눈 것입니다." 비슷한 경우가 인텔에서도 일어났다. 인텔의 사내 문건에 따르면, 1995년 8월 회의에서 게이츠가 만약 인텔이 마이크로소프트의 이익을 저해할 만한 소프트웨어를 계속 개발한다면 인텔의 경쟁 업체를 지지하겠다는 '모호한 협박'을 했다고 한다. 사실상 인텔은 진행 중이던

소프트웨어 개발 프로젝트를 연기했다. 앤드류 그로브 회장은 그 결정에 대해 자신의 회사가 마이크로소프트의 요구에 '굴복'했다고 언급한 적이 있다.

이 사례에 대해 변호인 측과 마이크로소프트에 동조하는 많은 언론인들은 독점 금지법 위반혐의는 처음부터 경쟁 소프트웨어 개발업체가 만들어낸 것이라고 주장했다. 마이크로소프트 옹호자들은, 평범한 틀에 갇혀 경쟁력 있는 제품을 개발하려다 효과적으로 경쟁하는 데 실패한 경쟁 소프트웨어 업체들이 정치적인 로비를 펼친 것이라고 말했다. 게이츠와 그의 지지자들은 '독점금지 법안이 지식 기반의 소프트웨어 산업에는 적용될 수 없다'는 입장을 고수했다. 그 법안은 광산의 강철과 같은 자본 집약적 산업이 번성하던 19세기에 고안되었다는 것이다. 그들의 논리에 따르면, 확실히 그것은 미국에서 눈에 띄게 성공한 소프트웨어 산업을 새로운 법안으로 족쇄를 채우려는 노력에 불과하다는 것이다. 정부 관료들은 기술이 끊임없이 변화하는 컴퓨터 산업에서 적절한 대응을 할 수 없었다.

1990년대 말, 법무부가 마이크로소프트를 독점에 대한 혐의로 기소할 움직임을 보이자 빌 게이츠는 열정적으로 반박했다. 자신을 공격하는 그러한 주장들을 우스꽝스럽게 만들면서 그는 이렇게 호통을 쳤다.

만약 우리가 그토록 무모하지 않았다면 과연 그렇게 창조적인 소프트웨어가 만들어질 수 있었을까요? 우리가 시장을 키우기보단 경쟁 업체들을 죽이고 있다고요? 그것들은 명백한 거짓말입니다. 누가 시장을 키웠을까요? 우리가 키웠습니다. 누가 오늘날 우리보다 열 배나 큰 IBM과 같은 회사들을 살려냈습니까? 우리가 아닙니까?

게이츠는 또한 그들이 독점을 했다는 주장에 대해 그것으로 얻은 이익은 거의 없다고 반박했다. 반대로 소비자 가격은 떨어지고 동시에 소프트웨어의 힘은 강성해지고 있다고 말이다. 그는 존 록펠러와 놀라울 정도로 닮은 점이 많다. 엄청난 부를 쌓은 이 두 거인은 산업 표준을 만들기 위해 노력했다. 그럼으로써 그들은 소비자 편에서 많은 혜택을 누릴 수 있도록 의도하였으며 사용자가 부담해야 하는 가격을 점차 낮춰 갔다.

그러나 마이크로소프트는 최근 버전에서 윈도 PC 제조업체들에게 더 높은 가격을 요구하고 있다. 새로운 기능들을 추가하였으니 그만큼 가격 인상이 있어야 한다는 것이다. 즉 마이크로소프트의 독점적인 시장 점유는 가격 인상 능력에 날개를 달아주었다. 비슷한 전략이 워드프로세서나 스프레드시트의 패키지 프로그램 판매에도 적용되었다. 마이크로소프트의 오피스 프로그램은 1998년까지 87%의 시장 점유율을 기록했다.

1997년 마이크로소프트는 법인 고객들이 추가 비용을 내지 않고 집에서 사용하는 것을 금지했다. 또한 하나의 라이선스로 여러 사람이 동시에 사용하는 것을 단계적으로 금지시켜 나갔다. 즉 회사가 종업원 숫자보다 적은 라이선스를 발행하는 것을 방지했고 라이선스를 허가받은 종업원 숫자 이상은 동시에 오피스 프로그램을 사용할 수 없도록 했다. 애플리케이션을 일단 구축한 다음에는 오피스 프로그램을 바꾸기 어려운 상황이었으므로 오피스 프로그램을 이용하는 회사들은 정책이 바뀌면 인상되는 비용을 감수할 수밖에 없었다.

억만장자들이 또한 관심을 가져야 할 부분은 마이크로소프트의 인터넷 브라우저 가격 정책, 즉 무상공급 정책이다. 미치 스톤이라는 PC 사용자는 마이크로소프트의 그러한 정책을 훨씬 소규모의 경쟁업체인 넷스케이프를 파멸시키기 위해 의도된 노력으로 보았다. 미치 스톤은 인터넷상에서 '마이크로소프트 보이콧' 웹사이트를 만든 다음 마이크로소프트의 전략이 소비자에게 주는 혜택은 아무것도 없다고 주장했다. 스톤의 이러한 해석이 전혀 허황된 것은 아니었다. 1997년 마이크로소프트와 넷스케이프의 경쟁에 대하여 스티브 발머는 이렇게 말한 적이 있다. "우리는 운영 체제의 한 부분으로 상당히 좋은 브라우저를 무상으로 주고 있다. 그들은 브라우저를 팔아서 과연 얼마나 오래 버티겠는가?"

게이츠는 독점금지 조치에 대응하기 위해 지적인 논쟁을 멈추지 않았다. 다른 테크놀로지 회사들과 마찬가지로 정치적인 로비에 거의 신경을 쓰지 않던 마이크로소프트는 정부와의 관계 개선 노력을 강화했다(한때 독점금지 여론 조성의 배후자로 간주되던 선 마이크로시스템과 넷스케이프는 이보다 빨리 정치적 로비 활동을 강화했다).

빌 게이츠를 악마 취급하는 것에 대응하기 위한 언론홍보에 마이크로소프트가 신중을 기하고 있음을 몇몇 네티즌들은 알아챘다. 그들은 마이크로소프트가 당시 휘청거리던 애플 컴퓨터에 1억5천만 달러를 투자한 것은 운영 체제 시장에서 애플의 '상징적 저항'을 지지함으로써 독점 혐의에서 벗어나려는 '교묘한 술수'였다고 주장했다.

마이크로소프트가 처한 경쟁적인 환경에 19세기의 독점금지법을 적용할 수 있느냐는 문제에 대해 게이츠는 무어의 법칙이 컴퓨터 산업을 독특하게 만들었다고 주장했다. 이것은 인텔의 창립자 중 한 명인 고든 무어가 주장한 것인데, 마이크로칩의 밀도가 18개월마다 2배로 늘어난다는 법칙이다(그러므로 가격은 반값이 된다). 그러한 경쟁적인 환경에서는 시장에 대한 과도한 통제 아래 살아남을 회사가 없다고 주장했다. 수 년 안에 문을 닫으며 나가떨어지는 컴퓨터와 소프트웨어 회사들이 얼마나 많은지가 이를 증명했다. 독점금지 조치 문제에 대해 교착 상태에 빠져 있던 연방무역위원회(FTC)의 크리스틴 바니Christine Varney 위원은 기존의 법률을 그처럼 역동적인 환경에 적용하기란 어렵다는 것을 인정했다.

내가 걱정하는 것은 급속도로 변화하는 이 분야의 시장 환경에 법률이 과연 보조를 맞출 수 있는가 하는 점이다. 일단 어떤 사업이 독점적으로 이루어지게 되면 그것을 문제 삼는 것은 이미 늦은 대응인지도 모른다.

예일대의 경제학 교수인 조지 프리스트George Priest 또한 비슷한 언급을 한 적이 있다. 그가 보기에 철강 산업에 진출하기 위해서는 높은 비용이 들기 때문에 철강 산업의 독점 기업이 바뀌는 데는 30년 이상이 걸린다. 반대로 진입 장벽이 훨씬 낮은 소프트웨어 산업은 '시장점유율이 단기간에 뒤집어질 수 있다'고 말한다.

분명 선 마이크로시스템의 자바 언어 출시는 마이크로소프트가 운영 체제를 장악함으로써 누려 왔던 독점에 대한 도전으로 받아들여졌다. 자바는 기술자들의 설치에 의존하기보다는 인터넷이나 서버(중앙 컴퓨터의 네트워크를 가능하게 하는)를 통해 업그레이드하는 저렴한 유통 수단을 제시했다. 게다가 이 새롭고 호환성 높은 언어는 다양한 컴퓨터에서 구동되었으며, 아직까지 메인프레임 컴퓨터에 의존하고 있는 회사들이 인터넷으로 도약할 수 있도록 잠재적으로 도왔다. 요약하면 자바 언어는 기술적으로 큰 성과물일 뿐 아니라 마이크로소프트가 도스와 윈도를 통하여 독점하고 있던 입지를 침식하고 위협하는 계기가 되었다. 자바의 출현은 빌 게이츠의 주장, 즉 소프트웨어와 같이 역동적인 산업에서는 독점을 형성하고 유지하는 것을 막기 위한 정부 간섭이 필요 없다는 주장을 뒷받침한 셈이 되었다.

빌 게이츠의 주장을 뒷받침한 것은 경제학자인 스탄 리보위츠[Stan Liebowitz]와 그의 동료인 스티븐 마골리스[Stephen Margolis]의 연구였다. 두 학자는 마이크로소프트의 제품이 시장을 선점할 때는 컴퓨터 시장에서 그 제품이 기술적으로 우위에 있을 때였고 사실 기술력이 높은 등급을 받지 못할 때는 시장을 선점하지 못했다고 주장했다. 리보위츠는 더 나아가 마이크로소프트는 매킨토시용 워드프로세싱과 스프레드시트 애플리케이션을 석권했는데, 매킨토시는 마이크로소프트가 통제하는 운영 체제와는 상관없는 영역이었고, 이때는 DOS 기반의 PC 시장에서 지배적인 위치를 점하기 전이었다고 했다. 이러한 주장은 마이크로소프트가 하나의 독점을 이용하여 곧 다른 영역도 독점하려 한다는 혐의를 다소 풀어주었다.

또한 라이벌 회사들이 정부의 반독점 소송 배후에 있었다는 마이크로소프트의 주장에 대해 많은 지지가 있었다. 오라클과 선 마이크로시스템은 전 상원 다수당 리더였던 밥 돌[Bob Dole]이 구체화한 전자 상거래 부문에서의 경쟁 장려 정책과 발맞추어 그와 연대를 도모했다. 밥 돌은 마이크로소프트가 '운영 체제에서의 독점을 이용하여 경쟁사를 억압하고 기술발전을 지연시키며 다른 시장마저 독점하려 한다'고 비난하면서 로비 활동을 했다. 마이크로소프트의 또 다른 라이벌인 넷스케이프는 독점금지법에 관한 전문가로서 한때 대법원 법관에 추대되기도 했던 로버트 볼크를 후원했다. 독점금지 조항에 대해서는 정부의 개입 정도가 낮아야 한다는 과거 주장과 달리 볼크는 마이크로소프트에 반대되는 논조를 각종 매체에 실었다.

만약 당신이 독립적인 시장을 선점했다면 빌 게이츠의 경험에 따라 판단하건대 당신은 다음과 같은 내용을 극복할 수 있는 준비가 되어 있어야 한다. 아래의 내용들은 실무자, 변호사, 마이크로소프트 경쟁사들이 한 이야기인데 모두 익명을 전제로 했다.

"내 생각에 빌 게이츠는 정말 위험하다. 그는 내가 만났던 사람들 중에서 놀랍게도 가장 비양심적이다. 양심도 없는 그 녀석에게 주어진 엄청난 힘은 위험하다."

"문제는 우리가 정보화 시대를 기대하느냐 아니면 마이크로소프트 시대를 기대하느냐 하는 것이다. 그것은 마이크로소프트와 인류의 경쟁에서 인류가 피해자가 되는 것일 뿐이다."

"그들은 사마귀 비즈니스 모델이다. 그들은 당신과 섹스를 하고 난 후 당신을 먹어치울 것이다."

"가끔 마이크로소프트는 강을 가로질러 와서 당신을 잡아 먹어치우는 여우처럼 보이기도 한다. 그들은 시장의 아주 작은 부분까지 독차지하길 원한다."

"그들은 그들이 접하는 모든 시장을 독점화할 계획을 가지고 있다."

── 억만장자를 만든 평생의 애플리케이션

'똥 묻은 개가 겨 묻은 개 나무란다'는 속담에는 미래의 억만장자들을 위한 빌 게이츠의 교훈이 잘 담겨 있다. 엄청난 부를 축적할 수 있는 고성장 산업에서는 생존을 위한 격렬한 노력이 뒷받침 되어야 한다. 그 누구도 두려워 뜯지 못했던 봉인된 상자를 먼저 여는 과감함과 노력 없이는 그러한 싸움을 뚫고 나올 수 없다. 게이츠는 어린 시절부터 그러한 환경에 필요한 본능들을 갖고 있었다. 컴퓨터 사용 요금을 줄이기 위해 해킹을 한 일이나, 베이직 언어를 개발할 때 베이퍼웨어로 마케팅 전략을 전개했던 점, 그리고 컴퓨터 사용 시간에 대한 하버드 대학의 규칙이 모호한 점을 이용했던 일화 등이 그것이다.

그와 유사하게 독점금지 법안에서의 모호한 부분을 이용하여 마이크로소프트는 승리의 고지를 점할 수 있었다. 법을 이해하지 않더라도 마이크로소프트가 공격적인 가격 정책을 펼치며 새로운 시장에서 자신의 길을 위해 전력을 다했다는 점을 발견할 수 있다. 물론 그 이면에는 공격적인 가격을 유지하더라도 자본화가 덜 되어 있는 경쟁 회사들을 충분히 이길 수 있다는 계산이 있었다. 비평가들은 이러한 전략이 침략적인 성향을 띠고 있다고 주장할지도 모른다. 그러나 계란을 깨지 않고서 오믈렛을 만들 수는 없다. 이것을 다른 말로 표현하면 다음과 같다.

컴퓨터 소프트웨어 산업과 같이 리스크가 높은 비즈니스에서 적을 만들지 않고 수억만 달러를 버는 것은 불가능하다.

게이츠가 항상 한계를 뛰어넘으려는 성향을 타고나긴 했지만, 더 나아가 어려서부터 조숙했던 그는 협상 경험을 통해 소프트웨어 전쟁을 맞이할 준비가 되어 있었다. 그는 고등학생 시절에 이미 프로그램 개발 서비스를 회사 간부, 학교 직원, 시 공무원들에게 팔면서 효과적으로 협상하는 법을 습득했다. 고등학교 시절 게이츠와 함께 일했던 동료의 아버지는 이렇게 말했다. "어떻게 빌 게이츠가 오늘날과 같이 성공했는지 궁금한가? 그건 아마도 어린 시절부터 충분히 경험을 쌓은 협상 능력 때문이라고 생각한다."

　게이츠의 이력을 살펴보면 엄청난 부를 모으는 데 독창성이란 그리 중요하지 않다는 점을 발견하게 된다. 소프트웨어 산업의 한 전문가는 이렇게 말한다. "빌 게이츠는 퍼레이드의 리더였지요. 그는 퍼레이드가 어디로 흘러가는지 보고 있다가 제일 앞에 들어섰기 때문이죠." 확실히 빌 게이츠는 경영자의 역할만 전적으로 하기 전에는 천재적인 프로그래머였으며, 경영자가 되고 나서도 상품 개발에 대한 귀중한 전략적 가이드라인을 꾸준히 제시해왔다. 그러나 마이크로소프트의 독점적 입지는 디지털 리서치의 제품에 가깝게 모델링하여 만든 운영 체제와 제록스에서 개발한 그래픽 유저 인터페이스GUI 기술 때문이었다.

　샘 월튼과 같이 빌 게이츠도 미개발 분야에서 성공의 기회를 놓치지 않고 거머쥐었다. 경쟁사의 숨통을 조이는 전술과 함께 경쟁사 제품의 가장 뛰어난 특징들을 적용하는 수법은 비즈니스의 관행이라는 관점에서 고찰되어야 한다. 1988년 애플 컴퓨터가 매킨토시의 비주얼 디스플레이 기술을 포함한 저작권 위반 혐의로 마이크로소프트를 기소했을 때 소프트웨어 전문가인 로렌스 매지드Lawrence Magid는 이렇게 비난했다. "애플이 소프트웨어 산업이 가야 할 방향을 막고 있다." 최초의 스프레드시트 비지칼크VisiCalc의 개발자인 댄 브릭클린Dan Bricklin은 소프트웨어 코드 작성의 본질은 전에는 없던 것을 만들어내는 것이라고 덧붙였다. 게이츠의 가장 값진 재능은 바로 좋은 아이디어를 상업적으로 전환하는 것, 즉 선점하여 바로 경제적 가치가 있는 제품으로 탈바꿈시키는 능력이었다. 심지어 그 당시 소매 소프트웨어 시장에 진입하는 아이디어를 게이츠에게 제공한 사람은 소프트웨어 판매업자인 번 라번^{Vern Raburn}이었는데, 이를 통해 게이츠는 마이크로소프트의 가장 큰 수입 기반을 마련할 수 있었다.

마지막으로 미친 듯이 앞으로 나아가는 것이야말로 게이츠가 거둔 성공의 가장 중요한 원천이었다. 고등학교 여름방학 동안 그는 TRW의 프로젝트와 관련된 프로그래밍 작업으로 매일 밤을 꼬박 샜다. 나중에 게이츠는 이 시절을 이렇게 회상한다.

우리는 누가 3일 밤 혹은 4일 밤을 연속해서 TRW의 건물에서 밤을 샐 수 있는가를 두고 경쟁했다. 끈기 없는 몇몇 친구들은 이렇게 말했다. "집에 가서 목욕하자!" 그러나 우리는 단지 코드를 만드는 데 몰입했을 뿐이다.

빌 게이츠의 탄탄한 성공은 또한 회사의 경영권 지분을 가능한 한 많이 보유하는 것이 얼마나 중요한지 보여준다. 그는 첫 번째 주식 공모 시 마이크로소프트의 주식을 절반 가까이 소유하고 있었다. 극심하게 보수적인 재정 정책을 고수함으로써 외부 자본을 끌어모으는 우를 범하지 않았다.

결국 빌 게이츠의 성공에도 운은 따랐다. 특히 마이크로소프트는 경쟁사들의 수많은 전략적 착오와 실수로 막대한 이득을 챙겼다. 예를 들어, 디지털 리서치는 그 당시 막강했던 IBM과의 협상에 부담을 느껴 빌 게이츠와 알렌에게 PC 운영 체제에 관한 일체의 권한을 위임했다. 애플도 마이크로소프트에게 엄청난 기회의 문을 열어주었다. 이는 애플이 IBM와 같이 오픈 설계(프로그램의 업그레이드나 추가, 수정을 자유롭게 할 수 있는 소프트웨어 설계) 전략을 택하지 않아, 소프트웨어 개발자들이 매킨토시용 프로그램을 개발할 수 없었기 때문이다. 번 라번에 따르면 마이크로소프트는 '전 세계의 부적절한 경쟁의 유일한 최대 수혜자'였던 것이다. 행운을 부르는 법을 습득하는 것은 분명 빌 게이츠의 다른 성공 공식들을 따라하는 것보다 훨씬 어렵다. 그래도 마이크로소프트의 성공에서 최소한 이 교훈만은 얻어야 할 것이다.

과분한 행운 덕에 일이 잘 풀린 것을 너무 자랑스럽게 여기지 말라.

사업을 더 크게 합병하라

뭉치면 힘이 커진다.
미국 속담

―― 경쟁을 피하기 위해 합병하라

동종업간의 합병은 같은 업종에 종사하는 회사의 숫자를 줄어들게 한다. 자동차 제조업을 예로 들면, 여러 분야로 나뉘어져 있던 자동차 제조업체들이 20세기 초에는 결국 제너럴 모터스, 포드, 크라이슬러라는 세 개 업체로 압축되었다. 1990년대에는 전 세계적인 사업체 합병이 이루어졌는데 미국의 크라이슬러가 독일의 벤츠와 합병을 하면서 그 정점을 이루었다.

보통 합병의 가장 큰 동기는 경영 효율성을 높이는 것이다. 이 경영 효율성은 합병된 하나의 회사가 작은 회사 두 곳에서 생산되는 것보다 훨씬 많은 수량을 생산함으로써 생산에 필요한 고정 비용을 줄이는 데서 비롯된다. 또한 이전보다 훨씬 많아진 판매량으로 인해 회사를 관리하는 데 드는 비용과 광고비용을 분산시키는 효과도 합병의 동기가 될 수 있다. 또 다른 방식의 비용절감 방법으로는 물건이나 원료를 사올 때 다량으로 구입함으로써 할인을 더 받을 수 있다는 점이다. 기업들이 자신들에게 물품을 대는 하도급자의 숫자를 줄임으로써 비용을 줄이고자 하는 데서도 합병의 동기를 찾아볼 수 있다.

물론 대규모 회사들은 여러 가지 규제와 비정상적으로 복잡한 결재 절차 그리고 과도하게 많은 직원 등을 이유로 비효율적인 조직이 되곤 한다. 이처럼 거대한 시스템의 회사들보다는 작고 명확한 시스템 구조를 지닌 회사들이 한 사업 분야에 들어가 성공적으로 경쟁할 수 있다. 또한 새로 생겨난 업체는 불필요한 절차를 줄이고 가장 많은 이윤을 돌려줄 사업 분야에만 전념함으로써 성공을 거둘 수도 있다. 하지만 이러한 새로운 도전자가 시장에 나타나기 오래전부터 새로운 분야의 사업체들은 예측 가능한 합병의 유형을 따랐다. 소규모 업체들은 자금이 풍부하면서 특정 지역의 한계를 벗어날 수 있고, 전 세계적으로 사업을 펼쳐나갈 수 있는 경영체계가 마련된 회사에 팔려갔다. 부를 축적할 수 있는 기회는 자신들이 해온 경영방법을 다른 사업 분야에도 적용할 수 있다는 것을 깨달은 사람들에게 찾아온다.

합병으로 얻을 수 있는 경제적 이익은 어마어마하며, 수없이 많은 사업 분야에서 이러한 시도가 계속되고 있다. 이런 사실을 고려해보면 합병 투자자들이 현재까지 부의 축적에서 선두를 달리고 있는 사람들을 앞서지 못했다는 것은 무척 놀라운 일이다. 그 가운데 가장 좋은 예가 마이클 클레퍼^{Michael Klepper}와 로버트 군터^{Robert Gunther}가 1996년에 조사한 '역사상 미국에서 가장 부유한 사람들'의 리스트에서 23위를 차지한 J. P. 모건이다. 모건은 아메리칸 텔레폰 & 텔레그라프^{AT&T}, 제너럴 일렉트릭 (GE), 인터내셔널 하베스터, 미국철강주식회사, 웨스팅하우스, 일렉트릭 코퍼레이션, 웨스턴 유니언과 같은 거대 회사의 합병을 이끌어낸 인물이다. 〈라이프〉에 소개된 풍자만화를 살펴보면 '누가 이 세상을 창조했는 가'라는 질문에 대한 답이 이렇게 실려 있다. "기원전 4004년에는 신이 창조하였다. 하지만 1901년에 제임스 J. 힐과 J. P. 모건 그리고 록펠러에 의해서 재편되었다."

제임스 힐 또한 합병가였다. 그는 철도사업에만 집중했는데, 1세기 후에는 필 안슈츠가 이 분야에서 더 많은 합병을 이루어낸다. 록펠러는 석유 정유업에서 효과적인 독과점을 통한 합병을 이루어냈다. 미국에서 가장 큰 소매업체인 월마트의 형성과정에도 마찬가지로 합병이 중요한 역할을 했다. 샘 월튼은 주로 새로운 점포를 계속 세움으로써 회사를 키우는 방법을 택했지만 그 또한 몇몇 경쟁업체의 체인을 사들여야 했다. 웨인 휘젠거는 합병을 하나의 비즈니스 전략으로 활용했다는 점에서 동시대의 억만장자들 중에서도 특히 두각을 나타냈다. 물론 신설 합병회사를 만들어내는 것뿐만이 아니라 그것을 만들어내는 과정에서 막대한 이익을 챙기는 데는 엄청난 위험이 도사리고 있고 도전정신이 필요했다.

우선 합병가는 여러 개의 독립된 회사들을 하나의 통합된 회사로 만들어야 한다. 합병으로 만들어진 대부분의 회사들은 합병되기 이전에 회사를 소유하고 경영했던 사람들에게 계속 경영을 맡겨야 하는가 하는 고민에 빠지게 된다. 물론 그 분야의 전문 경영인을 찾기도 쉽지 않지만, 더 큰 문제는 독립적으로 자신의 회사를 운영했던 사람들이 쉽게 고용인의 위치로 내려가기 힘들다는 점이다. 이들의 고삐를 너무 세게 쥐면 그들의 사기가 저하되고, 반대로 너무 느슨하게 하면 지속적인 성과를 올리는 데 걸림돌이 될 수 있다.

관리자들을 다루는 문제는 근본적으로 서로 다른 회사를 통합시켜 하나의 효율적인 기업을 만드는 데 수반되는 하나의 문제일 뿐이다. 회사를 통합하는 데 필요한 협상 능력에는 뛰어난 개인일지라도 회사가 분산되는 것을 막기 위해 필요한 관리기술은 부족하거나 거기에 흥미가 없을 수도 있다. 그 전형적인 예가 윌리엄 듀런트William Durant였다. 그는 뷰익, 캐딜락, 시보레, 오크랜드(현재의 폰티악)와 같은 자동차 회사들을 제너럴 모터스에 합병시키는 역할을 전담했다. 듀런트의 한계는 제너럴 모터스가 합병을 한 후 2년이 지나자 자신이 만들어놓은 회사에서 위상을 잃고 10년 후에는 그 회사에서 영원히 밀려났다는 것이다. 그가 맡았던 일은 알프레드 슬론 주니어Alfred Sloan Jr.에게 돌아갔는데, 그는 복합적이고 다양한 부서로 이루어진 자동차 제조업체를 운영하는 데 필요한 역량을 가지고 있었다.

결론적으로 듀런트의 합병은 제너럴 모터스가 포드를 누르고 세계에서 가장 큰 회사가 되는 데는 중요한 역할을 했다. 하지만 헨리 포드와는 달리 듀런트나 슬론은 억만장자가 되지는 못했다. 듀런트는 주식시장에서 투기로 자신의 재산을 날렸고 슬론은 죽기 전까지 부자이기는 했지만 클레퍼와 군터가 뽑은 역사상 가장 부유했던 미국인 리스트에는 오르지 못했다. 간신히 리스트에 오른 두 사람이 있다면 존과 호레이스 도지 형제였는데, 그들은 초기에 포드에 자금을 빌려줬을 뿐만 아니라 자신들이 직접 자동차 회사를 세우기도 했다. 개인 자산 규모면에서 보면 기업가들은 자동차 사업에서만큼은 합병가를 앞질렀다.

어떤 사업 분야에서든 합병에 대한 타당성은 합병이 이루어진 후에야 비로소 증명된다. 규모의 경제는 이론상으로는 그럴 듯해 보이지만 실제로는 달성하기 힘들다. 사업을 합병시켜서 그것을 개인의 이익으로 연결시키기 위해서는 실현 가능한 경영 효율성을 포착할 수 있어야 하고 고도의 금융 지식도 갖춰야 한다. 또한 합병가는 막대한 자본을 끌어 모아야 하는데, 이는 자신이 계획한 사업안에 대해 투자자들을 설득해야 함을 의미한다. 또 하나 설득해야 할 사람들은 바로 사업체를 파는 사업주들이다. 이들에게는 그들의 사업체를 합병사의 주식과 교환하는 방법을 제시해야 한다. 합병가가 이런 문제들을 극복할 수 없다면, 회사를 인수하는 데 드는 비용은 자산을 빼고도 어마어마하게 불어날 것이다. 자산 규모가 아주 큰 업체를 다루지 않고서 합병가가 억만 달러를 낚아챌 기회를 찾기란 거의 불가능하다.

다시 말해서 합병은 막대한 부를 쌓을 수 있는 아주 그럴듯한 선택임에는 틀림없으나 그것은 당신이 여러 방면에서 재능이 있을 때에만 가능하다. 협상 자체를 즐기는 법을 배우는 일은 대단히 힘들고 많은 노력이 필요하다.

하지만 길고도 지루한 인수 협상이 마무리 되었다 하더라도 한 차원 높은 조직운영 방법을 적용하지 않는다면 합병된 회사는 이내 비틀거릴 것이다. 복잡한 구조의 회사를 운영하는 데 능하지 않다면 믿을 만하고 경험 있는 관리자를 영입할 수도 있다. 하지만 이때에도 당신이 재빨리 당신의 돈을 현금화해서 회사를 떠날 수 있으리라 기대하지 않는 게 좋다. 좀 더 성공하는 방법에 접근하기 위해 웨인 휘젠거가 어떤 철학을 가지고 일했는지 배울 필요가 있다.

▶ **기본전략**

- 같은 업종끼리 합병하라.

- 경쟁심을 자극하라.

- 협상을 냉철하게 즐겨라.

▶ **주요원칙**

- 지속적인 성장을 해야 한다.

- 실패는 할 수 있지만 거기서 뭔가를 배워야 한다.

- 철면피가 되어라.

- 금융 수단을 최대한 이용한다.

- 고생은 기꺼이 감내해야 한다,

- 모방이 혁신보다 유용하다.

- 끊임없이 성장한다.

- 주식을 보유한다.

- 고생을 기꺼이 감수한다.

── 돈을 가장 빨리 불리는 시스템은 합병이다

돈이란 점수를 어떻게 기록하느냐의 문제다!

-웨인 휘젠거

웨인 휘젠거는 수많은 사업체를 합병시킴으로써 돈을 번 사람이다.

그가 이루어낸 합병의 범위는 쓰레기 운송업, 비디오테이프 대여점, 자동차 판매와 렌터카, 경보기, 생수, 빌보드 그리고 기계부품 세척 사업까지 가히 상상을 뛰어넘는다. 반복적으로 수익을 창출한다 해서 대여 비즈니스에 관심을 보였던 그는 전반적으로 서비스 분야의 합병을 다루었다. 그는 대여업의 강점을 이렇게 말했다. "내가 어떤 물건을 대여해주면 나는 같은 물건을 반복적으로 파는 것과 같다."

휘젠거는 대학중퇴 후 가족과 친분이 있는 사람이 운영하던 쓰레기 수거업체를 관리하는 일을 맡았다. 그럴듯한 사업은 아니었으나 쓰레기 수거는 휘젠거가 유일하게 알고 또 존중했던 사업이었다. 이 일은 휘젠거의 할아버지, 아버지, 세 명의 삼촌과 다섯 명의 남자 사촌들에게 생계를 유지하는 수단이었다. 휘젠거 가족을 비롯하여 네덜란드 이민 출신자들이 모여 사는 시카고의 한 동네 사람들은 이런 말을 자주 한다. "휘젠거 가의 피에는 쓰레기가 흐르고 있다." 머지않아 휘젠거는 대부분의 억만장자들이 거금을 만들어왔던 방법을 실행하게 된다. 웨인 휘젠거는 아버지로부터 '다른 사람을 위해 일하면 그리 많은 돈을 벌지 못한다'는 말을 듣고 바로 자신의 사업을 갖기 위한 기회를 모색했다.

그가 스물다섯 살이 되던 해인 1962년에 기회가 찾아왔다. 휘젠거는 장인으로부터 5,000달러를 빌려 플로리다에 있는 포트 로더데일 사로부터 쓰레기 수거용 트럭 한 대와 20명의 고객 명부를 사들였다. 휘젠거는 새벽 2시부터 낮 12시까지 쓰레기 수거를 하고 집에 돌아와서 샤워를 한 후 그의 하나뿐인 슈트를 입고 새로 시작할 비즈니스를 모색했다. 1968년에 이르자 한 대뿐이었던 그의 트럭은 40대 이상으로 늘어났다.

휘젠거는 보잘것없이 시작한 사업에서 세계에서 가장 규모가 큰 쓰레기 수거업체를 세우는 쾌거를 이룩한 것이다. 결혼으로 휘젠거 가에 합류한 딘 번트록과 함께 그는 웨이스트 매니지먼트 테크놀로지(현재의 WMX)를 설립했다. 이보다 몇 년 전에 톰 패조 주니어가 이끄는 브라우닝-페리스 인더스트리Browning-Ferris Industries는 전국적 규모의 쓰레기 수거 업체를 만들려는 아이디어를 생각해냈었다. 번트록과 휘젠거 또한 이와 비슷한 아이디어를 착상해내고 2년 안에 100개의 회사를 인수한다는 위험천만한 계획을 세웠다. 웨이스트 매니지먼트는 1971년에 시가 총액 500만 달러에 회사를 공개했고 1984년에 이르자 회사의 자산 가치는 총 30억 달러로 증가했다.

플로리다의 집에서 시카고에 있는 본사로 출퇴근하는 일이 힘들다는 이유를 들어 1984년 휘젠거는 웨이스트 매니지먼트 경영 일선에서 물러났다(휘젠거와 거의 비슷하게 강한 성격인 번트록 사이에 생겨난 마찰도 그의 사퇴에 영향을 미쳤을 것이다). 휘젠거는 이후 많은 서비스업체들에 투자하기 시작했는데, 특히 달라스의 한 비디오테이프 대여 체인업체인 블록버스터에서 그의 다음 비즈니스 기회를 발견했다. 그가 처음 이 사업에서 기회를 발견했을 때 그는 영화광은 아니었다. 비디오테이프 플레이어도 가지고 있지 않았고 비디오테이프 대여사업은 포르노 영화에 의해 점유된 천박한 사업으로만 알고 있었다. 하지만 매우 놀랍게도 블록버스터가 이 새로운 분야를 훌륭히 개척하고 있었다. 이 사업이 이익을 가져올 것이라는 가능성을 재빨리 포착해낸 휘젠거와 그의 부모는 회사 경영권의 60%를 사들이고 아주 대범한 확장 프로그램에 착수한다. 인수를 통한 외형 성장과 내부 성장을 함께하는 조화로운 성장 전략을 통해 블록버스터는 이후 7년간 17시간마다 대여점을 하나씩 여는 초고속 성장 일로를 걷게 된다.

1992년에 이르자 블록버스터는 다른 비디오테이프 대여 체인점 업체를 300개나 합친 것보다 더 큰 초대형 회사가 되었고 블록버스터 카드를 지닌 사람은 아메리칸 익스프레스 신용카드를 소유한 사람들의 숫자를 앞지르게 되었다. 휘젠거의 경영 아래 1987년에 3,200만 달러였던 회사의 가치는 1994년 무려 84억 달러로 불어나 있었다.

___ 비난 없이 얻을 수 있는 것은 별로 없다

두 개의 수십 억 달러짜리 회사를 세운 휘젠거는 이미 미국 역사상 누구와도 견주기 힘든 기록을 세웠다. 그럼에도 그는 여전히 계속 앞으로 나아가고자 갈망했는데, 이는 더 많은 부를 얻고자 하는 욕망이라기보다는 도전정신 때문이었다. 그를 가장 가까이에서 지켜본 번트록은 그에 대해 이렇게 말했다. "웨인은 자신이 얻으려는 것을 결코 잡아본 적이 없다. 그는 항상 일정 거리를 유지하며 좀 더 큰 목표를 좇는 사람이었다." 그것은 그만의 독특한 성격이었다. 그는 결코 만족하는 법이 없다. 휘젠거는 그 다음에 리퍼블릭 인더스트리라는 거대기업을 발판 삼아 그보다 규모가 훨씬 더 크고 세분화된 자동차 판매 대리점 사업을 목표로 삼았다. 1997년이 되자 휘젠거는 미국 내 자동차 렌털 업계의 두 선두주자인 알라모와 내셔널은 물론 미국에서 가장 큰 자동차 판매 대리점을 거느리게 되었다.

30년이라는 기간 동안 휘젠거는 무려 1,000개에 이르는 회사를 인수해왔다. 그는 세분화된 서비스 산업을 합병하면서 자신의 기본전략을 끊임없이 수정 보완했고 1998년까지 순자산 가치 18억 달러에 이르는 어마어마한 재산을 축적했다. 이와 같은 재산을 형성하기까지 그는 대부분의 억만장자들처럼 온갖 장애물과 실패 그리고 비난들을 극복해야 했다.

1960년대 중반에 휘젠거의 쓰레기 수거 사업은 치명적이지는 않았지만 잘못된 방향으로 접어들은 적이 있다. 몇몇 쓰레기 수거 사업자들이 쓰레기 수거 사업을 돼지 사육과 병행하기 시작했다. 이는 먹을 만한 쓰레기를 골라 다시 알맞게 조리하여 돼지에게 먹인다는 시너지 효과를 기대한 사업이었다. 휘젠거는 곧 이 아이디어를 도용하였으나 돼지가 형편없이 사육되고 병까지 들게 되자 할 수 없이 이 사업을 포기해야만 했다. 다른 쓰레기 수거 사업자들은 이 전략을 성공적으로 적용하고 있다는 점을 들어 휘젠거는 자신이 공급한 사료에 문제가 있었던 것은 아니라고 주장했다. 이와 같은 경험을 한 이후로 그는 사업 분야 선택에 있어 매우 엄격한 기준을 적용하기 시작했다.

경쟁사들을 괴롭혔다는 이유로 소환을 당하고 벌금을 물어야 했던 것과 고정 가격제 등은 웨이스트 매니지먼트가 눈부신 발전을 거듭하는 동안에도 내내 따라다닌 골치 아픈 문제였다. 여러 지역에서 운영되었던 수많은 업체들 중 단 몇 개의 회사에서 폭력 사태가 있었는데, 휘젠거나 번트록 둘 다 사건에 직접적으로 연관되지는 않았으나 단속반과 검사들은 이전에 다른 지역에서 상업용 쓰레기 수거에 범죄조직이 관련되었다는 사실을 들이대며 웨이스트 매니지먼트를 가혹하게 조사했다. 그러나 휘젠거는 그런 범죄에 연관된 지역의 쓰레기 수거 회사를 인수하는 데는 단호히 거절해왔다. 하지만 그의 이러한 노력에도 불구하고 배후에 어떤 연관성이 있을 것이라 믿는 대중들의 의심 어린 눈초리 때문에 웨이스트 매니지먼트와 다른 경쟁업체들은 주식시장에서 고전을 면치 못했다.

비슷한 시기에 케이블 TV 업자들이 주문형 비디오를 선보일 거라는 전망이 나오자 블록버스터의 주가는 일년 내내 하락세에서 벗어나지 못

했다(휘젠거는 비디오 대여가 수년 안에 시대에 뒤떨어진 사업이 될 거라는 주
장에 반박했다. 사람들은 수시로 화장실에 간다. 이때 돈을 내고 영화를 볼 경우
영화의 일부분을 놓치게 된다. 하지만 비디오의 경우 그냥 정지시켜놓고 나중에
다시 틀 수 있다면서 말이다).

휘젠거가 자동차 사업에 발을 들여 놓자 도요타와 혼다는 그가 자동
차 판매권을 인수하는 것을 막기 위해 소송을 걸었다. 몇몇 회의주의자
들은 그가 판매권을 확장함으로써 기대하는 비용절감 효과가 과연 가능
성이 있을지 의문을 제기했다. 사업을 합병하는 데 있어 휘젠거가 지금
까지 이루어온 성공에도 불구하고, 혹자들은 이전에 독립적인 자동차 판
매회사들이 하나의 통합된 운영체제로 녹아 들어가기는 힘들 것이라고
예측했다. 자동차 렌털 사업에 대해서도 반대론자들은 가격 경쟁력이 전
혀 없다고 반박했다.

사업 전략뿐만 아니라 휘젠거의 재정 정책 또한 비판의 대상이었다.
몇몇 회사를 인수할 때 지불한 돈이 적정 수준을 초과했다는 이유 때문
이었다. 이에 휘젠거는 다음과 같이 반박했다. "우리는 하나의 회사를
인수할 때 그와 함께 오는 사람들을 프리미엄으로 얻는 것이다. 이와 같
은 사람들을 데려오기 위해 우리는 기꺼이 프리미엄을 지불할 것이다."
한편으로 블록버스터 주주들은 휘젠거가 주식을 받고 회사를 비아콤
Viacom에 넘기는 것에 불만을 표했다. 긴 협상과정에서 비아콤의 주가가
하락했기 때문이었다.

휘젠거는 합병을 통해 만들어낸 새로운 회사가 그의 사퇴 이후 고전
을 면치 못하고 있다는 비난도 감수해야 했다. 이는 그가 신속하게 이루
어낸 합병으로 탄생한 회사가 운영 면에서 볼 때 그리 조화롭게 돌아가
지 못하고 있음을 의미했다. 뮤추얼펀드 매니저인 마리오 가벨리Mario

Gabelli는 휘젠거를 가리켜 '비상구로 재빨리 탈출해 또 다른 먹잇감을 추적하는 사람이 진정한 사업가인지 의심스럽다'며 몰아세웠다. 이와 같은 비판에 대해 휘젠거는 자신이 웨이스트 매니지먼트를 떠난 지 10년이 넘었지만 자신은 아직도 자신의 주식을 그대로 가지고 있다는 말로 응수했다. 이는 휘젠거가 주주들에게 빈껍데기만 남기고 갔다고 생각했던 사람들에게는 예상치 못한 반응이었다. 휘젠거는 그가 블록버스터를 시기적으로 아주 유리한 시점에 비아콤에 팔았다는 것도 솔직하게 인정했다.

우리는 인터넷과 방송들 그리고 다른 종류의 새로운 테크놀로지가 비디오 대여사업을 급격히 변화시킬 수 있음을 감지할 수 있었고 비디오 대여사업이 하향곡선을 그리고 있다는 점을 알고 있었다.

마지막으로 비평가들은 휘젠거가 사업체 인수의 대가를 주식으로 지급하는 것을 공격했다. 휘젠거의 전형적인 기업 인수 방법은 높은 주가 수익률을 적용하는 것이다. 몇몇 회사들을 인수할 때 프리미엄을 주고 사들이기는 했지만 보통 그가 목표로 한 회사들은 다소 적은 주가 수익률에 팔리는 소규모 회사들이었다. 다음 표에서와 같이 휘젠거는 주식 가격을 올리고 높은 수익배수를 가진 자신의 주식으로 낮은 가치를 지닌 회사를 사들임으로써, 주당 수익을 잠재적으로 끌어올릴 수 있었다. 주식 기반 인수의 남용을 염려한 한 익명의 소식통은 〈포춘〉에서 휘젠거의 리퍼블릭 인더스트리를 '행운의 편지(수신자로 하여금 동일한 내용의 편지를 더 많은 사람들에게 보내라고 종용하는 편지)'라고 부르기까지 했다. 한 투자 은행가는 휘젠거가 자동차 관련 사업에 뛰어든 것을 가리켜 '금융계의 미치광이'이라 표현했다.

:: 주식교환을 통한 자산인수 및 시가총액 늘리기

	합병회사 (인수 전)	소규모회사 (인수대상)	합병회사 (인수 후)
수익(백만 달러)	100	10	110
발행주식수(백만)	50	–	53
주당 수익(달러)	2	–	2.08
주가수익배수	25×	15×	25×
주당 가격(달러)	50	–	52
시가총액(백만 달러)	2,500	–	2,756
인수가격(백만 달러)	–	150	–
신규 발행수(백만)	3	–	–

위의 표에서 합병회사는 25×의 높은 주가수익배수를 기록하고 있으며, 이는 합병을 통해 그 회사의 이익이 빠르게 증가할 것이라는 주식시장의 기대감을 반영한 것이다. 그 수익배수를 그 회사의 주당 수익 2달러에 적용하면 한 주당 가격은 50달러가 된다. 합병회사의 시가총액(그 회사 발행주식의 가치총합)은 5천만 주에 50달러를 곱한 것으로 25억 달러가 된다.

인수대상인 소규모 회사는 개인소유이며 합병회사에 매도하는 것에 동의한다. 놀라운 이익증가를 보이는 소규모 업체는 그 회사의 1천만 달러 수익에 단지 15배한 가격에 팔린다. 합병회사는 1억5천만 달러의 인수가를 주당 50달러의 주식으로 지급하는데, 그 과정에서 3백 만주를 신규 발행하게 된다.

그 거래로 합병회사의 수익은 감소(주당 수익의 감소)되는 것이 아니라 오히려 증가한다. 즉, 인수 후 합병회사의 주당 수익은 2.08달러로 인수 전 2달러보다 높아졌다. 합병회사의 25배수를 인수 후 주당 수익에 적용하면 주식 가격은 52달러로 이전의 50달러보다 높아진다. 그러므로 시가총액은 27억5600만 달러가 되며, 이것은 인수 전 합병회사의 시가총액과 자산 인수가로 지불한 1억5천만 달러를 합한 것보다 무려 1억600만 달러나 더 많은 액수다. 자사의 높은 수익배수를 작지만 새롭게 취득한 회사의 수익에까지 확대함으로써, 합병회사는 부분의 합보다 더 큰 가치를 지닌 회사를 만들 수 있는 것이다.

여기서 주목할 것은, 합병회사의 경영진은 합병으로 인한 어떠한 비용절감이나 그 밖의 시너지가 발생할 것이라는 것을 보여주지 않았다는 점이다. 반면 주식교환 자산인수 과정을 수십 번 반복하며 지속적인 빠른 성장을 이루고 주당 수익을 높일 것이다. 합병회사에 부여된 높은 수익배수는 정당하게 보일 것이다. 그러나 그에 대한 진정한 검증은 경영진이 이전의 많은 독립회사들과 함께 경영할 때 밝혀진다. 만약 그 시점에서 기업운영 수익이 실현되지 않는다면, 합병회사에 적용된 배수는 그동안 인위적으로 높여왔던 주식 가격을 무너뜨리며 결국 휘청거리고 말 것이다.

주식교환으로 자산을 취득하는 것이 언제나 잘못된 이미지로 비치는 것은 아니다. 그러나 공격적인 회계 처리와 결합되면, 그것은 인수회사의 수익에 대해 과장된 이미지를 심어줄 수 있다. 그에 따라 1999년 4월 21일 재무회계기준위원회FASB는 앞의 합병회사와 소규모회사 예에서 활용된 방법과 같은 지분 풀링(pooling of interests, 불입자본금 및 이익잉여금의 장부가격 및 상대적 지분이 실질적으로 변화하지 않고 신설합병 또는 흡수합병되는 경우) 합병회계 방식을 금지하는 투표를 익명으로 실시했고, 변경

된 규칙은 2001년 1월 1일부터 시행되었다. FASB가 그것을 금지하기로 결정하기 전에도 지분 풀링은 원칙적으로 동등한 수준의 회사 간 합병에만 허용되었다. 그러나 예외적으로 앞의 예에서와 같이 비슷한 수준의 회사가 아닐 경우에도 허용될 때가 번번이 있었다. 억만장자를 꿈꾸는 사람들은 언제나 그러한 허술한 구멍을 경계해야 한다.

'매수방식'의 차원에서 지분 풀링 회계처리의 대안으로 영업권이라 지칭되는 무형자산이 만들어진다. 그것은 본질적으로 인수 시점에서 매수 가격과 취득 회사의 유형 자산 가치 간에 차액을 의미한다. 자산 취득에 이어 하나가 된 회사는 해마다 수익에 대응하여 영업권의 일정액을 상각해나가야 한다. 일반적으로 이렇게 해마다 반영되는 상각비용으로 앞의 소규모 회사 합병 예시에서 발생한 주당 수익의 증가분이 사라지게 된다.

그러한 매수방식으로 제기되는 문제를 해결하기 위해, 인수회사는 자산 취득 후 즉시 영업권 상각액을 한꺼번에 처리할 수도 있다. 그러한 수법을 활용하면 해마다 비용을 계상하던 영업권 상각액이 사라지게 되므로 풀링으로 인한 주당 수익이 급상승할 수 있다. 회계 감사자들이 그러한 일시 상각처리를 허용하지 않는다면, 인수회사는 영업권을 최대 장기간에 걸쳐 상각함으로써 잠재적으로 수익에 대한 영향을 최소화할 수 있다(1989년 어느 유능한 월스트리트 애널리스트는 어느 연구 보고서에서 블록버스터를 정확히 이 혐의로 비난했는데, 그로 인해 그 회사의 주가가 잠깐 동안이지만 급락했던 적이 있다).

결론은 몇 가지 지시를 따른다면 인수회사는 매수방식을 통해 풀링 방식 사용 자격을 갖추거나 그에 상응하는 혜택을 얻을 수 있다. 인수하는 회사의 많은 지분을 확보한 기업가는 인수 자체만으로도 상당 수준에 달하는 장부상의 부를 만들어낼 수 있다. 대체로 지속적인 부는 임의로 회사를 사들여 통합 회사로서의 운영에 실패하는 것에서 창출되지 않는다. 같은 이유로, 상당 규모의 개인적인 지분이 인수하는 회사에 포함된 경우에 주식교환 인수방식을 택하면 통합자는 부를 극적으로 축적할 수 있다.

많은 부도덕한 금융 전문가들이 수익을 조작하고 주가를 인위적으로 부풀리기 위해 주식을 제공하는 방식으로 인수를 하지만, 그런 거래에서는 언제나 법적·도덕적 결함이 잘 드러나지 않는 법이다. 1970년대 중반 웨이스트 매니지먼트의 경우, 그 회사가 여기저기서 행한 주식 제공 인수 거래에 대한 회계 처리와 관련하여 증권거래위원회(SEC, Securities and Exchange Commission)는 아무 잘못도 발견할 수 없었다. 인수자금을 주식제공이 아닌 차입 자금으로 충당하는 것도 널리 사용되는 방법이지만 이자비용을 발생시키기 때문에 경기가 침체되면 인수회사가 재정난을 겪을 수 있다.

사실 웨이스트 매니지먼트의 기업공개 결정은 자금이 대규모로 필요했기 때문이었는데, 부채로만 전부 조달하기엔 위험할 수 있는 규모였다. 휘젠거는 쓰레기 수거 사업을 시작했을 때부터 공격적으로 자본을 차입했다. 그의 사업 초기 한 경쟁자의 아들에 따르면, 그의 지칠 줄 모르는 노력과 함께 부채를 활용하는 능력 덕분에 그는 다른 경쟁자들을 추월할 수 있었다고 한다.

당시 웨인은 차입 자금을 어떻게 이용하는지, 하나의 사업체에서 나오는 이익을 다른 사업체를 매수할 때 어떻게 활용하는지 알고 있었다. 그는 매우 단순한 삶을 살았고 자신이 번 1센트마저도 모두 사업자금으로 보탤 정도였다.

휘젠거의 장인뿐만 아니라 그의 고모와 삼촌들도 그가 은행과 금융 회사에 의존하기 전에 신용으로 자금을 빌려주었다. 처음으로 그가 동시에 두 개의 회사를 인수할 때 휘젠거는 매도자들을 불러 서류를 다시 가져가도록 설득했다. 그는 그 자리에서 인수가의 일부를 지불하고 나서 3~4년에 걸쳐 잔금을 청산했다. 휘젠거의 표현에 의하면 이것은 '최상의 차입매수'였다.

금융에 대한 지식과 요령이 웨인 휘젠거가 부를 축적하는 데 핵심적인 역할을 했다는 것에는 이론의 여지가 없다. 회사를 세우기 위해 적극적으로 개입해야 할 때 그는 큰 보상을 기대할 수 있을 만큼 충분히 많은 개인 지분을 확보하는 데 주력했다. 한 예로, 가끔 그는 웨이스트 매니지먼트에서 창출된 부의 더 많은 부분을 딘 번트록이 차지하지 못한 것을 두고 그를 꾸짖었다(고용되어 열심히 일하는 것만으로는 부자가 될 수 없다는 그의 지론을 확대 적용하여, 휘젠거는 임원들이 그의 회사의 주식을 사도록 적극 권장했다. 그렇게 부여된 주인의식은 그들에 대한 휘젠거의 진심이 결합되어 성공적인 동기부여 역할을 했다).

휘젠거가 부를 축적하는 데 그의 재정적인 민첩함이 중요했지만 그것만으로 억만장자가 될 수 있었던 그의 재주를 완전히 설명할 수는 없다. 그에게는 경쟁자들을 뛰어넘기 위해 필수적인 전략적 통찰력이 있었다. 이것은 그가 쓰레기 수거 사업에서 성공하기 위해서는 매립지 소유가 필수라는 것을 일찍이 깨달은 데서도 알 수 있다(자기 소유의 매립지가 있으면, 다른 수거업체들의 이용료 수입으로 수익이 점진적으로 증가하며, 또한 시 소유의 매립지 사용 비용이 오르더라도 수익에 전혀 영향을 받지 않는다).

휘젠거가 갖춘 또 다른 무기는 인맥을 쌓기 위한 헌신적 노력이다. 그가 참여한 동종업계 사업자협회 활동은 수많은 인수 기회뿐만 아니라 경영 혁신에 대한 아이디어도 제공했다. 하지만 무엇보다도 휘젠거를 미국 역사상 가장 부유한 사람들의 대열에 오르게 한 요소는 힘든 일을 해내는 그의 특출한 능력이다. 수많은 경쟁자들과 싸워야 하는 비즈니스계에서 기업 합병가가 되어 엄청난 기록을 세울 수 있었던 비법을 묻자 휘젠거는 겸손히 이렇게 답했다.

우리는 우리가 경쟁자들보다 결코 똑똑하지 않다는 철학으로 운영한다. 두 배로 얻기 위해서는 두 배로 열심히 일해야 한다. 그리고 우리에겐 회사가 성장하는 것을 보기 위해 기꺼이 희생을 감수하는 많은 사람들이 있다.

비평가들은 이와 같은 말이 정직하지 않다고 생각할지 모르겠다. 하지만 휘젠거에게는 이를 뒷받침해주는 경험이 있다. 그가 처음 쓰레기 수거 사업을 시작했을 때 그는 하루에 20시간씩 일을 했다고 한다. 그는 이렇게 말한다. "나는 절대 중심가로 운전해 들어가지 않았다. 대신 나는 항상 주변도로나 갓길로 운전하면서 어떤 일이 일어나고 있는지 알아내려고 애썼다." 웨이스트 매니지먼트가 광적으로 다른 회사들을 인수하던 시기에 휘젠거는 일요일 저녁부터 금요일까지 주로 도로에서 시간을 보냈고, 가족은 주말에만 봤다. 블록버스터를 팔아넘긴 후 일을 줄여야겠다고 했지만 그 말은 오전 4시 30분에 사무실에 도착하던 것을 오전 6시 45분으로 늦추겠다는 것이었다(그는 또한 토요일에는 쉬면서 자신이 소유한 골프장에서 골프를 치기 시작했다. 하지만 일요일에는 여전히 일을 했다) 한번은 사업 동료가 미국 독립기념일이 끼어 있는 주말에 영국으로 출장을 떠나는 휘젠거에게 한 마디 하자 그는 '영국은 이날 아무 기념일도 아니니 괜찮다'며 응수했다.

휘젠거의 일하는 방식에서 나타나는 무서운 업무 집중도는 그의 강한 경쟁 심리에서 비롯되었다. 언젠가 휘젠거는 자동차 판매와 임대사업은 수 조 달러에 달하는 시장이며, 그는 단지 공평하게 자신에게 할당된 절반을 원한다고 말했다. 훗날 그는 그 말은 농담이었다고 설명했다. 그토록 어마어마한 시장의 1~2 퍼센트도 대단한 규모의 사업이기 때문이다.

또한 휘젠거는 협상에서 이기는 것을 아주 중요하게 여겼다. 휘젠거의 협상 상대들은 그가 만족할 때까지 15번 이상 협상안을 재작성해서 가져간 적도 있다고 말한다. 이동 화장실 사업을 400만 달러에 인수할 때, 휘젠거는 매도자가 요구한 10만 달러의 현금 지급을 거절했다. 협상에 임한 동료들은 그리 중요하지 않은 문제로 협상이 지연된다고 생각했지만 그 문제에 대해 양보할 생각이 없던 휘젠거는 협상 도중에 불쑥 이렇게 말했다. "자, 여러분, 이제 그만 돌아갑시다." 휘젠거의 팀은 일어나서 그 장소를 나갔다.

하지만 그가 예상했던 대로 상대방은 협상이 결렬되는 것을 원하지 않았기 때문에 마침내 굴복해 거래가 성사되었다. "협상이란 마치 여자를 쫓는 것과 같다"고 휘젠거는 미소 지으며 말한다. "그 여자가 '예스'라고 할 때까지 열심히 쫓아야 한다. 당신은 계속 밀어붙여야 한다. 그리고 충격을 줘야 한다. 그러고 나면 마침내 얻게 된다." 휘젠거는 인수합병을 꺼리는 매도자들에게 "협상 지연은 최종 인수가를 낮출 뿐이다. 그렇게 미적거리는 동안 블록버스터는 더 많은 대여점을 열 것이고 이는 더 큰 경쟁 위협이 될 것이다"라고 말하곤 했다.

하지만 여러 사람들이 증언하듯, 휘젠거의 성공적인 협상 능력은 전적으로 상대를 압박하는 데서만 얻어진 것이 아니다. 그의 겸손한 태도는 사람들과 빨리 친해지게 했고, 협상 과정 내내 감도는 긴장을 늦추었다. 또한 휘젠거는 돈과는 별개로 상대방이 진정 원하는 것이 무엇인지 헤아리는 데 천부적인 재능이 있었다. 예를 들어 자신의 신념을 포기하며 회사를 합병 전문가에게 넘기는 기업가라고 하더라도 계속 회장으로 남기를 원할지도 모른다. 실질적인 업무는 하지 않더라도 매일 아침 사무실에 출근할 수 있도록 말이다.

휘젠거를 모방하려는 사람들은 그의 대인관계 기술이 힘든 일을 해내는 그의 특출한 능력의 또 다른 산물이라는 점에 주목해야 한다. 꾸밈없는 성격으로 다른 이들에게 진정한 관심을 기울여왔지만, 출세를 위해 맹렬히 돌진하는 휘젠거에게도 사업 초기에 어려운 시절이 있었다. 예를 들어 1960년에 있었던 법안에 대한 논쟁은 폭행죄로 그에게 100달러의 벌금을 선고했고 이와 관련된 민사 소송에서 1,000달러의 손해 배상금을 내야 했다. 그의 동료들에 따르면 초창기에 그는 자신이 옳다고 생각하는 사안에 대해 그들이 반대하면 견디기 힘들어했다고 한다.

자신의 큰 야망을 실현하기로 결단한 휘젠거는 자신의 감정을 조절하고 내면의 거대한 에너지를 생산적으로 만들기 위해 부단한 노력을 기울였다. 그는 경쟁자들을 비롯하여 다른 이들로부터 많은 것을 배웠다고 인정했다. 예를 들어 1971년 웨이스트 매니지먼트를 사들이려고 했던 브라우닝 페리스—매니지먼트 사로부터 그는 협상이 성공적이지 않은 상황에서도 프로답게 처신하는 법을 배웠다. 웨인 휘젠거는 보편적 가치에 대해 새로운 기법들을 적용하면서 자신의 타고난 재능을 활용했다.

낮은 가격에 매입하라

절약은 부의 지름길이다.
미국 속담

_____ 아주 간단한 비결

'쌀 때 사고 비쌀 때 팔라'는 공식은 부자가 되기 위해 사람들이 생각할 수 있는 가장 쉬운 공식이다. 아무도 물건을 원하지 않을 때 싸게 사들여 그 물건이 귀해질 때 비싸게 파는 것이 가장 보편적인 방법이다. 주식시장에서 대성공을 거두는 것은 한겨울에 밀짚모자를 사들이는 것처럼 간단한 거라고 현자는 말한다. 싸게 사서 비싸게 팔 기회는 자주 있다. 비즈니스 세계를 지켜본 사람은 누구라도 사무용 빌딩, 원유 그리고 주식의 가격이 매년 큰 폭으로 오르락내리락 한다는 것을 발견할 수 있다.

부자가 되는 비법을 발견했다고 말하기 전에 아마 당신은 이렇게 물을 것이다. "그렇게 간단하다면 왜 모든 사람들이 부자가 되지 못하는 거죠?" 이 질문에 대해 금융 시장에서 큰돈을 번 사람들의 대답은 이럴 것이다. "그것은 대중들이 비상구로 마구 뛰쳐나가는 것을 지켜보면서 대다수의 투자자들이 제정신을 잃기 때문이다." 주식이 폭락하여 투자자들이 아우성 칠 때 매입하려고 생각하는 사람들은 거의 없다. 자신의 힘으로 억만장자가 된 J. 폴 게티나 로렌스 티시, 워렌 버핏과 같은 사람들에 의해 증명되었듯이 이러한 시장의 요소들을 알고 실천한 몇몇은 아주 거대한 부를 축적했다. 하지만 이처럼 판에 박힌 설명은 자세히 살펴보면 그리 설득력이 없다.

이성적인 사람이라면 누구나 주가가 낮은 시기를 알 수 있겠지만 확신을 가지고 행동할 수 있는 용기를 지닌 사람은 극소수에 불과하다. 이러한 통념은 아주 객관적인 기준으로 주가가 결정된다는 사실을 전제로 한 것이다. 실제로 그러한 기준은 있지만 단지 투자 교과서대로 정량적 가치평가 공식을 주식시장에 그대로 적용하기란 무척 어려운 일이다. 예컨대 주식은 다양한 재무비율에 근거해 상대적으로 평가될 수 있다. 이러한 방법 가운데 가장 잘 알려진 것이 주가수익배수이다. 불행히도 어느 특정 시점의 회사 주가에 대해서는 별 이견이 없지만, 연관 수익을 정확히 추정하기란 무척 어려울 수 있다.

만약 주가가 작년 수익에 비해 낮다면 그것은 증권분석가들이 수익이 감소할 것이라고 예측하고 있음을 반영하는 것이다. 물론 다음 해에 수익이 낮아질 것으로 예측된 회사의 수익배수는 동종업계에 있는 다른 회사의 수익배수와 비슷할 수도 있다. 이러한 경우 주가가 저평가된 것이 아니라 공정하게 평가되었다고 할 수 있다.

한편 회사의 주가는 다음 연도 수익에 대한 분석가들의 전망치에 비해 낮을 수도 있다. 그러나 이러한 예측에는 상당한 불확실성이 내재되어 있다. 예를 들어, 회사가 파업에 돌입하거나 계속되는 소송에서 불리한 판정을 받아 엄청난 손실이 초래될 수도 있다. 그러면 그 회사의 수익 전망치에 대해 투자자들은 불확실성이 적은 동종업체들보다 낮은 수익 배수를 적용할 것이다. 물론 이런 경우 주가수익배수를 근거로 주가가 낮다고 결론을 내리는 것은 섣부른 판단이다.

대부분의 사람들은 이러한 논의를 궤변으로 생각한다. 투자 관련 매체들을 보면, 이와 반대되는 의견을 가진 유명한 투자가들은 적당한 기준선까지 주가가 내려가면 그 주식을 정기적으로 공략한다. 그 후 많은 사람들이 그 주식을 사기 위해 갑자기 달려들면 금융계 거물들은 이 흥분한 대중들에게 주식을 팔고 엄청난 이득을 챙긴다. 그러나 번번이 이렇게 되풀이되는 이야기는 현실을 크게 단순화한 것에 불과하다.

즉, 수없이 많은 주식 종목들에서 손실을 입기 마련인 순한 양 같은 일반 소액투자자들이 발견된다. 예를 들어 웨스팅하우스 일렉트릭 Westinghouse Electric 사의 주식은 1990년 말, 주식시장이 불황인 동안 최고 38달러에 비해 훨씬 떨어진 주당 25달러에 거래되었다. 평균 주식이 주가수익배수 13에서 거래되고 있는 것에 비해 이 회사의 주가는 단지 7배의 수익배수로 터무니없이 낮았다. 그 밖에 다른 기준의 재무비율(회사의 배당수익률과 시장가격 대 장부가격 비율을 포함한)을 봐도 웨스팅하우스는 싸게 나온 매물이었다. 실제로 금융 평론가이자 자산 운용가인 데이비드 드레먼David Dreman은 그 주식은 완전히 반대되는 전략으로 높이 상승했다고 말하기까지 했다. 긴장한 소액 투자자들은 그 회사 재무부서의 부동산 소유 비중을 우려했지만, 경영진은 15년 동안 꾸준히 수익을 늘렸다.

1991년 경영진이 부동산 관련 결손 처분으로 10억 달러 이상을 탕감했다고 발표하기 직전까지 싸게 나온 종목에서 꿈을 실현하고자 했던 투자자들에게 웨스팅하우스는 이상적이었다. 25달러로 표면적인 침체기를 보낸 주가는 17달러로 폭락했고 1992년 10달러 이하에서 안정되었다.

억만장자들도 이미 낮은 주식(또는 부동산이나 상품) 가격이 더 떨어지는 이러한 현상의 피해자가 되기도 한다. 예를 들어, 워렌 버핏은 지금까지 영리하게 주식을 사들여오기는 했지만, 확실한 회사에 투자하고도 돈을 벌지 못하는 경우도 있었다. 간혹 주주들과 사업성과를 검토할 때 그가 솔직히 인정했듯이 예상한 대로 항상 시나리오가 진행되지는 않았다.

1989년, 버핏의 투자회사인 버크셔 해서웨이는 특별히 고안된 전환 우선주를 통해 US 항공에 투자했다. US 항공은 중소도시를 연결하는 전국 항로를 만들려고 시도했지만, 투자가들은 그 전략의 성공 여부에 대해 확신을 갖지 못한 상태였다. 버핏이 그 주식을 사자마자 걸프전이 일어났다. 걸프전의 발발 때문에 항공 여행은 크게 줄어들었다. US 항공은 수익이 떨어지면 높은 임금 때문에 회사를 유지하기가 어려울 것이라는 사실을 뒤늦게 깨달았다. 그 후 몇 년 동안 US 항공은 30억 달러의 손실을 입었다. 또한 버크셔 해서웨이의 전환 우선주에 대한 배당을 일시 중단했다. 결국 버핏은 거기에서 재빨리 손을 떼고 US 항공에서 벗어났다.

역행 투자자(투자 대중과는 반대방향으로 투자하는 투자자)들은 저가 증권을 사면서 버핏이 틀린 경우보다 옳았던 경우가 더 많았다고 지적할 것이다. 하지만 그가 억만장자가 된 데는 저가 주식을 알아보는 것 이외의 여러 요인들이 있다. 사실 몇몇 재무비율을 기준 삼아 어느 주식이 저평가 되었다고 확신하는 것만으로 억만장자가 되는 것은 아니다. 어느 누구도 최저가를 알아볼 수 있을 때까지 기다려서는 억만장자가 될 수 없다. 결국 한 주식의 가격이 두 배가 되는 데 10년이 걸렸다면 연간 가치 상승률은 7.2%에 불과하다. 물론 아주 안전한 미국 재무부 채권을 사는 것보다 더 나은 수익이긴 하다.

싸게 여겨지는 자산을 구매할 때 자금을 빌릴 경우 시간적 한계에 부딪히게 된다. 이자를 지불해야 하기 때문에 시간이 흘러가는 동안 돈이 빠져나간다. 임대 자산과 같은 일부 자산 형식은 적어도 대출의 일부에 해당하는 소득을 창출한다. 반대로 미개발 토지 및 미개발 광물 매장지는 수년 동안 현금이 필요할 수도 있는 투자의 예다. 거래를 하는 경우, 예상했던 가격 상승이 일어나기 이전에 현금이 바닥나서 자산을 통제할 수 없는 큰 위험에 처할 수 있다. 결국 저가에 매수하여 고가로 매각하는 단순한 논리로 돈을 버는 것은 그리 간단하지 않다.

전설적인 '최저가 사냥꾼'들의 경우처럼, 약삭빠른 매수로 수익을 올리려면 사전에 행동을 취해야 한다. 처음에 수익을 벌려고 한다면 평가 절하된 자산을 찾아내는 것 외에 더 많은 일을 해야 한다. 즉, 주주로 참여한 회사의 간접비를 줄이고 브랜드 가치를 더욱 효과적으로 활용한다든지, 혹은 임대 자산의 경우 임대료를 높이는 등의 방법이 될 것이다. 상황에 따라 더욱 효과적인 이윤창출을 위해 경영진을 자극하거나 축출할 수도 있으며, 혹은 경영권을 쥐고 직접적인 운영에 나설 수도 있다. 일단 수익이 증가하면 시장 평가는 긍정적으로 바뀔 것이다.

존 클러지는 1959년, 사양길에 접어든 듀퐁 네트워크와 함께 워싱턴에 있는 방송국인 WTTG를 매수하여 기막힌 연금술을 보여주었다. 1962년에 그는 손실을 보고 있는 그 방송국을 '쓰레기통'이라 묘사했다. 자산 가치를 높이기 위해 그가 선택한 방법은 옛날 영화와 함께 〈I Love Lucy〉, 〈The Dick Van Dyle Show〉, 〈Perry Mason〉 등과 같이 한때 인기 있었던 TV 프로그램을 재방송하는 것이었다. 당시 젊은 세대는 이 프로그램을 본 적이 없었고 그는 '새로운 것이 반드시 예전의 것보다 훌륭한 것은 아니라는' 생각을 갖고 있었다. 이러한 그의 전략은 WTTG를 미국에서 가장 성공적인 방송국 가운데 하나로 만들었고, 때때로 워싱턴과 볼티모어 채널을 앞지르며 최고 시청률을 기록하기도 했다.

최저가 거래를 하는 사람들은 거래를 성사시키기 전에 주도적인 행동을 하는 것이 공통적이다. 눈에 띄는 두 가지 방식을 살펴보면, 첫째, 억만장자들은 마지막 순간까지 1센트라도 얻어내기 위해 혼신의 힘을 다한다. 매수한 자산에 대해서는 가능한 한 적게 지불하려 하며 자산에 대한 운영비용을 줄이려고 악착같이 애를 쓴다. 이런 방식으로 수익 1달러를 추가한다면 싸게 매수한 자산을 매각할 때 주가 수익률을 높이게 되고 결국 몇 배의 이익이 더 생긴다.

록펠러는 1970년대 초, 이러한 전략의 예를 보여주었다. 당시 그는 스탠더드 오일 공장에서 수출을 위한 5갤런짜리 등유 통에 뚜껑을 납땜질하는 기계를 유심히 살폈다. 그는 그 지역 당국에 연락해 한 통에 납땜질을 몇 군데 하는지 물었다. 한 통에 40군데의 납땜질이 필요하다는 말을 듣고 38군데만 하도록 하고 그 결과를 지켜봤다. 38군데에 땜질을 한 통에서는 기름이 새었지만 39군데에 땜질을 한 통은 새지 않았다. 그 한 방울의 차이로 그 첫해에 2500달러를 절약했고 등유 수출사업이 성장하자 절약된 돈은 수백만 달러에 달했다.

지나친 비용절감 방식은 개인 생활에서도 여실히 드러난다. 예를 들어 뒤에서 잠깐 살펴보겠지만 J. 폴 게티의 인색한 습관은 아주 유명하다. 록펠러는 식료품 구입 후 받은 영수증을 하나하나 들여다보느라 많은 시간을 할애했고, 의사에게 고소하겠다고 협박해서 3,000달러의 진료비를 500달러로 깎기도 했다. 한 때 그의 연 수입은 세금을 제하고 5천만 달러가 넘었다. 골프광인 록펠러는 공이 물에 빠질 위험이 있을 때마다 새 공을 쓰지 않고 쓰던 공으로 교체할 것을 요구했다. 그리고 공을 잃어 버릴 위험을 감수하고 새 공을 아무렇지 않게 사용하는 사람들을 보고 '그들은 틀림없이 나보다 부자이겠지요?' 하고 되물었다. 워렌 버핏도 아주 적은 돈이라도 낭비하는 것을 질색했다. 그는 〈워싱턴 포스트〉의 발행인 캐서린 그레이엄Katharine Graham과 함께 여행을 간 적이 있는데, 전화를 걸기 위해 그레이엄은 버핏에게 10센트짜리 동전이 있는지 물었다. 버핏은 25센트짜리 동전을 하나 가지고 있었다. 15센트를 아끼기 위해 동전을 바꾸려고 자리에서 일어나려 하자 그레이엄은 '워렌, 그 동전 그냥 주세요' 하고 소리쳐야 했다.

〉〉 슈퍼리치가 되는 법

▶ **기본전략**

- ◆ 낮은 가격에 매입하라.
- ◆ 협상을 냉철하게 즐겨라.
- ◆ 위험을 감수하라.
- ◆ 새로운 접근방식으로 접근하라.
- ◆ 조직 안에 경쟁심을 자극하라.

▶ **주요원칙**

- ◆ 아이디어 중에서 돈이 될 만한 것을 찾는다.
- ◆ 끊임없이 성장한다.
- ◆ 금융 수단을 최대한 이용한다.

- ◆ 만약을 위해 대안을 항상 염두에 둔다.
- ◆ 실패는 할 수 있지만 거기서 뭔가를 배워야 한다.
- ◆ 절약하는 것이 버는 것이다.
- ◆ 때로는 철면피가 되어야 한다.

___ 언제나 더 싼 가격을 원했던 폴 게티

온순한 자들은 토지는 물려받을 수 있으나 광업권은 얻지 못한다.
-J. 폴 게티

J. 폴 게티에게 있어 최저가로 매수하는 일은 인색한 그의 습성으로 볼 때 지극히 자연스런 것이다. 그는 자수성가한 백만장자의 아들로 화려한 것을 즐기려고 했지만 결국 '절약하는 것이 버는 것'이라는 억만장자들의 원칙을 삶에서 몸소 보여준다. 게티는 세 명의 친구와 함께 '런던 도그쇼'를 구경하러 갔는데 오후 4시 50분에 도착했다. 5시가 되면 5실링의 입장료가 반 가격으로 내린다는 안내문을 본 그는 친구들에게 10분 동안 주변의 거리를 걷자고 제안하며 한 명당 2실링 5펜스를 절약했다. 또 한번은 저녁 약속이 있었는데 그 식당에서 연주하는 오케스트라의 연주 비용을 지불하지 않으려고 그 오케스트라의 연주가 끝날 때까지 식당 밖에서 기다리자고 상대방에게 부탁하기도 했다.

1930년대 중반, 네 번째 이혼에 대한 좋지 못한 평판으로 괴로워하던 그는 사회적 지위를 회복하려는 일환으로 미술품 수집가로 명성을 얻으려 했다. 우연히도 1929년 그 당시는 주식시장 붕괴로 주가가 사상 최악으로 곤두박질쳤다. 집안에서 사용하는 카펫의 가격은 경제 공황 이전보다 75%까지 떨어졌고, 가구는 20년 전 가격인 10~20% 가격으로 살 수 있을 정도였다.

게티는 18세기 장식 미술 및 그리스·로마시대의 조각상 등을 배우려고 전문가들을 고용했다. 그러던 와중에 그는 한때 기독교인들이 극찬했던 16세기 페르시아 카펫을 발견하게 되었다. 저명한 미술품 수집가이자 그 카펫의 주인이었던 사람은 암으로 죽어가고 있었다. 게티는 그를 설득해서 20년 동안 20%도 되지 않을 수익을 위해 그 카펫을 얻어냈다. 또 게티는 세계대전에 대한 두려움으로 혼란스러운 틈을 타 10년 전과 똑같은 가격으로 토머스 게인즈버러의 초상화를 손에 넣었다. 1938년에는 1928년의 1/3 가격으로 렘브란트의 초기 초상화를 사들였다. 얼마 후 미술 시장이 다시 활기를 띠자 게티는 이 작품들로 원래 투자액의 몇 배에 해당하는 돈을 벌었다.

1달러라도 내주기 싫어하는 그의 성향은 가족과의 거래에도 나타난다. 아버지가 죽자 그의 어머니는 아들과 손자들을 위해 신탁 기금을 조성했다. 어머니인 사라 게티는 그의 아들이 현금 백만 달러를 기부한다는 조건으로 그 신탁에 250만 달러를 기부했다. 게티는 유동 자금이 부족하다면서 대신 주식으로 기부했다. 그는 자신의 주식 가치를 120만 달러로 평가하여 주식을 신탁에 기부하면서 거스름돈으로 그 신탁에서 35만 달러에 해당하는 어음을 받아 갔다. 결국 그는 현금은 전혀 쓰지 않고 어머니가 요구한 100만 달러가 채 못 되는 돈을 기부했다. 그는 '나는 어머니를 속이고 현금을 쓰지 않았다'며 홍보담당 호워드 자비스에게 자랑했다. 그는 후에 캘리포니아의 '세금 감면 승리자'라는 명성도 얻게 된다.

이와 비슷하게 그가 런던 외곽에 있는 호화스러운 서튼 플레이스^{Sutton} Place 호텔을 구입했을 때 그는 영국 친구를 이긴 사실을 자랑스럽게 여겼다. 이 호텔에는 영국에서 가장 크다고 알려진 홀과 14개의 특실이 있는 맨션과 함께 60에이커의 정원이 있었다. 1959년 당시 영국에서 땅을 소유한 사람들은 98%에 달하는 높은 세금을 내야 했다. 서튼 플레이스의 주인인 서덜랜드 공작은 엄청난 인력이 필요한 농장 운영비용 때문에 심히 곤혹스러웠고 그의 상황을 이용해 게티는 5만 파운드에 그 호텔을 구입했다. 이는 40년 전에 서덜랜드 공작이 구입한 가격의 채 반도 되지 않았다.

게티의 계산에 따르면, 전체 비용의 5%도 되지 않는 가격으로 서튼 플레이스를 산 것이었다. 두 개의 수영장 가격으로 역사상 유명한 택지를 얻은 것은 창피한 일이라고 한 친구가 말했다. 하지만 게티는 서튼 플레이스의 생활비는 리츠 칼튼 호텔에서 살던 비용보다 훨씬 적게 든다고 밝혔다. 예를 들어 리츠 칼튼 호텔에서 1달러인 음료수(토마토 주스, 럼, 콜라 등)를 서튼 플레이스에서는 10센트에 즐길 수 있다면서 말이다.

___ 터무니 없이 싸게 사서 비싸게 팔아라

한 푼의 돈이라도 아껴 쓰는 그에 대한 가장 유명한 이야기는 바로 이것이다. 그는 손님들이 자신의 집에서 장거리 전화를 거느라 발생하는 전화요금을 아끼기 위해 서튼 플레이스에 공중전화를 설치했다. 이 일 때문에 조롱을 받게 된 그는 그 공중전화는 개조 공사를 하면서 임시로 설치한 것이라고 주장했다. 그의 변명에 따르면, 많은 일꾼들과 일부 기자들이 그의 개인 전화로 전 세계에 있는 친척들에게 전화를 해대는 바람에 100파운드의 엄청난 전화세를 낸다고 했다. 게티는 이 전화 사건을 맨션을 관리하는 회사의 담당자들 탓으로 돌렸다. 그들은 부자 친구들이 전화를 걸 때 일부러 그들에게 동전을 찾으라고 한 적이 없다고 우겼다. 어쨌든 게티의 집을 공개할 때마다 방문객이 보려고 하는 첫 번째 물건은 바로 공중전화였다.

인색함은 그의 기이한 성격 중 하나이면서 동시에 사업에 접근하는 방식이기도 했다. 그는 그런 인색함이야말로 구두쇠 같아 보이지만 결국은 비용절감 효과를 가져온다고 말했다. 그는 쓰레기통을 조사한 한 대기업의 예를 들었다. 일주일 동안 그 회사 직원들은 자신들이 아무 생각 없이 버린 것들 가운데 쓸 만한 종이, 클립, 고무줄, 지우개, 연필 등을 모두 모았다. 이 물건 값에 1년 52주를 곱하면 해마다 3만 달러가 낭비된다고 추산할 수 있다.

게티는 큰 규모의 거래에서조차 돈에 대해 놀라우리만큼 신중했다. 그가 235만 달러를 주고 매수한 뉴욕 피에르 호텔을 한 친구가 현금 750만 달러에 사겠다고 제안했다. 거래 가격에 동의한 그는 그의 변호사에게 전보를 쳐서 그 조건들을 문서로 작성하도록 지시했다. 하지만 그는 큰 수익을 올렸음에도 불구하고 그 전보 송신요금을 친구가 지불해야 한다고 고집했다. 그는 변호사에게 계약 조건을 불러주면서 90일 내에 더 높은 가격의 제안을 받을 경우 계약을 파기할 수 있는 조항을 덧붙이라고 했다. 결국 그는 항상 평균 이상의 좋은 거래를 했고 전보 송신요금마저 거래자에게 떠넘기곤 했다.

이 피에르 호텔 거래 사례는 염가 사냥으로 재산을 모으는 그의 뛰어난 기술을 잘 보여준다. 이 호화 호텔은 1930년 미국이 대공황으로 빠져

들 때쯤 5번가에 지어졌다. 게티는 1938년에 최초 건설비용의 4분의 1도 안 되는 가격으로 적자를 겪던 그 호텔을 사들였다. 그는 재빨리 유명한 윌리엄 스튜어트가 그 호텔에 묵도록 해서 호텔의 가치를 높이려 했다. 결국 스튜어트 때문에 피에르 호텔은 뉴욕의 중심이 되었고 새로운 명성을 쌓아갔다.

부동산 및 미술품에서 약삭빠른 거래를 많이 했지만 염가 사냥이란 그의 재능은 석유 사업에서도 여실히 드러난다. 그는 1914년 오클랜드에서 무모한 석유 시굴자로 독립적인 사업을 시작했다. 그의 말에 따르면, 석유 분야는 '욕심 있고 입심 좋은 개척자 정신'의 소유자가 지배한다. 오클랜드의 불모지에서 게티는 수십 억 달러를 벌어들인 방법을 적용하기 시작했다.

_____ 잘못된 투자인가, 아니면 과감한 투자인가?

아버지가 최저 생활자금은 지원했음에도 불구하고 처음 1년간은 힘이 들었다. 격렬한 경쟁에서 그가 가진 유일한 강점은 과거의 석유 시굴자들에 비해 새롭게 개발된 지질학적 방법을 더 많이 알고 있다는 것이었다. 1915년 가을에 머스코지 카운티, 낸시 테일러 부지의 소유권이 공공 경매 매물로 나오자 게티는 기회를 살폈다. 훗날 그의 말에 따르면, 낸시 테일러 부지는 매우 유용한 땅이었지만 더 경험이 많고 실력 있는 사업가가 경매에서 그를 이길 수도 있을 것이라고 생각했다고 한다. 그래서 그는 은행의 실무 담당자를 보내 그의 정체는 드러내지 않고 그의 이름으로 경매에 붙이도록 했다.

일부 석유 시굴자들은 그 은행이 거대한 석유회사 대신 경매에 참가한 것이며 분명히 최고 경매가를 부를 것이라고 추측했다. 또 다른 이들은 그 은행에 빚을 진 상태였기 때문에 그에 맞서서 거래하려 하지 않았다. 결국 그의 계략으로 모든 경쟁자들은 경매에서 물러났고 그는 500달러의 아주 적은 돈으로 계약을 성사시켰다고 한다.

적어도 게티의 말에 따르면 그렇다. 또 다른 증언으로는 낸시 테일러 부지가 단지 전망이 좋지 않다는 이유로 다른 시굴자가 양도했다는 설도 있다. 아마 게티가 세월이 흐르면서 그 이야기를 듣기 좋게 꾸며냈을 수도 있겠지만 그가 그곳에서 유맥을 찾아낸 것은 확실하다. 그 후 그는 정유업자에게 팔아 자신의 몫으로 수익의 30%인 11,850달러를 받았다.

석유 붐이 남부 캘리포니아로 번져나가자, 게티와 그의 아버지는 유니언 오일의 유전 발견 주변 지역을 조사했다. 전문가들이 유니언 오일 동쪽 지역에서 석유가 나올 가능성이 높다고 하자 모두들 그 지역의 계약을 따내려고 했다. 다른 주변 지역은 표토 정밀 검사에서 완전 평지로 드러나 유전 가능성이 없어 보였다. 조사하는 과정에서 조지와 폴 게티는 우연히 유니언 오일 유전의 남쪽에 있는 텔레그래프 로드에서 증기 기관차가 교차한다는 사실을 알아냈다. 그 부자는 즉시 그 교차 지역이 석유 매장 가능성이 가장 높은 반구형의 정상임을 알아챘다. 그 교차로에 기차가 들어오자 기술자들은 속도를 내기 시작했다. 아버지와 아들은 직관적으로 그 교차로가 돔의 꼭대기이고 바로 그 지점이 석유가 발견될 가능성이 가장 높다는 것을 알았다. 693달러로 그들은 아무도 사려 하지 않는 텔레그래프 로드의 차용 계약을 맺었다. 그 후 17년 동안 그들은 그 땅에서 총 638만 7,946달러의 수익을 얻었다.

그러는 동안 1929년에 주식시장이 폭락했다. 모두들 절망했을 때, 게티는 주식시장 붕괴를 그가 즐겨하는 저가 투자의 좋은 기회로 여겼다. 석유회사의 주가 폭락으로 석유는 유전에서보다 월스트리트에서 더 싸게 거래되었다. 그는 이렇게 말했다. "주식을 통한 간접적인 방법으로 5,000 달러에 살 수 있는 유전을 10,000 달러에 사는 것은 어리석은 일이다." 우선 그는 캘리포니아 석유 생산업체인 웨스턴오일 사의 주식을 주당 3달러에 샀다. 그 주식은 한때 17달러의 높은 가격에 거래되었다. 그 회사는 주당 15달러 이상의 장부 가격을 자랑하였으며, 이는 회사 보유분의 실제 가치가 평가절하된 것이었다. 1931년, 퍼시픽 웨스턴의 거래로 그의 명성이 절정에 이른 후 그는 경영권을 확보했다. 한 푼을 아끼던 그는 대공황을 이용하여 즉시 모든 직원들을 해고하고 낮은 임금으로 다시 고용했다.

그러고 나서 게티는 유전 탐사 및 생산에서 운송, 정유, 마케팅으로 활동영역을 넓혀 그의 꿈을 실현시켰다. 완전히 통합 운영을 하게 되면서 게티 정유는 원유 생산에 대한 판로가 되었던 주요 업체들로부터 독립할 수 있었다. 그러한 운영은 대게 석유 시굴업자의 약점으로 작용했다.

게티는 정유와 시장 유통을 맡아줄 적임 회사로 타이드워터 어소시에이티드 컴퍼니Tidewater Associated Company를 정했다. 1932년 3월, 스웨덴의 호적수였던 아이바 크루거와 이스트먼 코닥Eastman Kodak 사의 조지 이스트먼의 자살로 주식시장이 술렁이자 게티는 자신만의 계획을 실행하기 시작했다. 그는 타이드워터의 주식을 사상 최저가보다 조금 높은 2.5달러에 사들이기 시작했다. 그 후 5년 동안, 타이드워터의 주가는 16달러 이상을 올랐고 몇 번에 걸쳐 그 가격으로 유지되었다. 연이은 대리전과 법적 투쟁 끝에 끈기 있게 버틴 게티는 마침내 그 회사를 장악했다.

2차 세계 대전이 끝나자, 게티는 중립지대로 알려진 중동의 사막에서 유전개발 허가를 얻어 재산을 몇 배로 늘렸다. 쿠웨이트와 사우디아라비아 사이에 있는 이 지역은 초목과 야생 동물이 없는 지역이었다. 사실 이 지역은 어떤 국가도 자신의 영토로 원하지 않았는데 다음과 같은 몇 가지 특징이 있었다.

- 여름 한낮 기온은 섭씨 70도가 넘는다.
- 습도는 해안 지역의 경우 100%에 달하다.
- 페르시아 만은 해수욕을 하려는 사람들을 유혹하긴 하지만, 상어와 쐐기 해파리가 들끓고 있다.
- 검은 모래에는 전갈과 살모사가 가득하다.
- 모래바람이 며칠씩 계속된다.
- 밤새 해일이 해변을 덮치고 메뚜기 떼가 몰려든다.

쿠웨이트와 사우디아라비아는 공동 광업권과 그 지역의 통제권을 공유하기로 동의하기 이전에 수세기 동안 그 지역을 두고 다투었다. 게티가 경영하는 퍼스픽웨스턴 오일Pacific Western Oil 사는 1949년 사우디아라비아 유전 시추권의 절반을 따내는 데 성공했고, 쿠웨이트는 또 다른 허가를 내주었다. 이러한 계약으로 게티는 사이가 좋지 못한 두 국가의 공동 사업에 관여하게 되었다. 게티의 사업 파트너는 미국의 중소기업 연합체인 미국독립석유협회Aminoil, American Independent Oil Group였다. 탁월한 기술을 자랑하는 미국독립석유협회는 프로젝트 운영권을 자신들이 가져야 한다고 주장했다. 게티는 내키지 않았지만 석유 매장량이 많은 부르간 평야가 중립지대 안에 있는 쿠웨이트 북부까지 이어진다고 확신했기 때문에 이 주장을 받아들였다. 그가 그 지역에 발을 들여놓은 것은 수년이 지나서였기 때문에 이러한 믿음은 개인적인 탐사에 의한 것이 아니었다. 그보다는 그는 지질학에 대한 오랜 신념이 있었는데, 퍼시픽웨스턴 오일의 32세인 지질학자 파울 월튼은 석유 매장 가능성이 있음을 강하게 보여주는 반구형의 지질학적 구조를 설명해주었고 이러한 지형은 경제적 가치가 전혀 없는 사화산이라는 게티의 우려를 덜어주었다.

미국독립석유협회는 쉽게 회복 가능한 '폐유'를 시추하자는 게티의 제안을 거절했다. 표토로부터 약 800~1,000피트에 있는 고황 원유는 적은 비용으로 뽑아낼 수 있지만, 정유하는 데는 상당한 비용이 들기 때문이다. 미국독립석유협회는 대신 부르간 지역을 탐사하는 데 집중하기로 했다. 컨소시엄 팀이 신속하게 정확한 물리적 구조를 알아내긴 했지만, 정작 시추는 반구형의 정상 부분 측면에서 시작되었다. 퍼시픽웨스턴 오일 사를 위해 파견된 게티의 아들 조지는 굴착 장치가 석유를 생산하는 반구형 정상에서 너무 낮은 지역에 배치되었음을 지적했다. 하지만 미국독립석유협회는 3년 동안 실수를 인정하지 않았다.

이러한 실수로 게티는 많은 비용을 치러야 했다. 지지부진한 유전개발로 진 빚을 갚아야 하는 퍼시픽웨스턴 오일은 1950년 현금 배당을 중단해야 했다. 그러자 게티가 지나치게 사업을 확장해 파산할 것이라는 소문이 석유업계에 퍼지기 시작했다. 60세가 다 된 그는 의기소침해졌고 자신의 사업능력에 대해 의문을 갖기 시작했다. 그러나 미국독립석유협회 사장과의 자존심 싸움은 계속되었다.

그 후 상황이 최악으로 치닫자 미국독립석유협회는 뒤늦게 조지 게티와 지질학자들의 충고에 귀를 기울였다. 그리고 반구형의 정상 근처에 유정을 뚫고 1953년 3월 부르간 지역에서 석유를 발견했다. 〈포춘〉은 이 발견을 역사적인 사건으로 묘사했다. 퍼시픽웨스턴 오일의 주식은 주당

23.5달러에서 47.5달러로 치솟았고 불과 한 달 만에 게티의 총자산은 두 배로 불어났다.

이 사업에 참여한 이에 따르면, 폴 게티의 처음 결정만 따랐더라도 사실상 전쟁 상태에 있는 두 정부의 승인을 받은 기업이 두 국가의 중립지대에서 석유를 발견하는 기적이 가능했을 수도 있다고 한다. 줄곧 그 사업은 게티의 인내심을 극도로 테스트했는데, 미국독립석유협회가 부르간 지역을 발견하기 바로 직전 그는 석유가 없는 다섯 개의 유정에 3,000만 달러를 지불한 후 포기하려고 했다.

역설적이게도 게티의 실력을 인정받은 이 사업은 저가에 매수하는 그의 원칙에 대한 도전이었다. 게티는 사우디아라비아 왕에게 즉시 현금 950만 달러를 지급해 공무원 월급을 주도록 했으며, 또한 석유가 발견되든 발견되지 않든 사용료에 대한 선금으로 매년 100만 달러를 지불하기로 약속했다. 게다가 석유 탐사에 관련된 노동자 가족을 위한 전화시설, 우편서비스, 수도 시설뿐만 아니라 주거, 학교, 의료, 및 사원 등의 비용을 부담하라는 사우디아라비아의 요구를 수락했다. 게다가 주요 석유회사들이 다른 중동지역에서 석유 채굴권의 대가로 배럴당 22달러를 내고 있었음에도 게티의 회사는 배럴당 55달러의 사용료를 내는 데 동의했다.

게티의 거래로 사우디아라비아는 열광의 도가니였고 반대로 다른 유정의 채굴권 비용이 오를 것이라는 이유로 경쟁사들은 분개했다. 한 담당자는 게티의 이러한 거래를 '완전히 미친 짓'이라고 했다.

물론 돌이켜보면 그 가격은 전혀 미친 것이 아니었다. 중립지대의 발견으로 〈포천〉은 1957년 J. 폴 게티를 미국 최고의 갑부로 발표했다. 그리고 게티는 멀리 내다보고 유가가 배럴당 2달러 수준에서 더 오를 것이라는 것을 알고 있었다. 게다가 중동에서의 생산비용은 향후 가격 인상이 전혀 없더라도 이윤을 남길 수 있을 만큼 매우 낮았다(게티는 특이하게도 미국독립석유협회와 적은 지출에 대해서까지 격렬히 다투면서 그 가능성을 믿고 있었다). 마지막으로 퍼시픽웨스턴 오일의 천문학적 액수의 거래는 사우디 정부의 협상능력이 정교하고 탁월했음을 보여주는 것이다.

이 경험에 대해 게티는 이렇게 설명했다. 처음부터 그가 관대한 조건들을 제시했던 것은 그가 아랍 사람이 다가오는 것을 볼 때마다 부끄러워서 골목으로 숨지 않아도 되기 때문이라고 했다. 그의 실제 동기가 무엇이었든지 간에 게티는 유연함의 가치를 아는 사람이었다. 잠재 이득이 충분하면 그는 자신의 인색함을 포기할 줄 아는 융통성과 용기가 있었다.

___ 로렌스 티시, 불확실한 미래에 과감히 투자하다

사업이란 참으로 재미난 일이다. 매일 나는 일을 하기 위해 눈을 뜬다.
-로렌스 티시

폴 게티가 피에르 호텔을 거저먹기로 살 수 있었던 대공황 시기 이후 30년 동안 맨해튼에서는 새로운 호텔 건설이 거의 없었다. 하지만 1961년 렉싱턴 가 51번지에 2,500백만 달러의 새로운 호텔이 들어서면서 불황은 끝났다. 렉싱턴 가에서 예전에 루스 사의 극장들은 비영리 영화관을 운영했다. 하지만 그 영화관이 자리 잡고 있는 대지가 다른 용도로 더 가치 있다는 사실 때문에 호텔 건설업자인 로렌스 티시는 1959년 루스 사의 소유권을 획득하고 그 자리에 새로운 호텔을 지었다. 그러나 로렌스 티시는 이 거래를 비롯한 여러 협상들에서 사회적인 통념을 따르는 경우가 거의 없었다. 그는 돈에 대한 일반적인 관념과 수단을 거부하는 전략으로 보험에서 담배, 시계에 이르는 사업을 이끌어갔다. 그는 오랜 경험 속에서 억만장자들의 고전적인 방식을 적용할 기회가 많았다.

티시의 독립적인 사고는 그의 첫 번째 호텔 사업에서 드러났다. 1964년 그의 부모는 그들의 사업체인 뉴저지 여름 캠프를 팔아버리고 플로리다에 호텔을 짓기 위해 12만5천 달러를 투자했다. 그의 부모는 플로리다에 관광사업 붐이 일어날 것을 감지했는데, 다른 많은 경영자들도 같은 생각을 했다. 스물세 살이 된 티시는 부모를 설득해 뉴저지 레이크우드의 겨울 휴양지를 둘러보도록 했다. 투기꾼들이 플로리다의 호텔 가격을 방 하나에 1만 달러에서 1만2천 달러까지 높인 반면에 레이크우드의 300개의 방이 있는 로렐 인 더 파인즈는 방 하나에 1,250달러에 불과했으며 37만5천 달러에 시장에 매물로 나왔다.

이러한 큰 차이는 로렐 인 더 파인즈 주인이 개조 등에 많은 투자를 하지 않아 자산이 그대로 하락하도록 내버려두었기 때문에 생긴 것이다. 크리스토퍼 위난스Christopher Winans의 《돈의 왕The King of Cash》에서 보면, 로렐 인 더 파인즈 주인은 2차 세계대전이 끝나면 전쟁 후유증으로 인해 수익이 떨어지지 않을까 걱정했다. 이러한 걱정은 당시 다른 호텔들의 수익 하락에서도 나타난다.

플로리다 호텔들의 과잉경쟁과 전후 불황을 예상한 많은 사업가들의 비관론을 극복하면서 티시는 큰 꿈과 세심한 주의로 일을 진행해나갔다. 로렐 인 더 파인즈를 매수하는 대신 그와 그의 가족은 호텔을 임대하기로 했다. 이렇게 위험을 피하는 접근방식은 커크 커코리언이 항공기를 살 때 항공기 생산업체에 다시 팔 수 있다는 조건을 포함시켰듯이 최악의 경우를 대비한 안전장치였다.

훗날 성공담에서 그는 가치를 알아내는 것뿐만 아니라 가치 있는 것을 어떻게 손에 넣는가가 중요하다는 것을 몸소 보여주었다. 티시는 실내 수영장과 야외 스케이트 링크 등 그 시대에 드문 오락 시설을 갖추면서 유명 연예인들을 호텔로 끌어들였다. 스케이트 링크는 진귀한 묘기가 연출되는 장소가 되었고 핀란드에서 썰매를 끄는 사슴을 수입해 관광객의 이목을 끌기도 했다. 마침내 1948년, 티시 가는 2년 동안 번 수익으로 로렐 인 더 파인즈를 사버렸다. 그리고 1년 간 레이크우드 겨울 휴양지에서 얻은 수익을 모아서 캣스킬 산에 있는 여름 휴양지를 샀다. 1950년, 티시 가는 임대하는 방법으로 다시 애틀랜틱 시에 있는 트레이모어 호텔을 손에 넣었다.

투자의 성공은 알맞은 가격에 구매하는 것보다 더 많은 요소에 달려 있었다. 적자를 보던 트레이모어를 이윤이 남는 회사로 탈바꿈시키기 위해 로렌스와 그의 형 밥은 인건비, 접대비 등을 줄이고 아이스링크와 수영장을 설치했으며, 로비와 룸을 개조했고 음식 서비스를 개선했다. 서비스의 개선으로 티시는 방값을 25 퍼센트까지 높일 수 있었고 수익은 증가했다. 트레이모어를 1년 간 운영한 후, 티시 가는 임대한 호텔을 435만 달러에 완전히 사들였다. 그리고 1995년 거의 1,100만 달러의 이익을 남기고 팔았다(여기에는 그들이 보유하고 있던 부동산 투자 소득은 포함되지 않았다. 그 대지는 애틀랜틱시티 내 카지노게임이 합법화되면서 가치가 급상승했다).

티시 형제는 1952년에 임대한 맨해튼의 맥알핀 호텔도 성공적으로 운영하여 그동안 회복되지 않았던 수익을 크게 증진시켰다. 그들은 맥알핀 호텔을 개조하는 데 백만 달러를 투자하여 2년 동안 150만 달러의 순

이익을 올렸고 그에 따라 숙박료를 30% 높이고 점유율을 20% 향상시킬 수 있었다. 플로리다 항구의 호화 아메리카나 호텔을 짓는 데 로렐 인 더 파인즈에서 활용한 '화려하게 꾸미기' 전략은 다시 한 번 제몫을 했다. 1층에는 악어의 형상을 한 암반 풀장을 만들었는데, 손님들이 풀장으로 던지는 이쑤시개와 동전은 전후시대의 풍요로움에 걸맞게 그곳에 차곡 차곡 쌓였다.

분명 운영 기술은 이러한 모든 호텔 사업의 성공에 중요한 역할을 했다. 그럼에도 불구하고 보편적으로 사람들은 로렌스 티시의 거대한 부가 주로 저가 매입-고가 매도 전략에서 비롯된 것으로 알고 있다. 반면 그가 거래에서 경쟁자를 이기기 위해 동원한 협상의 비법들은 대개 간과된다. 그에 대한 일반적인 평가는 아래와 같은 식이다.

티시는 그 모든 성공을 이뤄내기 위해 번번이 상식과 통념을 경멸했다. 그는 대중의 관심 밖에 있거나 아무 가치도 없어 보이는 회사나 주식을 사들였다.

이처럼 몇 년 동안 언론은 가치를 발견하는 티시의 안목에 찬사를 아끼지 않았지만 가치를 더욱 높이는 그의 효과적인 운영 능력에 대해서는 그다지 언급하지 않았다. 예를 들어, 경제 금융 담당 기자들은 에너지 탐사 호황이 파산으로 이어진 1980년대 후반에 티시가 해안 유정 굴착기를 사들인 일을 언급하며 그의 민첩한 판단을 얘기하곤 했다. 유정 굴착기 구매는 새로운 굴착기를 건설하는 비용보다 훨씬 적게 들었다. 불가피한 에너지 가격의 반등과 신기술로 유정 시추에 대한 경제성이 향상되면서 굴착기 하루 이용료는 급격히 올랐다. 티시는 5백만 달러에 구입한 굴착기로 현재 연간 250만 달러의 수익을 얻고 있다. 티시 일가 소유의 루스 사가 1985년 주당 12달러에 기업을 공개한 유정 시추 자회사인 다이아몬드 오프쇼어Diamond Offshore 사는 1997년 중반 주당 54.5달러에 거래되었다. '고가에 팔아라' 는 유명한 격언을 마음에 새긴 티시는 매우 높은 수준인 주가수익배수 27을 이용하여 다이아몬드 오프쇼어의 전환사채를 처음으로 발행했다.

주식시장이 호황이었던 1990년대 당시에 그는 자신의 보이콧을 널리 홍보해 벤저민 그레이엄 같은 가치 투자가로서 이미지를 굳혔다. 그는 주가가 더 이상 오를 수 없을 만큼의 수준으로 치솟자 뉴욕대의 기부금을 채권으로 전환했다. 1997년, 주가지수를 공매도(주식이나 채권을 가지고 있지 않은 상태에서 매도주문을 내는 것. 매도 후 결제일이 돌아오기 전에 주식이나 채권을 구해 매입자에게 돌려준다)하는 그의 전략으로 루스 사의 세전 수익은 40 퍼센트나 떨어졌다. 하지만 1998년의 주가 폭락으로 그의 판단이 옳았음이 입증되었고 많은 투자가들은 주식시장의 변화에 기민하게 반응하면 자신들도 그와 같은 성공을 거둘 수 있을 거라고 생각하게 되었다.

저가에 자산을 매수하면서 티시가 평판을 얻은 이유는 개인적으로 부의 축적에 무관심했기 때문이다. 그는 이렇게 말했다. "백만 달러를 가졌다고 해서 생활수준을 백만 달러 수준으로 바꾸고 싶지 않다. 나는 가진 것들에 얽매이고 싶지 않다." 그의 아들 다니엘은 어린 시절을 회고하면서 이렇게 말하기도 했다. "우리는 호화롭게 살지 않았습니다. 우리 집 대지는 1에이커가 되지 못했고 경보 장치도 설치하지 않았습니다." 어떤 작가는 루스 본사에 있는 티시의 초라하기 그지없는 사무실을 '추억의 하워드 존슨 여인숙' 이라고 묘사하기도 했다.

사치에 대한 경멸에 가까운 티시의 검소함은 CBS에서 고위 간부직에 있을 때 널리 알려지게 되었다. 1986년 CEO로서 CBS 본사에 도착한 첫 날, 그가 받은 첫인상은 로비에 제복을 입은 안전 요원이 쓸데없이 많다는 것이었다. 그리고 그는 CBS 고위직에 있으면서 위급한 일을 제외하고는 비서와 리무진 사용도 제한했다.

___ 문제는 싸게 산 이후부터다!

로렌스 티시는 최저가로 주식을 사는 데 탁월하다는 명성을 얻게 되었다. 하지만 그는 그 주식의 가치가 적정한 가격으로 회복되기를 기다리기보다는 훨씬 더 능동적으로 대처했다. 이를테면, 그의 주된 전략은 기울어져가는 회사의 경영권을 획득하여 강제적으로 비용을 절감하고 적자운영을 탈피하는 것이다. 그는 인수 단계에서뿐만 아니라 운영 단계에서도 모두 불필요한 위험을 피했다.

1974년 3월을 예로 들면, 루스 사는 CNA 파이낸셜의 주식을 5% 사들였지만 경영권을 장악하려는 의도는 없었다. 하지만 5월경 티시는 CNA 주식이 평가 절하된 가장 근본 원인이 경영 실패로 인한 것임을 뒤늦게 깨닫고 회사 경영을 장악하는 데 충분한 주식을 보유하려 했다. CNA의 수익이 악화되어 주가가 자신의 매수 호가보다 하락하자 그는 대부분의 지분을 사들일 수 있었다. 과감하게 회사의 사장을 해고시키고 결국에는 12%의 인원 감축을 단행했다. 또한 CNA의 3개 층에 달하는 호화스러운 임원 사무실들을 정리하고 이전에 경영진이 사업 다각화의 일환으로 인수했던 수익이 저조한 사업들은 축소하거나 정리했다. 1975년 말 쯤에, 티시의 과감한 결단 덕분에 연간 2억7백만 달러나 되는 적자에서 1억 천만 달러의 흑자로 돌아섰다.

한편 CBS에서 티시는 이전의 경영진들과는 달리 세간의 비평에 둔감하게 대처함으로써 회사의 가치를 조금이나마 높일 수 있었다. 나이 지긋한 한 보좌관은 이러한 인원 감축이 언론의 비난을 불러일으킬 것이라고 우려한 반면, 그는 회사의 순익을 높이기 위해서는 그러한 비난도 기꺼이 참아내야 한다고 주장했다. 티시의 전략은 단순히 저가의 자산을 사들이는 데 그치지 않고 그 후의 운영의 묘를 내포하는 것이었다. 사실 CBS 매입은 일반 투자자들의 외면을 받던 자산을 획득하는 티시의 기존 원칙과는 맞지 않았다. 그 당시 방송 네트워크 사업은 제너럴 일렉트릭 사와 같은 투자자들의 인수 관심 대상이었다. CBS는 1985년에 주당 73달러로 시작하여 테드 터너와 마빈 데이비스의 인수 시도에 힘입어 급성장했다. 그에 대해 CBS는 21퍼센트의 주식을 되사겠다고 응수했다. 이러한 상황에서 티시는 한 주당 118달러나 하는 CBS주식을 사들이기 시작했다. 10년 전 CNA와 있었던 일에서처럼 그는 적대적 인수는 부인했지만 연이어 사 모은 주식으로 결국은 현직 경영진들을 내쫓았다. 이것은 확연히 시장에서 외면 받는 자산을 매수하는 루스 사의 일반적인 전략과는 다른 거래였다. CBS의 주가는 웨스팅하우스 일렉트릭 사가 1995년 프리미엄을 얹은 인수가를 제안할 때까지 주식시장의 평균보다 조금 올랐을 뿐이었다.

1986년에 티시가 어떤 숨겨진 가치를 인식했는지 상관없이 주식가치는 조금씩 훼손되고 있었다. 케이블 텔레비전의 등장으로 일반 가정의 오락매체로서 거의 독점적 지위를 누려온 방송국의 위상이 서서히 추락하고 있었던 것이다. 또한 티시의 강경한 비용 절감 대책에도 불구하고 비싼 매입 가격과 적대적인 방송 산업 구조는 극복할 수 없었다.

_____ 저가 매입 전략 깊이 읽기

　표면적으로 볼 때, 로렌스 티시의 경외할만한 성공은 다른 사람들처럼 시장의 급격한 변화에 감정적으로 휩쓸리지 않고 주가수익률과 같은 일반적인 가치평가 도구를 적절하게 적용했기 때문에 가능했다. 그러나 좀 더 자세히 검토해보면, 그러한 견해는 티시에게 공정하지 못한 처사다. 왜냐하면 그의 성공은 시장의 변화에 기민하게 반응하는 능력만큼이나 문제를 해결하는 능력에서 비롯되었기 때문이다.

　일반적으로 어떤 회사에 낮은 가격이 매겨지는 데는 이유가 있는 법이며 그 가치는 누군가가 문제를 해결하거나 어떤 변화가 생길 때에만 반등한다. 때때로 사업상의 문제는 외부에서 보는 것보다 다루기 힘든 면이 있다. 주식 할인이 빈번한 것은 바로 이러한 종류의 위험 때문이다.

　확실히 석유굴착 산업이 불황인 기간에 근해 석유 장비를 사들이는 것은 뛰어난 운영 능력에 입각한 전략은 아니다. 그러나 충분한 자본력과 장비를 갖춤으로써 경기 회복 시 경쟁 우위 확보를 염두에 둔 전략이다. 정확히 말해 티시는 보수적인 대차대조표를 근간으로 한 전략적 우위를 획득하기 위해 오랫동안 상당량의 현금을 보유해왔다. 하지만 투자에 활용되지 않는 대량의 현금 보유는 상당한 기회비용이 된다는 점을 알아야 한다.

　그의 전설적인 거래들에서 보이는 것처럼 대부분의 경우에 티시는 손실 가능성에 대비했다. 그러나 리스크는 생각했던 것보다 더 크기 일쑤였다. 그의 초년 시절 호텔 사업이 이를 증명한다. 티시는 새롭게 떠오른 플로리다 시장이 지나치게 과열되자 가족을 이끌고 뉴저지로 이주했다. 로렐 인 더 파인즈의 소유주가 경기 하락을 두려워했기 때문에 티시는 좀 더 저렴한 가격에 인수할 수 있었다. 물론 경기 전망을 낙관한 사람은 비단 티시 혼자만은 아니었다. 플로리다의 물가 상승을 조장한 투기꾼들은 경기가 하강할 것으로 예상하지 않았다. 로렐 인 더 파인즈 호텔의 경쟁 입찰자가 적었던 것은 미국의 전반적인 경기 침체보다는 그 지역의 특성과 경기에 영향을 받았을 것이다.

플로리다와 푸에르토리코까지 세 시간 비행이 가능해지면서 로렐 인 더 파인즈가 있는 레이크우드는 겨울 휴양지로서 사양길로 접어들었다. 1946년 티시가 이러한 사실을 인식했든 못했든 간에 로렐 인 더 파인즈는 새롭게 단장되어 이익을 낼 절호의 기회를 맞이하고 있었다. 그러나 이미 언급했듯 당시 실행 가능한 유일한 전략은 사치스런 호화 호텔을 없애고 저렴한 시내 주택가를 형성하는 것이었다. 티시가 그 호텔을 운영하는 동안 괄목할만한 수익을 거두었음에도 불구하고 1967년 로렐 인 더 파인즈가 불타지 않았다면 장기적 관점에서 볼 때 그 모험은 결국 그에게 치명타를 안겨주었을 것이다.

앞서 언급한 책《현금의 왕》에 따르면 티시는 '화재의 원인에 대해 결코 묻지 않았으며' 보험금으로 손실을 회복했다고 한다. 요컨대 레이크우드에서 보여준 티시의 전략은 전설 속에나 나올 법한 저가 매수로 위험을 줄이는 전략과는 거리가 멀었던 셈이다.

──── 낮은 가격에 무조건 현혹되지 마라

저가 매입 전략의 함정은 1973년 에퀴티 펀딩Equity Funding 사건에서 훨씬 더 명확하게 발견할 수 있다. 통계에 따르면 이 보험회사의 주가는 공짜나 다름없는 것이었으나 에쿼터 펀딩의 재정 보고서 상에는 그러한 흔적이 없었다. 에쿼티 펀딩의 주식 가격이 한 주당 28달러에서 20달러 아래로 폭락하자 티시는 그 주식을 사들이기 시작했다. 그는 그 회사에 관한 사기 루머가 돌고 있다는 것은 알았지만, 주가 하락의 근본적인 원인을 인식하지 못했다. 에쿼티 펀딩의 회장인 스탠리 골드블럼^{Stanley} ^{Goldblum}과 20분 정도 회담을 가진 후 티시는 주가가 회사의 상황과 무관하게 하락했음을 확신할 수 있었다.

불행히도 루머는 사실로 입증되었다. 에쿼티 펀딩이 발행한 보험 증권의 상당수가 날조된 것이었다. 골드블럼은 다섯 항목의 유죄를 선고받았다. 티시는 증권거래위원회가 거래를 일시 중지하기 전에 약간의 손해를 보면서 49만 주 중 20 퍼센트를 겨우 매각할 수 있었다. 그때까지 주가는 14.375달러로 폭락했다. 에쿼티 펀딩에 투자를 시작한 지 한 달도 채 되지 않아 그 회사는 파산하고 말았다. 그 후 그 회사가 제의한 구조조정 계획이 낙관적으로 보여 주주 청구가가 주당 2.5달러의 가치는 있었다.

그러한 큰 낭패를 본 후 티시는 이렇게 말했다. "그 사건 이후로 많은 천재들이 생겨났다. 하지만 주식을 분석할 때 저변에 도사린 대규모 사기를 제대로 파악할 방법이 없다. 마땅한 대안도 없다. 모든 투자 시스템이 사기에 기초하고 있다고 믿어버리든지, 아니면 회계감사나 보험 규정, 그 밖의 안전장치들을 토대로 사업을 하든지 둘 중 하나다. 우리 머리로는 엄청난 규모의 사기를 당해낼 재간이 없다."

사실 주가 분석을 매우 엄정하게 했더라면 에쿼티 펀딩의 구조적 부실에 관한 단서가 나왔을 수도 있었다. 그 단서 중 하나는 1970년 불경기 동안 회사의 수입과 판매가 꾸준한 성장세를 유지하며 보험업계에서 놀랄 만큼 빠르게 치고 올라간 점이다. 또 다른 단서는 회사 창립 초기 보험판매 대행사로만 운영되던 시절에서 찾을 수 있다. 에쿼티 펀딩은 1967년 투자설명서에서 1966년 펜실베이니아 생명보험회사와 함께 판매했던 액면가인 2억2,630만 달러에 달하는 생명보험 가입 체결 건수 중 상당 부분을 자신들이 달성했다고 밝혔다. 그러나 한 달 후 펜실베이니아 생명보험 측에서 정정하기를 1966년 에쿼티 펀딩의 몫은 5,860만 달러밖에 되지 않는다고 했다.

최근까지 아무도 두 투자설명서 간의 차이를 알지 못했다. 따라서 로렌스 티시가 에쿼티 펀딩의 수입에 대한 회계감사 인증을 받아들인 것을 그렇게 심하게 비난할 수는 없다. 이 외에도 전문가의 판단에 의지하는 것이 얼마나 위험한지 알 수 있다. 그 그룹은 유가주식 분석가를 고용하고 있었는데, 그들의 역할은 표면상으로 에쿼티 펀딩과 펜실베이니아 생명보험회사 간의 불일치를 밝히는 일이다. 확대해서 생각해보면 에쿼티 펀딩 사건은 남들이 공포감을 보일 때 매입하는 것이 얼마나 무모한 짓인지를 단적으로 보여준다. 티시의 저가 매입 전략 성공률은 싼 가격에 회사의 주식을 사들였다는 것 외에도 이윤을 조절할 수 있을 만큼 충분한 주식을 샀을 때 높았다.

____ 워렌 버핏에게 모자걸이는 하나면 충분하다?

나는 10년, 15년 혹은 20년 후의 판도 변화를 예상할 수 있는 사업을 찾는다. 예를 들자면 리글리Wrigley의 추잉검처럼 말이다. 나는 인터넷이 사람들의 껌 씹는 방법까지 바꿀 수 있다고는 생각하지 않는다.

-워렌 버핏

로렌스 티시의 무리수를 두지 않는 투자가 전부 효과적이었던 것은 아니지만 1961년에 그가 했던 도박을 후회할 이유는 전혀 없었다. '증권 분석의 아버지' 라 불리는 벤저민 그레이엄Benjamin Graham의 한때 동업자 였던 사람의 아들인 하워드 뉴먼Howard Newman의 권유로 티시는 그레이엄의 수제자가 운영하는 인베스트먼트 파트너십Investment Partnership 사에 10만 달러를 투자했다. 1957년 자신의 자산을 직접 운용하기 위해 인베스트먼트 파트너십을 시작한 젊은 워렌 버핏은 매해 다우존스 평균 지수를 능가하는 수익률을 기록했다. 티시가 이사회 임원으로 올라간 후에도 버핏은 1969년 그와 파트너 관계를 끝내기 전까지 계속 다우지수를 상회했다. 그 회사의 투자운용 기간 내내 버핏은 29.5퍼센트에 달하는 연 복리 수익률을 기록했는데, 당시 다우존스지수 수익률은 7.5퍼센트였다.

1994년에 출간된 버핏의 투자기법을 담은 한 책자에는 〈포브스〉가 선정한 미국의 400대 부자들이 소개되어 있는데 그 가운데 10억 달러가 넘는 개인 자산을 보유한 사람도 69명이나 되었다. 그 책의 저자인 로버트 해그스트롬Robert Hagstrom에 따르면, 그 해 미국인 중 가장 큰 부자는 워렌 버핏이며 그는 '주식시장에서 부를 축적한 유일한 사람' 이라고 했다. 이와 비슷하게 경제 칼럼니스트인 조지 굿맨George Goodman은 그보다 몇 년 전에 '버핏은 주식 시장에서 10억 달러나 벌었다' 고 썼다. 하지만 실제로는 버핏마저도 온전히 주식에만 투자하여 10억 달러를 번 것은 아니었다.

이러한 표현은 신의 경지에 이른 자산운용가로서 그의 탁월한 성과를 폄하하려는 것이 아니다. 버핏을 열광적으로 예찬하는 사람들은 버크셔 해서웨이의 연간 보고서를 통해 그의 투자 방법을 자세히 분석한다. 그를 동경하는 투자자들은 그의 말 한 마디를 듣기 위해 구름처럼 몰려

든다. 심지어 자신의 자녀나 애완견에게까지 그의 이름을 따서 지어준다. 오마하의 한 여인이 분만실에 들어갔을 때 주식 중개인인 남편이 버핏의 투자 전략에 관한 부분을 큰 소리로 읽어주자, 버핏의 지혜가 우주의 마법으로 작용했는지 그 여인은 무사히 딸을 순산했다는 이야기가 떠돌 정도다.

소액 투자자들이 워렌 버핏의 단호하고도 합리적인 투자 철학을 적용한다면 어느 정도의 이익을 얻을 수도 있다. 하지만 〈포브스〉가 선정하는 보유 자산 400위 권 안에 진입하고자 하는 사람이라면 버핏이 어떻게 고전하던 섬유회사를 토대로 광대한 산업과 금융제국을 세울 수 있었는지에 대해 연구해봐야 한다. 버핏이 그 섬유회사의 경영권을 확보한 날인 1965년 5월 10일, 버크셔 해서웨이의 종가는 18달러였다. 하지만 1998년에 그 주식은 한 주당 7만 달러까지 올라갔다.

버핏이 거부하는 일반적인 개념 중 하나가 주식분할이다. 그는 그 이유를 비유적으로 이렇게 설명했다. "레스토랑에서 내 모자를 걸어둘 모자걸이는 하나면 충분하다." 그는 주식교환으로 자신들의 회사를 그에게 매도했던 기업가들뿐만 아니라 초기 그의 투자자들에게 거대한 부를 안겨주었다. 〈포브스〉는 그의 가족들 중 1억 달러 이상의 버크셔 해서웨이 주식을 소유한 사람이 수십 명은 될 것으로 추정했다.

＿＿ 지배권 확보를 목적으로 주식을 매입하다

워렌 버핏은 주식과 채권, 곡물, 광물자원 등에 성공적으로 투자하여 버크셔 해서웨이라는 놀라운 자금 공급원을 탄생시켰다. 그러나 그는 단순히 자기가 좋아하는 회사의 주식을 사기보다는 상황만 허락한다면 영향력을 행사할 수 있는 주식을 확보했다. 지배권을 갖는다는 것은 어떤 의미에서 보면 그 회사의 경영에 긍정적인 영향력을 행사할 수 있다는 뜻이기도 하다. 단순히 저가매수 사냥꾼으로만 잘못 인식되는 억만장자 로렌스 티시처럼 버핏도 자주 이사회의 임원이 되어 적극적으로 활동함으로써 자신이 투자한 회사의 가치를 높이는 데 주력했다. 그의 개입으로 수혜를 입은 회사에는 캐피탈 시티 커뮤니케이션즈, ABC방송, 정부 고용보험회사GEICO, 살로몬Salomon 사 등이 있다. 그 밖에 버핏은 공기업이나 사기업의 소유권, 주식, 석유 등의 매수를 통해 다양한 회사의 지배권을 획득했다. 예를 들면 오마하 보석 소매점인 보르세임스, 신문사인 버팔로 이브닝 뉴스, 일리노이 내셔널 뱅크 & 트러스트, 세계적인 패스트푸드 체인점인 인터내셔널 다이어리 퀸, 네브라스카 퍼니처 마트, 시즈캔디숍 그리고 커비 진공청소기 등과 같은 회사들이 있다.

검소한 생활로 유명한 버핏은 기업 인수에는 그다지 매력을 느끼지 못했다. 그가 완전히 유행이 지난 다이어리 퀸을 샀을 때 한 기자가 '월스트리트에 몸담고 있는 사람들이 너무나 짜다'고 평했다. 투자 상담가이자 경제전문지의 유명한 칼럼니스트인 존 트레인은 그저 월등히 뛰어난 소극적 투자가로 인식되고 있는 버핏의 이미지를 바꾸려는 듯 다음과 같이 평했다.

나는 버핏이 회사를 통째로 인수하거나 혹은 일부 주식을 재매수한 것을 꼼꼼히 살펴보았다. 그는 어떤 변화가 생겼을 때 파는 것보다는 사는 것이 개인 투자자에게 더 가치 있다는 것을 알고 있었다.

사고자 하는 회사의 수익성 향상을 염두에 두고 통째로 회사를 매수하는 버핏의 투자기법은 그의 경력의 성숙단계에서 완성된 것이라 볼 수도 있다. 투자자들이 좋은 펀드를 찾아 가입하려고 하는 만큼 성공한 자금 운용가들이 결국에 직면하게 되는 고전적인 문제는 자신이 운용하는 펀드의 걷잡을 수 없는 성장이다. 머지않아 그 운용가는 포트폴리오 투자 전반에 실질적인 영향을 줄 수 있을 만큼의 많은 주식을 사기가 힘들어지기 때문이다. 기업 전체를 삼킨 후 가치를 증진시키는 전략은 그 문제를 해결할 수 있다. 그러나 버핏이 이 방법으로 산업계 거물로 떠오른 것은 아니었다. 그는 그의 자산이 문제가 될 만큼 거대해지기 훨씬 전에 이미 회사를 통째로 사들이기 시작했다.

1961년에 버핏이 파트너십으로 운용한 총 투자금은 5백만 달러에 불과했다. 그는 전체 포트폴리오의 1/5 정도인 백만 달러로 오마하 남쪽 90마일 지점에 위치한 황폐한 풍차 방앗간과 농기구 제조회사인 뎀스터밀Dempster Mill Manufacturing 사의 70퍼센트 지분을 인수하는 위험을 감수했다. 버핏은 직접 그 회사 회장 직을 맡고나서 LA에서 운영 관리자를 영입했다. 그 관리자는 재고 감축과 비용 삭감, 직원 해고를 통해 회사를 빠른 속도로 성장시켰다. 1963년 버핏은 230만 달러의 순익을 남기고 그 회사를 팔 수 있었다.

버핏은 자본금 대비 4% 이상의 연간 수익에 대해서 25%를 가져가기로 한 파트너십 계약에 따라 1960년대 중반에 부유층 대열에 오를 수 있었다. 1966년과 1967년에 버핏 자금운용사(이때 단독 파트너십으로 통합됨)는 약 1,500만 달러를 들여 두 개의 소매상을 통째로 인수하였다. 버핏의 전기 작가인 로저 로웬스테인Roger Lowenstein은 다음과 같이 썼다.

이 두 회사의 경우, 버핏은 유동 주식(주식 시장에서 거래되고 있는 주식)을 산 게 아니라 회사 자체를 통째로 사버렸다. 펀드 매니저들은 전혀 상상치도 못했을 것이다.

버핏은 볼티모어의 백화점 운영사인 혹스차일드-콘Hochschild-Kohn 사를 매입했지만 성공하지 못했다. 나중에 슈퍼마켓 제너럴 푸드 사에 팔아넘김으로써 본전은 찾았지만 말이다. 그 당시 시카고 드레스 체인점은 장사가 잘 되고 있었다. 새로운 이름으로 판매를 다각화한 이 회사는 버핏이 1969년 사업 경영을 위해 묶어두었던 돈으로 투자한 두 회사 중 한 곳이었다. 다른 하나는 그가 1965년에 인수한 매사추세츠에 있는 초라한 섬유 공장인 버크셔 해서웨이였다. 버핏이 자금 운용관리에서 거대한 산업과 금융기업 설립을 지향하게 됨에 따라 버크셔 해서웨이는 그를 자수성가한 억만장자로 만들어주는 결정적인 역할을 담당하게 되었다.

인베스트먼트 파트너십 운영 기간 동안 이윤에 대한 수수료로 벌어들인 워렌 버핏의 개인 자산은 2,500만 달러로 불어났다. 2,500만 달러는 가볍게 여길 수 없는 큰 금액이지만, 1998년 이후 290억 달러에 달한 그의 순자산 가치에 견주면 그것도 무색해진다. 30년에 걸쳐 천 배 이상의 가치가 창출되는 동안 버핏은 주식 투자자보다는 산업계의 거물로 더 잘 묘사되었다. 그는 분명 버크셔 해서웨이의 포트폴리오를 위해 유가 증권을 사고 되팔기를 수없이 반복했다. 게다가 1970년대에 몇 년 동안 부업으로 FMC 주식회사의 연금기금을 관리하였다. 그러나 그의 개인 재무제표의 눈부신 성장은 주로 단순 주식 투자자들이 이용할 수 없는 전략 때문이다. 이러한 전략을 실행하기 위해서는 우선 거대한 보험업계에 막강한 영향력을 행사할 수 있어야 한다(버핏이 스스로 이런 지위에 오를 수 있었던 것은 그의 날카로운 금융 감각 때문이지 특별히 다른 유리한 조건이 있었던 것은 아니다).

다음은 워렌 버핏이 인정했던 보험회사의 세 가지 잠재력이다.

◆ 결국 다른 사람이 소유할 기금을 이용한다.
◆ 세금 혜택을 받는다.
◆ 재무 레버리지financial leverage가 생긴다.

다른 사람의 돈을 이용할 기회는 보험료에 의해 발생되는 예치금에서 생겨난다. 예치금은 고객이 요구하면 지불되어야 하지만 그 전까지는 보험회사가 그 돈을 투자할 수 있다. 더욱이 예치금을 활용한 투자로 생겨난 수입에는 세금 혜택이 아주 많다. 보험회사를 통한 투자의 세 번째 이점은 금융차입금인데, 이것은 기업에 투자된 자기자본의 몇 십 배에 달하는 연간 보험료를 재원으로 이용이 가능하다. 예를 들어 2억 달러 자본금에 8억 달러의 연간 보험료가 발생하는 보험 회사가 있다고 가정하자. 이 회사가 10억의 투자 포트폴리오를 운용한 결과로 6%의 수익(6천만 달러)을 얻게 된다면, 자본이익률(비용 및 세제 전)은 2억 달러 대비 6천만 달러가 되므로 30%가 된다. 이러한 금융차입 효과는 버크셔 해서웨이의 경우 매우 강력하다. 일반적으로 보험회사의 포트폴리오에서는 채권이 큰 비중을 차지하지만, 버핏은 수익률이 더 높은 주식을 선호했다. 또한 버크셔 해서웨이 포트폴리오에서 차입 자본의 비중 확대로 워렌 버핏은 월등히 높은 투자 수익률을 달성할 수 있었다.

존 트레인 식대로 보험회사를 달리 표현하면 '마진을 극대화하는 회사'라고 할 수 있다. 워렌 버핏은 자금운용 관리에서 기업 설립으로 관심의 초점을 바꾼 후부터 곧바로 자산 관련 사업과 상해 보험에 관심을 보였다. 1967년에 버크셔 해서웨이는 불경기에 사업을 시작한 전문 보험업자로 국가 보상금을 받게 되었다. 이 회사의 설립자인 잭 링월트는 그 동안 다른 회사들이 멸시해왔던 다양한 위험들에 초점을 맞추었기 때문에 가입자 유치가 비교적 쉬웠다. 링월트는 위험 부담이 많은 운전자를 위한 자동차 보험을 비롯해 주류 밀매업자나 사자 조련사까지 보험에 들 수 있도록 했다. 버핏은 이것을 토대로 1969년에 재보험 사업을 시작해 몇 개의 보험회사를 더 세웠다. 또한 버크셔 해서웨이는 1971년에 홈 & 오토모빌 보험회사까지 매입하였으며 1994년에는 인수하지도 않은 GEICO의 모든 주식을 확보하게 되었다.

이러한 자회사들에 내재된 재무 레버리지를 통해 버크셔 해서웨이의 유가증권 포트폴리오는 압도적인 복리성장률을 기록했다. 레버리지 효과는 버핏이 회사를 통째로 인수할 만한 매력적인 기회를 발견할 때마다 그 가치가 빛났다. 버크셔 해서웨이 자기자본의 구매 능력은 사용가능한 보험 예치금 규모가 몇 배로 늘어날 때마다 증폭되었다. 존 트레인은 버핏의 투자 방법을 다음과 같이 요약했다.

'워렌 버핏'이 예를 들어 제너럴 푸드 사의 지분을 매입했다고 했을 때, 그것은 보통 버크셔 해서웨이의 자회사인 어느 보험회사가 미래 보험금 청구에 대비하여 보유해둔 예치금을 사용하여 투자한 것을 의미한다. 이러한 투자는 모회사인 버크셔 해서웨이보다 더 많은 비용을 발생시킬 수 있다. 보험회사를 이용하는 동일한 수법은 헨리 싱글톤, 래리 티시, 칼 린드너, 사울 스테인버그 등과 같은 여러 자산 운용가들에게서도 찾아볼 수 있다.

그렇다고 버핏에게 그의 보험회사는 사업체 획득을 위한 수단에 지나지 않다고 여기는 것은 사실을 왜곡하는 일이다. 그는 자산과 해상보험 사업에서 주도면밀한 전략을 지휘해왔다. 다른 보험회사들이 위험에 대비해 가입하는 재보험업에서는 경쟁으로 인해 가격책정을 수지에 맞지 않을 정도로 낮게 해야 한다. 그러한 시점을 통과하고 있을 때, 버크셔 해서웨이는 수지에 맞지 않는 보험증서를 발행하느니 차라리 보험료를 대폭 할인했다. 이와는 대조적으로 경쟁사들은 시장점유율에 집착하는 경향이 있다. 그들은 수익성 없는 회사들의 재보험 계약을 인수한 결과 어쩔 수 없이 손실로 고전해야 했다. 상황이 악화되어 경쟁사들이 철수하자 버크셔 해서웨이는 많은 수의 보험 계약을 인수할 기회를 잡게 되었고 그러자 보험료는 자연히 정상 수준으로 회복되었다.

요약하면 버핏은 보험회사를 항상 기본 원칙에 입각하여 운영하면서 보험업의 막대한 이익 창출 능력을 간과하지 않았다. 또한 그는 보험회사의 레버리지 효과를 무분별한 투자에 결코 함부로 남용하지 않았다. 버핏은 투자하거나 매입할 회사를 고를 때, 기반은 튼실하지만 성장을 미처 하지 못한 프랜차이즈 회사들을 강조했다. 그와 더불어 버핏은 시장지배적 위치에서 가격 결정력을 보유한 회사들을 찾으려고 했다. 그 실례로 버핏이 1977년에 〈버팔로 이브닝 뉴스〉를 블루칩 거래를 통해 매입했을 때, 그 신문은 미국의 대도시의 일간지 중 구독률이 가장 높았다.

〈버팔로 이브닝 뉴스〉의 잠재적 상승 요인은 일요일에 휴간하는 소수의 대도시 일간지 중 하나였다는 것이다. 월요일부터 토요일까지 〈버팔로 이브닝 뉴스〉의 뒤를 이어 큰 차이로 2위를 달리던 〈커리어-익스프레스〉는 오랫동안 버팔로의 일요일 부수와 광고 수익 전부를 독점해왔다. 그러나 버핏 측에서 〈버팔로 이브닝 뉴스〉를 일요일까지 일주일 내내 발행하겠다고 발표했다.

처음에는 〈커리어-익스프레스〉를 향한 버핏의 정면공격이 큰 실수처럼 보였다. 〈커리어-익스프레스〉는 먼저 반트러스트 소송을 함으로서 버핏의 공격을 슬쩍 피했다. 소송에 따르면, 버핏은 손해를 보더라도 일요일판 〈버팔로 이브닝 뉴스〉를 발행해 〈커리어-익스프레스〉를 망하게 한 뒤, 버팔로 시장을 자유롭게 독점하려 한다는 것이었다. 결국 법원은 버핏의 일요일판 신문 발행을 제한하는 명령을 내렸다. 법정에서 패하고 남을 희생시키는 파렴치한 경쟁자로 타락한 〈선데이 이브닝 뉴스〉는 〈커리어-익스프레스〉 광고면의 고작 1/4에 해당하는 광고 지면을 얻어냈다.

적자가 늘어나자 〈버팔로 이브닝 뉴스〉를 배달하는 트럭 운전사들은 위태로운 상황에 처한 버핏이 자기들의 요구를 들어줄 수밖에 없을 것이라고 생각하고 파업을 일으켰다. 다른 신문 조합들도 처음에는 파업을 막아보려고 했지만 무위로 돌아갔다. 결국 신문사는 신문 발행을 중지했다. 버핏은 6일 동안 신문사 문을 닫기로 하고 다시 가동할 수 있는지를 재빨리 계산했다. 그리고 버핏은 모든 것을 걸고 솔직히 말했다. 즉, 만약 운전사들이 6일 이상 파업을 하면 자신은 영원히 신문사를 그만둬야 하고 그들도 직업을 잃게 될 것이라고 말이다. 버핏이 허세를 부리지 않고 있다는 것을 확인한 운전자들은 파업을 철회하였다. 파업은 끝나고 위대한 버팔로 신문의 전쟁은 재개되었다.

〈버팔로 이브닝 뉴스〉의 다음 시련은 혹독한 불경기였다. 버핏의 유일한 위안은 상대 역시 경기 하향과 무리한 부수전쟁 때문에 출혈이 심하다는 것이었다. 그러나 다행스럽게도 〈커리어-익스프레스〉는 소모전에서 더 이상 버틸 능력을 상실하고 말았다. 1982년 〈커리어-익스프레스〉는 망했고 〈버팔로 이브닝 뉴스〉는 그 도시에서 단 하나뿐인 일간지가 되었다.

곧 〈버팔로 뉴스 선데이〉로 개명된 일간지의 발행부수는 20만 부 정도에서 36만 부까지 증가했다. 버핏이 3,250만 달러에 사들인 신문사는 1980년대 말쯤엔 매년 4,000만 달러(세전)를 벌어들이게 되었다. 그것은 숨겨진 가치를 발견해내는 버핏의 능력뿐만 아니라 그 가치를 밖으로 끌어내고야 마는 그의 결단력을 입증한 셈이다. 일요일판 발행을 도입하고 트럭 운전사들을 제압함으로써 버핏은 〈버팔로 이브닝 뉴스〉를 수익성이 있는 사업으로 전환시키는 데 전략적으로 핵심적인 역할을 했다.

자신이 선호한 방식대로 되었지만 버핏은 일상적인 경영에 깊이 개입하지는 않았다. 대체로 버핏은 투자 수익률에 관한 그의 열정에 공감하는 유능한 관리자들에게 운영을 맡겼다. 버핏이 유능한 관리자를 찾는 과정을 돌이켜보면, 그가 찾는 인재형은 로즈 블룸킨Rose Blumkin과 같은 성품을 가진 부자였다. 러시아계 이주민이었던 그녀는 영어는 잘하지 못했지만 500달러의 투자금을 활용하여 오마하 전체 가구 시장의 3분의 2를 점유하고 있으며 전국에서 가장 큰 가구점인 네브라스카 퍼니처 마트Nebraska Furniture Mart를 일궈낸 사람이었다. 블룸킨은 일주일 내내 하루도 쉬지 않고 10시간 넘게 일했다. 그리고 그녀의 취미는 운전을 하며 경쟁 상대 회사를 몰래 살펴보는 것이었다.

그녀가 95세 되던 해 손자가 그녀를 제쳐놓고 사장 자리를 차지하는 바람에 부득이하게 은퇴하게 되었다. 그로부터 정확히 석 달 후, 그녀는 네브라스카 퍼니처 마트 바로 맞은편에 가구점 아울렛을 세워 손자와 경쟁을 시작했다. 그리고 2년도 안 되어 그 매장은 오마하에서 세 번째로 큰 가구점이 되었다. 버핏은 다음 해에 블룸킨 여사의 가구점을 사들이고 본인에게 직접 퇴임 의사를 듣기 전에는 절대로 그녀를 내보내는 실수를 반복하지 않겠다고 농담했다. 버핏이 경영에 구체적으로 간섭하지 않았기 때문에 스스로 동기부여가 되어 있으면서 의지가 분명한 관리자들은 일반적으로 훌륭한 성과를 창출해냈다.

역설적이게도 버크셔 해서웨이의 몇 안 되는 실패 사업 중 하나가 바로 초기에 섬유회사에 투자한 일이었다. 정장의 안감을 제조하는 이 회사에는 성공적인 버핏 투자의 트레이드마크인 코카콜라나 제너럴 푸드사가 가지고 있는 특징적인 프랜차이즈가 없었다. 버핏은 그 당시의 일을 다음과 같이 회상한다.

> 적은 자금으로 투자할 수 있었기 때문에 우리는 그 끔찍한 사업을 시작하게 되었다. 그러한 투자방식이 내가 바로 '피우다 만 담배꽁초'라고 부르는 것이다. 저기 떨어져 있는 담배꽁초를 보면, 젖어 있는데다 크기도 아주 작고 끔찍하다. 그러나 한 번의 연기를 빨아들일 만큼은 남아 있고, 그것은 공짜다. 우리가 그 회사를 사들였을 때 버크셔 해서웨이가 바로 그러했다. 정말 끔찍한 실수였다.

버핏은 그 섬유 제조공장의 수익률을 목표 수준대로 끌어올리기 위해 상당히 오랫동안 실패를 거듭하면서 노력하다가 마침내 그 회사를 청산했다. 그 후로 버핏은 재정 상태가 좋지 못한 기업은 훌륭한 경영으로도 돌이키기 쉽지 않다는 결론에 도달했다.

____ 그레이엄과 도드를 능가한 워렌 버핏

버핏은 자신의 투자를 '피우다 남은 담배꽁초'에 비유함으로써 자신의 스승인 벤저민 그레이엄의 투자법인 가치투자가로 자신을 분류하는 사람들을 비난했다. 버핏은 컬럼비아 대학 재학시절 '증권 분석의 아버지' 그레이엄으로부터 유일하게 A⁺를 받은 학생이다. 버핏은 1954년부터 1956년까지 그레이엄-뉴먼의 자금운용 회사의 주식 분석에 탁월한 인재들 사이에서도 두각을 나타냈다. 그러나 그 후에도 버핏은 그레이엄이 고안한 엄격한 법칙에 따라 '저가 매입'의 기회를 몇 번 밖에 얻지 못했다.

1929년 주식시장의 폭락에서 크게 손해를 본 벤저민 그레이엄은 이전의 실수를 되풀이하지 않기 위해 더욱 노력하였다. 새 시대를 맞이한 1920년대의 낙관적인 투자가들은 주식의 가치를 평가할 때 보편적인 기준을 무시하곤 했다. 그 결과 그레이엄이나 다른 학자들의 관점에서 볼 때 주식은 지나치게 과대평가되어 있었다. 그레이엄은 다시는 실수하지 않기로 결심하면서 스스로 엄격한 투자 규율을 만들었다. 그의 투자법은 무형자산은 신뢰하지 않으면서 순 자산가치나 주가수익률과 같은 재무 비율을 강조했다.

물론 버핏이 지적한 바와 같이 그레이엄의 접근 방법에는 심각한 제약이 있다. 어떤 회사를 곧장 정리하면서 그 회사의 내재 가치와 낮은 주가 사이의 차익을 언제나 챙길 수 있는 것은 아니다. 게다가 시간이 째깍째깍 흐르면서 그 회사가 손실을 볼지도 모를 일이다(그렇게 된다면 이것은 이 주식의 가격이 애초부터 낮았던 근거가 되는 셈이다). 이러한 투자의 결과는 실망스러운 결말을 한없이 기다리는 것이며, 그나마 저가로 산 덕분에 다행히 약소한 수익이라도 건지는 식이다.

더욱 문제가 되는 것은 1973년에서 1974년 사이에 미국의 주식들이 폭락한 것처럼 심한 불황 뒤에는 매력적인 가치주들이 많지만 장이 좋을 때 가치주들을 발견하기란 더욱 힘들다는 점이다. 쉽게 말하면 개인 투자자들은 그레이엄의 통계학적 방법들을 사용하여 주식에 투자해서는 억대의 수익을 거두기 어렵다는 것이다. 이것은 경제 매체의 표현과는 달리 확실히 워렌 버핏이 주장한 것은 아니다.

버핏은 오래 전에 85%의 그레이엄과 15%의 필립 피셔^{Philip A. Fisher}로 자신의 접근법을 설명했다. 피셔도 그레이엄처럼 주식 매입을 체계화하려고 시도한 투자 전문가였는데, 유사한 점은 그것뿐이었다. 피셔는 그 회사의 기존 이익을 바탕으로 한 재무비율이나 대차대조표 상의 수치보다는 미래에 이익이 얼마나 성장할 것인지를 더 중요시했다. 그는 연구 개발에 공격적으로 투자하여 업종 평균을 능가하는 판매성장을 기록하고 관리가 잘 되고 있는 회사를 선호했다. 벤저민 그레이엄의 투자 기준에 정확히 부합할 만큼 주가가 하락한 회사들, 즉 '피우다 만 담배꽁초'에 비유되는 회사들은 왠지 불안하기 때문에 피셔의 투자 원칙과는 맞지 않았다. 또한 피셔는 앞으로 전망이 좋은 몇몇 회사의 주식에 투자하라고 권하는 반면에 그레이엄은 가능한 한 다양하게 투자할 것을 권했다.

마지막으로 버크셔 해서웨이의 포트폴리오 방법은 피셔의 접근법과 매우 유사하다. 피셔의 오랜 동료이자 억만장자인 찰리 멍거의 영향을 받은 버핏은 성장 가능성이 높은 회사에 기꺼이 투자하는 피셔의 방법을 받아들였다. 버핏이 독특한 사업 특허를 가지고 있는 회사를 선호하는 것을 보면 피셔의 공식에 자신의 생각을 덧붙인 것처럼 여겨지기도 한다.

버핏이 벤저민 그레이엄의 통계법 암기를 통해서 수십억 달러를 모으지는 않았지만, 멘토인 그레이엄의 다른 방법들을 모방하여 큰 이익을 보았다. 그레이엄은 자신의 1934년 저서인 《증권분석^{Securities Analysis}》(데이

비드 도드와 공저한)을 출간하기 한참 전에 '주주행동주의shareholder activism'
라고 알려진 것을 통해 오늘날까지 유명해졌다. 주주행동주의와 관련해
서 그의 가장 유명한 성공 중 하나는 원유 수송업체인 노던 파이프라인
Northern Pipeline에 관련된 것이다. 1911년 스탠더드 오일의 독점이 깨지면
서 등장한 31개의 회사 중 하나로, 노던 파이프라인은 매우 보수적인 재
정정책을 고수해왔다. 록펠러와 그레이엄은 감독기관의 보고서를 통해
회사가 주당 90달러의 가치를 갖는 채권 포트폴리오를 보유하고 있다는
것을 알았기 때문에 회사의 재정정책을 마음에 들어 했다. 하지만 회사
의 주식은 주당 65달러에 거래되었고, 채권 포트폴리오는 회사의 운영과
는 전혀 관련이 없었다. 그는 주식을 팔아 주주들에게 그 수익금을 나누
어 주라고 노던 파이프라인을 재촉하였다. 회사의 사장은 끝까지 저항했
지만 그레이엄은 노던 파이프라인 주식을 23% 보유하고 있는 록펠러 재
단의 지원으로 승리할 수 있었다. 노던 파이프라인의 자산 처분을 두고
일어난 분쟁은 대리전과 적대적 인수가 있을 때마다 이후 수십 년간 회
자되었다. 그레이엄의 이런 특징들을 몸에 익힌 버핏은 기업 지배권을
위한 수많은 전투에 뛰어들었다.

　기업 지배를 위한 노력들 속에서 버핏은 그레이엄이 노던 파이프라
인의 경우에서 그랬던 것처럼 반란을 일으킨 사람으로만 남아 있지는 않
았다. 버크셔 해서웨이의 거대한 자본력 덕분에 그는 경영진의 입장에서
싸움에 참여할 수 있었다. 예를 들어 1984년에 버핏은 타임 주식회사Time
Inc.를 위한 백기사(타임 사가 적대적 인수가 될 위험을 최소화할 수 있도록 돕
는 거대한 우호적 주주)가 되겠다고 제안했다. 경영진은 버핏의 제안을 거
절했다. 나중에 타임 사가 인수 대상이 되면서 경영진은 이 결정을 후회
하게 된다. 반면 캐피탈 시티 커뮤니케이션즈는 1985년 ABC 방송 네트

워크를 손에 넣은 후에 버크셔 해서웨이의 우호적인 손길에 대량의 주식을 넘겨주었다(이 어마어마한 거래로 캐피탈 시티는 적대적인 입찰에 취약해졌다). 그 시기에 버핏은 과감하게 차익거래를 노리는 기업사냥꾼인 이반 보에스키Ivan Boesky의 매수대상이 된 스콧 앤 페처Scott & Fetzer를 인수하였다. 버크셔 해서웨이는 이러한 거래들을 통해 자연스럽게 달갑지 않은 경쟁자들을 물리친 데 도움을 준 것에 대한 공정한 보상을 요구했다. 다시 말하면 버핏은 소극적인 투자자들이 할 수 없는 조건들을 협상했다.

내부 거래를 잘라내는 버핏의 기술은 1987년에 살로몬 주식회사가 금융가인 로널드 페렐만Ronald Perelman에 의해 인수되는 것을 막았을 때 가장 잘 나타난다. 버크셔 해서웨이는 일반 거래 주식을 사는 대신에 9% 할인권을 가진 전환우선주를 매입했다. 살로몬의 고위 간부들은 버핏에게 지나치게 유리해 보이는 계약조건을 놓고 열띤 토론을 벌이고 있다. 살로몬 시카고 지부의 윌리엄 매킨토시William Mcintosh는 이렇게 회상한다. "할증이 매우 작고 배당금은 매우 높았죠." 보너스로 버크셔에 주어진 6,300만 달러의 연 배당금은 대부분 세금면제를 받았다.

이렇게 상황 판단이 빠른 협상은 한 번 있을까 말까한 투자인데도 불구하고 많은 투자자들이 버핏의 방법을 모방하려고 한다. 로버트 해그스트롬은 자신의 책에서 '세계 최고 투자자의 투자전략들'이라고 소개하면서 다음과 같이 주장한다.

어떤 비평가들은 워렌 버핏이 성공하기는 했지만 그만의 특이한 방식 때문에 널리 응용되는 투자법은 되지 못한다고 주장한다. 나는 동의하지 않는다. …… 한 회사의 지분 10%를 매입하든, 단지 100주를 사든 간에 워렌 버핏의 방법은 당신이 투자로 수익을 내도록 도와줄 수 있다.

그럴지도 모른다. 하지만 버핏의 투자 격언들을 완벽히 외우고 있다고 하더라도 소심한 투자자들이 자신의 자산을 수십억으로 바꿀 수는 없다.

—— 워렌 버핏의 가장 탁월한 재능은 무엇일까?

워렌 버핏은 자수성가한 많은 억만장자들과 마찬가지로 여러 가지 방법을 시도했다. 하지만 그에게는 특별한 면이 있다. 버핏을 잘 알고 있는 존 바이른 주니어John Byrne Jr.는 '워렌 버핏은 평균 이상으로 똑똑하다' 고 말하곤 했다(바이른은 버핏이 손을 댔던 GEICO를 반등시켰던 인물로 나중에 파이어맨 펀드Fireman's Fund의 사장이 된다. 그는 버핏을 주식시장의 공매자에 비유하지 않고 만화 캐릭터인 요기 베어Yogi Bear를 예로 들고 있다). 버핏은 많은 양의 재무 자료를 기억하고 주식의 가치를 정확하게 계산하는 것으로 유명하다. 그의 트럼프 카드 실력은 거의 세계적인 수준이다. 기자가 그의 사무실에 컴퓨터가 없는 것을 지적했을 때 버핏은 '내가 바로 컴퓨터' 라고 말할 정도다.

존 바이른은 버핏이 표면에 정상적인 것과 다르게 점들이 배열되어 있는 여러 개의 주사위를 꺼내놓았던 일화를 이야기한 적이 있다. 바이른이 어떤 주사위든 던지고 버핏은 그와는 다른 것을 선택해 20번 던지면, 버핏 자신이 높은 숫자가 더 많이 나올 거라고 확신했다. 바이른은 계산기를 꺼내서 가능성을 계산한 뒤 주사위를 하나 집어 들었다. 버핏은 다른 하나를 선택해 던졌고 결국 20번 중 14번 바이른보다 높은 숫자가 나왔다. 점심내기로 바이른이 또다시 도전하였다. 이번에는 바이른

이 잔꾀를 부려 버핏이 선택했던 주사위를 골라 던졌지만 역시 20번 중 16번 패했다. 바이른이 알지 못했던 것은 주사위에 찍힌 점들의 배열과 던지는 횟수의 관계였다. 먼저 주사위를 던지는 사람은 나중에 던지는 사람에게 거의 지게 되어 있다.

버핏은 수년 동안 많은 친구들에게 이 속임수를 써먹었다. 어떻게 해서 이기게 되는지를 아는 극소수의 사람 중 하나는 그의 친구인 빌 게이츠이다. 두 총명한 억만장자는 유머 감각뿐만 아니라 카드 실력도 비슷했다. 빌 게이츠가 결혼반지를 사려고 했을 때 버핏은 그에게 약혼녀를 오마하에 데려가 놀래주자고 제안했다. 공항에서 친구 커플을 만난 버핏은 그들을 보르세임스라는 버크셔 해서웨이 소유의 보석 소매점으로 데려갔다. 그리고 버핏은 자신이 결혼반지를 살 때 정가의 6%를 깎았으므로 게이츠 역시 그렇게 해야 한다고 말했다. 미국에서 최고의 부자 1, 2위로 이름을 올린 게이츠와 버핏은 '지능은 돈을 모으는 데 결코 중요한 요소가 아니다'라고 말한다. 물론 가난한 사람들은 그 사실을 인정하지 않는다.

버핏은 '물질적으로 성공하기 위해서는 IQ보다는 성격과 추진력이 중요하다'고 강조한다. 억만장자가 된 사람들은 여러 가지 특성을 지니고 있다. 그러나 그들 중 특별한 지적인 능력을 강조한 사람은 아무도 없었다. 버핏의 성공은 수백만 명의 투자자들에 의해 정밀하게 조사된 주식 중에서 가장 가치 있는 것을 선별하는 데 있었다. 이는 억만장자 부류에 들어가기 위한 특별한 방법을 자신의 재능과 연결시킬 때 충분히 능력을 발휘할 수 있다는 것을 의미한다.

협상을 냉철하게 즐겨라

작은 거래에는 적은 노력이, 큰 거래에는 많은 노력이 필요하다.

비숍 풀톤 J. 쉰Bishop fulton J. Sheen

_____ 먼저 협상에서 주도권을 잡아라

사업체를 매매할 때 가치를 실현하는 방법에는 여러 가지가 있다. 물론 매수와 매도 시 유리한 가격에 협상을 해야 한다는 것은 자명하다. 매매 이득을 극대화할 수 있는 또 다른 방법은 유리한 조건에 매수 자금을 조달하는 것이다. 더 나아가 매수 후 효과적인 사업 운영을 통해 자산 가치를 증대시킴으로써 더 많은 수익을 얻을 수 있다. 또한 사업체의 소유주나 경영진으로 활동하는 동안 주어지는 보상도 무시할 수 없다.

모든 거래에서 이 모든 수익 창출법을 활용하고 많은 거래를 성사시킴으로써 거대한 부를 축적하는 것이 가능하다. 우선 좋은 매매 거래를 발견하고 기회를 포착하는 예리한 감각이 필요하다. 경제 지표와 뉴스, 자본시장의 상태, 다양한 산업들의 현황들을 참고하면 도움이 된다. 이뿐만 아니라 거래를 유리하게 성사시키기 위해서는 한쪽이 미세하지만 결국 결정적인 우위를 점한 채 마무리될 수 있는 거래의 복잡성을 반드시 이해해야 한다. 이번 장은 주로 능수능란한 협상력을 통해 부를 축적한 세 명의 억만장자 즉, 커크 커코리언, 칼 아이칸, 필 안슈츠를 살펴볼 것이다.

그러나 다른 장에 소개되어 있는 몇몇 억만장자들을 통해서도 성공적인 협상거래가 부를 축적하는 데 얼마나 중추적인 역할을 했는지 알 수 있다. 가장 좋은 예가 조이너에게서 데이지 브래드포트#3 유정을 사들인 헌트다. 소문에 따르면 그는 자신이 원하는 조건을 얻을 때까지 조이너에게 술과 여자를 계속 권했다고 한다. 비슷한 예로 빌 게이츠가 도스 운영체제 저작권을 5만 달러에 사들인 것은 마이크로소프트를 수백억 달러 규모의 회사로 전환시키는 계기가 되었다. 로스 페로는 자신의 제너럴 모터스 주식을 막대한 프리미엄을 받고 되팔아 이미 소유한 엄청난 부를 더욱 크게 불렸다.

산업계 거인들의 협상방식을 연구하는 것은 억만장자의 꿈을 실현하기 위해 지금도 분투중인 사람들에게 매우 가치 있는 일이다. 끈기, 거대한 손실을 기꺼이 감수하려는 의지, 합의를 끌어내기 위한 창의적 노력은 매번 반복되는 주제다. 동시에 억만장자들의 협상 스타일은 그들의 다양한 재능과 성격을 반영한다. 자신에게 가장 자연스러운 부분들을 적용하면 될 것이다. 물론 당신이 개발해야 할 가장 결정적인 능력은 거래의 모든 참여자들을 안심시킬 수 있는 매너다.

로렌스 티시가 애틀랜틱 시티에 있는 트레이 모어 호텔Traymore Hotel을 매수하기 위해 협상하고 있을 때, 그는 평소처럼 그 자산을 철저히 연구했다. 사실은 그가 너무 철저했기 때문에 매도자인 프랭크 그래바트Frank Gravatt는 티시가 그 자산의 가치에 대해 자기보다 더 잘 알고 있어서, 거래가 그에게 더 유리하게 될 것을 두려워했다. 결정을 하지 못하고 거래가 무산되려고 할 때 그래바트는 동전을 던져서 결정하기로 했다. 티시는 그래바트의 팔을 붙잡았다. 훗날 티시는 이렇게 설명했다. "나는 그가 동전을 던지게 할 수 없었다. 만약 그렇게 한다면 우리는 단지 50 대 50의 가능성만 가질 뿐이다." 그래바트와 좀 더 차분히 대화할 수 있었다면 승률은 더 높아질 것이라 생각하면서 티시는 결국 계약서에 서명을 받아냈다.

　　스탠더드 오일 사를 세우는 과정에서 수많은 거래를 성사시키면서 협상의 대가가 된 존 록펠러는 필요한 최소의 말만 함으로써 상대를 방심시켰다. 그는 최소 매수가로만 협상을 몰아친 것이 아니었으므로 다른 정유업체들은 보다 쉽게 자신의 사업체를 팔아넘겼다. 그러나 협상의 주도권은 언제나 록펠러에게 있었다. 상대측들은 만약 사업체를 팔지 않으면, 스탠더드 오일이 원유 생산자들과 철도사업자들을 동원하여 자신들이 수익을 내지 못하도록 방해할 것임을 알고 있었다.

　　록펠러는 또한 숫자에 밝은 자신의 재능을 이용하여 협상에서 이득을 얻을 수 있었다. 한 번은 의도적으로 상대 혼자 30분 동안이나 계속 말하게 하면서, 자신은 그동안 머릿속으로 그 거래로 인한 이자 지불 방법들을 놓고 각각의 비용을 계산했다. 협상의 말미에서 록펠러는 자신이 지불해야 할 3만 달러의 이자를 절약할 수 있는 조건으로 상대방을 설득했다.

그의 영민함 말고도 록펠러는 협상에서 차분하고 태연하기로 유명한 커크 커코리언과 같은 류의 침착성을 가진 사람이었다. 한번은 화가 난 계약자가 록펠러의 사무실에 난입해서 그에게 비난을 퍼부었다. 록펠러는 계약자가 스스로 지칠 때까지 그를 올려다보지도 않고 책상에 조용히 앉아 있었다. 계약자가 어느 정도 지치자 그는 회전의자를 돌리면서 이렇게 말했다. "난 당신이 무슨 말을 하는지 잘 모르겠소. 다시 한 번 말해 주겠소?"

협상거래와 관련하여 많은 교훈을 남겨준 기업 합병의 예는 웨인 휘젠거가 창립한 웨이스트 매니지먼트였다. 쓰레기 수거 회사들을 인수하는 과정에서 그는 가격 흥정을 최소화하기 위해 자신이 지불하고자 하는 최대 가격의 5~10퍼센트 내 수준에서 협상가를 제시했다. 그러고 나서 그는 인수대금으로 웨이스트 매니지먼트 주식을 지급받을 때 얻는 세제 혜택과 합병 후에도 상대측이 회사 운영에 계속 참여할 수 있다는 것에 논의의 초점을 두었다.

때때로 쓰레기 수거업체 사장들은 사업 이익이 급상승하고 있는 데 비해 휘젠거가 제안한 인수 가격이 너무 낮다고 주장했다. 휘젠거는 이러한 지적을 반박하며 잠재적으로 그들의 반감을 사기보다는 양측이 인수 가격에 대한 의견차를 좁힐 수 있는지 타진하기 위해 재차 방문하곤 했다. 어떤 경우 상대측이 계속 거래를 지연시키면, 그는 그 시간 동안 웨이스트 매니지먼트는 그 지역의 다른 경쟁사를 인수할 것이고 그렇게 되면 이번 협상 건은 없었던 일이 될 수도 있다고 압박하곤 했다.

휘젠거가 쓰레기 수거업체들을 성공적으로 인수하는 데 있어 체력과 인내심은 또 다른 핵심요소였다. 한번은 인수.대상 업체의 사무실에서 협상이 한창 진행 중이었는데, 그 사무실은 쓰레기 하역장 위에 위치해 있었다. 하역장에서는 운반되어 온 쓰레기들을 내리고 다른 매립지로 갈 쓰레기를 싣는 작업이 한창이었다. 날씨가 매우 후덥지근했던 관계로 사무실에는 견디기 힘든 악취가 진동했다. 그곳에서 협상하면서 하루를 보낸 웨이스트 매니지먼트의 법률 대리인은 토할 것 같은 메스꺼움을 느꼈지만, 휘젠거는 지독한 냄새는 안중에도 없다는 듯이 거래를 성사시켰다.

훗날 블록버스터의 회장이 된 휘젠거는 웨이스트 매니지먼트 시절 합병에서 터득한 교훈들을 비디오 체인점을 사들일 때 적용했다. 그는 '좋은 경찰관-나쁜 경찰관 전술'(인간관계를 악화시키지 않고 강경한 자세로 협상하는 방법)을 활용했고, 자신의 스타일로 협상 체결을 위한 개괄적인 계약조항들을 만들었으며, 세부조항에 대한 타결을 볼 때 감수해야 하는 비난에 대해서는 변호사에 의존했다.

이러한 접근 정책 이면에는 록펠러 시대의 스탠더드 오일 사와 비슷한 점이 많다. 체인 소유주들이 사업체를 팔지 않으면, 블록버스터는 그 지역에 체인을 개점할 것이고, 그러면 더 큰 위협이 되는 것이다. 그 회사의 법무 자문위원에 따르면, 웨인은 '지금 100달러에 거래하라, 내일 하면 90달러다' 라고 말한 것으로 유명했다.

웨이스트 매니지먼트와 블록버스터 두 경우에서 모두 휘젠거는 신속한 협상 체결을 추구했다. 그의 팀은 월요일 아침에 협상을 시작하여 하루 18시간씩 한 주에 7일을 꼬박 일한 끝에 협상을 성사시키곤 했다. 그는 아래의 두 규칙을 엄수했다.

1. 거래가 성사될 때까지 온 신경을 거기에 집중하라.
2. 계약서 서명이 끝날 때까지 거래에 관해 절대로 얘기하지 말라.

억만장자를 만들어낼 정도의 거래를 성사시키기 위해서는 강철 같은 정신력이 필요하다. 이 장에 소개된 세 명의 최고 협상가들은 모두 한때 파산 지경에 몰릴 만큼 위태로운 상황들을 경험했다. 만약 그들이 성공적인 거래에 뒤따르는 아드레날린의 왕성한 분비를 즐기지 못했다면, 막대한 부를 축적할 수 있는 협상가의 길을 포기해야 했다. 그들의 성공을 재현하기 원한다면 먼저 협상 자체를 즐기는 법을 배워야 한다.

〉〉슈퍼리치가 되는 법

▶**기본전략**

◆ 협상을 냉철하게 즐겨라.

◆ 위험성이 높더라도 과감하게 도전하라.

◆ 낮은 가격에 매입하라.

▶**주요원칙**

◆ 규칙은 깨지기 마련이다.

◆ 항상 빠져나갈 구멍을 열어두어라.

◆ 지속적으로 성장하라.

◆ 체면을 따지지 말라.

_____ 커크 커코리언이 협상에서 노리는 것들

10만 달러를 목표로 삼던 시기가 있었다. 그때 나는 만약 100만 달러를 갖고 있다면

10만 달러를 만들 수 있을 거라고 생각했다. 그러나 지금 그 정도는 돈도 아니다.

-커크 커코리언

1998년 5월 6일, 커크 커코리언은 하루만에 6억6,000만 달러를 벌었다. 그 금액은 크라이슬러 자동차가 다임러 벤츠와 합병될 것이라고 발표되었을 때 그가 보유한 크라이슬러 주식이 하루 동안 뛰어오른 상승폭이었다. 그는 1990년부터 주식을 사 모으기 시작한 이래 투자액인 14억 달러를 거의 50억 달러에 가깝게 세 배 이상 부풀렸다. 그는 또한 배당금으로 5억 달러를 모았다. 〈뉴욕 타임스〉가 언급한 것처럼, 81세의 이 수백억만장자는 부의 축적에 있어 속도를 늦출 기미를 보이지 않았다.

커크(출생 시 이름은 케코) 커코리언은 65년 동안 주목할 만한 경력을 쌓아가면서 열심히 일해 왔는데, 초년기와는 달리 노년기에는 그에 대한 보상을 훨씬 더 많이 받고 있었다. 그는 고등학교를 중퇴한 이후에 여러 일을 전전했으나 어느 것 하나 수입이 변변치 못했다. 그는 도로건설이나 세쿼이아 국립공원에서 벌목사업을 하는 민간회사에 나이를 속이고 월급 30달러에 취직했다. 커코리언은 메트로 골드윈 메이어MGM 사에서 노동자로 한 시간에 겨우 40센트를 받기도 했지만, 나중에 영화사 스튜디오 관련 일을 하면서 더 많은 액수를 받았다. 또한 한동안은 보일러 설치 기술자로 일하면서 시간당 45센트를 받은 적도 있다.

커코리언이 프로 권투 선수를 목표로 정한 뒤에도 큰 재산을 모을 수 있는 기회는 계속 그를 피해갔다. 그는 한 친구에게 자신의 강력한 오른 주먹은 백만 달러를 벌어줄 수 있지만, 아마추어 선수의 상금은 그다지 많지 않기 때문에 프로로 전향하고 싶다고 했다. 한 경기에서 '라이플 라이트(소총과 같은 오른 주먹)' 커코리언은 상대 선수를 한 방에 KO시켜

상금으로 4달러를 받은 적도 있다. '아르메니아의 암살자'라는 별명을 지닌 그의 형 니숀에게 훈련을 받은 커크는 태평양 아마추어 챔피언을 목표로 삼았다. 그러나 트레이너들은 140파운드에 5피트 11인치의 체격을 가진 그가 너무 왜소하다고 판단하여 프로선수로의 전향을 단념시켰다.

커코리언은 중고자동차 판매점에서 엔진 정비사로 일하면서 사업을 시작했고 거래 협상 기술을 익혀나가기 시작했다. 그는 업자로부터 100달러에 4~5대의 고물 자동차를 사서 수리한 뒤 한 대당 5달러 내지 10달러의 이익을 남겨 판매했다. 그는 펌프 두 개를 가진 주유소와 세차장까지 운영함으로써 부수적인 소규모 사업까지 경험했다.

오랜 시간이 흐른 뒤 커코리언은 동료 보일러 설치 기술자와 함께 재미로 비행기를 탄 후 마침내 큰돈을 벌 수 있는 길을 발견했다. 그때까지도 그의 재정 상태는 그리 좋은 편이 아니었다. 그는 목장에서 거름을 지고, 우유를 짜는 일로 비행기 조종 수업료를 지불해야 했다.

커코리언은 성공을 방해하는 장애물을 없애기 위해 사소한 규정에 구애받지 않는 방법을 찾았다. 그는 로스앤젤레스 고등학교 교직원에게 자신의 고등학교 졸업장을 위조해달라고 부탁했다. 결국 그는 이 졸업장으로 비행기 조종사 자격증을 딴 뒤 2년간 강사로 일할 수 있었다.

____ 비행기 한 대로 성공의 나래를 펴다

제2차 세계대전이 발발하자 커코리언은 캐나다에서 영국이나 스코틀랜드로 폭탄을 공수하는 민간 조종사로 영국 공군에 고용되었다. 마침내 그는 노력에 걸맞은 괜찮은 보수를 받게 되었다. 세금이 면제된 거금 1,000달러(1999년의 약 1만 달러에 해당하는 액수)를 받은 것이다. 이러한 과정에서 그는 래브라도 반도에서 출발한 북대서양 비행에서 신기록을 세우기도 했다.

커코리언은 전쟁 기간 동안의 임금과 그 이자를 합해 1만2,000달러를 모을 수 있었고, 여기에 수익의 일부를 받는 조건으로 여동생이 투자한 5,000달러를 더해서 군용 항공기를 판매하는 사업에 착수했다. 사업 초기에는 하와이에서 DC-3 기종을 구입하여 본토에서 민간 상업용 항공기로 전환시키는 일을 했다. 그 사업은 중고 자동차를 수리해서 되팔던 초창기 사업과 별반 다를 게 없었다. 그러나 수입은 상당히 컸다. 7,000 달러 내지 1만 달러의 비용으로 항공기를 구입하여 6만 달러 정도에 판매할 수 있었다.

그가 이룬 가장 큰 성과 가운데 하나는, 추락한 록히드^{Lockheed} 사의 화물 수송용 비행기 두 대에서 사용이 가능한 부품을 빼내어 새로운 항공기를 제작한 것이다. 파손된 항공기의 매입과 수리 작업 비용으로 48만 달러를 투자하여 비행기 임대료로 2년 동안 35만 달러의 수익을 올리고 60만 달러에 매각했다. 커코리언은 부대사업으로, 단체 여행객들과 신혼부부들을 라스베이거스로 수송하는 전세 항공 서비스를 시작했다. 그는 이러한 전세 항공 서비스를 로스앤젤레스 지역 항공 서비스에 가입시켜 항공기 매매 사업을 보완했다. 항공기를 격납고에 보관하는 대신 비행에 계속 이용함으로써 항공기는 항상 비행할 수 있는 능력을 유지할 수 있었고 그만큼 팔기도 훨씬 쉬워졌다.

한 대의 비행기로 전세 항공 서비스를 시작한 커코리언은 1950년에 9만8천 달러를 들여 중고 DC-4를 구입함으로써 항공기 보유 대수를 두 배로 늘렸다. 한국전이 발발하자 군대 수송기 수요가 증가함에 따라 항공기 가격은 급상승했다. 다음 해에 커코리언은 이 DC-4를 34만5천 달러에 판매함으로써 사업 파트너들을 놀라게 했다. 그 후 몇 달 사이에 항공기 판매 시장은 항공기를 처분한 그의 결정이 옳았음을 입증했다. DC-4의 가격은 10만 달러로 폭락함으로써 커코리언은 항공기 거래에 예리한 직관력을 가지고 있다는 명성을 얻게 되었다. 그러나 그는 끝까지 자신은 욕심을 부리지 않았다고 언급하면서 판매시기에 대한 자신의 예측능력을 부인했다. "나는 단지 뼈에 붙어 있는 고기를 모두 발라먹으려 하지 않았을 뿐입니다. 가격 조건이 합당할 때 거래한 다음 다른 사업 분야로 관심을 돌리는 겁니다."

커코리언이 항공기 거래에서 성공한 또 하나의 비결은 '뒷문 열어놓기'라고 부르는 전술 덕분이었다. 만약 항공기 재판매에서 이윤을 남길 수 없다면 그는 그것을 전세 비행 서비스에 투입할 수 있었다. 만약 그 사업마저 실패한다면 그는 이전에 합의된 낮은 가격으로 제조업자에게 되팔 수 있는 안전장치도 확보되어 있었다. 커코리언이 항상 다른 대안들을 염두에 두는 전략은 크라이슬러 건과 같이 인생 후반의 거래들에서 두드러졌다. 이러한 방법은 로렌스 티시가 로렐 인 더 파인즈 호텔을 완전히 사들이기 전에 그것을 임대하는 방식으로 금전적 손실 위험에 대비한 것과 유사하다.

어떤 사람들은 커코리언의 방식이 정공법이 아니라는 이유로 폄하했다. 그러나 베어스턴스Bear Stearns 사의 회장인 앨런 그린버그Alan Greenberg 는 커코리언에 대해 보다 호의적인 평가를 내렸다. 한 투자 은행의 부회장으로부터 커코리언이 크라이슬러 회사에 대해 세부적인 분석도 하지 않은 채 그 회사 주식의 10퍼센트를 매수하려 한다는 말을 듣고, 앨런 그린버그는 다음과 같이 말했다. "베이브 루스에게 방망이 잡는 법을 가르쳐주지 말라."

커코리언은 1947년에 또 다른 전세 항공기 회사를 인수했다. 그는 회사의 이름을 트랜스인터내셔널TransInternational 항공사라고 지었으며, 이 회사는 1962년에 제트기를 구입한 최초의 전세 항공 서비스 회사가 되었다. 이러한 변화는 커코리언의 사업을 두 배로 키워주었지만 그는 그보다 더 큰 확장을 꿈꾸고 있었기 때문에 자본은 여전히 부족했다.

그는 사업체를 계속 운영하면서 스튜드베이커 사에 항공기를 판매하여 자본 부족 문제를 해결했다. 그는 스튜드베이커Studebaker 사의 엄청난 규모의 재정 자원들을 활용하면 트랜스인터내셔널을 그 지역의 핵심 기업으로 탈바꿈시킬 수 있을 것이라고 계산했다.

판매가격은 주식 제공에 대한 초기 백만 달러 지급과 미래의 수익 배분이었다. 커코리언은 신속하고 성공적으로 계획을 실천에 옮겼으며 그 과정에서 스튜드베이커에 지분 배분을 통해 170만 달러의 자본을 추가로 조성할 수 있었다. 단 2년 만에 스튜드베이커는 항공 사업을 지속하는 게 현명한 일인지 재고한 끝에 커코리언과 그의 동료들에게 회사 경영권을 250만 달러에 되팔았다.

1965년까지 전세기 항공 사업은 급격히 성장했다. 커코리언은 이러한 성장세를 이용해 자본을 모으기 위해 트랜스인터내셔널을 주식시장에 공개했다. 최초의 공모주 가격에서 커코리언의 지분은 대략 700만 달러의 가치를 지녔으나 이러한 성과는 앞으로 다가올 성공에 비하면 미미한 것이었다. 1968년에 커코리언은 트랜스인터내셔널을 트랜스아메리카Transamerica 사에 주식을 받는 조건으로 매각했다. 커코리언이 전체 지분의 58퍼센트를 보유하고 있던 회사 전체에 대한 매각 금액은 1억

4,830만 달러였다. 그 다음해 커코리언은 전부 합쳐 1억400만 달러에 트랜스아메리카의 마지막 지분을 처분했다.

___ 기업 사냥꾼 커코리언에 대한 상반된 평가

현재까지도 커코리언의 거래와 인수는 꾸준히 계속되고 있다. 1955년에 그는 라스베이거스가 머지않아 번영할 것이라고 예견하면서 그 도시의 호텔에 5만 달러를 투자했다. 그러나 그의 투자 타이밍은 빗나갔다. 도박 사업의 성장에 비해 호텔 확장에 필요한 비용이 너무 많이 들었으며, 결국 커코리언은 투자액을 잃고 말았다. 그는 그 후로 자신이 운영해 보지 않은 사업에는 일체 투자하지 않았다. 그러나 그 도시의 밝은 미래에 대한 확신에는 변함이 없었다. 1962년에 그는 플라밍고 호텔과 카지노로부터 라스베이거스 도로를 가로지르는 40에이커의 공터를 96만 달러에 매입했다. 그리고 1996년에 이 소유지가 시저스 팰리스 호텔의 터가 되었을 때 높은 값에 보상받을 수 있었다. 커코리언은 2년 동안의 임대를 통해서 해마다 4백만 달러를 벌어들였다. 그러고 나서 호텔 카지노 소유자에게 5백만 달러에 이 땅을 팔았다.

그러는 동안 커코리언은 라스베이거스의 또 다른 대지를 5백만 달러에 매입했다. 그는 그 대지에 세계에서 가장 큰 카지노를 건설하기 위해서 인터내셔널 레저International Leisure 사를 출범시켰다. 자금조달을 위해 인터내셔널 레저 주식의 17퍼센트를 공모했고, 인터내셔널 레저는 순식간에 큰 성공을 거두었다. 그와 함께 커코리언은 경험이 풍부한 직원들을 확보하기 위해 플라밍고 사를 인수했고, 유능한 경영자를 고용하여 사업체를 수익성이 높은 투자로 전환시킬 수 있었으며, 카지노를 보유하기로 결심했다. 1969년 후반쯤에 커코리언은 불과 1천 660만 달러를 투자하여 1억8천만 달러의 주식 가치를 지닌 인터내셔널 레저를 소유하게 되었다. 〈포춘〉이 어림잡아 평가했듯이 웨스턴 항공사와 MGM 홀딩스의 보유 주식 그리고 그 밖의 자산들을 합치면 그의 총 자산은 2억6천만 달러 이상이었다.

슈퍼리치의 대열에 들어서는 일은 더 큰 거래에 대한 커코리언의 욕망을 자극하는 것에 불과했다. 인터내셔널 레저를 매각한 후에 그는 이처럼 계속 활동할 수 있는 원동력이 무엇이냐는 질문을 받고 이렇게 대답했다. "당신은 내가 무엇을 하길 바랍니까? 손에 음료수 병이나 들고 그냥 앉아 있을까요?"

이러한 상승세를 유지하기 위해 커코리언은 회사 사장의 격렬한 반대에도 불구하고 웨스턴 항공 주식의 28퍼센트를 매입했다. 경영진의 냉담한 반응에도 불구하고 커코리언은 회사가 청문회를 통해서 자신을 제지하려는 시도를 무산시키면서 별도의 대응책을 마련하기 시작했다. 마침내 그는 회사의 방향을 결정할 수 있는 21개의 이사회 직책 중 9개를 겸임하기로 했다. 그의 경영 아래 웨스턴 항공Western airlines은 비용을 줄이고 수익을 증가시켰다. 1976년에 커코리언이 자신의 지분을 경쟁사에 매각할 것을 두려워한 웨스턴 항공의 경영진은 그의 지분을 3,030만 달러에 다시 사들였는데, 이것은 시세보다 18퍼센트 프리미엄을 얹은 가격이었다.

커코리언은 항공사와 카지노의 성공에 만족하지 않고 영화사로 관심을 돌렸다. 그는 다시 한 번 경영진의 강력한 반대에 부딪히면서 1969년부터 메트로 골드윈 메이어MGM의 지분을 사 모으기 시작했다. 1974년까지 그는 영화사와 관련된 의사결정을 통제할 수 있는 50.1 퍼센트의 지분을 획득했다. 한 가지 문제는 인터내셔널 레저의 주식 공개 매도를 통해 차입금을 갚을 계획으로 그가 MGM 주식 매입 자금으로 자본을 대거 차입했다는 점이었다. 그 계획은 증권거래위원회가 주식 공모를 불허함으로써 무산되었다. 결국 커코리언은 자금 확보를 위해 1971년에 인터내셔널 레저를 힐튼 호텔에 매각할 수밖에 없었다.

소심한 사람들은 재정난이 한번 휩쓸고 간 후에는 더욱 소심하게 변하기 마련이다. 이와는 대조적으로 커코리언은 1978년에 컬럼비아 영화사를 상대로 적대적인 입찰에 나섰다. 처음에 그의 지분을 25.5퍼센트로 제한하는 데 동의한 후, 경영진이 사업 전략과 관련하여 자신의 의견을 고려하지 않자, 자신의 보유 지분을 늘리기 위해 촉발된 것이었다.

MGM에서의 그의 경영권을 두고 일어난 독점 금지 소송을 막아내기 위해 커코리언은 결국 컬럼비아 영화사 지분을 시세보다 50 퍼센트 더 높은 가격으로 그 회사에 되팔았다. 그 과정에서 그는 4천3백만 달러의 투자액으로 1억3천4백만 달러의 수익을 올릴 수 있었다. 컬럼비아 영화사의 사장이자 훗날 메이저리그 위원회의 최고 책임자가 된 페이 빈센트는 이렇게 말했다. "그의 경영 전략은 매우 불안했기 때문에 우리는 그를 저지해야만 했다." 커코리언은 불안한 경영을 하지 않겠다는 조건으로 충분한 대가를 받아냄으로써 칼 아이칸이 이용한 기술을 충분히 활용한 셈이다.

컬럼비아 영화사의 경영진들은 커코리언에 이미 질려버렸지만 피곤해할 줄 모르는 이 협상가는 끈질기게 할리우드로 눈을 돌렸다. 그는 1981년에 20세기폭스 사와 그리 성공적이라 할 수 없는 거래를 했으며, 같은 해에 3억8천만 달러를 들여 유나이티드 아티스트United Artists를 인수해 MGM과 합병시켰다. 그리고 다음 몇 해에 걸쳐 어지러울 정도로 아절한 거래들이 줄줄이 이어졌다. 우선 새롭게 합병된 기업은 두 개의 공기업으로 분리되었다. 하나는 영화와 TV방송에 초점을 둔 MGM/UA 엔터테인먼트이며, 다른 하나는 호텔, 카지노, 크루즈, 비행기를 운영하는 MGM 그랜드 호텔이다. 1983년에 커코리언은 기업 전체를 사기업으로 전환하려는 계획을 제안했다가 포기했다. 그는 1986년에 MGM/UA를 터너 브로드캐스팅 시스템^{Turner Broadcasting Systems}에 매각하고 나서, 모든 논란이 진정될 때 쯤 약 5억 달러의 이익을 챙기면서, 1987년에는 MGM의 로고와 유나이티드 아티스트를 다시 사들였다.

커코리언은 1990년에 MGM/UA를 다시 매각했다. 그러나 머지않아 MGM/UA를 인수한 파테 커뮤니케이션^{Pathe Communications}의 후원을 받고 있던 스튜디오가 심각한 재정난에 직면하게 되면서 MGM/UA를 매각한 커코리언은 사기 행위로 고소되었다. 법정 밖에서 이 문제를 해결한 그는 1996년에 다시 한 번 투자 그룹을 이끌고 MGM/UA를 매입했다.

아무도 커코리언의 광적인 질주를 늦추지 못하는 가운데, 그는 1986년에 MGM 그랜드 호텔의 자산을 밸리 매뉴팩처링^{Bally Manufacturing} 사에 매각하고, 항공 사업에서의 이해관계를 새롭게 하느라 여전히 분주했다. 일등급 대륙횡단 수송기를 갖춘 MGM 그랜드 항공사를 위해 영국 항로를 신설하려던 계획이 수포로 돌아가자, 그는 당시 경영난을 겪고 있던 팬암 항공사를 손에 넣으려고 했다. 커코리언의 제안은 거절당했고 다시 그는 트랜스월드 항공사를 차지하려고 했다. 그러나 규제 기관은 아메리칸 항공사에 트랜스월드 항공사의 영국 항로 운항을 승인해버렸다. 그 후 1995년에 그는 MGM 그랜드 항공사를 매각했고 1993년에 MGM 그랜드 호텔과 테마 놀이 공원이 라스베이거스에서 개장되었다.

이 모든 활동들이 한창 진행되면서 커코리언은 크라이슬러 사에 조금씩 개입하기 시작했다.

초창기에 웨스턴 항공사나 컬럼비아 영화사와 거래할 때와 마찬가지로 그는 경영진의 맹렬한 반대에 부딪혔다. 그는 젊은 시절에 돈벌이를 위해 자동차를 수리했던 경험을 제외하고는 자동차 사업에 특별한 경험이 없다는 비난을 받았다.

그러나 커코리언은 투자로 자신의 목적을 현실화하는 방법에 대해 알고 있었으며, 그 목적을 달성하기 위해 몇 가지 방법을 이용했다. 그는 주주들에게 거의 수익을 되돌려주지 못하는 크라이슬러의 막대한 현금 보유량을 줄이도록 했지만 경영진은 완강히 반대했다. 그들은 현금을 사업에 있어서 필수적인 완충장치라고 생각했기 때문이다. 커코리언은 크라이슬러를 자신의 뜻대로 움직이지 못하게 되자, 1995년에 그 회사의 전임 회장인 리 아이아코카Lee Iaccoca와 팀을 구성하여 크라이슬러를 차입 매수하려고 했다. 그 거래는 많은 비웃음을 샀을 뿐 아니라 자금을 끌어들이지도 못했다. 그러나 자신의 투자에서 더 많은 가치를 뽑아내려는 커코리언의 시도는 끝나지 않았다. 1996년 경영진에 대한 그의 끊임없는 압력은 그를 중역회의의 대표로 승인하는 결과를 가져왔다. 그는 대표의 권한으로 크라이슬러의 가치를 증대시키려는 자신의 아이디어를 계속 실행에 옮겼다. 마침내 다임러 벤츠 사와 합병하게 되자 그가 보유한 크라이슬러의 지분 가치는 6억6천만 달러에 이르렀다.

크라이슬러의 일화는 커크 커코리언의 가장 매력적인 특징 중 하나를 부각시켰다. 바로 그의 성격과 방식에 대한 의견이 극과 극을 달린다는 것이었다. 〈포춘〉에서는 그를 불가사의한 인물이라고 묘사하면서 '그는 회사를 소모품이나 도박판의 칩처럼 취급하는 서부의 수레바퀴

장사꾼처럼 보인다'고 평했다. 그러나 커코리언은 서로 이질적으로 보이는 자신의 모든 사업들은 레저 산업을 중심으로 돌아가고 있다고 주장하면서 그러한 평가를 부정했다. 커코리언의 친구들은 한결같이 그가 공손하다고 한다. 억만장자치고는 평범하다며 전 국무장관 알렉산더 헤이그 주니어는 이렇게 말했다. "나는 그가 언성을 높이는 것을 본 적이 없는데, 이는 그의 성품을 대변하는 것이라 생각한다." 〈포춘〉은 그가 트랜스인터내셔널 항공사의 회장이자 대주주였을 때 연례 모임의 의장직을 거절했다며 그의 지나친 과묵함을 지적했다. 그 당시 그는 자신만 간단히 소개한 뒤, 곧 회사의 사장에게 진행을 넘겼다. 그가 MGM의 경영권을 쥐고 있을 때 그는 영화사에서 제작한 영화를 보기 위해 특별상영이나 시사회에 참석하는 대신에 일반 관객들 사이에서 차례를 기다리며 서 있곤 했다.

커코리언이 널리 알려지는 것을 꺼려하는 점에 대해 프라이드와 프랭크, 해리스, 슈리버, 야곱슨 그리고 스테판 프라이딘은, '커크가 감추고 있는 것은 그가 사려 깊고 관대한 사람이라는 사실'이라고 말했다. 배우인 케리 그랜트Carry Grant는 커코리언을 가장 정직하고 엄격하며 신중한 사람이라고 했다. 유나이티드 아티스트의 사장으로 재직 중에 커코리언에게 해고당한 할리우드의 제리 웨인트라우브Jerry Weintraub조차도 그를 아주 멋진 사람이라고 말한다.

〈포브스〉의 1997년판에는 '커코리언이 이익을 위해서라면 수단과 방법을 안 가리고 모든 살들을 빈틈없이 발라먹는다고 알려진 것은 오해이며 회사를 먹잇감으로 삼은 적이 없다'는 기사가 실렸다. 그 기자는 더 나아가 그가 소액 투자자들의 이익을 착취하지 않았다고 주장했다. 반면 커코리언의 MGM 경영에 비판적인 익명의 한 간부는 '당신이 커크와 함께 투자했다면, 그가 죽고 난 뒤에야 이익을 얻을 수 있다'고 말했다.

커코리언이 웨스턴 항공사의 경영을 맡았을 때 뱅크오브아메리카^{Bank} $^{of\ America}$는 그에게 무담보로 7,300만 달러를 빌려주기로 했다. 그의 서명 만으로 그러한 큰 금액을 대출받을 수 있다는 것은 거래에서 결정적인 역할을 했다. 만약 은행이 담보 대출을 할 경우, 커코리언은 연방 준비제 도이사회의 규칙에 따라 대출원금의 다섯 배에 해당하는 담보물을 공탁 해야 하는데, 그것은 그의 능력을 초과하는 것이었다. 뱅크오브아메리카 의 부회장에 따르면, 커코리언은 20년 동안 은행과 거래하면서 약속을 지키고 성실한 사람임을 스스로 입증해 왔기 때문에 그런 특별대우의 자 격이 있다고 했다. 그리고 모션 픽처스$^{Motion\ Pictures}$ 간부인 앨런 래드 주 니어$^{Alan\ Ladd\ Jr.}$는 커코리언에 대해 이렇게 평했다. "그는 함께 사업하기 에는 매우 힘든 사람이지만 그것은 그의 성격적인 부분이다. 곁에서 그 를 지켜본 바로는 그는 정직한 사람이었다."

메이저리그 야구 흥행의 황제였던 페이 빈센트$^{Fay\ Vincent}$는 커코리언 이 컬럼비아 영화사를 인수하기 위해 보유 지분의 크기를 변경하려고 했 던 당시를 회상하며 매우 다른 의견을 냈다. 그는 이렇게 불평했다. "커 코리언은 계약서를 협상의 시작으로 여기는 듯했다."(커코리언은 컬럼비 아의 감독들이 계약을 위반했다고 주장하면서, 협약에 따라 자신이 25.5퍼센트 지분까지만 소유하기로 했던 것을 그 이상으로 늘리려는 계획을 정당화했다) 경제 칼럼니스트인 크리스토퍼 바이런$^{Christopher\ Byron}$은 1997년에 계획된 MGM의 기업공개를 평가하면서 커코리언이 동료 주주들에게 친절했다 는 1997년 〈포브스〉의 견해에 반박했다. 바이런은 이렇게 물었다. "커 코리언이 그 거래 후 영화사를 택한 의도는 무엇인가? 영화사의 피를 빨 아먹기 위한 게 아닌가?" 이 칼럼니스트는 '약삭빠른 금융 수법으로 커코리언은 월 스트리트를 배회하는 유명한 사기꾼 가운데 한 명이 되었다. 그러나 이것은 또한 왜 그는 억만장자이고 그의 동료들은 그렇지 못한가에 대한 설명이기도 하다'고 비꼬았다. 재정 전문가인 펠릭스 로하틴[Felix Rohatyn]도 그와 같은 관점에서 커코리언과 크라이슬러의 분쟁에 대해 다음과 같은 견해를 냈다.

> 커코리언이 크라이슬러 사에서 하고 있는 것은 완전히 파괴적이며 미국산업의 요구에 완전히 반하는 것이다. 그것은 회사의 장기적 이익을 희생하여 회사를 동요시키는 매우 단기적인 발상이다.

자금 관리자인 세스 글릭켄하우스[Seth Glickenhaus]는 커코리언에 대해 '영화에서조차도 찾아볼 수 없는 가장 이기적인 사람'이라고 퉁명스럽게 말했다. 크라이슬러 건에 대해서도 글릭켄하우스는 '커코리언이 다량의 현금을 서둘러 빼내어가는 날을 고대했다'고 주장했다.

커코리언에 대한 이렇게 폭넓고 다양한 평가는 당신이 어떤 관점에서 바라보느냐에 따라 결론이 달라지는 것과 마찬가지이다. 협상 테이블의 반대편에는 이기기 위해 결연히 버티고 있는 상대가 있다. 강력한 펀치를 날리는 권투선수였던 커코리언이 링을 포기했을 때 링 바깥에서 넉아웃시키는 것까지 포기한 것은 아니었다. 사업에서도 KO가 필요하다면 그는 기꺼이 갖가지 방법을 동원해 그렇게 했을 뿐이다. 그러나 사업 밖에서의 커코리언은 성격이 온화하고 함부로 나서지 않는 사람이기도 하다. 그는 상당한 자선 활동을 펼치면서도 늘 조심스럽게 행동해왔다.

____ 어떠한 상황에서도 의연하게 대처하라

궁극적으로 커크 커코리언이 거둔 성공의 원동력은 시들지 않는 끈기였다. 그가 관여한 광범위하고 다양한 사업들은 특정한 분야에 야망을 품고 출발하지 않았다는 그의 주장을 뒷받침한다. 그는 언젠가 이렇게 이야기한 적이 있다. "나는 모든 것에 쉽게 만족하지 못하고 항상 뭔가 새로운 것을 원하는 경향이 있다." 그는 일상적인 사업 운영에는 별 흥미를 느끼지 못했지만 회사를 사고파는 일에는 큰 매력을 느끼고 있었다. 래드 영화사의 간부인 알란 래드 주니어는 이렇게 말했다. "나는 그가 MGMI/UA를 소유하려 했다고는 생각지 않는다. 그가 원하는 것은 영화사를 소유하는 게 아니라 판매하는 것이었다. 그리고 우리는 항상 판매 중이었다."

판돈이 큰 거래마다 그가 성공할 수 있었던 것은 등락을 거듭하는 재산 변동에 의연할 수 있는 큰 배포 때문이다. 커코리언이 처음에 혼자서 MGM을 둘러보고 있을 때 그는 여러 사건들에 연루되어 거의 파산 직전 상태였다. 1969년과 1970년 중반 사이 그가 보유한 유가증권의 장부상 손실액은 거의 4억 달러에 달했다. 한 친구는 이렇게 말했다. "많은 사람들이 주식으로, 사업으로, 혹은 카드로 도박을 한다. 만약 그들이 커크가 처했던 상황에 이른다면 대부분 머리에 총을 쏘거나 주저앉아버렸을 것이다. 그러나 커크는 즉시 회사로 돌아가서 '이 상황에서 우리가 할 수 있는 일은 무엇일까? 자, 다시 시작하자'라고 말한다."

억만장자인 로스 페로나 워렌 버핏에 비하면 커코리언은 억만장자로서 누릴 수 있는 특권을 많이 누린 편이었다. 억만장자가 되기 오래 전에 그는 40미터가 넘는 요트를 샀고 처음으로 DE-9제트기(1999년의 달러 가치로 약 1,800만 달러)를 개인적으로 소유한 사람이 되었다. 그는 영화배우인 케리 그랜트나 조지 래프트와 친분이 두터웠으며, 여배우인 프리실라 프레슬리 등과 데이트를 즐기곤 했다.

그러나 그보다 더 절제할 줄 아는 다른 억만장자들처럼 커코리언은 자신의 동시대 사람들이 오래 전에 은퇴하고 여유를 즐기는 나이에도 계속 부를 축적했다. 오래 전에 그는 라스베이거스의 크랩스(주사위 던지기 게임의 일종) 노름판에서 전설이 될 만큼 거액의 돈을 건 적이 있다. 그 도박은 결국 실패로 끝나며 그 게임에 다시는 흥미를 가지지 않게 되었지만, 그는 거래를 성사시키는 게임을 결코 지겨워한 적이 없었다.

——— 칼 아이칸의 인생은 거친 협상의 연속이다

판돈이 큰 거래를 하며 당신이 우위에 있다고 느끼는 것은 신나는 일이다.
-칼 아이칸

칼 아이칸은 협상에서 끈질긴 것으로 명성이 자자하다. 그는 연관성 없는 주제들을 횡설수설하며 밤이 깊도록 가격 흥정을 해서 상대편을 지치게 한다. 그러고 나서 상대가 생각의 끈을 놓치면서 협상이 중단될 때, 바로 그 지점에서 자신이 얻고자 하는 조건들을 밀어붙인다. 큰 규모의 법률회사인 스캐던, 슬레이트, 압스, 미거 앤 플롬 등의 파트너 변호사였던 제임스 프론드에 따르면, 아이칸은 상대방의 아주 사소한 제안도 양보하지 않았고, 가격 흥정에서 차액을 절반씩 절충해 합의하는 일도 절대 없었다. 이러한 아이칸의 전략을 '대응적 협상'이라고 하는데, 이러한 협상 방법은 지속적인 위협이 특징으로, 어떤 면에서 게이츠의 '대응적인 경영 스타일'과 유사하다. 그와 협상한 적이 있는 한 투자 은행장은 소리치고 고함지르는 그의 협상 태도에 대해 '사람을 극도로 자극해서 지치게 만들 정도'라고 했다.

아이칸에게 인생은 협상의 연속이다. 그는 1984년 소송에서 판사에게 이렇게 말했다. "가격만 적당하다면 우리는 판매할 것이다. 아마도 자식과 아내만 빼면 우리가 가진 모든 것들을 다 팔 수 있다." 최대한의 이익을 얻어내기 위해 사업 협상을 길게 끌었던 것만큼 그는 18년의 결혼생활이 파경을 맞았을 때도 이혼 절차 과정을 질질 끌었다. 유명 인사들의 단골 변호사였던 칼 아이칸의 부인 측 변호사는 이렇게 한마디 했다. "이혼관련 소송을 27년 동안 맡으면서 이번 경우처럼 지독한 상대를 만난 적은 없었다."

1985년 트랜스월드 항공사TWA 인수전에서 아이칸은 밤 9시에 시작하기로 한 협상에 11시에나 모습을 드러냈다. 계속되는 회의로 다른 사람들은 모두 녹초가 되어 있을 때 그는 집에 가서 잠을 자고 샤워를 했다. 그가 생기 있는 모습으로 나타났을 때 TWA 측의 사람들은 이미 피곤에 지쳐 있었다. 항공사 노조 대표는 임금협상에서 아이칸을 상대하기가 어려웠다고 투덜거렸다. 합의에 도달했다고 생각할 때마다, 아이칸은 협약 내용이나 숫자를 자기에게 유리하게 완전히 바꾼 것을 들고 협상 테이블에 다시 나타났다. 아이칸은 인수제안을 포기하고 비행기 조종사들과 기술자들이 아이칸보다 더 끔찍하게 여기는 텍사스 항공의 프랭크 로렌조Frank Lorenzo에게 팔아버리겠다고 위협하면서 조합으로부터 하나씩 양보를 얻어내는 것을 즐거워했다.

TWA의 거래에서 프론드 변호사는 수시로 입장을 바꾸는 아이칸의 고질적 습관에 직면했다. 물론 아이칸은 만약 협상 가격이 만족스럽다면 결코 협상에서 돌발행동을 하지 않을 것이라고 했다. 프론드는 아이칸과의 협상에서 그를 50퍼센트만 믿는다고 말한 적이 있다. 아이칸은 협상에서 지킨 많은 약속들을 예로 들면서 반박하고 나섰다. 프론드는 한 발 물러서서 '아이칸은 자신이 한 말의 75퍼센트 정도 약속을 지킨다'고 했다. 그러자 아이칸이 또다시 반박했다. "아니, 80퍼센트야. 적어도 난 80퍼센트 정도는 약속을 지킨다고." 협상이 습관화된 협상가에게 모든 것은 협상 대상이 된다.

TWA를 인수한 후에도 아이칸의 협상은 계속되었다. 항공사의 광고 대행사인 영 앤 루비컴Young & Rubicam 사는 아이칸이 수정한 작업 비용 지급방식으로는 이윤이 남지 않는다고 주장하면서 거래를 포기했다. 영 앤 루비컴의 임원에 따르면, 아이칸은 단지 상대방의 반응을 보기 위해 거래에서 모욕적일만큼 낮은 가격을 제안하는, 즉 불가능한 것을 요구하는 고객이었다. 만약 대행사가 가격을 3백만 달러씩이나 낮춰줄 수 없다고 항의하면 아이칸은 다시 2백만 달러 인하를 요구해올 것이다.

TWA를 막대한 차입 거래를 통해 사기업으로 전환한 후, 아이칸의 계획은 그 항공사를 다른 항공사와 합병하여 자신의 지분을 처분하고 자금을 빼내는 것이었다. 그러나 그의 제안가는 잠재적 인수자들이 지급하려는 금액보다 언제나 더 높게 나타났다.

1988년에 TWA의 사장인 조 코어Joe Corr는 4억2,500만 달러를 제시했으나 아이칸은 4억5천만 달러를 요구했다. 코어에 따르면, 그 후 아이칸은 자금조달 계획을 세워 그의 동료들이 코어 회장의 제안가보다 더 높게 제시하게 했다고 한다. 화가 난 코어 회장은 결국 TWA를 떠났고, 아이칸의 협상은 계속되었다.

1992년에 아이칸의 차입거래와 손실액으로 부채가 가중된 TWA는 구조조정을 통한 파산보호신청에 들어갔다. 이제 아이칸은 새로운 협상 상대자로 연금지급보증공사(PBGC, 기업이 파산할 경우 근로자들에게 연금을 대신 지급해주는 지급보증기관)를 맞이했다. 이 기관은 항공사가 최종적으로 청산되더라도, 12억 달러로 추정되는 재원을 조달하지 않은 연금부채 때문에 회사가 힘들지 않도록 지원하겠다고 했다.

TWA의 주식을 개인적으로 그리고 투자그룹을 통해 80퍼센트 이상 보유한 주주로서, 아이칸은 법적으로 '컨트롤 그룹' 소속으로 간주되었다. 사람들은 이것을 전략적인 실수라고 지적했는데, 아이칸은 이러한 지위 덕분에 연금 지급의 의무와 그의 다른 사업체로 확대된 부채까지 책임져야 했다. 실제로 의회는 '아이칸 구하기' 특별 법령을 제정했다. 이 법령은 회사 구조조정의 결과, 아이칸의 소유 지분이 80퍼센트 이하로 떨어지더라도 경영권을 그대로 유지할 수 있게 하는 것이다(미주리 주의 상원 의원인 존 댄포드는 특별 법령을 격렬히 반대하면서 이렇게 말했다. '항공사 운영을 허가해서는 안 되는 사람이 몇몇 있다. 나는 그 이름들을 일일이 밝히고 싶지 않지만 그 첫 번째는 칼 아이칸이다'). TWA의 생존 능력에 대한 의구심과 함께 아이칸은 그동안 구축해온 자신의 사업 왕국을 모조리 잃게 되는 상황에 직면했다.

PBGC의 이사 다이앤 버클리는 매우 기민한 협상가라는 명성을 얻고 있었던 반면, 아이칸은 늘상 사용하는 교활한 수법으로 자신의 전문 레퍼토리에 의지했다. 버클리는 아이칸에게 TWA에 2억 달러를 대출해주고, 3억5천 달러짜리 증서에 서명한 후 PBGC에 지급함으로써 연금 부채를 청산해야 한다고 제안했다. 아이칸은 항공사에 보증대출과 TWA 자산을 PBGC에 담보물로 제공하는 것을 포함시켜 턱없이 낮은 제안가로 반격했다. 그는 동시에 몇 가지 다른 제안들을 테이블에서 제시하며 버클리를 당황시키려고 했다. 반면 버클리는 전적으로 가는 게 있으면 오는 게 있어야 한다는 식의 상호 간에 공정한 협상을 고수하려고 했다. 마침내 아이칸은 최후통첩을 제시했다. 그가 부담해야 할 연금 부채액을 1억 달러로 제한만 해준다면, 요청받은 2억 달러 대출을 제공하겠다고. 아이칸은 PBGC가 연금부채의 일부 금액에 대해 다른 재원을 통한 대출을 확보한 후 TWA 연금지원 계획을 무산시킬까봐, 그래서 그가 12억 달러로 추정되는 연금부채로 고소당할지도 모르는 모험을 걸었다.

그는 이 도박을 받아들였다. 수년 간 법정 소송을 진행하다가 결국 거의 아무것도 지불하지 않은 채로 끝날 수도 있다는 것을 알고 있었다. 결국 아이칸은 2억 달러 대출을 제공했고 연금지원 계획이 끝나는 시점에 매해 3천 달러씩 8년에 걸쳐 지급하는 데 합의했다. 총합 2억4천만 달러는 PBGC가 처음에 요구했던 12억 달러와는 상당히 거리가 있는 액수였다. 거래 조건의 일부로, 아이칸은 또한 연간 펀드를 조성하여 연금부채의 부족분을 보충하는 것에 동의했다. 그러나 그의 계약상의 의무들은 구조조정을 통한 파산보호 신청에서 PBGC가 받았던 TWA 주식에서 수익이 나면서 상당부분 줄었다. 그는 또한 협상을 통해 14억 달러에 이르는 연금 펀드의 자산 운용 권한을 얻어냈고, 높은 투자수익률을 올려 자신의 채무를 추가로 변제할 수 있었다.

마지막으로 아이칸은 협상에서 자신의 목표를 관철시키기 위해 무조건 허세와 엄포를 놓기보다는 창의성을 발휘하기도 했다. 1995년에 2억 달러 대출금의 상환 만기일이 다가왔을 때, TWA는 그때까지 두 번의 파산을 겪으면서 그에게 상환할 자금이 부족했다. 아이칸은 비행기 티켓으로 상환 받기로 합의함으로써 해결책을 찾았다. TWA가 그에게 할인 가격에 비행기 티켓을 발행하면 그는 그것을 제 3자에게 팔 수 있었다. 이러한 방법으로 항공사는 부채 잔금을 치러나갈 수 있었지만 새로운 논쟁이 발생했다. TWA 경영진이 '아이칸 항공'의 대폭 할인된 요금으로 자사 자체 수익이 위협받고 있음을 인식하기 시작했던 것이다.

TWA는 칼 아이칸에게 결코 홈런이 될 수 없었다. 경쟁 인수 후보였던 텍사스 항공의 프랭크 로렌조를 포함한 몇몇 업계 관계자들은 아이칸이 실제로 TWA를 인수할 의도는 전혀 없었으며, 단지 그의 보유 주식으로 단기 수익을 노렸던 것이라고 생각했다. 하지만 결정적인 순간이 왔을 때 아이칸이 그 항공사 매수에 주춤거렸다면 그는 훨씬 불리한 위치에서 협상을 해야 했을 것이다. 마찬가지로 만약 그가 TWA 인수에 필요한 차입 자금을 산정하고 나서 그 엄청난 금액이 주는 위험 부담에 덜덜 떨었다면 그는 결코 억만장자가 될 수 없었을 것이다.

아이칸은 드레이퓨스 앤 코^{Dreyfus & Co.}에서 주당 100달러를 받던 주식 중개인 견습생으로 쌓은 경험을 활용하여 일련의 기업 인수전에서 엄청난 위험을 감수함으로써 억만장자가 되었다. 그는 직접 설립한 작은 증권회사를 기반으로 철도차량 제조회사인 ACF 인더스트리^{ACF Industries}의 경영권을 획득했으며, 마블 엔터테인먼트^{Marvel Entertainment}, 팬암, RJR, 나비스코^{Nabisco}, 텍사코^{Texaco}, USX와 같은 회사들의 인수 쟁탈전으로 신문의 톱 기사거리가 되기도 했다.

아이칸은 확실히 수동적인 투자자는 아니었지만, 억만장자의 상위 리스트에 오르는 과정에서 그 누구보다도 가장 직접적으로 주식시장을 활용한 사람이었다. 그러나 대부분의 주식 운용가들은 그와 같은 시도를 하고 실패를 맛본다. 그 둘 사이에는 어떤 차이가 있을까? 칼 아이칸처럼 끈질기게 협상하는 사람은 드물기 때문이다.

—— 나는 구매자인 동시에 판매자다

나는 사업의 전략적 타이밍과 그 주기를 전공하는 학생이다.

-필 안슈츠

"나는 구매자인 동시에 판매자이다. 이것은 상대에 따라 달라진다."
이것은 1992년도에 이르러 철도사업의 핵심 주자가 된 필 안슈츠Phil
Anschutz의 면모를 그대로 나타낸 말이다. 사업 초기에 대부분의 사람들은
그의 선택을 하찮게 여겼다.

안슈츠는 1984년에 리오그란데 사를, 1988년에는 남태평양 철도회사
를 인수했다. 그는 막대한 부채를 안고 있는 남태평양 철도회사를 살리
기 위해 덴버 앤 리오그란데 웨스턴 철도회사와 합병했고, 부동산을 청
산해 자금을 끌어들이려고 했다. 하지만 부동산 경기의 악화로 매각 시
점을 연기하게 되었고 남태평양 철도회사는 막대한 자금의 부담을 껴안
게 되었다. 이 회사에서 필요한 자본은 기업이 합병된 후 운용할 수 있는
현금 보유액의 두 배에 달했다. 또한 안슈츠가 설립한 남태평양 철도회
사의 동업자들은 투자에 대한 이익 분배를 요구하면서 압력을 넣기 시작
했다.

그러나 본질적인 문제는 기존의 남태평양 철도회사 투자자들이 더
이상 투자를 하지 않으려 한다는 것이었다. 이익의 대부분은 안슈츠가
인수한 철도사업이 아닌 다른 부문에서 나오고 있었다. 고군분투하는 이
회사는 서비스의 질적 향상을 이룬 다른 경쟁 철도회사에 대해 차츰 경
쟁력을 잃어가고 있었다. 또한 트럭 운전사들과의 트러블로 인해 수익에
직접적인 타격을 입기도 했다. 안슈츠는 심각한 적자와 부채를 감당하기

위해 부동산 매각 및 경영 방안에 대해 재협상을 시도해야만 했다.

안슈츠가 소리 없이 조용히 움직이기 시작할 때 주위에서는 냉담한 반응을 보였다. 은행에서는 남태평양 철도회사를 분할 매각하라고 독촉하기 시작했다. 안슈츠가 남태평양 철도회사를 다른 회사에 통합시키지 않은 까닭은 무엇일까? 그가 해야 할 일은 주간(州間) 통상위원회로부터 남태평양 철도회사가 독자적인 기반으로는 회생 가능성이 없음을 인정받는 것이었다. 그러나 안슈츠는 포기하지 않았다. 그의 이런 선택에 대해 〈포브스〉는 고리타분한 고집과 과대망상, 자학의 결합이라고 표현했다.

안슈츠는 실패를 인정하지 않은 채 서비스의 질적 수준을 높이기로 했다. 밀어붙이기식 경영은 더 이상 가망이 없었지만 그는 좋은 상황을 기대하며 투자를 멈추지 않았다. 안슈츠는 머지않아 멕시코 철도와 연결하기 위해 확장시킨 남태평양 철도회사의 노선이 나아질 것이라고 주장했다. "우리는 몇몇 다른 철도회사들이 어떻게 하고 있는지 보았고 그것들은 좋아 보였다. 하지만 우리들 대부분은 기적소리나 호각소리를 원치 않으며 감당할 수도 없다. 분명한 것은 이 철도가 소수의 사람들을 위해 더 많은 일을 하리라는 사실이다. 우리는 그런 면에서 이 철도를 좋아하게 될 것이다." 결국 안슈츠의 고집은 그를 비판하는 사람들의 예상과는 다른 결과를 낳았다. 그는 1993년에 에드 모이어스Ed Moyers를 새로 사장 자리에 앉혔다. 에드 모이어스는 일리노이 센트럴을 흑자로 전환시켜 명성을 얻은 사람이다. 모이어스는 즉시 직원을 줄이고 서비스를 질적으로 향상시켰다.

이 두 가지 전략은 한동안 계속되었다. 모이어스는 고객의 짐이 어디에 있는지도 모르는 운송 담당자를 보면 '즉시 짐의 위치를 파악하든지 해고를 당하든지 둘 중 하나를 선택하라'며 호통을 치곤했다. 한번은 남태평양 철도회사의 본사로 27명의 부사장들을 소집한 뒤, 두 달 안에 많은 부사장들이 자리에서 물러나게 될 것이라고 짧게 말하고는 회의를 끝내기도 했다.

모이어스는 가끔씩은 불가피하게 안슈츠와 함께 행동할 때도 있었다. 그럴 때면 두 사람은 비용 문제를 비롯해 여러 가지 의사결정에 이르기까지 사사건건 언쟁을 벌이곤 했다. 중역 간부 회의에서 안슈츠는 그가 앉을 자리에 다른 간부를 앉게 해 그의 의사 발표를 방해하기도 했다. 이러한 갈등에도 불구하고 모이어스는 철도사업이 회생할 수 있다는 가능성을 보여주었다. 1993년 8월 남태평양 철도회사는 주당 13.50달러에 주식을 공개하여 재정을 확보할 수 있게 되었다. 또한 주식공개 첫 해 동안 21달러와 19.75달러의 가격으로 채권을 발행했다. 안슈츠는 32퍼센트의 주식을 소유하여 10억 달러를 확보하게 되었다.

실제적으로 첫 봉급을 지불한 날은 1996년 8월 6일이었다. 그 날 주정부에서 남태평양 철도회사와 태평양 철도회사의 합병을 승인함으로써, 안슈츠의 출구 전략에 청신호를 보내주었다. 이 두 회사의 합병은 기발한 사업 아이디어인 것처럼 보였다. 그러나 철도업계에서 가장 큰 영향력을 발휘하고 있는 게라몬드 하리만은 미국 대법원의 반대에 부딪치게 되었고, 결국 합병은 무산되고 말았다.

안슈츠의 합병 제안에 미 농림성, 법원, 교통부, 텍사스 철도위원회 등이 모두 반기를 들었다. 그러나 남태평양 철도회사와 태평양 철도회사는 로비 활동을 통해 새로 생긴 교통국의 승인을 얻게 되고, 이로써 순조롭게 합병을 진행할 수 있었다. 안슈츠는 덴버 앤 리오그란 데 웨스턴 회사에 새로운 자금을 투입하기보다는 남태평양 철도회사의 소유권을 차입 자본으로 삼으려고 했다. 그의 지분은 남태평양 철도회사와 태평양 철도회사가 합병할 때 26퍼센트로 총 14억 달러의 가치를 지니게 되었다. '안슈츠의 홈런' 으로 불리는 이것은 미 철도 역사상 단 한 번에 최대의 이익을 창출한 사건으로 기록되었다. 그 거래로 미국 내 가장 큰 철도회사가 만들어졌고 필 안슈츠는 그 회사의 최대 주주가 되었다. 이제는 '지속적으로 성장하라' 라는 억만장자의 행동강령에 따라 고속 페달을 밟을 일만 남은 것이다.

_____ 가치를 예리하게 파악하고 민첩하게 움직여라

평범한 기업가가 9,000만 달러를 14억 달러로 늘렸다면 그에 만족하여 승리를 선언할지도 모른다. 하지만 안슈츠는 달랐다. 철도사업이 이익을 내자 그는 광섬유 분야의 사업으로 눈을 돌렸다. 퀘스트 커뮤니케이션스 인터내셔널이라는 회사는 태평양 철도회사와 남태평양 철도회사가 합병한 지 1년도 채 안 되어 주식을 공개했다. 주가는 6개월 사이에 175퍼센트 정도 뛰었으며 안슈츠가 보유하고 있는 85퍼센트의 주식은 35억 달러에 이르렀다. 그러나 이 벤처 기업에 대한 초기 투자는 고작 5,500만 달러에 불과했다. 퀘스트 커뮤니케이션스 인터내셔널에 투자한 한 자산가는 안슈츠의 안목과 판단력에 대해 이렇게 평했다.

안슈츠는 앞으로 가장 중요하게 될 사업이나 시장이 무엇인지 분석하는 능력이 매우 뛰어나다. 그는 대부분의 사람들이 미처 생각지 못한 방법으로 자신의 자산을 활용한다.

안슈츠는 그러한 안목과 판단력을 활용하여 1993년과 1997년 사이에 그의 자산 가치를 19억 달러에서 62억 달러로 높였다. 그의 활동 범위는 철도사업이나 부동산, 통신에 머무르지 않았다. 그의 사업은 콜로라도의 석탄과 텅스텐, 남미의 안티몬까지 이어졌다. 게다가 하키와 축구에도 관심을 보였다. 주식시장은 안슈츠가 활동하는 또 다른 생산적인 장이었다. ITT와 펜월트Penwalt에 투자해 가볍게 1억 달러 가까이 벌었다. 상당히 불확실하게 여겨졌던 시멘트 제조회사의 아이디어에 6,000만 달러를 투자해 3,000만 달러의 이익을 보기도 했다.

이런 다양한 경력 때문에 안슈츠가 원유 생산을 통해서 처음으로 억만장자의 대열에 진입했다는 사실을 기억하는 사람은 별로 없다. 캔자스에서 태어나 덴버에서 살았던 그의 아버지는 유정 굴착기를 만드는 회사를 운영하고 있었는데, 그곳이 안슈츠의 첫 출발점이었다. 그의 아버지 프레드는 다소 무모한 사업가였다. 1962년 아버지의 건강이 악화되자, 안슈츠는 법률 공부를 그만두고 아버지의 사업을 맡게 되었다. 그러다가 그 회사를 팔고 와이오밍 주와 유타 주에서 목장 일을 시작했다. 그런데 우연히도 유타 주는 미국에서 가스가 가장 많이 발견되는 곳이었다. 안슈츠는 1978년에 가스가 발견될 만한 지역의 1,000만 에이커에 대해 차용 계약을 맺었다. 그는 곧 가스와 원유 매장지가 서부의 몇 개 주에 걸쳐 광대하게 펼쳐져 있는 오버트러스트 벨트에서 유명 인사로 떠올랐다.

1984년에 에너지 가격이 최정상에 이르렀을 때 안슈츠는 목장 땅의 절반을 5억 달러에 팔아 넘겼다. 그중 9천만 달러를 덴버 앤 리오그란데 웨스턴 회사에 투자했다. 또한 독립적으로 석유를 생산하는 포레스트 오일에 상당한 금액을 쏟아 부었다. 여기에서 다시 실질적인 수익이 생기면 그 수입을 석유 탐사 쪽으로 돌리곤 했다.

안슈츠의 협상 기술은 가히 전설적이라 할 수 있다. 석유 생산업자들이 오버트러스트의 일부 지역이라도 사기 위해 몰려왔을 때, 그는 기민하게 훗날 발견되는 자원에 대한 이권을 유지한다는 조건에 자신에게 유리한 가격으로 땅을 팔았다. 그는 유타 주가 그에게 70만 달러에 어느 섬(몰몬교의 역사가 담겨 있는)을 팔라고 제안했을 때에도 고집 센 협상 스타일을 고수했다. 그는 그 제안을 거절했고 그 섬을 비하하는 주정부에 대해 소송을 제기했다. 7년 동안의 싸움 끝에 이 끈질긴 협상가는 일정 광물에 대한 소유권을 유지한다는 조건에 390만 달러의 가격을 받아냈다.

안슈츠는 가장 성공적인 거래 협상가답게 젊은 시절부터 가치 평가에 대한 날카로운 안목을 보여주었다. 애치슨, 토페카, 산타페 철도의 시카고 본사 지하실에서 서부 예술에 대한 안목을 키운 나이가 겨우 스물일곱이었다. 그 철도회사는 본래 여행 포스터로 쓸 그림 작품들을 의뢰해왔다. 간신히 그 회사의 회장을 인터뷰할 기회를 얻은 자리에서 안슈츠는 구하기가 어려워 사람들에게 거의 잊혀져간 작품들을 카탈로그로 만들 것을 제안했다. 며칠 후 그가 헐값에 사들인 85개의 그림들은 훗날 몇 백만 달러의 가치가 있는 작품으로 평가받았다.

안슈츠의 거래를 살펴보면 항상 위험을 감수하면서 성공적인 협상을 이끌어냈다. 이러한 특성은 아버지로부터 물려받았는데, 1950년대를 떠들썩하게 만든 원유 시장에서 아버지의 재산은 큰 위험에 처했다. 그 당시 안슈츠의 가족은 주택담보 이자도 마련하기 힘들 지경이었다. 안슈츠는 이러한 곤경에서 간신히 빠져 나오는 동안 여러 가지 기복을 경험했다. 1987년 에너지 가격이 폭락했을 때 그는 종업원 중 절반 이상을 구조조정했고 그 동안 무료로 제공되던 과자와 음료까지 중단시켰다.

쉐브론과의 계약을 조율하고 있을 무렵인 1968년에 안슈츠는 처음으로 석유를 발견했다.

그 발견된 매장지를 최대한으로 이용하기 위해, 그는 막대한 돈을 빌려서 인근 임대용 부지를 있는 대로 사들였다. 그 후 재난이 들이닥쳤다. 트럭에서 촉발된 스파크로 그 일대 지역이 순식간에 불길에 휩싸였다. 파산 직전에 직면한 안슈츠는 그럼에도 불구하고 모든 법적 의무를 다하는 조건으로 또 다른 착암기를 구입했다. 유니버설 스튜디오가 배우 존 웨인이 유전 지역의 소방수로 등장하는 영화 〈헬파이터Hellfighters〉를 찍게 된 것도 이러한 연유에서였다. 안슈츠는 10만 달러에 유니버설 카메라 담당자가 실제로 불타는 그의 유정을 찍을 수 있게 했다. 그 정도의 돈은 진짜 소방관을 불러 화재를 진압하기에 충분했고, 궁극적으로 안슈츠가 건전한 수익을 실현할 수 있도록 해주었다.

안슈츠는 유전에서 발생한 화재를 떠올리며 이렇게 말했다. "궁지에 몰리는 경험을 하는 것은 중요하다. 그것을 통해 새로운 사고를 하는 법을 터득할 수 있기 때문이다." 부를 축적하는 것은 마라톤 선수의 장거리 경주와 같으며, 그 성공의 중심에는 결단력이 내재되어 있기 마련이다. 그의 한 동료는 이렇게 말했다. "그는 조건을 제시한 후 꿈쩍도 하지 않을 것이다. 그는 그가 번 돈의 액수 이상으로 똑똑하다. 이미 벌어들인 돈의 액수는 중요하지 않다."

경쟁심을 자극하라

불행은 우연히 찾아오지만 행운은 계획의 결과다.

브랜치 리키|Branch Rickey

뛰어난 경영 능력은 막대한 부를 쌓는 데 매우 중요한 역할을 한다. 그러나 억만장자가 되느냐 마느냐가 경영 기술에 달려 있다고 규정짓는 것은 옳지 않다. 세부적인 경영 문제에 얽매이게 되면 좀 더 중요한 일인 자신의 부를 축적하는 일에 소홀하게 된다. 대신 그들은 개인적인 부의 축적보다는 조직, 직원 채용, 동기부여라는 세 가지 중요한 경영 문제에 자신들의 역량을 집중시켜야 한다.

＿＿자신의 개성이 조직에 녹아들게 하라

'조직'은 억만장자가 되고 싶어 하는 개성 강한 개인주의자들이 아주 싫어하는 단어이다. 그들에게 독자적으로 부를 쌓는다는 것은 혼자서 마음대로 자신을 표현할 수 있는 자유를 지닌다는 의미이다. H. L. 헌트가 대중의 눈치를 보지 않고 논쟁의 여지가 있는 정치적 견해를 출간했던 것처럼 리처드 브랜슨 역시 여론에 개의치 않고 관습을 무시하며 자신의 주장을 펼칠 수 있다. 윌리엄 H. 화이트^{William H. Whyte}가 1956년 쓴 《The Organization Man》이라는 책 덕분에 많은 사업체 조직들은 정반대의 성향을 지닌 인물, 즉 주체성 없이 체제에 순응하는 인물들과도 함께 조직에서 일할 수 있었다.

막대한 부를 쌓기 위해 당신의 개성을 포기할 필요는 없다. 사실 자수성가한 억만장자들은 대부분 그들의 사회적, 철학적, 정치적 견해는 다른 사람들과 동일하다 할지라도 최소한 사업에 대한 접근 방식만큼은 어떤 집단에도 속하지 않는 이단자들이다. 집단주의적 사고에 젖은 사람들은 동일한 방법으로 동일하게 일을 처리하기 때문에 평균의 함정을 극복하지 못하고 〈포브스〉 선정 400대 부자에 이름을 올리지 못한다.

반대로 자유로운 경쟁은 그 평균의 함정에서 벗어나는 유일한 방법이다. '조직'이라는 단어가 내포하는 부정적 의미의 폐해로 인해 기회는 아주 힘겹게 주어진다. 다음과 같은 유형의 행동을 보이는 회사는 끊임없이 변화하는 환경에 효과적으로 대처할 수 있는 경쟁사들보다 당연히 뒤처지게 된다.

◆ 지나치게 긴 의사소통 과정 때문에 고위 간부들이 시장에서 일어나

는 변화를 알아차리지 못한다.

* 평지풍파를 일으킬지도 모른다는 두려움 때문에 직원들이 중요한 의견을 허심탄회하게 말하지 못한다.
* 경영자들은 실수를 하지 않는 것을 더 중요하게 생각하고 위험 부담을 피하려 한다.
* 경영자들은 기득권을 지키는 데만 집착하여 새로운 사업 기회를 포착하는 데 실패한다.

절차가 복잡한 회사의 리더들은 결코 신속한 결과만 강조하는 사람들이 아니다. 만일 창조적인 아이디어가 끝도 없이 긴 검증 절차를 거쳐야만 한다면, 그 아이디어는 업계에서 경쟁 우위를 차지할 수 있을 정도로 빨리 실행될 수는 없을 것이다. 로스 페로가 제너럴 모터스 사의 느린 대처로 인해 겪었던 것처럼 좌절을 겪어본 사람이 운영하는 회사에서는 새로운 아이디어가 보다 빨리 행동으로 연결될 것이다. 억만장자들이 효율적인 회사를 만드는 방법에서 특이한 점은 그것이 구조라든가 성과 측정과 같은 공식적인 요소들과는 거리가 멀다는 것이다. 오히려 강한 개성들을 조직 안에서 변함없이 활용하는 것이 더 중요하다.

샘 월튼은 끊임없이 소비자와 실무자, 경쟁자가 있는 현장에서 정보를 얻음으로써 성공적인 회사를 만들어냈다. 샘 월튼과 지역 책임자들은 지속적으로 각 지역의 월마트 체인점을 방문하여 전 직원들로부터 유용한 정보를 얻었다. 월튼은 경쟁사의 체인점을 지속적으로 점검하며 편협한 시각에서 벗어나려 노력했다. 주중 내내 월튼과 최고 경영자들은 회사 내 모든 계층의 직원들로부터 걸러지지 않은 최신 정보를 수집하였고, 매주 토요일에는 향후 판매 촉진 계획을 논의하기 위해 모임을 가졌다. 매장의 영업시간이 끝날 즈음이면 그들이 만들어낸 계획안은 전 지점으로 전파되었다.

조직을 이야기하려면 존 록펠러를 빼놓을 수가 없다. 그는 1882년에 독점적 기업활동을 도입했다는 것만으로 천재적인 인물로 꼽힌다. 이전의 카르텔 제도는 결속력이 약했으며 다른 회사들의 부정행위(가격 할인 같은 행위)를 막을 수 없었다. 법적으로 심한 규제에도 불구하고 스탠더드 오일 사는 미국 전역에 걸쳐 사업을 전개하면서도 강력한 중앙 통제를 실현시켰으며, 전미 정유업계의 90%를 차지하고 자신의 회사 제품의 가격을 단일 가격 체제로 유지할 수 있었다. 이후 록펠러는 여러 회사가 모방하게 된 트러스트 형태의 회사를 실행에 옮겼을 뿐 아니라 현대적이면서 방대한 규모의 글로벌 회사를 창조했다.

그는 이 모든 것을 스탠더드 오일의 지분을 1/3도 채 소유하지 않은 상황에서, 그리고 모방할 만한 특별한 모델이 없는 상황에서 이루어냈다. 록펠러는 회사문제를 의논할 때 '나'라는 단어를 사용하는 것을 극도로 싫어했다. 록펠러는 그의 동료들에게 회사 전체의 이익을 위해 일한다는 것을 강조하기 위해 항상 '우리'라는 말을 쓰도록 권고하며 결속력을 다졌다.

개인적인 인간관계에 있어 록펠러는 월튼이나 휘젠거가 보여주었던 활발한 성격보다는 성실하고 진실된 면이 많았다. 스탠더드 오일의 간부들에 대한 그의 영향력은 빌 게이츠처럼 경외심을 불러일으키는 존재였다. 그도 빌 게이츠처럼 똑똑하고 강한 의지를 지닌 동료들을 좋아했으며 회사 정책에 대해 격렬한 토론을 나누도록 격려했다. 하지만 여전히 다수 위에 군림하는 경향이 있었다. 스탠더드 오일의 한 간부는 이렇게 말했다. "록펠러는 항상 우리보다 좀더 멀리 내다봤다. 그러고 나서 그는 가까운 미래를 봤다."

록펠러는 각 주에 건설된 회사들이 모여서 만든 복잡한 회사를 순조롭게 꾸려나가기 위해 매우 효과적인 간부 위원회 시스템을 고안해냈다. 고위급 간부 위원회는 회사의 모든 주요 비용을 통제하는 일을 했고, 다른 위원회들은 구매, 수출, 송유관 경로와 같은 분야를 집중적으로 담당했다. 트러스트 내에 있는 각 회사는 이러한 특별위원회가 고안한 경영 혁신법을 적용해나갔다. 동시에 위원회는 비효율적인 공장을 폐쇄하고 작은 정제소들을 3개의 큰 정제소로 통합시키는 등 회사 전체의 경영을 합리화했다. 록펠러는 포상을 내리는 방법을 통해 자회사들 간에 경쟁할 수 있는 틀을 마련했는데, 이러한 자극은 독과점 상태에서 일할 경우 안이해질 수 있는 경영자들에게 매우 효과적이었다.

요즘의 기업체들은 선의의 경쟁 상태에서 일한다는 점이 다르긴 하지만, 1세기가 지난 지금까지 록펠러의 조직 경영 원칙은 여전히 매우 건전한 모델로 여겨지고 있다. 간부 위원회가 열릴 때마다 그는 많은 말을 하지 않고 경영자들에게 상당한 자율성을 부여했다. 하지만 깊이 생각해본 후에 여러 가지 문제들에 대한 해결 방안을 제시하곤 했다. 빌 게이츠는 좀더 극단적인 방식이기는 하지만 록펠러와 비슷하게 생산적인 방식으로 소규모 팀들과 상호 교류를 유지하고 있다. 미래 기업체의 조직 구조는 경제 변화에 따라 계속 변하겠지만 조직에 대한 록펠러의 효율적인 기본 원칙들은 영원히 남을 것이다.

―― 능력 있는 직원을 어떻게 뽑을까?

억만장자를 배출해낼 정도로 거대한 규모를 가진 기업들은 대부분 한 사람의 훌륭한 경영자가 효과적으로 운영하기에는 너무 복잡하다. 따라서 유능한 경영자를 갖는 것은 막대한 부를 축적한 대부분의 사람들에게 아주 중요한 일이다. 매일매일 경영에 참여하는 것이 매우 힘들기도 하지만 대부분의 자수성가한 억만장자들은 좀더 이익이 남는 사업에 전념하고자 한다. 그들은 좀더 많은 거래를 성사시키고자 경쟁의 한계를 극복하면서, 세부적 경영기법에 숙달된 전문 경영자들보다 훨씬 더 많은 부를 축적하게 되는 것이다.

록펠러는 재능 있는 사람을 발견했을 때마다 그들을 고용했는데, 이는 스탠더드 오일이 성장하면 더 많은 사람이 필요할 것이라고 확신하고 있었기 때문이다. 그는 적으로 여기던 경쟁사에서도 인재를 뽑아왔는데, 처음에 록펠러의 독과점을 커다란 아나콘다라고 비유했던 사람을 후에 그의 후임자로 고용하였다(펜실베이니아에 있는 오일 크릭 사의 존 D. 아크보드는 록펠러를 괴물로, 그의 동료들은 40인의 도적이라고 부르며 혹평을 서슴지 않았다). 록펠러는 사람을 뽑을 때 무엇보다도 사람을 다루는 기술을 지닌 사람들을 골랐다. 그는 이러한 능력을 설탕이나 커피처럼 자신이 직접 구입할 수 있는 일종의 상품이라 여겼다.

능숙한 채용 솜씨는 로스 페로가 일렉트로닉 데이터 시스템[EDS]이라는 회사를 만드는 데 아주 중요한 요소였다. 그는 이전에 자신이 몸담았던 IBM을 기습적으로 공격하는 일부터 시작했다. 페로는 IBM의 달라스 사무실에서 최고위 간부는 물론 엔지니어 그리고 영업사원들마저 뽑아왔다. 그리고 나서 휴스턴에서 NASA와 연계되어 일하고 있는 IBM 최우수 프로그래머를 채용했다. 또한 그는 달라스에 있는 다른 주요 회사들의 가장 똑똑하고 훌륭한 사람들을 계속 빼내왔다.

EDS의 규모가 커지면서 한 번에 몇 달씩 집을 떠나 일이 끝날 때까지 매일 14시간씩 일할 수 있는 의욕적인 사람들이 필요하게 되었다. 그래서 인사부는 회사의 첫 번째 공식 부서가 되었고 회사의 영업자와 프로젝트 매니저에게 필요한 역량과 자질을 구체화했다. 채용 담당자들은 컴퓨터 네트워크를 통해 지원자들과 이야기하게 된다. 기존 사원들이 여러 명의 지원자들을 바꿔가며 전화로 질문하고 그 과정에서 5~6명의 유망한 지원자들을 골라낸다. 그렇게 해서 골라낸 가장 유망한 지원자를 인터뷰하고 그들로부터 지원할 만한 다른 사람들을 다시 추천하도록 유도했다.

페로는 새로 고용한 사람들을 평가하는 데 많은 노력을 기울였다. 그는 지원자들에게 물어볼 20페이지에 달하는 질문서를 만들었는데, 그 중에서 '살아오면서 가장 큰 성취는 무엇이라고 생각합니까?' 라는 질문을 가장 중요하게 여겼다. 그는 지원자들의 부인도 만나보았는데, 이는 EDS에서 일하게 될 경우 남편들이 하는 일을 부인이 견뎌낼 수 있는가를 미리 알아보기 위해서였다. EDS 초창기에는 한 지원자가 기존의 모든 직원들과 인터뷰를 해야만 고용될 수 있었다. 하지만 나중에는 채용 관리자, 경험 많은 EDS 사원, 그리고 최근에 고용된 사원 등으로 팀을 만든 다음 그들이 지원자를 뽑을 것인지, 그와 함께 일할 수 있는지를 물었다.

마이크로소프트도 유능한 사원을 뽑기 위해 이와 비슷하게 집중적인 과정을 거치도록 한다. 빌 게이츠는 지원자를 고용할 때 그 사람을 평가하는 팀에게 지원자를 강도 높게 인터뷰하도록 했다. 스티브 발머는 록펠러가 그랬듯이 재능 있는 사람을 발견하면 당장 필요하진 않더라도 바로 채용하는 방법을 택했다. 그는 일생에 한 번 있을까 말까 한 훌륭한 지원자를 발견했을 때 제한된 직원 수와 예산에 묶여 그를 포기하는 것은 바보 같은 짓이라고 생각했다.

초창기에 마이크로소프트는 이미 입증된 경력을 지니고 있는 유능한 사람을 뽑기 위해 경쟁사를 탐색했지만, 자신들이 필요로 하는 자격에 부합하는 사람들을 찾을 수 없다는 사실에 이내 지쳐버렸다. 이런 이유로 마이크로소프트는 똑똑하고 아주 의욕적인 지원자들을 지속적으로 배출하는 몇몇 대학으로 눈을 돌리기 시작했다. 스코트 맥그레거Scott McGregor는 마이크로소프트의 면접 방식을 다음과 같이 설명했다.

> **우리는 지원자들이 극도로 어려운 상황에 놓이게 한다. 지원자들에게 아주 어려운 기술적 문제를 제시하고 종이와 펜을 주어 풀어보라고 한다. 몇몇 사람을 잃을 수도 있겠지만 결국 그 시험을 통해 우리가 채용한 사람들은 심리적인 압박 속에서도 아주 어려운 문제를 푸는 데 능숙하다.**

과거에 면접 응시자들은 미시시피 강으로 흘러든 물의 양을 추측하거나 숫자를 음의 기수로 표현하는 법과 같은 질문을 받았다. 하지만 시간이 지나면서 면접에서 떨어진 응시자들이 학교에 이러한 질문들을 유포하게 되었고 회사는 새로운 면접 질문을 만들어야 했다.

자수성가한 억만장자가 고용한 고위 간부들을 보면 예외 없이 그들의 성격이 반영되어 있다. 마이크로소프트가 빌 게이츠처럼 아주 급진적 지식인 타입의 사람들을 선호하는 반면, 샘 월튼 밑의 고위직 간부들은 샘 월튼 자신이 그랬던 것처럼 작은 마을에서 태어났으며 야망이 큰 사람들이 많다. 웨인 휘젠거가 고용한 고위 간부들은 중서부 지방의 중류

층 집안 출신에 미식축구 선수들인 경우가 많다. 로스 페로는 자신의 이미지 그대로 EDS를 군대 경력이 있으면서 지칠 줄 모르는 체력을 갖춘 사람들로 채워놓았다.

하지만 공통적으로 억만장자들은 사람을 채용할 때 고분고분한 사람을 택하지는 않았다. 그보다는 상급자의 위협에 굴하지 않을 정도로 자신감이 있으며 정반대의 의견도 주장할 줄 아는 사람들을 높이 평가했다. 또한 그들은 자신들의 재능을 보완해줄 수 있는 간부들을 채용했는데, 예외 없이 자신보다 경영 세부 사항에 능한 사람들을 뽑았다. 자신들이 쉽게 다룰 수 있는 부하 직원들을 채용하지 않음으로써 그들은 훌륭한 조직을 만들었고 마침내 세계적 거부가 되었다.

____ 직원들 스스로 열정이 샘솟게 하라

동기부여 전문가인 샘 월튼은 비판보다는 칭찬을 더 많이 하는 사람이었다. 누가 보기에도 직원들의 생각을 수렴하는 그의 태도는 매우 진지했다. 사원들이 회사의 성공을 나누어가질 수 있도록 한 월마트의 광범위한 회사 이익 분배안을 생각해볼 때 이러한 방법은 기업과 구성원 간의 관계에 있어 중요한 사례로 받아들여진다.

하지만 빌 게이츠는 이와 대립적인 방법을 사용한다. 빌 게이츠는 이렇게 말하곤 한다. "그건 지금까지 들어본 말 중에서 가장 바보 같은 말이야!" 샘 월튼의 칭찬 중심의 언어생활과는 대립된다. 한 측근에 따르면 그 문장을 좀더 정확히 표현하자면 지면에 싣기 부적절한 속어도 포함되어 있다고 한다. 프로젝트를 끝내는 데 어려움을 겪고 있는 프로그래머를 격려하기 위해 빌 게이츠는 이렇게 말한 적도 있다. "이런 일은 전혀 힘든 일이 아니야. 나라면 주말에 간단히 끝내버릴 수 있겠는데 말이야."

직원이 문제를 해결하는 방법이 마이크로소프트의 높은 수준에 미치지 못하면 빌 게이츠는 '자네 두뇌에 이상이 있군'이라고 말할 것이다. 이러한 비난을 듣고도 직원이 아직 눈치 채지 못한다면 빌 게이츠는 같은 소리를 좀더 크게 말한다. 결국 새로 뽑은 사원이 자신은 마이크로소프트에 맞지 않는다는 말을 꺼낼 때도 '도대체 우리가 어디서 널 뽑아온 거야?'라고 말해버릴 것이다. 샘 월튼과는 다른 접근이기는 하나 빌 게이츠의 이러한 동기부여 방식은 성과로 그 효과가 입증되었다.

마이크로소프트는 회장의 성향과 비슷한 아주 공격적이고 똑똑한 사람들을 고용한다. 그들은 빌 게이츠가 자신들보다 임무를 훨씬 더 빠르게 잘 해낼 수 있을 것이라는 발언에 도전적으로 대응할 것이다. '가장 바보 같군'이라는 말을 듣는다는 것은 그 사람이 한밤중에 빌 게이츠로부터 이메일을 받을 만큼 중요한 위치에 있다는 것을 의미한다. 마이크로소프트의 직원들은 빌 게이츠가 자신들에게 어리석다고 말하는 것은 실제로 자신들이 어리석은 것이 아니라 아이디어가 훌륭하지 못하다는 질책임을 알고 있다.

그들은 회장의 독설에 단호히 맞서 각고의 노력을 기울이고 회장과 회사로부터 존경심을 얻게 된다. 직원들은 회의실에 있는 탁자 위에 올라서서 빌 게이츠에게 소리를 질러대는 방법을 통해 자신들의 자리를 보호한다고 알려져 있다. 이와 같이 서로 한바탕 난리를 치른 후에 빌 게이츠가 '좋아'라고 중얼거리게 되면 '자격논쟁'은 끝나게 된다. 여기서 중요한 것은 빌 게이츠의 '가장 바보 같은 짓'이라는 핀잔은 직원들에게 동기를 부여할 의도로만 사용된다는 것이다. 다음 사례를 살펴보자.

　마이크로소프트는 자신들이 생산한 소프트웨어가 2만 개 이상 팔려 나간 후에야 프로그램에서 버그를 발견한 적이 있다. 이미 프로그램을 구입한 사람들에게 새로 보완된 프로그램을 보내는 데는 대략 총 20만 달러가 필요했다. 이 소식을 들은 빌 게이츠는 아무런 질책의 말을 하지 않음으로써 멀티플랜 개발팀에게 그들의 능력을 존중한다는 것을 보여주었다. 그들을 비난하여 제품 개발 단계에 더 많은 노력을 기울이게 할 수는 있으나 물건이 이미 팔려나간 후에는 아무런 소용이 없다는 사실을 인정한 것이다.

　마이크로소프트의 회사 운영 방식에 있어 혁신적인 면모를 보여주는 것이 간부에 대한 동기부여 방법에만 있는 것은 아니다. 레드몬드, 워싱턴 그리고 본사를 다녀간 사람들은 회사에서 전화가 거의 울리지 않는다는 사실에 매우 놀라워하는데, 이는 직원들이 지속적으로 전자우편으로 의견을 교환하기 때문이다. 빌 게이츠 자신도 하루에 적어도 두 시간 정도를 전자우편을 읽고 쓰는 데 할애한다. 빌 게이츠는 소규모 개발팀과의 회의 내용을 검토하는 데 자신의 시간 70% 정도를 할애한다고 한다. 그리고 샘 월튼과 달리 그는 직원들에게 많은 칭찬을 하지 않지만 듣는 일은 매우 소중히 여긴다. 그러나 그와의 토론은 종종 양자물리학이나 유전공학과 같은 광범위한 주제로 방향이 바뀌기도 한다.

　효과적인 조직은 '지적 수준'을 바탕으로 고용된 직원을 통해 두각을 보이며, 총명하다고 정평이 나 있는 직원들에 의해 운영되고 있다. 마이크로소프트의 비정형적이고 관습에 반하는 문화의 이점은 바로 적응력이라 할 수 있다. 그 한 예로 마이크로소프트는 초반에 인터넷이 도입되면서 잠시 뒤로 쳐졌지만 상당히 짧은 기간에 네트워크 중심으로 방향을 전환하고 근본적인 변화에 성공했다. 체면이나 예의 때문에 정직하고 직선적인 의사소통이 제한된 회사들은 빌 게이츠가 뽑은 직원들과의 경쟁에서 결코 이길 수 없다. 빌 게이츠의 이러한 개인적인 노력 이외에, 스톡옵션 제도는 마이크로소프트의 단결에 큰 역할을 했다.

스탠더드 오일의 초창기 시절 이후, 직원들의 주식 지분 참여는 회사 경영에 있어 매우 효과적인 방법임이 입증되었다. 록펠러는 전 직원들에게 회사 주식을 사라고 권장했고 결과적으로 회사에 대한 직원들의 애사심은 더욱 커졌다. 모든 사람은 자신이 번 돈을 저축하여 미국 산업의 주주가 됨으로써 자본가가 되어야 한다고 그는 강조했다. 록펠러는 우리사주 제도가 가져오는 동기부여 효과를 믿고 있었다. 그는 스탠더드 오일의 공장들을 돌아볼 때, 월튼이 월마트 직원들에게서 유용한 정보를 얻어낼 때 그랬던 것처럼 아주 유쾌하게 공장 관리자들에게 질문을 했다. 록펠러는 그가 항상 지니고 다니는 조그만 빨간색 노트에 개선 방법들을 적어 내려갔다. 그는 자신이 노트를 꺼낼 때 경영자들의 이마에 땀방울이 맺히는 것을 즐기며 열심히 아이디어를 메모하곤 했다.

빌 게이츠나 록펠러처럼, 로스 페로 또한 직원들에게 동기를 부여할 수 있는 무언가를 주는 것이 아주 중요하다고 믿었다. 1999년 페로 시스템Perot System을 상장한 가장 큰 이유도 직원들을 격려하기 위한 것이었다고 그는 말한다. "나는 직원들 스스로 그들이 해온 일이 얼마나 가치 있는 일인지 알아주길 바란다. 주식을 소유하게 하는 것보다 직원을 더 격려할 수 있는 방법은 없다."

EDS에서 페로는 경영자들의 배우자를 격려하는 방법으로 주식을 이용했다. 회사를 설립한 지 1년 정도 지난 후에 그는 갑자기 사무실에서 나가 몇 시간 동안 자리를 비웠다. 사무실에 돌아왔을 때 경영자들은 그가 어디에 갔었는지 질문 공세를 펴부었지만 그날 저녁이 되어서야 그 답을 얻을 수 있었다. 페로는 경영자들의 집을 방문하여 부인들에게 남편이 하는 일을 견뎌주어 고맙다는 말을 전하고 그들에게 EDS 주식 100주씩을 주었던 것이다. 25년이 지난 지금 그 주식은 40만 달러의 가치로 치솟았다.

EDS는 금전적인 인센티브 이외에도, 비효율적인 회사와는 정반대로 효율적인 회사를 창조하면서도 직원들의 충성심을 얻어냈다. 그는 직원들에게 아주 커다란 도전 과제를 주고 어떻게 풀어나갈 것인가를 생각하게 했는데, 그 과정에서 항상 그들이 해낼 수 있다는 믿음을 보여주었다. 한 간부의 아들이 선천성 심장병을 앓자 페로는 자신이 알고 있는 달라스의 외과의사들의 이름을 적어주며 위급한 상황에서 조언을 얻을 수 있도록 했고 결국 수술을 할 수 있도록 도와주었다. EDS를 퇴사한 한 간부는 페로가 직원들의 생활에 많은 관심을 기울임으로써 그들로부터 충성심을 얻었다고 말했다.

만일 로스가 나에게 이유를 설명하지 않은 채 알래스카까지 운전해 가야 한다고 말하면 나는 한 시간 이내에 차를 준비할 것이다. 또한 나의 아내는 내가 수화기를 내려놓기도 전에 나의 짐을 꾸리고 있을 것이다.

웨인 휘젠거도 놀라울 정도로 이와 비슷한 전략을 써왔다. 웨이스트 매니지먼트 사에서 그는 자신이 소유한 회사의 주식을 경영자들도 소유할 수 있게 함으로써 아주 효율적인 회사를 만들어냈다. 블록버스터 사는 몇몇 경영자들에게 기존 회사에서 받던 월급의 60%만 주고도 블록버스터에 들어오고 싶어 할 정도로 매력적인 스톡옵션을 제시했다. 스톡옵션은 직원 서열대로 분배했다. 지분 참여를 강조한 것 이외에도, 휘젠거는 회사 내에 자긍심과 윤리의식을 불어넣는 데 지칠 줄 모르는 에너지를 쏟았다.

페로와 마찬가지로 휘젠거도 지칠 줄 모르고 열심히 일하는 경영자들의 부인이 보여준 희생에 대해 감사를 표시했다. 또한 웨이스트매니지먼트 사의 경영자 모임 때마다 아주 세부적인 것까지 관심을 보였다. 리셉션에 너무 적은 양의 음식이 준비되면 늦게 도착한 사람들은 주최자의 인색함에 대해서만 이야기할 것이라고 충고했다. 월튼처럼 휘젠거도 경영자는 물론 트럭 운전사, 사무직 직원들에 이르는 전 직원과 이야기를 나눔으로써 회사 내에서 일어나고 있는 일들에 대한 정보를 효과적으로 수집했다.

____ 상반된 스타일 뒤에 숨은 공통점

앞서 논의된 이야기는 탁월한 경영이란 반드시 규격화되어 있는 것이 아니라는 점을 말해준다. 샘 월튼의 온화하고 따뜻한 접근 방식은 빌 게이츠의 성격과는 맞지 않는다. 하지만 샘 월튼이나 빌 게이츠 모두 성공적인 회사를 만들어냈다. 당신은 천성적으로 상냥하고 서민적인 사람이 아닌데 자신을 월튼의 이미지대로 바꾸려 하는 것은 오히려 당신을 진실하지 않은 사람으로 보이게 할 뿐이다. 당연히 그것은 사람들의 신뢰를 얻지 못할 것이다.

자수성가한 억만장자들이 보여주는 경영 스타일의 차이점을 살펴보면 효과적인 경영의 공통점들을 발견할 수 있다. 그들의 성공을 닮고 싶다면, 당신은 자신의 개성에 부합하는 접근 방식을 개발하여 다음과 같은 것들을 얻어내야 한다.

- 당신의 판단에 도전할 수 있을 만큼 자신감이 넘치는 경영자들을 고용하라.
- 당신이 억만 달러를 벌 수 있는 아이디어에 집중할 수 있도록 당신을 자유롭게 해줄 수 있는 간부에게 권한을 위임하라.
- 회사의 문제와 사업 기회를 빨리 포착할 수 있도록 회사 경영에 밀접하게 관여하라. 또한 간부들 스스로 문제의 개선책을 모색하도록 하라.
- 비용을 절감하는 데 지속적으로 공을 들여라.
- 경영자들과 주요 임직원들이 실질적으로 백만장자가 될 수 있는 기회를 가질 수 있도록 스톡옵션을 활용하라.
- 당신의 회사에서 일하는 사람들에 대해 진심 어린, 그리고 개인적인 관심을 보여라.
- 진지한 목표를 위해 일하는 와중에도 즐거운 기분을 갖도록 하라.

자수성가한 많은 억만장자들에게서 이처럼 공통된 경영 원리들을 관찰할 수 있지만, 억만장자들은 자기 나름대로의 독특한 방식으로 이들을 적용했다. 이는 이 책에 언급된 그 어떤 사람보다 리처드 브랜슨과 딱 들어맞는다. 영국에서 가장 유명한 이 기업가는 돈을 번다는 것을 제외하고는 사업에 있어 거의 모든 관습을 깨버렸다.

▶기 본 전 략

◆ 경쟁심을 자극하라.

◆ 커다란 위험을 감수하라.

◆ 새로운 방식으로 접근하라.

◆ 협상을 냉철하게 즐겨라.

▶주 요 원 칙

◆ 규칙은 깨지기 마련이다.

◆ 아이디어를 현실 속에서 돈으로 만든다.

—— 상상을 현실로 만드는 기업가, 리처드 브랜슨

1970년대에 나는 회사를 버진(Virgin, 처녀라는 뜻)이라고 불러야 할지 슬립트 디스크 레코드(slipped disc records, 'slipped disc'는 추간판 탈출증이라는 뜻이 있음)라고 불러야 할지 결정할 수가 없었다. 하지만 결국 버진을 고른 것은 무엇보다도 이 단어가 사업에 경험이 없음을 내포하면서도 신선함과 약간의 엉뚱함을 가지고 있기 때문이었다.

-리처드 브랜슨

열다섯 살 학생 신분으로 출간한 잡지를 시작으로 리처드 브랜슨은 자신이 말하는 소위 유기적 확장이라는 과정을 통해 100가지가 넘는 사업을 이끌어왔다. 그의 사업 영역은 레코드 소매점인 버진 메가스토어

Virgin Megastores를 비롯하여, 버진 애틀랜틱 항공Virgin Atlantic Airways, 버진 호텔 그룹Virgin Hotels Group을 포함하고 출판뿐만이 아니라 텔레비전, 라디오, 소프트드링크, 웨딩복에서 모델 에이전시까지 망라하고 있다. 1999년 4월에는 우주여행 서비스를 제공하는 버진 갤럭틱 항공Virgin Galactic Airways을 만들었다.

1998년에 〈이코노미스트〉는 브랜슨이 소유한 회사가 200개에 이르고 여기에 이와 비슷한 영업 실적을 가진 합작 회사들이 추가되었다고 발표했다. 이 복잡한 구조에는 브리티시 버진 아일랜드에 있는 지주회사들과 영국에 있는 소지주 회사들뿐만 아니라, 채널 아일랜드에 기반을 두고 있는 계열사 위탁 사업체들이 포함되어 있었다. 브랜슨은 이와 같은 구조가 세금을 줄이기 위한 간접적인 방법으로 구상된 것이라는 점을 부인하지는 않았다. 반면에 회사의 재정 담당 이사는 회사를 버진 아일랜드에 세운 목적이 경쟁관계에 있는 브리티시 항공으로부터 기밀을 유지하기 위해서라고 말했다.

브랜슨은 사업체를 통합하면 여기저기 뻗어 있는 자신의 비즈니스 왕국을 좀더 효율적으로 만들 수 있다는 의견에 반대했다. 그는 서비스 산업에서 가장 중요한 것은 동기부여가 잘 돼 있고 행복한 사원들이라고 주장했다. 따라서 그는 전 직원을 한 지붕 아래 몰아넣는 것보다 한 빌딩 안에 50~60명만 일할 정도로 회사의 규모를 작게 유지하는 것이 훨씬 더 바람직하다고 생각했다. 한 회사 안에서 일하는 사람들이 서로 얼굴을 모를 정도로 커지면, 회사를 분리시킬 때가 온 것이라고 브랜슨은 말한다.

브랜슨의 경영방식에 나타나는 관습에 얽매이지 않는 태도는 그를 성공적인 혁신가로 만들었다. 초기에 '히피 비즈니스맨' 이라고 불렸던 리처드 브랜슨은 영국 최초의 우편 주문 방식의 레코드 할인 사업인 버진 레코드Virgin Records를 시작함으로써 영국 레코드 업계에 이름을 알리기 시작했다.

7주간의 우체국 파업으로 이 사업이 어려움에 처하자 그는 자신이 가지고 있던 재고품들을 신발가게 뒤편의 비어 있던 공간으로 옮겨 영국에서 처음으로 레코드 할인점을 열었다. 한편 그는 레코딩 스튜디오를 사들여 첫 번째 앨범인 마이크 올드필드Mike Oldfield의 〈튜블러 벨즈Tubular Bells〉를 제작했는데 이는 세계적으로 7백만 장 이상 팔려나가는 대성공을 거두었다. 브랜슨은 전통적인 사고방식에 구속되지 않고 다른 제작자들이 손대기 싫어했던 펑크락 그룹인 섹스 피스톨즈로 다시 한 번 대성공을 거두었다. 동성애자였던 가수 보이 조지는 브랜슨이 발굴해서 대성공을 거둔 또 다른 예였다.

전통적인 사고방식으로 보면 브랜슨의 두 번째 사업인 버진 애틀랜틱 항공은 실패가 예정되어 있었다. 우선 브랜슨은 거칠기로 악명 높은 항공 사업에 아무런 경험이 없었다. 워렌 버핏이나 칼 아이칸 같은 유능한 억만장자들도 항공 사업에서는 실패했다. 프레디 레이커스Freddie Laker의 스카이트레인Sky train을 포함한 다른 저비용 운송업체들도 세계에서 가장 많이 이용되는 브리티시 항공British Airways과의 직접적인 경쟁에서 모두 패했다. 브랜슨의 자문단도 항공 산업에 뛰어들려는 그에게 경고를 보냈다. 재정 전문가들은 버진 왕국이 지나치게 팽창하고 있다고 말했고, 보이 조지를 통해 벌어들인 돈으로 만든 항공사는 곧 문을 닫을 것이라는 비관적인 여론이 우세했다. 브랜슨 자신도 한때 백만장자가 되고 싶으면 억만장자로 시작해 비행기를 사들이면 된다고 말한 바 있었다.

브리티시 항공의 회장은 브랜슨을 두고 '록큰롤을 하기엔 너무 늙었고 하늘을 날기에는 너무 어리다'라고 혹평한 바 있다. 하지만 그는 어떤 일을 할 수 없다는 말을 듣는 사람들이 갖고 있는 불굴의 의지와 열망을 간과했다. 브랜슨은 기존의 항공사들이 해왔던 것과는 전혀 다른 방식의 시스템을 도입했다.

런던의 개트윅 공항과 뉴욕의 뉴워크 국제공항 사이를 하루에 한 번 왕래하는 것에서 시작한 버진 애틀랜틱은 승객들에게 좌석 밑에 다리를 뻗을 수 있는 좀더 넓은 공간을 제공하고 좌석 뒤에 비디오 스크린을 설치함으로써 여행자들에게 새로운 경험을 제공하였다. 사업이 안정권에 들어서면서 퍼스트 클래스 손님들에게 라운지를 제공하고 무료 목 마사지와 매니큐어 서비스 그리고 요리사가 만들어주는 식사뿐만 아니라 어린아이들을 위해 놀이 교사와 페이스페인팅 전문가를 고용하는 등의 차별화된 서비스를 추가했다. 승객들은 브리티시 항공 퍼스트 클래스에 탑승할 때 지불하는 요금의 절반 가격으로 이 모든 것을 즐길 수 있었다. 버진의 이코노미 클래스 승객들은 다른 항공사와 같은 요금을 냈지만 다른 항공사의 비즈니스 클래스에 해당하는 서비스를 받았다.

이와 비슷하게 혁신적인 아이디어는 브랜슨을 새로운 모험에 뛰어들게 했다. 그는 사생활을 보호하겠다는 예전의 생활방식을 과감히 벗어던지고, 언론의 관심 대상이 될 수 있는 이벤트를 시작했다. 그는 버진 애틀랜틱의 창립을 1차 세계대전 당시 조종사의 복장을 하고 발표하는 일부터 시작했다. 다음에 그는 작은 보트로 대서양 횡단 항해에 도전했다. 1985년에 행한 이 시도는 보트가 목적지를 150마일 남겨두고 가라앉으면서 실패로 돌아갔으나 다음해에 다시 도전해 새로운 기록을 세우는 데 성공했다. 1987년에 브랜슨과 스웨덴 기구 조종사인 페 린드스트랜드^{Per Lindstrand}는 열기구로 대서양을 횡단하는데, 이는 또다시 수백만 달러에 달하는 무료광고 효과를 가져왔다.

이쯤 되자 '모험주의 자본가'라는 브랜슨의 이미지는 버진 그룹의 살아 있는 PR 역할을 하기 시작했다. 그는 사람들을 옷을 입은 채로 수영장에 던지기도 했는데, 이에 대해 그는 '사장은 직원들이 파티에서 신나게 놀 수 있는 분위기를 만들어주어야 한다'고 했다. 이와 비슷한 이유로 그는 열기구를 외계인이 탄 UFO처럼 보이도록 깜박이는 불로 장식하거나, 런던으로 출근하는 사람들을 놀래기 위해 동틀 무렵 열기구를 런던 근교에 착륙시키는 등의 짓궂은 장난을 즐겼다.

버진 콜라를 시작할 때는 뉴욕의 타임스 스퀘어Times Square에 셔먼 탱크(2차 세계대전 중에 사용된 미국의 주력 전차)를 보냈다. 또한 버진 브라이드가 웨딩복 가게를 열 때, 그는 1만 달러짜리 실크 레이스가 달린 신부복을 입고 면사포까지 쓰고 나타났다. 버진 애틀랜틱 비행 중에는 스튜어디스 복장을 입고 자신이 알고 있는 농담이 모두 바닥날 때까지 통로를 걸어 다녔다. 버진 애틀랜틱이 런던과 로스앤젤레스 구간 비행을 시작했을 때는 브랜슨이 비키니를 입고 비행기 내의 통로를 걸어 다니려 하자 보좌관이 말려야 할 정도였다.

브랜슨의 괴상한 전략에는 부와 갈채가 뒤따랐다. 1998년에 〈포브스〉는 그의 순자산 가치가 19억 달러에 이른다고 추정했다. 영국 젊은이들이 가장 존경하는 사람들 순위에 브랜슨은 테레사 수녀 다음으로 이름을 올렸다. 또 다른 여론 조사에서 그는 로마 교황과 작고한 다이애나 왕세자비의 뒤를 이어 3위에 오르기도 했다. 성격 면에서 볼 때 브랜슨은 매우 독특한 면모를 보이고 있지만 사업을 하는 그의 방법들은 다른 억만장자들과 비슷하다.

예를 들어 버진 애틀랜틱 항공을 시작할 때 그는 브리티시 항공에 의해 운영되던 다른 저가 운송업체의 경영자들과 면담을 했다. 즉, 경쟁사의 실수를 통해 배운다는 샘 월튼의 방법을 따라했다. 브랜슨은 항공기를 구입할 때 도망갈 통로를 미리 마련하는 커크 커코리언의 방법을 정확히 모방했다. 그는 항공사 최초로 보잉 747기를 사들이면서 만약 버진이 실패할 경우 비행기를 다시 제조업체에 팔 수 있도록 계약서에 포함시켰던 것이다.

____ 회사를 죽도록 사랑하게 만들어라

브랜슨은 직원들에게 예상했던 것보다 약간 높은 직위를 맡김으로써 직원들이 열심히 일할 수 있는 분위기를 조성했다. 커크 커코리언이 그랬던 것처럼 브랜슨은 새로운 사업 구상을 하며 시간을 보내는 것을 훨씬 좋아했고 세부 경영은 전문 경영진에 위임했다. 사업이 잘 돌아가고 있는 한 브랜슨은 경영진과 만날 필요가 없다고 생각했지만 위기의 상황에서는 항상 뛰어들 준비가 되어 있었다. 그가 유일하게 깊이 경영에 참여하고 있는 사업은 버진 애틀랜틱 항공 하나뿐이다.

기존의 사업에서 전환할 수 있는 새로운 사업 기회를 항상 찾아다니던 브랜슨은 직원들에게서 아이디어를 얻었다. 1996년에 버진 애틀랜틱 항공에서 근무하던 한 스튜어디스가 자신이 얼마 전에 결혼을 했는데 그 모든 절차가 너무 복잡하고 시간이 많이 걸린다며 브랜슨에게 하소연을 했다. 그녀는 신부가 부담 없이 웨딩드레스를 사고 헤어스타일을 바꾸며 매니큐어도 바를 수 있는 그런 가게를 여는 것이 어떠냐는 제안을 했다. 그러고 나서 버진 여행 서비스를 이용해 신혼여행을 가면 좋지 않겠느냐는 것이다. 브랜슨이 런던에 버진 브라이드를 열자 그녀의 이런 소망은 이루어졌고, 브랜슨은 여기에 버진 베이비스^{Virgin Babies}와 버진 데이팅 ^{Virgin Dating}이라는 사업 부문을 추가시켰다.

버진 그룹의 많은 고위 간부들은 백만장자가 되었는데 브랜슨 또한 다른 억만장자들이 그랬던 것처럼 회사가 벌어들이는 부를 분배할 여러 가지 방법들을 찾아냈다. 그는 브리티시 항공사와의 소송 사건에서 승소해 받아낸 100만 달러의 일부를 직원들에게 400달러 씩 나누어주기도 했다. 그가 관찰한 바에 따르면 회사의 최대 라이벌로부터 400달러를 받는 것은 유쾌한 경험일 뿐만 아니라 애사심을 높일 수 있는 방법이라고 했다.

직원들의 충성심을 강화시켰던 또 다른 예가 있다. 브랜슨은 불경기 때문에 400명을 감원해야 할 상황이 오자 직원들에게 어떻게 하면 좋을지 조언을 구했다. 600여 명의 직원이 자원해서 3~4개월 정도 휴직을 하겠다고 나섰다. 그 직원들이 다시 일자리로 돌아왔을 때 그들은 굉장히 활기찼다고 한다. 사원들이 불경기에 일시적으로 휴직 기간을 갖고 이 기간에 그들의 일자리가 사라지지 않도록 한다면, 이와 같은 접근 방법이 대부분의 회사에서도 적용될 수 있다고 그는 주장했다. 직원들 중 15~20%는 이 정도 기간의 일시적인 휴직을 하는 데 어려움을 느끼기는 커녕 일종의 혜택으로 생각하기 때문이다.

____ 상식을 깨고 위험을 감수한다

위험을 감수하자는 리처드 브랜슨의 성격이 사업을 하는 데만 국한되지는 않았다. 대서양 횡단을 성공적으로 마친 후, 브랜슨과 그의 열기구 횡단 파트너인 페 린드스트랜드는 태평양 횡단을 시도했다. 제트 기류를 가로지르며 날던 처음 1,000마일 동안은 아무런 장애가 없었다. 그러나 열기구가 30도 각도로 기울어지면서 그들은 연료의 반을 잃어버렸다. 광풍이 태평양을 휩쓸고 있었고 구조선이 접근할 수 없어 바다에 착륙할 수도 없었다. 유일한 방법은 시속 240마일의 강풍 속에서 제트 기류가 실어다주는 방향으로 날아가는 것뿐이었다. 이전의 열기구 비행 기록을 보더라도 시간당 100마일 이상으로 불어대는 강풍 속에서 비행한 기록은 이전에 없었다.

마침내 브랜슨과 린드스트랜드는 태평양을 가로지르는 데 성공했지만 그들은 종착지인 캘리포니아를 1,800마일 가량 벗어나 캐나다 위쪽의 얼어버린 호수 위에 착륙했다. 브랜슨은 이렇게 회상한다. "나는 껍질을 벗긴 바나나처럼 열기구에서 빠져나와 얼음을 가로질러 갔고 린드스트랜드가 뒤따라왔다. 이상하다는 표정을 지으며 뒤뚱거리며 나타난 수달을 제외하고는 우리를 보고 있는 사람은 아무도 없었다."

구조 헬기가 나타났다면 좋았겠지만 6시간이 경과할 때까지 아무도 나타나지 않았고 그때쯤 이 대담했던 한 쌍은 거의 얼어 죽을 지경에 이르렀다. 손가락에 동상을 입었음에도 불구하고 리처드 브랜슨은 불시착으로 그곳에 착륙하지 않았다면 결코 북극을 볼 수 없었을 것이라며 그때의 경험을 매우 소중하게 여겼다.

위험을 자주 감수하는 데서 오는 위기일발의 상황과 실패의 위험은 사업에서도 나타났다. 예를 들어 1980년에 레코딩 사업의 침체기 동안 버진 레코드는 심각한 자금난을 겪었다. 같은 해에 시작한 연예 잡지도 12개월 만에 폐간되었다. 실패로 돌아간 또 다른 사업으로는 영화 제작사와 옷가게 체인 사업이 있다. 데이비드 프로스트와 손잡고 독립 TV 네트워크인 ITV를 인수하려던 시도도 실패로 돌아갔다. 게다가 1980년대 후반에 브랜슨이 가지고 있는 거의 모든 회사가 적자를 내고 있어 결국 1992년에는 레코드 회사를 팔아야만 했다.

최근에 뛰어든 철도사업은 좀더 대담함을 보여준다. 공공소유로 적자에 허덕이는 영국 철도사업을 흑자 기업으로 변신시키기 위해 브랜슨은 새로운 열차를 구입하는 데 막대한 돈을 쏟아 부었다. 많은 변수에도 불구하고 버진 애틀랜틱이 항공 사업에서 성공을 거둔 것을 본보기로 생각할 수도 있다. 하지만 〈이코노미스트〉는 '버진 애틀랜틱은 규제가 심한 시장에 새로 뛰어든 신생 기업이었지 적자 기업을 흑자로 전환시킨 예는 아니다'라고 했다.

기꺼이 위험을 감수하고자 했던 브랜슨은 다른 억만장자들이 추구했던 것처럼 긍정적인 면을 최대화하고 부정적인 면은 최소화하는 방법을 추구했다. 버진이라는 브랜드 이름의 가치를 알아차린 브랜슨은 이 이름을 사업화하기 위해 등록했다. 1996년 11월에 브랜슨은 V2라는 새로운 이름으로 레코딩 사업에 다시 뛰어들었는데, 버진에 아무런 재정 부담을 주지 않고 V2의 지분 30%를 100만 달러에 팔았다.

열다섯 살에 〈스튜던트〉라는 잡지를 시작할 때부터 기존 규칙의 파괴는 브랜슨의 스타일이었다. 잡지의 광고주에게 신임을 얻기 위해 그는 공중전화로 통화하면서 자신의 목소리를 위장하기도 했다. 전화기가 동전을 먹어버렸다며 여자 교환원을 설득해 공중전화 신호음을 내지 않고 상대방과 직접 통화할 수 있게 했다. 전화가 연결되면 좀 전의 여자는 자신의 비서라 말하며 좀 더 굵은 목소리로 이야기했다는 것이다.

이런 비범한 재주로 브랜슨은 장-폴 사르트르처럼 시대를 빛낸 거장들이 〈스튜던트〉에 기고하도록 설득하는 데 성공했다. 제임스 볼드윈 James Baldwin과의 인터뷰 허락을 받아내고, 자신만만하게 이 미국 작가의 호텔로 찾아간 브랜슨은 실수로 그의 보디가드를 인터뷰하게 되는데, 잘 못된 것을 알아차리고 다시 인터뷰를 하기도 했다. 물론 그는 볼드윈의 책을 한 권도 읽지 않은 상태였다. 사실 브랜슨은 일생 동안 책 한 권을 끝까지 읽은 적이 거의 없다. 그의 설명에 따르면 그의 부모님은 그를 행 동하도록 키웠지 절대 다른 사람이 무엇을 하고 있는지 관찰하거나 듣고 있으라고 가르치지 않았다고 한다(그는 학창시절 난독증으로 고생했는데 그 것을 극복하기 위해 오히려 저널리스트라는 꿈을 가졌다고 한다).

우편 주문 방식의 레코드 할인판매 사업을 할 때 브랜슨은 자금 부족 을 해결하기 위해 몇 가지 방법을 사용했는데, 그중 그가 즐겨했던 방법 은 발송해야 할 한 무더기의 레코드 패키지 중 위의 세 개에만 우표를 붙 이고 나머지 500개의 소포에는 우표를 붙이지 않는 방법이었다. 현장에 서 발각되면 그는 다른 우체국으로 옮겨가면 됐다.

한 번은 관세법을 위반하여 연행된 적이 있는데, 당국에서 세금이 면 제된 수출용 레코드를 판매한 그를 체포한 것이다. 감옥에서 하루를 보 낸 그는 그의 부모님이 집을 저당 잡힌 돈으로 보석 석방되었다. 유죄로 판결 받은 브랜슨은 8만5천 달러의 벌금을 냈다. 이후로 그는 법을 어기 지 않는 범주에서 사업을 한다고 했다. 이 때를 회상하며 그는 '잠을 잘 자는 게 무엇보다 중요하다는 것을 배우기 위해 감옥에서 하루 자보는 것도 나쁘지 않다' 며 너스레를 떨기도 했다.

격식에 구애되지 않는 것은 기존 규범의 파괴를 즐기는 브랜슨의 또 다른 스타일이다. 오랫동안 브랜슨은 자신의 사업을 배 위에 마련된 집 에서 운영했다. 그가 배 위에서 산다고 하면 은행가들이 호기심을 보였기 때문에 그들을 집으로 오라고 설득하는 일이 오히려 쉬웠다고 한다. 나중에 브랜슨은 버진의 본사를 자신의 집이 있는 건물로 옮겼는데, 자신의 집을 근처에 있는 다른 집으로 옮길 때까지 같은 건물 안에서 집과 사무실을 함께 사용하기도 했다.

기존 개념과는 다른 이런 사무실들은 브랜슨이 초기에 사업을 시작할 때부터 시작되었다. 그가 창간한 〈스튜던트〉 잡지는 아파트 지하실에서 운영했는데 밤에는 직원들이 이곳에 매트리스를 깔고 잤고 낮에는 매트리스를 접어서 옆에 세워놓았다. 이곳에서 쫓겨난 후 브랜슨은 교회의 지하실로 사무실을 옮겼는데, 두 개의 관이 있는 작은 창고에서 그는 우편 주문 레코드 사업을 시작했다.

브랜슨의 사무실에도 사용하지는 않지만 컴퓨터가 있기는 했다. 그는 록펠러가 1세기 전에 빨간 노트를 사용했던 것처럼 검은색 노트에 자신의 생각들을 기록했다. 버진 애틀랜틱 항공으로 비행할 때마다 브랜슨은 의자가 기울어지는 각도라든가 휠체어를 탄 승객이 도움을 받기 위해 지나치게 각도를 많이 올려야 한다는 점 등을 노트에 적기도 했다. 물론 브랜슨도 록펠러나 월튼이 그랬던 것처럼 자신은 좀더 전략적인 문제에 집중하고자 세세한 개선 사항들은 간부들에게 위임한다. 1999년까지 브랜슨이 사용한 노트는 122권에 이르는데 이 숫자는 그가 열기구를 이용해 세계 일주를 시도하고 실패하는 과정에서 잃어버린 아홉 개를 뺀 숫자이다.

항공 사업에 혁명을 가져오기 이전에 이미 브랜슨은 레코드 업계를 변화시켰다. 버진 레코드의 경쟁 점포들은 앤디 윌리엄스Andy Williams의 조용한 음악 앨범 옆에 프랭크 자파Frank Zappa의 파괴적인 록 음악 앨범을 진열하는 등 주먹구구식으로 운영하고 있었다. 반면 브랜슨의 고객들은 헤드폰으로 음악을 듣는 동안 쿠션에 앉아 있을 수도 있고 다른 소매상들이 팔지 않는 밀수된 레코드도 살 수도 있었다.

버진 메가스토어가 1988년 파리에 처음 문을 열었을 때, 지금까지 음반 소매 사업에서 보편화된 모든 규범을 여지없이 무너뜨렸다. 기존의 레코드점과는 달리 버진 메가스토어는 일요일을 포함해 매일 자정까지 영업을 했고 금요일과 토요일에는 새벽 1시까지 문을 열었다. 전통적인 방식으로 운영되던 프랑스의 레코드점과 차별화에 성공했고 브랜슨의 레코드점은 카페까지 겸해 편안히 즐길 수 있는 장소가 되었다. 버진 메가스토어는 고객들이 CD를 마음껏 듣고 실컷 비디오를 볼 수 있도록 많은 헤드폰과 스크린을 제공했고 컴퓨터 게임까지 할 수 있도록 배려했다. 버진 메가스코어는 '스트레스 없는 사랑'이라는 슬로건을 걸고 콘돔 자판기까지 마련해놓았다. 이처럼 메가스토어는 고객에게 친근한 환경을 제공하면서 세상의 어느 레코드점도 기록한 적이 없는 엄청난 영업 실적을 올렸고 매년 루브르 박물관이나 에펠탑보다 더 많은 방문객들의 발길을 사로잡았다.

20대 초반의 나이에 머리를 길게 기른 리처드 브랜슨을 사람들은 진지하게 여기지 않았다. 몇 년 후 록 밴드 휴먼리그Human League의 매니저인 밥 래스트Bob Last는 브랜슨을 타협을 모르는 협상가라고 했다. 그러나 밥 래스트는 "브랜슨 자신이 어떤 게임을 하고 있는지 명확히 알고 있으며 결코 속이는 법이 없다. 그는 오직 거래를 성사시키는 것에만 흥미가 있었고 세부적인 것들에 대해서는 관심도 없었다"고 회상했다. 협상의 귀재인 웨인 휘젠거도 브랜슨을 이와 비슷하게 묘사한 적이 있다.

1992년에 브랜슨은 엔터테인먼트 업계의 거대 기업인 손 EMIThorn EMI 에 버진 레코드를 팔면서 자신이 요구한 10억 달러를 받아내는 데 성공한다. 당시 버진 레코드의 수익률은 낮았고 브랜슨은 다른 사업에서도 손해를 보는 등 압박을 받고 있었다. 통상적으로 볼 때 어떤 독립 레코드 제작사도 1990년에 MCA77 그래핀 레코드 사를 살 때 지불했던 5억 4,000만 달러를 넘길 수 없었다. 게다가 버진 레코드를 살 가능성이 있는 회사가 하나로 좁혀들자 판매가격을 높여보려는 그의 계획은 더욱 어렵게 되었다. 하지만 결국 브랜슨은 그래핀 레코드 사의 협상 때와 같은 금액을 받아냈다. 단위만 파운드에서 달러로 바뀌었을 뿐 협상은 브랜슨의 계획대로 체결되었다. 브랜슨과 라이선스 계약을 했던 또 다른 사람들은 이렇게 말했다. "브랜슨은 재미있는 사람이다. 또한 그는 자신이 원하는 것을 꼭 얻어낸다는 면에서 매우 잔인한 사람이다."

브랜슨이 일구어온 다양한 사업은 완전히 새로운 분야의 사업을 시작했을 때조차 자신의 아이디어를 돈으로 바꾸는 그의 재주를 입증했다. 거대한 부를 일구는 데 근간이 된 버진 레코드 사업은 그가 그 분야에 흥미가 없었음에도 불구하고 성공을 일구어낸 가장 대표적인 예이다. 한 유명한 편집자는 '브랜슨은 사실 음악에 대해 별로 알지 못한다. 하지만 훌륭한 사업가임에는 틀림없다' 라고 말했다.

─── 대담무쌍한 경쟁자들의 협상

겉으로 드러난 리처드 브랜슨의 화려함 뒤에는 효율적인 경영인, 탁월한 협상가 그리고 무엇보다도 맹렬한 경쟁자로서의 모습이 숨어 있다. 브랜슨은 억만장자의 대열에 끼기 위해 다른 사람들의 관심 대상이 되는 것을 본질적으로 싫어하는 자신의 성향을 극복해야 했다. 막대한 부를 쌓는다는 것은 종종 하고 싶지 않은 일을 해야 한다는 것을 의미했다.

브랜슨이 1992년에서 1995년 사이 휘젠거와 손을 잡고 미국 음반 소매시장에 뛰어든 것 은 그의 뛰어난 경영 능력을 보여준다. 블록버스터 엔터테인먼트Blockbuster Entertainment는 사운드 웨어하우스Sound Warehouse와 뮤직 플러스Music Plus 체인을 사들이면서 사업의 중심을 비디오 대여에서 음반 소매점으로 확장하기 시작했다. 블록버스터의 고위 간부인 스티브 버랄드는 유럽 여행 중 파리에 있는 버진 메가스토어를 방문한 후에 휘젠거에게 음반 소매사업에 어떻게 접근해야 하는지 가장 완벽한 사례를 발견했다고 전했다. 미국에 첫 번째 레코드점을 열기 위해 준비 중이었던 브랜슨은 영국의 다른 소매점들이 미국 시장을 뚫는 데 대단히 어려움을 겪고 있다는 것을 알고 있었다. 얼마 후 이 두 명의 억만장자가 만나 협상을 했는데, 이는 블록버스터가 유럽에 있는 15개의 버진 레코드점의 동등한 파트너가 되고 버진이 미국에서 여는 모든 가게의 75%의 지분을 블록버스터가 소유한다는 것이었다. 이로써 버진은 경영권은 그대로 가지면서 미국으로 확장하기 위해 필요한 자금을 확보하는 데 성공했다.

하지만 강한 개성을 지닌 이 두 사업가들은 어쩔 수 없이 부딪히게 되었다. 휘젠거는 버진-블록버스터 메가스토어가 자신의 회사 브랜드와 많은 멤버십 회원들의 덕을 보고 있다고 생각하고 있었다. 그런데 1993년 초에 로스앤젤레스 지역에 열기로 한 레코드점에 블록버스터의 로고가 빠진 걸 발견하자 굉장히 분노하게 된다. 그 쇼핑센터의 소유주가 블록버스터의 건전한 이미지가 무료 콘돔을 주는 레코드점의 이미지와 어울리지 않아서 그렇게 했다는 설명을 했으나 휘젠거는 누그러지지 않았다.

한편 블록버스터는 커다란 쇼핑센터에 위치한 블록버스터-버진 합작 메가스토어와 직접적인 경쟁 상대가 되지 않는 동네의 작은 레코드점을 인수하면서 그들의 처음 계획안을 계속 진행시켰다. '모방하는 것이 새로 만드는 것보다 낫다'는 억만장자들의 원칙에 따라, 블록버스터의 뮤직 플러스점은 버진이 그랬던 것처럼 음악을 들을 수 있는 공간을 많이 만들고 선반을 이용해 물건을 진열했다. 새롭게 레코드점을 열 곳을 물색하면서 이 두 체인이 맞서게 되자, 메가스토어를 함께 운영하기로 그들의 동업은 끝이 나게 된다.

리처드 브랜슨과 웨인 휘젠거 사이에 있었던 불화는 서로 다른 경영 방식만큼이나 유사한 성격 때문이었다. 표면적으로 볼 때, 브랜슨은 밑바닥부터 회사를 세워왔고 휘젠거는 기존의 사업을 통합하는 방식으로 확장해왔기 때문에 서로 상당히 다른 경영 전략을 가지고 있었다. 하지만 미국과 아시아 지역의 버진 레코드점 책임자로 두 사람을 모두 아는 이안 더펠Ian Duffell은 두 사람 모두 똑같이 두려움을 모르는 사람들이라고 표현했다. "이 미국인과 영국인에게는 협상의 실제 과정보다는 도전이 더 중요했다." 그는 또한 브랜슨과 휘젠거 모두 일단 그들이 결심을 하면 아무도 그것을 바꿀 수 없었다고 한다. 결국 마찰이 일어날 수밖에 없었던 것이다.

___ 자신만의 경영 스타일 찾기

지금까지 몇몇 인물들을 살펴봄으로써 억만장자가 되기 위해서는 효율적인 회사를 만드는 것만이 능사가 아님을 증명했다. 워렌 버핏은 버크셔 해서웨이 사에 거의 관여하지 않고 자신이 신중하게 고른 경영자들에게 권한을 위임했다. 칼 아이칸과 커크 커코리언은 자신들의 금융 지식과 협상 능력을 이용해 막대한 부를 이루어냈다. 그들이 각각 트랜스월드 항공사와 메트로 골드윈 메이어에서 맡았던 일은 칭송보다는 비난의 대상이었다.

자신을 잘 살펴보면 자신에게 어떤 유형이 적합할지 알 수 있을 것이다. 하지만 어떤 유형이건 간에 스스로 습득한 기술에 당신이 가지고 태어난 재능을 보완해야 한다.

조직의 탁월한 리더가 되기 위해 웨인 휘젠거는 자신에게는 너무나 뻔한 것을 이해하지 못하는 사람들에게 퉁명스럽게 구는 자신의 성격을 고쳐야 했다. 그의 이런 성향을 무서워한 직원들이 종종 중요한 정보를 전하지 않는 일이 있었기 때문이다. 로스 페로와 샘 월튼은 고위 간부들에게 혜택을 주는 초기의 결정을 바꾸어야 했는데, 이는 하위직 직원들이 고위 간부들에 비해 상대적 박탈감을 크게 느꼈으며 2류 시민처럼 대우 받는다는 사실에 불화가 커졌기 때문이다.

CHAPTER
10

정치적 영향력에 투자하라

어느 누구도 내게 부당한 특혜 이외에 아무것도 요구하지 않았다!

J. 코델 무어(J. Cordell Moore, 전 미 내무부 차관)

—— 정치자금 지원은 그럴만한 가치가 있다?

개발도상국들과는 달리 선진국에서는 억만장자가 정치적 영향력을 통해 탄생하지는 않는다. 하지만 부패 정도가 아주 낮을지라도 중앙 정부와 지방 행정당국은 상당한 경제적 혜택을 행사할 수 있는 영향력이 있다. 정부 공사를 계약할 때 우선권을 얻거나 관세보호 또는 특별 세금 감면을 받는 등 혜택의 범위는 다양하다. 공무원들은 기업체들에 막대한 비용을 부담시킬 수 있는 결정에 영향력을 행사할 수 있다. 그들은 독점 금지 조항을 만들지 않도록 할 수 있고 기존의 환경보호 규정을 더 완화할 수도 있으며 기업에 유리한 세금 규정을 폐지할 수도 있다.

기업이 입법과 행정 기관에 로비 활동을 벌이는 것은 정부가 기업의 이윤에 악영향을 줄 수 있는 결정을 내리기 전에 합법적이면서도 효과적으로 대처하기 위해서다. 이보다 좀 더 간접적인 방법으로는 자신들에게 유리한 대통령 후보자에게 선거 자금을 기부하는 전략이 있다. 물론 원칙적으로 대통령 후보자들은 선거 자금을 받은 대가로 특정 현안에 대한 자신들의 철학과 입장을 바꿔서는 안 된다. 하지만 그들은 주요 기부자들이 추천한 정책을 보다 우호적인 입장에서 검토하게 된다.

억만장자가 될 가능성이 이미 충분한 부자가 상당한 금액을 정치인에게 기부하는 것은 결코 힘든 일이 아니다. 대통령직을 차지하기 위해 들어가는 비용이 어마어마하다고 말들이 많지만 선거 캠페인에 들어가는 돈의 규모는 사업하는 사람의 입장에서 볼 때 그리 큰돈이 아니다. 그 한 예로 미 공화당 소속의 마이클 휴핑턴Michael Huffington은 1994년 미국 상원의원 선거에서 2,900만 달러라는 어마어마한 돈을 쓰고도 결국 상원의원이 되지 못해 큰 뉴스거리가 된 적이 있다. 이에 대해 미국 정치자문위원회는 소니 뮤직이 마이클 잭슨의 새 앨범 CD를 홍보하기 위해 3,000만 달러를 사용했다는 사실을 지적했다. 반면 그해에 한 사람의 상원의원에게 책정된 홍보비용은 겨우 350만 달러였고, 하원에 출마한 지원자들에겐 이보다 적은 35만 달러가 책정되었다. 1998년 뉴트 깅리치Newt Gingrich가 사용한 자금 600만 달러는 하원으로 출마한 후보자들이 그때까지 사용한 금액 중 최고액이었다.

순자산 가치가 몇 십 억 달러를 웃도는 사람의 입장에서 보면 선거에서 영향력 있는 위치에 있는 사람에게 쓰는 돈은 그리 큰돈이 아니다. 정치 자금을 모으는 컨설턴트인 스탄 허크애비Stan Huckaby는 2000년도 대선을 위해 민주당과 공화당 대선 후보자가 각각 3,210만 달러를 모아야 한다고 추정했다. 이 중 약 3분의 1의 금액이 소액 기부자들에게서 나올 것이고 나머지 2,000만 달러 정도가 주요 기부자들로부터 나온다고 했다. 사실 억만장자들은 자신의 돈을 금고에만 넣어두어도 1년 안에 이 금액보다 많은 금액을 충분히 벌어들일 수 있다.

대선에 필요한 자금을 여러 명의 기부자들로부터 모아야 한다는 법률적인 규제가 없었다면 단 한 명의 억만장자로도 충분했을 것이다. 하지만 이러한 법률 때문에 억만장자는 상당히 적은 금액을 가지고도 주요 기부자가 될 수 있다. 하지만 억만장자들은 대선에서 당선될지 안 될지도 모르는 한 후보자에게 거금의 수표를 써주기보다는 당선 가능성 있는 주요 후보들과 그들의 최측근을 지지하는 방식으로 위험을 줄인다. 그 결과 비교적 적은 금액의 돈으로 막대한 경제적 영향력을 끼칠 의사결정에서 자신에게 유리한 제안이 나올 수 있도록 하는 효과가 생긴다. 대표적인 예로 1996년에 치러진 대선 기간 동안 담배 회사들은 유력한 후보자들에게 1천만 달러가 조금 넘는 돈을 기부했다. 그것도 대부분 공화당에 말이다.

다음해에 담배 제조회사들은 의회로부터 500억 달러의 세금 감면 혜택을 받았다. 비즈니스계에서도 1을 투자해 5,000을 회수하는 예는 거의 없다. 그들에겐 돈을 댈 선거가 더 없다는 사실이 아쉬울 뿐이다. 정치적 영향력을 지닌 사람들에 투자하는 것의 매력은 이처럼 숫자가 증명해준다. 존경받는 억만장자들도 도덕적 양심이란 문제로 고민을 하겠지만 어느 정도의 범위까지 수용할 수 있는가는 자신의 영혼에 물어야 할 것이다. 법이 허락하는 범위라 해도 자신의 양심상 꺼려진다면 그렇게 하지는 못할 것이다.

___ 기존 체제 안에서 살아남기 위한 전략

어떤 사업에서든 살아남기 위해서는 정치 세력과 연결되지 않을 수 없다. 예를 들어 1960년에 웨인 휘젠거가 쓰레기 수거 계약을 따낸 것은 시와 정부 주재 간담회에 정기적으로 참석한 결과였다. 그의 측근 중 한 사람은 다음과 같이 말했다.

> **관공서와 계약을 체결하기 위해서는 말단 담당직원부터 시작해서 중간 관리자는 물론 시장에 이르기까지 광범위하게 꿰고 있어야 한다. 그들은 지속적으로 당신에게 연락을 해오게 되고 여기저기서 터져 나오는 불만 사항 등을 쉽게 접수할 수 있다. 그러면 당신이 맺은 그 계약은 항상 유지될 수 있다.**

시 당국의 내부 감사에서 휘젠거가 운영하는 웨이스트 매니지먼트 사 소속의 한 운영자가 플로리다의 정치인들에게 3년에 걸쳐 장부에 기록하지도 않고 4만 달러의 현금을 기부했다는 사실이 밝혀졌다. 현금을 이용했다는 게 의심의 대상이 되긴 했지만 불법은 아니었다. 자문단의 권유로 휘젠거는 정치 자금을 대주었던 것이다. 몇몇 정치인들과 친하다는 기소 내용에 대한 법적 책임을 피하기 위해 헌법 수정 제5조(자기에게 불리한 증언의 거부, 자유, 재산권의 보장 등이 규정된 미국의 헌법 조항)를 이용했다. 물론 검찰의 조사결과 휘젠거는 아무런 잘못도 드러나지 않았다.

존 클러지의 대변인은 억만장자들이 정치인들로부터 그저 호감을 사기 위해 기부하는 것은 결코 아니라고 말하면서 이렇게 덧붙였다. "클러지는 자신의 편인 몇몇 정치인들에게 기부했고 그는 그것이 사업의 중요한 일부라고 믿었다." 1996년에 클러지는 뉴욕에 있는 자신의 아파트를 공화당원들에게 선거자금 후원행사 장소로 빌려주었다. 상원 다수당의 원내 총무인 트렌트 로트가 이끄는 후원회는 클러지와 연계된 이 행사에서 수십 만 달러의 자금을 모으는 데 성공했다. 이 모금 운동이 있기 얼마 전에 로트는 LDDS 월드콤WorldCom에 상당히 유리한 통신법안 개정을 감독했다.

물론 법안이 채택되었던 버지니아 주에서는 클러지가 정치인들에게 돈을 지원하는 것을 순수한 행동으로 받아들이지 않았다. 1989년에 주 정부가 개인의 기부금액 상한선을 없애버린 것을 지적하며 버지니아 대학의 정치학자 래리 사바토Larry Sabato는 클러지와 같은 거물급 기부자들에 대해 이렇게 비꼬았다. "그들은 투자를 하고 있는 것이다. 나는 그들이 하는 일이 더 나은 정부를 위한 것이라고 생각하지 않는다."

당시 클러지는 군인 출신 주지사인 더글러스 와일더Douglas Wilder의 선거전에 직접적으로 돈을 기부한 것과 후원회를 연 것 때문에 언론의 집중 조명을 받았다. 와일더의 보좌관들은 클러지의 기부에 대해 어떤 조건도 없었다고 주장했지만, 〈워싱턴 포스트〉는 클러지가 재정적인 후원을 했으므로 앞으로 지사의 임기 동안 주정부 현안 결정에 영향을 줄 수밖에 없다고 꼬집었다. 또 클러지는 버지니아 주 스포츠협회에 투자한 15명 중 한 명이기도 했는데, 이 협회는 경마장 계약에 대해 허가를 내주는 단체였다. 이에 대해 래리 사바토는 이렇게 말했다. "존 클러지가 공화당과 민주당원들 모두에게 기부하는 것을 보면, 그의 기부는 당이나 이념 때문이 아닌 게 분명하다. 사실 그의 기부는 자신의 이익을 위해서다."

____ 시대가 바뀌면 정치 세력 활용법도 달라진다

과거에는 정치적 영향력이 지금보다는 좀 더 분명히 나타났다. 당시에 억만장자가 되길 원하는 사람들은 좀 더 자유롭게 이 영향력에 기댈 수 있었지만 오늘날 이와 같은 위험을 무릅쓸 사람은 거의 없을 것이다. 당시 그들이 계획하고 있는 전략의 불법 여부와 상관없이 그들은 자신만의 도덕적 잣대를 가지고 행동했다.

1867년에 제이 굴드Jay Gould는 에리 레일로드를 차지하기 위해 코넬리우스 반더빌트와 경쟁하는 과정에서 뉴욕 주의회에 음식과 술을 접대했고 1,000달러짜리 지폐가 가득한 가방을 의원들에게 건넸다. 반더빌트 쪽에서는 같은 호텔의 다른 층에 진을 치고 경쟁적으로 공무원들의 점수를 따내려 했다. 그들의 전략이 비슷했음에도 불구하고 반더빌트는 굴드를 '월 스트리트의 메피스토펠레스(파우스트에 나오는 악마)'로 비유하며 경멸을 표했다. 그리고 기자들이 굴드에 대한 생각을 묻자 반더빌트는 '절대로 스컹크를 걷어차지 말라'고 답했다.

존 록펠러도 자신의 석유 왕국을 만들어가는 과정에서 정치인들에게 기부하는 방법을 택했다. 예를 들어 돈을 받은 후 호의적으로 변한 법안자가 오일 송유관 사업에 존 록펠러가 끼어들 여지를 만들어주었다. 또 디트로이트 시 천연가스 프랜차이즈를 얻어내기 위해 스탠더드 오일 사는 그 지역 정치인들에게 현금과 주식을 함께 제공했다. 한 역사학자는 이를 두고 스탠더드 오일은 펜실베이니아 주 자체를 정제시키는 일만 빼고 주의회에 할 수 있는 모든 것을 했다고 말했다.

뇌물을 주는 것에 의존하는 대신 모피 업자 존 야콥 애스토르John Jacob Astor는 1812년 전쟁 기간 동안 미국 정부에 돈을 빌려주었다. 전쟁이 끝나자 미 의회는 비시민권자는 모피 사업을 할 수 없다는 금지령을 채택했고 이로써 애스토르는 자신의 로비에 대한 보상을 충분히 받게 된다. 즉 애스토르는 영국과 캐나다 시민권을 가진 경쟁업자들을 몰아내고 모피 사업에서 독과점을 행사할 수 있었다.

미국에서는 드물지만 다른 나라에서 보편적인 전략으로는 사업가들이 정치 현장에 직접 뛰어들어 거기서 이익을 창출해내는 방법이 있다. 의회에 몸담은 적이 있는 러셀 세이지^{Russell Sage}는 뉴욕 시가 트로이 & 세넥태디^{Troy & Schenectady} 철도에 대한 경영권을 얻어내서 영역을 넓히고 싶어 한다는 사실을 알게 되었다. 세이지는 트로이 시가 소유한 소규모 철도회사 위원회에서도 일한 경험이 있었다. 이런 점들을 이용해 세이지는 트로이 & 세넥태디를 실제 가치보다 훨씬 싼 가격인 20만 달러에 유령회사에 팔자고 회사를 설득했다. 그리고 나서 세이지는 70만 달러의 이득을 보며 이 회사를 다시 뉴욕 시에 가볍게 되팔았다. 1869년에 세이지가 고리 대금업으로 체포되었을 때도 정치적 영향력은 큰 도움이 되었다. 의원을 고객으로 가지고 있던 덕택으로 감옥에 갇히는 신세는 면한 것이다.

리랜드 스탠포드^{Leland Stanford}는 그와 그의 파트너들이 센트럴 퍼시픽 철도회사를 만들 때 캘리포니아 주지사라는 직위를 마음껏 이용했다. 그 철도는 동서를 가로지르는 첫 번째 대륙횡단 철도였고 1869년에 유명한 골든 스파이크 카지노와 연결되었다. 스탠포드의 파트너 중 한 명인 콜리스 포터 헌팅턴이 돈으로 로비 활동을 벌였고 이에 대한 대가로 1862년 의회는 퍼시픽 철도 법령을 통과시켰다. 이 법안은 스탠포드와 헌팅턴 그리고 마크 홉킨스와 찰스 크로키에게 사크라멘토에서 동쪽으로 놓이는 철도선을 만들 수 있는 권리를 부여한 것이다. 센트럴 퍼시픽 철도

회사의 간부들은 철도사업에는 거의 경험이 없었다. 그럼에도 의회는 센트럴 퍼시픽이 평지에 철도를 놓을 때는 1마일에 1만6,000달러를, 그리고 산간 지역을 가로지르는 구간에는 1마일 당 4만8,000달러를 지불하는 것을 허락했다. 산간 지역에 붙는 프리미엄을 최대로 끌어내기 위해 스탠포드는 캘리포니아 주 정부 지질학자에게 지도상에 시에라 네바다 산의 범위를 24마일 정도 늘려 표시하도록 지시했다. 이 사업에서 스탠포드가 너무 많은 이익을 얻자 의회는 회계 자료를 요청했다. 하지만 자료를 제출해야 할 시기가 임박하자 '사고를 가장한' 화재가 회사의 회계 장부를 모두 불태우고 만다.

철도를 건설하기 위해 대지를 양도받는 것 외에, 스탠포드는 센트럴 퍼시픽 철도 건설에 들어가는 돈의 일부를 조달하기 위해 채권을 발행하는 데도 주지사의 권한을 이용했다. 스탠포드는 상원의원이 되어서도 센트럴 퍼시픽 철도회사의 사장 역할을 계속했다. 소위 '백만장자 클럽'으로 알려진 상원의원 팀에 합류해서 그는 사업의 성장을 가로막는 정부 규제에 반대하는 데 힘을 쏟았다.

정치적인 영향력은 철도사업에서 막대한 부를 탄생시키는 데 크게 기여했을 뿐 아니라 도시의 전차, 견인 사업에서도 마찬가지 역할을 했다. 필라델피아에서 가장 큰 부자가 된 피터 A. 와이드너Peter A. Widener는 처음에 정육점 주인이었다. 새로 만들어진 공화당에 합류하면서, 그는 내전 동안 필라델피아 근처에 주둔했던 연합군들에게 고기를 공급하는 계약을 따내는 데 자신의 정치 커넥션을 이용했다. 와이드너는 거기서 남는 이윤의 일부분을 도시 철도에 투자했고 또다시 정치적 영향력을 바탕으로 도시 운송 시스템을 거의 독점적으로 얻어내는 데 성공했다. 그는 또한 뉴욕 운송업계의 거물인 토머스 포춘 라이언Thomas Fortune Ryan과 공동으로 사업에 참여했는데, 토머스는 뉴욕 주 민주당 책임자와 아주 밀접한 관계를 맺고 있었다. 한 저널리스트는 토머스가 태매니 홀 (Tammany Hall, 뉴욕 시 정책을 좌우하던 정치 집단)을 '충복'으로 만들 정도로 강한 영향력을 가지고 있다고 했다.

1883년에 토머스와 파트너 윌리엄 콜린스 위트니는 새로운 철도선을 따내기 위해 시의 허가를 구했으나 라이벌인 야콥 샤프가 더 많은 뇌물을 제공한 사실을 알게 된다. 라이언과 파트너는 즉각 샤프의 부패한 방법을 폭로하고 그가 브로드웨이 노선을 따오기 위해 지불한 액수의 20분의 1의 가격에 사들인다.

—— 합법적인 접근 방식이 먼저다

철도사업자들이 정부의 도움을 필요로 했던 것은 19세기에만 국한되지 않는다. 1991년에 필 안슈츠가 비틀거리던 서던 퍼시픽 철도회사의 경영을 개선하기 위해 노력하고 있던 시기에 대통령 직속 비상위원회는 철도사업 근로자들의 10% 급여 인상을 요구했다. 의회는 이 급여 인상안을 승인했고 다른 철도사업가들도 이 인상안이 적절하다고 받아들였다. 하지만 안슈츠는 자신의 철도회사는 급여 인상 폭만큼 지불할 능력이 없다는 이유로 이 안에 반대했다. 그가 이렇게까지 할 수 있었던 이유는 상원의원 의장 밥 돌(Bob Dole, 훗날 공화당 대선 주자)과의 오랜 우정이 영향력을 발휘했기 때문이다. 밥 돌의 고향인 러셀에서 태어난 안슈츠는 다른 철도사업자들과는 달리 회사의 노조와 개별적으로 협상할 수 있는 아주 특별한 대우를 받아냈고 열차의 크기도 협상할 수 있는 권한

이 있었다.

돌과의 우정은 1984년에도 상당한 도움이 되었다. 당시 안슈츠는 산타페 철도회사가 서던 퍼시픽 철도회사를 사들이는 것을 막기 위해 주간(州間) 통상위원회에 로비하여 성공했다. 이 거래를 저지하는 데 성공한 안슈츠는 덴버 앤 리오그란데 웨스턴 노선까지 얻어내게 된다. 1996년에 안슈츠가 서던 퍼시픽 철도와 유니온 퍼시픽 철도를 합병하려는 전략에 사람들의 관심이 집중되자 돌은 그를 구하기 위해 나선다. 이 합병은 캔자스에서 논란의 여지가 많은 이슈였지만 필 안슈츠와 드루 루이스는 돌의 선거전에서 가장 큰 두 명의 기부자들이었던 것이다.

이 두 철도회사들이 처음에 합병 계획안을 제출했을 때, 그 결정은 주간 통상위원회의 몫으로 돌아갔다. 하지만 의회에서 공화당 절대 다수는 이 위원회를 폐지시킬 계획을 갖고 있었다. 그러면 서던 퍼시픽과 유니온 퍼시픽이 합병하겠다는 계획안은 법무부의 반독점 부서로 넘어갈 것이고 여기서는 그 법안을 반대할 가능성이 컸다. 게다가 이는 주정부 차원의 문제가 될 것이고, 이는 또 다른 장애물을 만날 가능성이 컸다. 예를 들어, 콜로라도의 법은 서던 퍼시픽과 유니온 퍼시픽이 원하는 종류의 합병 방식을 금지하고 있었다. 이렇게 되자 두 철도회사들은 로비를 통해 합병을 감독하게 될 새로운 운송위원회를 만들었고 이 기관은 후에 두 회사의 합병을 허용한다.

한 저널리스트는 '안슈츠의 사람들, 회사 그리고 그가 만든 단체에 의해 1996년 대선 캠페인에 흘러 들어온 36만3,250달러의 돈과 합병이 관계가 있다'고 주장했다. 과장된 면이 있겠지만 안슈츠는 그가 예술품을 수집하고 계약을 하고 마라톤 경주를 할 때 보여준 열정으로 자신의 이익을 실현시키기 위해 자신이 가지고 있는 정치인 인맥을 이용했다.

1980년대 후반에 그는 캘리포니아의 컨 카운티와 로스앤젤레스 지역을 잇는 132마일 길이의 오일 파이프라인을 건설함으로써 서던 퍼시픽을 확장시키는 계획을 생각해냈다. 그러나 환경 주의자들이 이 프로젝트에 반대하고 나섰다. 이에 파이프라인 회사들은 자신들의 권리를 옹호하기 위해 '프로 로비스트'를 고용하는 데 39만4,000달러를 사용했다. 물론 파이프라인에 영향 받을 마을에 다양한 서비스를 제공한 것은 로스앤젤레스의 관계당국으로부터 프로젝트에 대한 허가를 얻어내기 위한 것이었다.

—— 로비활동은 기대 이상의 것을 안겨준다

하워드 휴즈Howard Hughes는 국방부에 납품하는 군수업자로서 자신의 역할을 통해 워싱턴 정계와 아주 밀접한 관계를 발전시켰다. 휴즈 에어크래프트Hughes Aircraft사는 프랭클린 루즈벨트 정권과 친밀한 관계에 있던 제스 존스(휴즈 친구의 아버지인)의 도움으로 정부 공사를 따냈다. 루즈벨트 대통령의 아들인 콜로넬 엘리어트 루즈벨트 또한 제2차 세계대전 동안 계약을 따내려는 휴즈 에어크래프트에 열렬한 지지를 보냈다.

휴즈의 홍보 담당자인 존 W. 메이어는 이와 같은 일들을 홍보하는 일을 했다. 또한 그는 파예 에머슨을 루즈벨트에게 소개했는데, 얼마 후 그 둘은 결혼해 에머슨은 루즈벨트의 아내가 되었다. 또 다른 정치인의 친척인 리처드 닉슨의 형 도널드도 휴즈가 메디컬 리서치 회사를 세울 때 도움을 주었다.

1953년, 드릴에 끼우는 날을 생산하는 휴즈의 공구 회사가 커다란 이익을 내는 데는 석유 산업의 활성화가 도움이 컸다. 하지만 내야 할 소득세가 너무 많았다. 세금 부담을 줄이기 위해 하워드 휴즈가 운영하던 휴즈 공구 회사는 하워드 휴즈 메디컬 인스티튜트를 건립하면서 아주 복잡한 거래를 한다. 다시 말해, 메디컬 리서치 인스티튜트는 휴즈 에어 크래프트 사의 모든 주식을 받고 부채와 맞바꾸는 조건으로 재고의 미수금 계정을 사들인다. 이 자선 기관은 또한 새로 사들인 자산과 채무로 추정되는 금액의 차인 1,800만 달러에 대해 연 4%의 이자로 3년 만기 약속 어음에 사인한다. 하워드 휴즈 메디컬 인스티튜트는 휴즈 공구사로부터 땅을 임대해 휴즈 에어크래프트에 다시 임대해준다. 이 모든 거래가 마무리되었을 때 하워드 휴즈가 소유한 휴즈 공구 회사는 임대료에 대해 세금 감면을 받는 혜택을 받고 1,800만 달러의 어음에 대한 이자 수익도 얻게 된다. 거기에다 메디컬 인스티튜트를 만드는 데서 오는 200만 달러의 세금 감면 혜택도 받았다.

하지만 휴즈의 이러한 달콤한 거래에도 한 가지 단점은 있었다. 메디컬 리서치 인스티튜트가 신청한 연방정부 세금 감면 요청은 국세청의 승인이 필요했다. 1955년에 국세청은 '휴즈의 자선 기관이 실제로는 소득세를 면제받기 위한 기관으로 이윤을 챙기기 위한 회사'일 뿐이라며 세금 감면 요청을 거부했다.

우연의 결과일지 모르지만 1956년 리처드 닉슨이 부통령으로 재선되고 나서 한 달 후, 휴즈 공구 회사는 경영난이 심각하던 도널드 닉슨의 회사 닉슨 사에 20만5,000달러를 빌려준다. 슈퍼마켓과 햄버거를 주로 파는 세 개의 레스토랑을 포함한 닉슨의 사업은 공구 제조업자가 투자하기에는 아무래도 석연치 않은 구석이 있지 않은가? 게다가 더 이상한 것은 빌려준 금액의 4분의 1에 해당하는 약 5만2,000달러가 텅 빈 대지였던 것이다. 1957년 말경에 국세청은 하워드 휴즈 메디컬 인스티튜트에 세금 감면 혜택을 준다. 그리고 도널드 닉슨의 회사는 문을 닫는다. 휴즈 공구 회사는 닉슨 사에 빌려준 돈을 결코 회수하지 못했다. 이 문제를 보는 사람들의 시각은 휴즈가 부통령의 친척에게 받지도 못할 대출을 해준 대가로 세금 혜택을 받았다는 것이다. 어찌 되었든 국세청은 자신들의 결정에 대해 자세한 사항이 노출되는 것을 막기 위해 분주히 움직여야 했다.

하워드 휴즈와 마찬가지로 샘 월튼은 정치판에 대한 투자의 중요성을 알고 있었다. 하지만 이 검소한 소매상은 무차별 후원 방식을 좋아하지 않았다. 월마트의 본사가 있는 아칸사스의 한 상원의원은 이렇게 말했다. "월튼의 가족으로부터 선거 지원금을 받으려고 기다리는 것은 아멜리아 에르하르트(Amelia Earhart, 1937년 여성 최초로 세계일주 비행을 시도하다가 실종된 비행사)가 돌아오기를 기다리는 것과 같다."

1987년에 월튼은 소매상인이 제품 마진율을 최소한 6.75% 이상 받도록 정한 오클라호마 법령을 철회시키기 위한 로비 활동에 기꺼이 8만 달러를 투자하기도 했다(오클라호마 주는 1941년에 무분별한 가격인하로 소매상으로 고객들이 몰리자, 소매상들이 원가 이하로 물건을 파는 것을 금지하는 법안을 통과시켰다). 월튼과 다른 소매상들은 오클라호마 하원 원내 총무가 법안 폐지안에 동의하도록 많은 노력을 쏟았다. 이 법안은 '월마트 법안'이라 불리는데, 상대 당수는 이 안을 '합판법plywood bill'이라 부르며 맹비난을 퍼부었다. 그는 이렇게 설명했다. "폐지안이 통과되면 값싼 베니어판 창과 문을 단 가게가 시내에 넘쳐날 것이다." 이에 맞서 월마트는 월마트 상점을 사랑하는 방문객들로부터 20만 명의 법안 폐지 지지 서명을 확보했다. 월튼은 자유 기업을 옹호하자는 내용의 글을 신문사와 관공서 그리고 주주들에게 떠우는 등 혼신의 노력을 기울였다.

월튼 상점은 소규모 지역에서 더 성공적이었는데, 1970년대 초반까지 그가 목표로 한 서부의 조그마한 마을들은 월마트점을 마을의 발전으로 여기며 개점을 환영했다. 이러한 조그만 마을들은 월마트 본사에 대표단을 보내거나 글을 써서 월튼 스토어의 새 부지로 선정될 수 있도록 요청해 왔다. 월튼은 이들의 자부심을 자극하면서 이러한 요청들을 자본화시켰다. 한편 시 당국자에게는 다른 지역에도 좋은 부지가 많다고 강조하면서(실은 그 도시에 꼭 월마트를 열고 싶으면서도) 그는 재산세와 각종 세금 면제, 저금리 대출, 사회 기본 시설에 대한 정부 보조금과 용지 변경 등을 요구했다.

월튼은 고향에서 아칸소 주지사인 빌 클린턴과 친밀한 관계를 유지하고 있었다. 그는 또한 힐러리 클린턴을 월마트 이사로 고용했다. 하지만 월튼은 힐러리와의 관계를 이용해 부적절한 정치적 영향력을 행사하지는 않았다. 주지사 부인인 힐러리는 여성이 고위 관리직에 승진하는 데 너무 긴 시간이 걸린다는 점을 비판하며 회사에 여성 중역 확보를 유도하기도 했다.

＿＿ IT 기업가들도 정치적 로비에 눈을 뜨다

로스 페로는 1992년과 1996년 대선에 나서기 이전에 정치에 대해서는 별 관심이 없다고 여러 차례 밝혔다. 하지만 정치에 대한 그의 관심은 어릴 때부터 타고난 성향이었다. 대학 신입생 시절, 대학위원회가 학교를 증축하기 위해 부지를 새로 매입하려고 하자 열일곱 살이라는 어린 나이로 그는 그 부지를 사면 안 된다고 설득했다. 학교 측이 매입하려던 부지는 기존 학교 시설의 도로 건너편에 위치하고 있어 상당히 편리한 입지였다. 하지만 페로의 동급생들은 기존의 체육 시설이 불편한 상태인데 현재 고려하고 있는 위치가 받아들여지면 이 체육 시설을 이용하기가 더욱 힘들어진다고 불평했다. 이에 대한 대안으로 페로는 학교가 더 발전했을 때를 고려해 외곽 지역에 토지를 사야 한다고 주장했다.

오랫동안 의논한 끝에 대학위원회는 그의 제안을 받아들였는데, 나중에 이 결정은 아주 탁월한 것이었음이 입증되었다. 텍사카나의 중심이 새로 지어진 캠퍼스 근처로 옮겨지면서, 대학은 곧 그 지역에서 경제활동의 중심지가 되었다. 몇 년 후에야 페로는 당시 최초로 고려된 부지의 소유자가 대학위원회 위원들의 친구라는 사실을 알고 있었다고 밝혔다. 페로는 이렇게 말했다. "나는 결코 그 사실을 입 밖에 낸 적이 없다. 하지만 나는 알고 있었고 내가 알고 있다는 사실을 그들도 알고 있었다." 그 후 수년 동안, 목표달성을 위해 상대방에게 해가 될 정보를 이용하는 것은 페로의 트레이드마크가 되었다.

페로는 겉모습만 그럴싸한 로비스트들을 비난하기는 했지만 대선 후보자인 그에게 정치 시스템은 전혀 낯설지 않았다. 1968년 리처드 닉슨의 대선 캠페인 당시 가장 많은 현금과 자신의 직원 그리고 시간을 바친 기부자였던 덕에 그는 백악관과 가까이 지낼 수 있었다. 페로의 EDS 사가 노인 의료보험을 청구할 수 있는 캘리포니아 블루실드 계약의 일부를 따내지 못했을 때 보건복지부 장관이었던 로버트 핀치가 페로를 대신하여 이 일에 개입했다. 또 페로가 텍사스 덴튼 카운티에 있는 공용부지 근처의 36에이커에 이르는 땅을 재임대 계약하려 했으나, 카운티 관공서의 승인이 나지 않자 닉슨의 보좌관이 나서서 그들을 설득해 결정을 뒤집은 적도 있다. 당시 카운티 조사당국은 페로가 '목장 임대를 가장하여' 저수지와 접하고 있는 공유지를 개인적인 용도로 사용하려 한다는 사실을 밝혀냈다. 카운티 당국은 페로가 정부 소유의 공유지 관리법을 위반하려 한다고 결론지었지만, 백악관이 개입해 결국 임대 재계약을 성사시킨 것이다.

1974년에 페로는 상원의원이 되고자 하는 지원자들에게 총 9만 달러가 넘는 금액을 조금씩 나누어주면서 가장 큰 개인 기부자로 선정되었다. 하원 재정위원회 소속 위원 12명도 그 수혜자들이었다. 이들 중 10명이 1975년 연방정부 세금 수정안에 동의했는데, 이 안은 페로가 듀폰 월스톤 브로커리지 하우스Du Pont Walston brokerage house의 실패로 인한 개인적 손실을 만회할 수 있도록 개정된 것이었다(페로의 담당 변호인에 의해 초안이 마련된 이 개정안의 혜택을 본 사람은 더 있을 것이다). 페로는 그 당시 개인이 받은 세금 감면액 중 최고인 1,500만 달러를 감면받았다. 이 개정안을 도입한 하원의원은 1974년 페로 캠페인 펀드에서 1,000달러를 받은 수혜자인데, 그는 이 안으로 인해 혜택을 받는 사람이 자신의 기부자였다는 사실을 몰랐다고 주장했다. 이에 대한 문제가 제기되자 재정위원회 의장은 법안의 허점을 신속히 보완하겠다고 했고, 이와 같은 상황에 대해 페로는 이 규정이 수정되어야 한다고 생각하지만 자신은 법의 테두리 안에서 행동했을 뿐 아무런 문제가 없다고 밝혔다.

1980년에 텍사스 주정부가 EDS의 저소득층 의료보험 처리업무를 다른 회사에 넘기려 하자 페로는 이 결정을 번복하기 위해 백방으로 수소문한 끝에 계약을 유지하게 된다. 여러 가지 전략 중 하나로 EDS는 라이벌 회사인 브래드포드 내셔널에 대한 모든 부정적인 정보를 모아 서류를 만들었다. 페로는 EDS를 다른 회사로 대체하자고 한 사람을 '정신 나간 사람'이라고 했다. 1992년 자신이 출마한 대선에서 페로는 페로 가에서 소유한 포트워스 근처의 땅에 위치한 카고 에어포트에 대해 정부로부터 2억 달러에 이르는 현금과 세금 혜택을 받았다는 의혹을 받게 된다. 불법성이 밝혀진 것은 아니었지만 이 사건은 페로가 대선에서 실패하게 된 요인 중 하나였다.

한때 이글 스카우트로 활약했던 로스 페로가 정치 세력을 이용하는 솜씨는 '보이 스카우트'라는 단어로는 정확히 표현할 수 없다. 역시 보이 스카우트로 활동했던 빌 게이츠는 정치적 영향력을 등에 업으려 하기 전에 이미 억만장자가 된 경우이다. 법안자들과의 관계를 모색하기 위해 일 년에 몇 번씩 워싱턴을 드나드는 다른 기업 회장들과는 달리, 그는 다른 하이테크놀로지 회사의 경영주들과 함께 일 년에 딱 한 번 하루 일정으로 워싱턴을 방문했다.

회사를 세우고도 20년 동안 마이크로소프트는 워싱턴에 로비 사무실을 열지 않았다. 회사가 로비 사무실을 열기로 했을 때에도 그 사무실은 워싱턴에서 몇 마일 떨어진 마이크로소프트 영업소 안에 위치했고 비서도 없이 변호사 한 명이 운영했다. 선거 캠페인 기부금으로 마이크로소프트는 6만1,000달러를 냈는데, 이는 회사의 규모로 볼 때 상당히 적은 금액이었다. 빌 게이츠는 개인적으로 정치에 참여했으나 공화당에는 거의 도움이 되지 않았다. 그가 워싱턴 주에 기부한 약간의 돈은 총기 제한 정책과 세금 부과 정책에 있어 공화당의 주장과는 반대되는 활동을 위한 것이었다.

오랜 기간 동안 빌 게이츠가 보여준 정치에 대한 무관심은 처음에는 상당히 신선하게 여겨졌다. 빌 게이츠가 1972년 여름에 의회에서 서류 관리 업무를 하게 된 것은 가족과 친분이 있던 하원의원(후에 상원)인 브록 아담을 통해서였다. 이보다 한 해 전인 1971년에 그는 워싱턴 주에서 같은 일을 했었다. 이 기간 동안 빌 게이츠는 또 다른 가족의 친구인 주지사 다니엘 에반스의 관저에 묵기도 했다. 하지만 빌 게이츠는 정치인과는 일정 거리를 두는 편에 속했다. 첨단기술 분야에 종사하는 한 사람은 워싱턴을 '이해할 수 없는 곳'이라고 했다. 일반적으로 그들은 정치가 자신들을 그냥 내버려두기만을 원했다.

빌 게이츠가 워싱턴에 가서 정치 활동에 참여해야 한다는 생각을 가지기 시작한 것은 연방 정부가 마이크로소프트를 독점 금지로 제소하려고 움직이던 무렵이었다. 물론 정부의 이런 방침을 이끌어낸 세력은 정치의 힘을 이미 잘 알고 있는 마이크로소프트의 경쟁사들이었다. 첨단기술 회사들은 이제 좀 더 대담하게 정부가 하는 일에 적극적인 자세를 취하기 시작했다. 미국 전자산업협회 회장은 이렇게 말한다. "지금까지 지켜왔던 수동적인 태도가 바뀌고 있다. 우리가 관여하지 않으면 결국 그놈들이 우리를 망쳐버릴 것이다."

빌 게이츠는 워싱턴 정가에 관심을 두는 대신 좋은 제품을 개발하는 데 힘을 쏟는 것이 잘못이냐며 공공연하게 반문했다. 그러면서도 빌 게이츠는 회사 안팎에 세 명씩 로비 인원을 늘리며 로비 활동을 강화했다. 마이크로소프트의 항소에 참여한 로비스트에는 두 명의 전직 공화당 의원과 두 명의 민주당원, 전 하원 보좌관과 상원 원내 총무가 포함되어 있다. 또한 마이크로소프트는 전 공화당수 할리 바버^{Haley Barbour}를 영입해 자신들의 입장을 공화당 주지사들에게 표명할 수 있도록 했다.

이런 노력 덕분에 독점 금지 소송에 대한 논란이 가중되었다. 한 가지 전략은 법원이 권고할지도 모르는 독점 금지안을 의회가 무효화시키는 것이었다. 또 다른 방법은 법무부가 법안을 선포하고 실행하기 위해 필요한 막대한 자금을 의회가 승인해주지 않도록 설득하는 것이었다. 더 나아가서 빌 게이츠는 회사가 정치에 무관심했다는 비난을 잠재울 수 있기를 원했다. 그는 한숨지으며 '이제 그쪽에 좀 손을 썼으니……'라 말했으며 신문들은 헤드라인을 이렇게 뽑았다. '마이크로소프트의 구매력(정치인들을 사들이는 능력), 연관되어 있어도 문제, 안 되었어도 문제.'

사실 마이크로소프트가 기울인 노력은 같은 크기의 다른 회사들에 비하면 여전히 미미하다. 하지만 그들의 노력은 급속도로 성장했다. 1998년 상반기 첫 6개월 동안 회사의 로비 비용은 자그마치 128만 달러로 전년에 비해 두 배나 되었다. 1998년 한 해 동안 총선거 기부 비용은 100만 달러로 세 배 이상 증가했다. 한 비영리기관의 연구에 따르면, 빌 게이츠가 민주당 안을 선호하기는 했지만 기부금의 63%는 공화당으로 들어갔다고 한다. 비영리기관에 대한 마이크로소프트의 정치적 기부를 연구한 제니퍼 섹터Jennifer Shecter는 '마이크로소프트가 무기고를 짓고 전투에 대비하고 있다'고 했다. 그녀는 또한 마이크로소프트의 정치위원회는 이제 로비 집단들 중에서도 '메이저리그'급에 해당한다고 덧붙였다.

정치인 로비 전쟁에 나선 초보자로서 정부의 독점 금지 소송에 맞서려는 마이크로소프트의 노력이 항상 성공한 것은 아니었다. 1998년에 마이크로소프트는 새로 뽑힌 주 법무장관을 설득해 연방 정부의 독점 금지안을 막아보려 했다. 뉴욕에서 새로 부임한 법무장관의 보좌관은 이러한 마이크로소프트의 노력을 '무자비하고 성공적이지도 못한 노력'이라고 비난했다. 빌 게이츠는 개인적으로 상원의원 트렌트 페어클로스의 재선 선거 캠페인을 도왔다. 하지만 이 노스캐롤라이나 공화당원은 결국 선거에서 지고 만다. 또 사우스캐롤라이나에서 마이크로소프트는 공화당에 2만 달러를 기부한다. 그 주의 공화당 출신 법무장관 찰리 코든은 마이크로소프트와 아메리칸 온라인America Online 사의 경쟁관계를 언급하면서 그간 지지해왔던 연방 정부의 독점 금지안 지지를 중지했다. 마이크로소프트는 자신들이 기부한 돈은 코든의 캠페인을 지지하는 데 사용되지 않았다고 했다. 자신들의 기부와 주 법무장관 코든의 결정은 단지 우연의 일치라고 주장했지만 누가 그걸 곧이곧대로 받아들이겠는가.

___ 정부로부터 세금 혜택을 받는 방법

기업인들이 정치인 로비를 통해 얻어낸 것 중에서 가장 교훈적인 사례는 석유 고갈에 따른 세금 혜택일 것이다. 이를 통한 세금 감면 혜택은 J. 폴 게티 그리고 H. L. 헌트와 같은 석유업자들이 재산을 불리는 데 큰 기여를 했다. 석유 고갈에 따른 세금 혜택은 정치적 영향력을 중시하던 억만장자들의 초미의 관심사였다. 린든 존슨Lyndon Johnson은 1960년 민주당 대통령 후보로 지명되기 전, 당시 헌트가 자신을 지지한다는 이유로 자신이 상원의원으로 있던 기간 내내 석유 고갈에 따른 세제 혜택 정책을 확고히 지지해왔다. 민주당원으로 등록하기는 했지만 헌트는 좀 더 보수적인 경향을 띤 정치인을 후원하기도 했다. 그는 1952년 공화당 지명자로 더글러스 맥아더 장군을, 1964년에는 베리 골드워터를 지지했다.

1913년 국세청 규정에 따르면, 연방 소득세와 함께 석유 고갈에 따른 세금공제라는 항목이 신설되었다. 고갈 자원에 투자한 납세자들의 자본 회복을 도울 수 있도록, 의회는 연간 광산이나 유정의 총 가치 5%에 해당하는 세금 감면안을 통과시켰다. 1916년 세금 항목에는 점차 고갈되는 석유량을 고려해 세금 감면액이 유정을 탐사하는 데 들어간 초기 비용을 넘지 않는다는 조건 아래 이전의 5%에서 '적절한 금액'으로 조정되었다.

　제1차 세계대전 중 석유 소비가 급증하자 석유 개발을 장려하려는 의도에서 이 세금 혜택의 폭은 더 확대되었다. 1918년 국세청은 새로 발굴된 유정에 돌아가는 세금 혜택이 초기 발굴 비용을 넘지 않는다는 조항을 없앴다. 따라서 유정 소유주들은 보통 발굴 비용보다 훨씬 더 많이 세금을 감면받게 되었다. 1926년에는 납세자들이 순수익의 50%를 넘지 않는 선에서 총매출의 27.5%를 감면받을 수 있도록 했다(27.5라는 숫자는 상원이 제시한 30% 그리고 하원이 제시한 25% 사이에서 절충된 것이다).

　결과적으로 석유 생산자들은 막대한 세금 혜택을 입었다. 공장과 설비를 가지고 있는 다른 사업체들이 받고 있던 자산 평가절하에 대한 세금 감면과는 달리, 석유 고갈에 따른 세금지원은 투자된 금액에 따른 제한을 받지 않았다. 물론 광산업자들(모래, 자갈 채취업자들이 포함된)도 이 혜택을 받았다. 하지만 이들은 총매출의 27.5%만큼 감면받을 수는 없다. 석유가 아닌 광물의 고갈 속도는 5% 정도로 낮았기 때문이다. 석유 회사들이 받던 후한 세금 혜택은 재무부가 그 범위를 확대시킴으로써 더욱 늘어났다. 특히 눈여겨볼 것은 성공적인 유정과 관련된 무형 자산에 대해서도 즉각적인 감면 혜택을 베푸는 규정이다.

　정유업자들에게 유리한 이 세금 안은 끊임없이 논쟁의 대상이 되었지만 수십 년 동안 지속되었다. 1933년에 재무장관 헨리 모겐다우 주니어Henry Morgenthau Jr.는 석유 고갈 세제 혜택을 가리켜 '특별한 계층의 납세자를 보조해주는 것'이라며 이 수당의 폐지를 주장했다. 1968년까지 27.5%라는 비율을 줄이려는 모든 노력은 실패로 돌아갔다. 그러나 그 다음해 석유업계의 강한 반발에도 불구하고 의회는 혜택의 폭을 22%로 줄였다. 1975년에는 주요 통합 석유회사들에게 부여되는 석유 고갈 세금 혜택을 완전히 없애고 소규모의 독립 석유개발업자들에게만 혜택을 주기로 했다.

석유 고갈에 따른 세제 혜택이 오랫동안 존재해 왔던 것은 석유업계가 제안한 것을 받아들인 대중들 덕분이라고 볼 수 있다. 석유회사들은 국가 비상시에 석유 부족 사태를 피하기 위해 탐사를 위한 특별 세금 혜택이 필요하다고 주장했다. 게다가 고도로 위험한 작업인 석유를 탐사하는 데 정부 보조금이 없었다면 기존에 발견된 유정 이외에 새로운 유정 탐사를 계속할 수는 없었을 것이고, 그렇게 되면 석유가 부족해지고 소비자 가격은 뛸 수밖에 없다고 말했다.

그러나 석유회사들이 고갈에 따른 세금 혜택을 받는다고 해서 대중들이 석유 가격 면에서 어떤 혜택을 받을 것이라고 생각하는 사람은 아무도 없다. 그 증거로 새로운 유정 탐사 비율은 세금 혜택보다는 석유 가격에 따라 달라졌다. 경제학자들은 세금 혜택이 석유회사들로 하여금 위험을 감수하며 새로운 지역에 대해 개발할 수 있는 촉진제 역할을 하지는 못했다고 평가했다. 그보다 정부 보조금은 이미 개발된 유정 지역을 지속적으로 개발하는 데 사용되었는데, 이렇게 개발한 곳에서는 그다지 많은 석유를 발굴해내지 못했다.

석유 개발업자들은 혜택이 없었어도 잘해 낼 수 있다는 듯 행동을 하면서도 막대한 세금 혜택을 받았다. 다른 납세자들은 이 석유회사들이 감면받은 금액만큼의 세금을 떠맡고도 아무런 혜택을 받지 못했다. 정부 보조금은 결국 게티, 헌트 그리고 다른 석유업자들의 재산으로 고스란히 넘어갔다. 게다가 루즈벨트 행정부 기간 동안(1933~1945년) 소득세가 증가하자 27.5% 감면이 가지는 돈의 가치는 더 커지게 되었다. 기술 발달 덕분에 석유 개발에 대한 위험은 점점 줄어들고 있었지만 위험에 대한 보조금은 계속 늘어나고 있었던 것이다.

우리가 눈여겨봐야 할 점은 어떻게 석유업계가 대중의 이익을 위한다는 명목 아래 개인적인 이익을 챙길 수 있었느냐 하는 것이다. 석유 고갈에 따른 세제 혜택과 같은 커다란 기회는 앞으로 없을지도 모른다. 하지만 정치적 영향력을 통해 부를 불리고 싶은 사람에게 교훈은 남아 있다. 그 교훈은 다음과 같은 3단계로 요약된다.

1. 자신이 희생자라는 이미지를 만들어라.
2. 정계에 친구를 두어라.
3. 복합적인 혜택을 고안하라.

—— 자신이 희생자라는 이미지를 만들어라

역사학자 로버트 카로Robert Caro는 석유 생산업자가 그들에게 유리한 세금 혜택을 받을 수 있었던 것은 1940년에서 1961년까지 하원의장을 지낸 샘 레이번Sam Rayburn의 힘이 컸다고 지적한다. 오랫동안 의장직을 맡은 민주당 의원이었던 샘 레이번의 지역구는 성공적인 시굴업자들이 많이 살았던 달라스에 인접해 있었다. 레이번은 이러한 유정 시굴업자들이 돈이 없어 자주 정유 발굴을 멈추던 '가난한 청년' 시절부터 그들과 친했다.

카로에 의하면 레이번은 1930년 동부 텍사스 주에서 발견된 유정의 엄청난 생산량에 대해 누구보다도 기뻐했다. 레이번은 1935년 미국 전

역에서 나오는 석유보다 더 많은 양을 보유한 유정의 석유업자들과 오래
전부터 알고 지냈던 사이였다. 레이번의 기억 속에는 거물급 석유업자가
된 자신의 친구들이 텍사스의 석유산업을 차지하려는 동부의 거대 기업
과 맞서는 싸우던 작고 힘없는 업자의 이미지로 남아 있었던 것이다.

만일 석유업계에 종사하는 레이번의 친구들이 자신들이 살아남는 데
특별세가 필요하다고 말한다면, 레이번은 기꺼이 재무부장관 헨리 모겐
다우 주니어와 루즈벨트 대통령이 의도하던 계획을 반대하고 무효화하
려고 했을 것이다. 한편, 레이번의 친구인 하원의원 린든 존슨은 새로
탄생한 부유한 석유 생산업자들로부터 민주당 지원자를 위한 기부금을
모았다. 석유 고갈 보상지원금의 수혜자인 민주당이 다수를 확보함으로
써 자신들의 친구인 레이번이 계속 하원의장직을 유지할 수 있게 했던
것이다.

___ 정계에 친구를 두어라

권력으로부터 동정심을 얻는 것은 대단히 중요한 일이며 생각만큼
어렵지도 않다. 정가에 친구를 만드는 것은 자선 단체에서 친구를 만드
는 것만큼 쉽다. 정치 자금을 모으는 사람들은 교육기관 또는 문화기관
의 개발 부서처럼 잘 갖추어진 사업체가 고객을 찾듯 열심히 기부자를
찾아다닌다.

선거 자금을 찾아다니는 사람이 당신을 찾아오기 전에 먼저 몇 푼을
기부함으로써 그들의 수고를 덜어줄 수도 있다. 이렇게 했을 때 정치인
들이 얼마나 빨리 당신을 좋아하게 되는지 그리고 당신을 만나고 싶어

안달이 나는지 안다면 매우 놀랄 것이다. 유태인 속담에 이런 말이 있다. '당신의 주머니에 돈이 있는 한, 당신은 현명한 사람이고 잘생긴 사람이며 노래도 잘하는 사람이다.'

무엇보다도 정치인들은 이념적 일관성에 대해 놀랄 정도로 무관심하다. 아칸소 주지사였을 때 빌 클린턴은 자신에 대한 공화당원의 지지를 나쁘게 여기지 않았다. 리처드 브랜슨은 보수당 출신 수상이었던 마가렛 대처가 가장 좋아하는 기업가였다. 리처드 브랜슨이 노동당 출신 수상인 토니 블레어가 제안한 새로운 스타일의 정책에 열렬한 지지를 보냈을 때도 대처는 그를 배척하지 않았다.

정치적 영향력을 엄격히 규제하고 있는 요즘에도 정치인과 개인적 친분을 쌓는 것은 여전히 가치 있는 일이다. 예를 들어 최근 몇 년 동안 기부자들은 정치인들의 연설문을 담은 책을 대량 구입함으로써 선거 기부금의 한도를 극복할 수 있었다. 이와 같은 선수 치기는 그다지 좋지 않은 이미지를 주지만 돈은 여전히 정치인의 마음을 사는 역할을 할 수 있다. 최근에 가장 인기 있는 방법은 예전에는 주로 이미 고인이 된 사람에 대한 예의로 했던 방법인데, 당선된 정치인의 이름을 딴 연구소에 많은 돈을 기부하는 것이다. 이것은 이미 정치계에서 표준화된 관행으로 여겨지고 있다. 직접 기부할 수 없다면 의원들이 중요시 여기는 활동 단체에 기부하면 된다.

_____ 복합적인 혜택을 고안하라

복잡한 혜택(인구전체에 골고루 분포하게 하는 데는 비용이 든다)은 잠재적인 대상자들이 우대책에 대한 내용을 잘 숙지하지 못하도록 하는 이점이 있다.

정치학자인 존 로이 본드John Roy Bond는 자신의 논문에서 석유 고갈에 따른 세금공제 혜택이 시행되었을 때 '합리적 무지rational ignorance' 현상 때문에 반대가 거의 없었다고 결론을 내린다. 간단히 말해서 개인들은 자신들에게 거의 영향을 미치지 않을 이슈에 대한 정보를 얻기 위해 시간을 투자하지 않는다. 개개인의 납세자가 석유회사에 지불하고 있는 돈이 얼마든 매우 사소하게 여겨 신경 쓰지 않는다. 반면 석유회사라는 단결된 집단에 대한 혜택은 상당했다. 복잡한 세법을 숙지하고 의회의 핵심 구성원들에게 자신들의 영향력을 행사하는 것은 그만한 가치가 있는 것이었다.

1913년 이후 석유 고갈에 따른 세제 혜택은 개인 납세자의 무지와 그 혜택에 대해 잘 알고 있는 석유회사들 사이의 정보격차에 의해 유지되었다. 하지만 1960년대에 연방정부와 개인 납세자에 의해 세금 부담에 대한 불만이 증가하고 있었다. '석유 고갈에 따른 세제 혜택은 세금 구멍의 상징이 되었고 결국 철저한 조사에 들어갔다. 처음으로 대중들은 석유회사의 세금 혜택의 엄청난 규모에 대해 알게 되었고, 의회는 혜택을 크게 줄였다.

＿＿ 백만장자에서 억만장자로 가는 지름길

정치적 영향력을 통해 이익을 추구하는 것은 '돈을 벌기 위해선 돈이 필요하다'는 진부한 표현이 진리임을 다시 입증한다. 좀 더 정확히 말해,

돈을 만들기 위해서는 '많은' 돈이 필요하다. 왜냐하면 기부자들의 요구가 받아들여지는 것은 그들이 기부한 금액이 크기 때문이다. 정치적 영향력을 얻기 위해 돈을 쓰는 것은 권력을 얻기 위해 돈을 낭비하는 것이 아니라 백만장자에서 억만장자로 탈바꿈하기 위한 하나의 효과적인 수단이다.

노조와의 협상에서 이겨라

모든 노동은 가치가 있다.

잠언 14:21

노동조합 결성을 저지하는 것만으로 억만금을 벌 수 있는 사람은 아무도 없다. 노동조합은 이 책에 등장한 몇몇 억만장자에게는 그다지 중요하지 않았고 미래의 억만장자들을 만들어낼 첨단 기술 산업에서도 결정적인 문제는 아닐 것이다. 워렌 버핏이 〈버팔로 이브닝 뉴스〉의 노동조합과 협상할 때, 혹은 칼 아이칸이 트랜스 월드 항공사 노조와 협상에 나섰을 때 노조는 이미 자리를 잡고 있었고 노조 자체를 부정하는 논쟁은 용납되지 않았다. 노조 결성 노력을 완전히 틀어막고 성공적으로 노조를 저지한다는 것이 반드시 경제적으로 의미 있는 일은 아니다. 임금 문제를 놓고 보더라도 회사는 노동자들의 노조 결성 의지를 꺾기 위해 더 많은 임금을 지불하게 되므로 노조가 없다는 것 자체가 커다란 이익을 안겨주지는 못한다.

그럼에도 불구하고 지금까지 많은 억만장자들은 회사에 노조가 생기지 않도록 최선을 다했다. 그들은 노조 결성이 주는 불이익이 막대하다고 여겼음이 틀림없다. 노조 결성 저지 노력뿐만 아니라 과거의 억만장자들이 사용했던 방법들은 아직까지도 유용한 기술들이다. 물론 자신의 윤리적 원칙에 따라서 선택하겠지만 말이다.

——— 길드시대 : 무장 폭력배를 동원하다

물론 1800년대에 썼던 술책이 오늘날에는 그다지 적절하지 못할 수 있다. 예를 하나 들자면, 파업을 막는 폭력배에게 총을 나눠주는 것은 한물 간 방법이다. 또한 미국 대통령이 파업을 중재할 경찰병력 동원을 결정할 때도 노조의 눈치를 볼 정도로 노조는 상당한 정치적 영향력을 발휘하고 있다. 19세기에 있었던 기념비적인 노사 대립을 짧게나마 고찰해보면 사소한 차이는 있겠지만 현시대에 맞는 경영 방법을 균형 잡힌 시각에서 찾을 수 있을 것이다.

헨리 클레이 프릭Henry Clay Frick은 1892년 펜실베이니아에서 발생한 파업 때 강경한 입장을 고수하여 철강 산업에서 노조가 결성되는 것을 40년이나 지체시켰던 인물로 알려져 있다. 임금삭감이 제안되자 철강 노동자 연합이 파업을 일으켰다. 프릭이 카네기 철강회사의 경영자일 때, 그가 노조를 해산시키기로 결정하고 무장한 폭력배를 끌어들이면서 전쟁을 방불케 하는 상황으로 급변했다. 몇몇 사람들이 죽거나 부상을 입었고, 결국 시장은 군대병력을 요청하였다.

공장은 다시 문을 열었고 파업 참가자들은 패배를 시인할 수밖에 없었지만 프릭은 그들의 암살 대상자가 되었다. 무정부주의자인 알렉산더 벡맨이 프릭의 피츠버그 사무실에 잠입하여 귀와 목에 총을 쏘았다. 그리고 벡맨이 프릭의 몸을 칼로 수차례 찔렀을 때 프릭의 동료가 현장에 도착했다. 프릭은 정신을 잃지 않으려고 애쓰면서 동료에게 암살자의 목을 조사하라고 외쳤다. 목에는 사무실을 날려버릴 정도의 폭발물이 담긴 캡슐이 있었음이 밝혀졌다. 프릭은 사고 당시 당황하지 않은·채 자신의 상처에 붕대를 감고서 하루 일과를 마쳤고 목에서 총 알을 꺼낼 때는 마취도 거부했다.

존 록펠러는 노동자들을 착취하여 스탠더드 오일 사의 배를 채우려고 하지는 않았다. 록펠러는 당시의 다른 회사보다 높은 임금을 자신의 노동자에게 기꺼이 지불했다. 그러나 그는 노동조합을 무책임한 노동자들이 획책하는 사기 단체로 보기 때문에 노조를 반대한다면서 이렇게 말했다.

처음에는 모든 것이 훌륭해 보인다. 자신들의 조직에 멋진 이름을 붙이고 정의로운 원칙들을 선언한다. 하지만 조직의 본색은 금방 드러난다. 즉 가능한 한 조금 일하면서 최대한 많은 보수를 챙기려 한다.

다시 말하면 록펠러는 임금을 높여주는 것이 더 이익이라는 생각으로 노조 결성에 반대했다. 이런 생각은 그를 은퇴할 때까지 괴롭혔다. 그는 게으른 노동자를 발견하면 차를 세운 후 그가 일을 제대로 수행하는지 끝까지 확인하고 싶었을 것이다.

1903년에 노조 승인을 기다리고 있던 스탠더드 오일 사의 뉴저지 제련소에서 노동자들이 파업을 일으켰다. 록펠러는 뉴욕 포칸티노 자택에서 노동자의 날에 고용인들이 쉬는 것을 용납할 수 없다면서 노조를 결성하려는 노동자들을 해고했다. 이 때문에 위대한 자선 사업가인 그는 노조에 가입한 노동자만 고용하기로 한 YMCA의 건설 프로젝트에 주기로 했던 기부금을 취소했다.

록펠러는 조금도 굽히지 않고 노조를 반대하다가 1914년 '루들로 대학살Ludlow Massacre'이라는 비극을 자초하였다. 1902년 록펠러는 메사비 철광석 산지를 매각하여 생긴 막대한 수익을 콜로라도 연료 철강CFI이라는 철강 회사에 투자했다. 회사의 제철 공장에 코크스를 공급하기 위해 석탄을 채굴해야 했는데, 위험한 작업 환경과 혹독한 작업 관리로 악명을 떨치게 되었다.

얼마 지나지 않아 록펠러는 자신의 투자결정이 변변치 않았다는 사실을 깨달았다. 수익을 충분히 거두지 못한 채 5년이 지나자 석탄 채굴 경험이 전혀 없는 자신의 삼촌을 CFI의 경영자로 내세웠다. 그의 아들 존 록펠러 주니어는 콜로라도 광산 측과 뉴욕의 지배 주주들 사이의 중개자 역할을 담당했다. 록펠러는 경영 일선에 나서지는 않았지만 자신의 대리인을 통해 강경한 노조 반대 입장을 전달했다. 사태는 광산이 수익성이 없다는 사실이 확인될수록 더욱 악화되었다. 미국 광산 노동자 연합이 CFI에 노조를 결성하기 위해 파업을 단행하겠다고 위협하자 주 내의 다른 석탄 생산업체들과 함께 총을 가진 폭력배를 끌어들였다.

양쪽 모두 무기를 갖추게 되었고 예상했던 폭력 사태가 10월에 발발했다. '죽음으로 가는 특급열차'라고 명명된 무장 차량이 파업 노동자들의 텐트촌에 기관총을 난사하는 비극이 발생하고 만 것이다. 이어서 11

월에는 소규모 전투가 벌어졌다. 질서를 유지하기 위해 동원된 국립 경비대가 텐트촌을 폭격했다는 주장이 나왔다. 그 당시 2명의 여성과 11명의 아이가 연기에 질식하여 사망했다. 혼란이 계속되자 록펠러는 시위대에 물대포를 발사할 것을 소방서에 요청했다(시위 행렬에는 20년 전에 헨리 클레이 프릭을 암살하려다 실패했던 알렉산더 벡맨도 끼여 있었다). 록펠러가 매일 하던 골프도 사건을 취재하려는 신문기자들과 때문에 중단되었다. 결국 윌슨 대통령이 사태를 진압하기 위해 콜로라도에 연방 군대를 파견하자 사태는 진정되었다.

또한 오늘날의 달러 가치로 환산했을 때 백만장자가 되고도 남을 한 철도사업자와 노조의 관계도 폭력 때문에 엉망이 되었다. 존 가렛^{John} ^{Garrett}은 남북전쟁 때 북부 연합과 남부 연맹 사이를 뱀처럼 교활하게 오가던 발티모어 앤 오하이오^{B&O} 철도를 운영하여 부를 획득한 인물이다. 노동자들은 B&O가 두 번이나 임금을 삭감하고 정상 인원만으로 표준 열차의 두 배가 되는 길이로 운행하는 이중 연결 열차를 도입하자 반발하기 시작했다. B&O에서 있었던 1877년의 파업은 철도사업에서 발생한 최초의 파업이었다. 파업이 펜실베이니아 전역에 퍼져나가자 폭력 사태로 돌변하게 되었고 동부 해안을 관통하는 모든 철도 노선은 마비되었다. 결국 대통령이 파업 노동자들을 보호하기 위해 연방 군대를 파견하고 나서야 파업은 진정되었다.

미국의 갑부 중 한 명인 철도 차량 제조업자 조지 풀만^{George Pullman}은 또 다른 철도 파업을 야기했다. 그는 1893년의 공황이 끝나자 사원 주택의 임대료는 전혀 내리지 않은 채 시카고 근처 공장 노동자들의 임금을 대폭 삭감했다. 미국 철도 노조원들은 분노에 차서 1894년 5월 파업에 나섰다. 이에 동조하여 다른 지역에서는 풀만 회사의 차량이 연결된 열차의 운행을 거부하는 운동이 일어났고 전국적으로 철도 수송이 마비되었다. 파업 때문에 시카고 일대의 철도 자산이 파괴되자 대통령은 연방 군대를 급파해야 했다. 군대는 기관총을 난사하며 사원 주택 단지를 급습하여 파업을 진압할 수 있었다.

풀만 파업의 여파로 노조 지도자인 유진 뎁스가 통상을 방해했다는 혐의로 기소되었다. 이 사건을 통해서 원래는 사업 독점을 막기 위해 만들어졌던 셔먼 트러스트 방지 법안Sherman Antitrust Act이 노조의 노력을 무효화하는 데도 적용될 수 있다는 것이 확실해졌다. 또한 연방 정부의 지시에 의해 노조의 노력이 좌절될 수도 있음을 보여준 것이다. 이를 통해 대개의 철도 소유자들은 이익을 얻게 되었지만 풀만에게 파업은 완전한 승리를 의미하지는 않았다. 파업을 겪으면서 순이익은 현저하게 감소했고 풀만은 노동자들의 보복을 두려워하며 지내야 했다. 그는 유언을 남기면서 자신의 묘가 누군가에 의해 훼손당하는 것을 막기 위해 관을 18인치 두께의 콘크리트 위에 놓고 강철관과 콘크리트로 다시 덮으라고까지 지시했다.

____ 근대 이후 : 노조보다 한 수 앞서다

1935년 새롭게 노동 관련 법안(1935년)이 통과되면서 노조 결성 과정에서 발생하는 모습들을 본질적으로 바꾸어놓았다. 고용주들은 합법적으로 노조를 결성하거나 노조에 참가했다는 이유로 노동자들을 해고할 수 없게 되었다. 또한 법안에 의해 설립된 국립 노동관계위원회는 선거를 통해 탄생한 노조가 노동자를 대표하여 회사측과 협상할 수 있도록 명시했다. 따라서 회사측은 노조가 선거에서 승리하여 위원회의 승인을 획득했다면 협상을 거부할 수 없게 되었다. 즉, 19세기 이후의 억만장자들은 전임자들과는 사뭇 다른 상황에 놓이게 된 셈이다. 로스 페로는 EDS 초창기에 노조와의 관계를 크게 걱정하지 않았다. 회사는 컴퓨터 시스템을 설계하고 판매하는 데 주력하고 있었기 때문에 시간제 노동자들은 거의 없었다. 페로는 사원들에게 광범위한 보조금을 지급하는 대신에 운영에 대한 독립 권한과 스톡옵션을 제공했다. 사원들은 헤어스타일 규제와 신앙을 가져야 한다는 회사 규칙만 참아낸다면 페로가 만든 근사한 기업에서 즐겁게 일할 수 있었다.

1969년에 EDS는 의료 보조 업무처리 단체인 캘리포니아 의사협회의 전산실을 맡아서 운영하는 계약을 맺었다. 회사의 주요 고객의 고집으로, 페로는 키펀치 조작자(컴퓨터용 카드에 천공기로 구멍을 뚫는 사람)들을 대량으로 고용하기로 합의했다. 그러나 자기주도적인 전통을 이어온 EDS의 작업방식은 데이터 기입이라는 틀에 박힌 업무와는 어울리지 않았다. 노동자들은 휴가나 병가와 같은 혜택에 좀 더 관심을 가지게 되었다. EDS는 키펀치 운영 인원을 감축하려고 했지만 캘리포니아의 법에 가로막혔다. 회사는 근로자가 작업 시간에 잠을 자다 걸렸다고 해서 해고할 수는 없었다. 명백하게 낮잠을 금지하는 규정이 없다면 그러한 해고는 불법이었다.

노동자들의 기대와 EDS가 요구하는 이상이 마찰을 일으킬 무렵 트럭 운전사 단체가 두 개의 캘리포니아 키펀치 지점에서 노조를 조직하려는 시도를 했다. EDS는 냉담하게 반응했고 페로는 이렇게 말했다. "노조의 입장에서 나는 절대적으로 필요한 존재이다. 하지만 내겐 노조가 필요없다." 한 지점에서 근무하던 해병대원 출신 관리자가 노조 창립자를 쫓아냈다. 또한 이를 조사하기 위해 찾아온 국가 노동관계위원회의 위원도 쫓아냈다. 그 책임자는 EDS가 보석금을 물기로 한 덕택에 간신히 감옥 행을 면했다.

결국 노조 결성 찬반투표가 실시되었고 상반된 결과가 나타났다. 대부분의 근로자가 화이트칼라 종사자였던 지역에서는 노조 결성 제안이 거부되었다. 하지만 연안 어업 종사자나 자동차 제조 근로자들이 많은 또 다른 지역에서는 노조 결성 제안이 찬성되었다. 대개 조직화된 노동과 친숙하던 곳의 근로자들은 노조 결성에 찬성했다. 페로는 이에 응하여 노조를 결성하려는 지점을 폐쇄하고 그곳 업무를 노조 반대 근로자들이 일하는 곳으로 이전시켰다. 이후 EDS는 경영자를 지지하는 경향을 가진 화이트칼라와 능숙한 근로자들이 있는 곳에 데이터 기입 업무를 배정한다는 원칙을 세웠다. 또한 페로는 직원 중 한 명에게 고용인 측의 불만족을 처리하는 임무를 맡겼다. 그 이후 EDS는 노조 결성 투표에서 한 번도 패배하지 않았다(페로가 노조의 활동이 왕성하던 제너럴 모터스에서 중역으로 일할 때도 공장에서 근무하던 노동자들은 페로를 친구로 여겼다는 사실을 기억하자. 시간제 노동자들은 회사에 문제가 생기면 경영자들에게 잘못이 있다고 생각했다. 페로는 공공연하게 GM의 고위 경영층을 비난함으로써 이러한 믿음을 강화시켰다).

샘 월튼도 페로와 아주 유사하게 사업 초기에 관리자들에게는 묵직한 현금과 주식 인센티브를 제공하고 시간제 노동자의 임금은 박하게 주는 전략으로 사업의 기반을 닦았다. 1950년대에 실제로 월튼은 자신이 운영하던 상점은 소규모 사업장이므로 예외를 인정받을 자격이 있다고 주장하면서 연방 정부가 정한 최소임금보다도 적은 돈을 지불했다. 노동부가 월마트에 최소임금을 규정대로 지불하라고 명령하자, 월마트는 연방 법원에 반대 소송을 냈지만 패소하였다. 수년 후 월튼은 초기에 자신이 노동자에게 최소임금만을 주려고 했다는 사실을 인정했다.

월튼의 인색한 급여방식은 1970년에 들어 변하기 시작했다. 소매상인 노조가 할인점 노조를 결성하려고 했기 때문이다. 월마트의 한 노동자가 노조의 이점을 토론하는 모임을 주선했다는 이유로 해고되자 최초의 노조 결성 노력이 미주리 주 멕시코 시내에서 발생했다(국가 노동관계 위원회는 후에 그 노동자가 부당하게 해고됐다고 판결했다).

월튼은 노조의 불쾌한 도전에 대응하기 위해서 노조 결성을 저지하는 데 일가견이 있는 전문 변호사인 존 타테를 고용했다. 타테는 단호하게 노조를 반대하였지만 강경한 방법을 주장하는 사람은 아니었다. 선례를 통해 회사측이 노동자들과의 대화를 통해서 노조 결성 의지를 박탈하는 것이 가장 좋다고 주장했다. 타테는 멕시코 사건 때 두 갈래의 전략을 세웠다. 자신은 노조가 결성되었을 때 생기는 불이익을 노동자들에게 설득시키는 데 주력하면서 월튼은 노동자들의 주요 불만 대상이었던 인기 없는 관리자를 교체하게 했다. 이 전략은 극단적인 대립을 피하면서 성공적으로 노조 결성 움직임을 저지할 수 있었다.

얼마 지나지 않아 월튼은 타테의 도움을 또 요청해야 했다. 소매상인 노조가 월튼이 미주리 주 클린턴에 짓고 있는 상점에 노조를 결성하기로 결정했기 때문이었다. 게다가 노조는 월마트가 상점에 비품을 설치할 때 노조 노동자들을 고용할 것을 요구했다.

새 상점의 관리자들은 이전의 유사한 상황에서 채택했던 전략을 도입했다. 자신들의 활동을 감추기 위해 갈색 종이로 창문을 가린 후 개업 준비를 위해 밤을 새워 비품을 설치하는 작업을 한 것이다. 노조가 피켓을 들고 보복할 것을 알고 있었기 때문에 '파업 세일Strike Sale'이라고 쓴 표지

판을 내걸었다. 터무니없이 싼 가격에 현혹된 구매자들이 쇄도하였다.

변호사 타테가 노조 창립자와의 끊임없는 싸움에서 벗어날 수 있는 방법을 제시하자 월튼은 귀담아 들었다. 노동자들에게 경영진이 진정으로 그들을 아낀다는 사실을 보여준 다음 설득한다는 것이었다. 타테의 제안은 시간제 노동자들과도 이익을 공유하고 노동자들의 불만이나 제안을 성심 성의껏 경청할 것을 요구한 것이다. 그 제안이 실행에 옮겨졌고 월마트는 판매 실적을 올리거나 손실(상품을 도난당하거나 손상을 입힌 경우)을 줄이면 보너스를 제공하였다. 또한 상점이나 근로자들을 격려하는 기사를 실은 월간 잡지를 발간했고 월튼의 고향에서 일 년에 한 번씩 야유회를 가졌다. 월마트가 이런 새로운 전략을 도입한 후에 노조 결성 의지는 현저히 약화되었다.

페로와 월튼이 선택한 기본 전략에는 여전히 본받을 만한 면이 있지만 노조 설립 허가를 얻기 위한 방법도 계속해서 발전하고 있다. 산업화를 겪은 오늘날의 경제 상황에서 조직화된 노동자의 힘은 이전 시대보다 그다지 크지 않지만 많은 미래의 억만장자들도 노조 문제로 인해 골머리를 앓을 것이다. 대부분의 산업 분야에 노조가 굳건하게 조직되어 있고 기업 매매 중개자들은 회사의 가치를 평가할 때 근로 계약 조건을 염두에 둔다. 노조 대표자와의 협상에서 유리한 고지를 완전하게 점령하는 방법은 웨인 휘젠거와 칼 아이칸과 같은 협상 전문가의 노하우를 참고하면 될 것이다.

SUPER RICH

PART 3

슈퍼리치의 탄생

이제 당신 차례다

행복은 단순히 돈을 소유하는 데 있는 것이 아니다.
행복은 성취의 기쁨과 창조적으로 노력하는 과정에 있다.

프랭클린 D. 루즈벨트 Franklin D. Roosevelt

　자수성가한 억만장자들은 부를 축적하는 분야에서는 단연코 세계챔피언들이다. 세상에는 올림픽 금메달리스트보다 부자가 되기 위해 애쓰는 사람들이 훨씬 더 많다는 사실을 고려한다면, 억만장자들이 이룩한 막대한 부는 훨씬 더 인상적인 성과임이 분명하다. 막대한 부를 이룩한 사람들은 여느 콘서트의 피아니스트나 체스의 대가들보다 훨씬 더 많은 경쟁자들의 우위에 있다. 어떻게 억만장자들은 다른 사람들보다 뛰어날 수 있었을까? 우리는 이 책에서 우선 19세기 이후 거대한 부를 축적한 억만장자는 고도로 성장 중인 산업에 그들의 에너지를 쏟아 부으면서 기회를 잡았다는 점을 알 수 있다. 그리고 그들이 추구했던 아홉 가지의 기본적인 전략들을 살펴봤다.

1. 특별한 모험에 도전하라.
2. 새로운 방식을 도입하라.
3. 시장을 지배하라.
4. 사업을 통합하라.
5. 낮은 가격에 사라.
6. 협상을 냉철하게 즐겨라.
7. 경쟁심을 자극하라.
8. 정치적 영향력에 투자하라.
9. 노조를 약화시켜라.

이러한 기본적인 전략들을 깊이 파고들수록 이들이 몇 가지 단순한 이유 때문에 억만장자가 된 것은 아니라는 사실을 깨닫게 된다. 예를 들어, 억만장자들은 다수의 위험들을 기꺼이 감수했지만 도박에 마지막 1달러까지 거는 무모한 행동을 하지는 않았다. 새로운 분야에 뛰어들기는 했지만 새로운 뭔가를 창조하지는 않았다. 그들은 보다 좋은 신제품을 새로 만들기보다는, 하나의 아이디어가 가진 잠재적 가능성을 인식하고 다른 경쟁자들보다도 훨씬 효과적으로 그 아이디어를 실행했다. 시장을 선점하고 있던 거부들은 가격을 터무니없이 올리는 탐욕이나 무모함과는 거리가 멀었다. 그들은 새로운 경쟁 업체들이 시장에 들어오는 것을 막기 위해 오히려 저가정책으로 이윤 마진을 단기적으로 포기하기도 했다. 성공적인 기업 합병은 경영 효율성뿐만 아니라 기민한 재정 관리 기법을 바탕으로 이루어졌다. 표면상으로 값싸게 기업을 인수하여 성공한 것처럼 보이는 억만장자들은 사실 그들이 획득한 자산에 가치를 극대화하는 데 혼신의 힘을 기울였다. 결과적으로 많은 기업들은 최적의 조건으로 거래를 성사시켰을 뿐만 아니라 경쟁 회사의 인내심을 소진시켜 원하는 바를 얻어냈다. 대부분의 수익성 있는 거래들은 다른 경쟁 회사에는 결핍된 정보를 보유함으로써 성패가 좌우되었다. 또한 당신은 억만장자들의 이야기에서 다음의 원칙들이 지닌 비범한 힘을 확인했을 것이다.

- ◆ 아이디어 중에서 돈이 될 만한 것을 찾는다.
- ◆ 규칙은 깨어지기 마련이다.
- ◆ 모방이 혁신보다 유용하다.
- ◆ 끊임없이 성장한다.
- ◆ 주식을 보유한다.
- ◆ 고생을 기꺼이 감수한다.
- ◆ 금융 수단을 최대한 이용한다.
- ◆ 만약을 위해 대안을 항상 염두에 둔다.
- ◆ 실패는 할 수 있지만 거기서 뭔가를 배워야 한다.
- ◆ 근검절약을 잊어선 안 된다.
- ◆ 일을 즐겨야 한다.
- ◆ 때로는 철면피가 되어야 한다.

만약 당신이 이러한 전략들과 원칙들을 받아들인다면, 당신이 세운 목표가 억만장자들만큼이나 높다 할지라도 그 목표를 성취할 수 있는 가능성은 커질 것이다. 그러나 당신은 그 전략과 원칙들을 실행에 옮기기 전에 보다 중요한 단계를 밟을 필요가 있다. 이 책 제 1장에서 던졌던 질문을 기억하는가? '당신은 정말 부자가 되고 싶은가?'라는 물음에 명쾌하게 '예'라고 답해야 한다.

___ 슈퍼리치가 되겠다고 결심하라

단순히 부자가 되고 싶다고 열망하는 일은 쉽다. 복권 열풍이야말로 수백만 사람들이 간절히 부자가 되고 싶어 한다는 사실을 증명해준다. 그러나 전 세계에서 겨우 수백 명 만이 억만장자의 대열에 들어섰다. 즉 부자가 되겠다고 결심하는 것과 실제로 부자가 되는 일은 전혀 다른 문제이다. 진정으로 억만장자가 되겠다고 결심하는 것은 목표에 전력을 다해 몰입해야 한다는 것을 의미한다. 그것은 도버해협을 헤엄쳐 건너기 위해 훈련하는 것 못지않게 강인한 헌신을 요구한다.

부자가 되겠다고 결심하는 순간, 다른 목표들보다 부를 이루기 위해 필요한 모든 사항들을 우선적으로 고려해야 한다. 부자가 되기 위한 과정에서 당신은 얼마나 큰 대가를 치러야 하는지에 대해서도 신중하게 생각해야 한다. 억만장자의 위치에 오르기 위해서는 다른 것들의 희생이 불가피하다. 만약 억만장자가 되는 길을 선택하지 않는다면 '슈퍼리치'의 의미를 생계를 위해 일하지 않고도 여유롭게 잘살 수 있는 정도로 정의하면 된다.

당신이 목표로 하는 수치의 재산을 얻기 위해 끊임없이 어려운 선택의 기로에 놓이게 될 것이다. 가족에 대한 의무, 휴식과 여가생활보다 재산을 먼저 고려해야 하는 경우가 수없이 발생할 수밖에 없다. 물론 슈퍼리치가 되고자 하는 당신의 강한 집념이 평등주의자들의 방해로부터 당신을 방어하고 자유롭게 할 것이다. 당신은 항상 사업에 대해 생각할 것이기 때문에 경쟁을 피하고 독점적으로 시장을 지배할 수 있는 전략들을 고안해낼 것이다. 다른 사람들은 그저 광활한 대지로 보았던 캘리포니아에서 엄청난 가치가 있는 석유층의 존재를 탐지해냈던 폴 게티처럼, 당신은 어디를 가든 이익을 낼 수 있는 기회들을 찾을 수 있다. 샘 월튼이 할인 소매업계의 혁명적인 변화를 예견했던 것처럼 당신은 오감과 직관을 향상시켜 세계의 섬세한 변화를 지각할 수도 있다.

또 타인이 장애 요인으로 받아들이는 사회적 관습은 당신에게 디딤돌이 되어줄 것이다. 경쟁자의 시장을 잠식할 수 있는 기회는 경쟁자들이 현상 유지를 위해 불문율로 정한 협약들을 고수할 때 나타난다. 당신보다 주변의 평가와 시선을 의식하는 사업가들은 비난을 야기할 수 있는 결정들을 보류하는 경향이 있는데, 이때가 당신에게는 시장을 잠식할 기회이다. 협상 테이블에서 당신보다 집념이 부족한 협상 대상들을 제압할 수도 있다. 당신과는 달리 그들은 작은 것 하나까지 이의를 제기할 배짱이 없을 것이다. 그렇다면 조건이 모두 정해진 것처럼 보여서 상대편이 거래가 성사됐다고 느낄 때, 협상 과정을 전부 뒤집을 새로운 반대의견을 제시하는 것이다.

반대로 부자가 되는 전투에서 패한 자들은 거래에서 유리한 위치를 점하기 위해 필요한 중요 정보로부터 차단되어 위축되기 쉽다. H. L. 헌트는 데이지 브래드포드 지역에 엄청난 양의 석유가 매장되었다는 사실을 끝까지 늙은 석유 시추업자 조이너에게 숨겼다. 그는 술과 여자를 끊임없이 조이너에게 제공하여 마침내 유리한 조건으로 계약을 성사시켰다. 슈퍼리치가 되기 위해 전념하는 사람들은 다소 몹쓸 짓을 저질렀다 해도 자신을 비판하는 사람들에게 과감히 '나를 보고 악마라고 생각하는 사람이 악마'라고 말할 수 있어야 한다.

━━ 무엇을 하든 대차게 하라!

부자가 되기 위한 '집념'이 인생의 다른 모든 영역을 완전히 포기해야 하는 것을 의미한다고 생각하는가? 그렇지 않다. 이 책에서 소개된 개개인들을 단지 일차원적인 인물들로 오해하지 않기를 바란다. 그들은 부가 아닌 다른 것을 추구할 때도 이 책에서 언급된 것처럼 열정을 가지고 그 일에 몰입하였다. 일뿐만 아니라 여가 활동에서도 전심전력하는 열정은 자수성가한 억만장자들의 공통된 특징이다. 그들은 그 어떤 것이든 허투로 하는 법이 없다. 그들은 돈을 만드는 것과 관계가 있든 없든 간에 상관없이 마지못해 행하는 것이라면 성공할 수도 없고 즐겁지도 않다는 것을 알고 있었다.

부자가 되고자 하는 목표로부터 당신을 산만하게 하는 것이 아니라면, 인생의 다른 분야에도 열정적으로 전념하는 태도와 습관은 반드시 필요하다. 필 안슈츠에게 있어서 열정적인 삶이란 마라톤 대회 출전을 위해 새벽 4시 30분에 일어나서 10마일을 달리는 것이다. 리처드 브랜슨에게 열정적인 삶이란 세계 기네스북에 계속 기록되는 무모한 모험을 감행하는 것이다. 헌트는 매일 300개 이상의 지국에서 방송되는 라디오 방송을 녹음하고 〈알파카 Alpaca〉란 제목을 가진 이상향에 대한 소설을 써서 정치적 안목을 키웠다. 로스 페로는 루즈벨트 이후 자신의 정당을 조직하고 미 대통령 선거에서 성공적으로 제3당의 지위에 오르면서 한 단계 더 나아갔다.

록펠러는 은퇴 후에도 진정한 정력가로 남아 있었다. 60살의 나이에 골프에 흥미를 가진 이후, 그는 자신이 소유한 다양한 대지에 골프 코스를 만들어 하루에 네다섯 시간 동안 골프를 쳤다. 눈이 왔을 때에는 코스의 눈을 치우기 위해서 말들이나 제설차를 가져왔다. 그리고 그의 골프 파트너를 위해서 조끼를 건네주곤 했다. 록펠러는 또한 뉴욕 시 북쪽의 포카티코에 있는 자신의 땅을 조경하는 데도 헌신했다. 초창기에 그는 센트럴 파크를 설계한 것으로 유명한 사람을 고용했다. 그러고 나서 그는 개인적으로 일꾼들을 지휘하면서까지 손수 관리를 했다. 그는 수십 미터나 되는 큰 나무들을 옮겨 심고 팔아서 이익을 얻기도 했으며 어린 묘목들을 한번에 1만 그루나 심으면서 즐거움을 얻었다.

록펠러는 이러한 여가활동들뿐만 아니라 광범위한 영역에 대한 자선가로서 하루에 한 시간씩을 할애했다. 90살을 넘어서도 낮잠에서 깨어난 손자 넬슨(나중에 그는 뉴욕 지사와 미국의 부통령이 되었다)을 불러 존 록펠러 주니어가 건설하고 있는 맨해튼의 록펠러 센터의 진행 과정에 대해서 질문을 퍼붓곤 했다.

J. 폴 게티는 열정을 가지고 예술 작품을 수집했다. 자신의 수집품에 대한 정보를 모으는 데 여념이 없었던 그는 런던 근교에 있는 자택으로 예술작품 딜러나 역사가들을 초대해서 늦은 밤까지 공부하곤 했다. 그는 미술 작품들을 역사적 관점에서 바라보고 그림의 물질적 구성 요소들을 탐구하면서 박물관이나 갤러리에서 오후 시간을 모두 보내기도 했다. 게티는 겨우 200달러를 지불하고 구입한 그림이 진짜 라파엘의 작품인지 알아보기 위해서, 라파엘이 사용한 청색이 왜 군청색이 아니라 보다 덜 비싼 녹청색으로 만들어졌는지에 대해서 배우기 시작했다. 연구를 시작한 지 몇 달 후에 비로소 그는 그 작품의 진위성을 의심하는 사람에게 명

쾌한 정보를 줄 수 있었다. 작품이 그려진 1508년에는 녹청색은 군청색보다 더 비싼 가격으로 팔렸던 것이다. 그 사실을 밝히는 것이 라파엘의 예술성을 증명하지는 않았지만 그것은 게티가 가진 정보에 대한 끝없는 욕구를 충족시켰다.

빌 게이츠의 강한 열정은 일의 범위를 넘어섰다. 컴퓨터 소프트웨어 사업의 다른 개척자인 앤 윈블래드와 데이트를 즐기고 있을 때, 이 두 사람은 그들이 할애할 수 있는 시간 동안의 짧은 휴가에 대한 주제를 선택했다. 예를 들어, 물리학을 주제로 한 휴가 동안 그들은 엄청난 양의 전공 서적들을 읽었으며 리처드 파인만의 녹음된 강의 내용들을 들었다.

빌 게이츠가 주최하기 시작한 여름 바비큐 야외 파티는 마이크로 게임스Micro Games라고 불리는 연례행사로 발전했다. 손님들은 몇 개의 팀으로 나뉘어 퍼즐 맞추기, 노래하기, 수상 경기, 그리고 독수리 사냥 등에서 기량을 겨루었다. 게임 참가자들은 주어진 메시지를 보고 몸동작으로만 그 의미를 전달해야 했다. 또 어느 해에는 빌 게이츠와 그의 부모가 모래성 쌓기 대회를 열기 위해서 6톤의 모래를 실어 나르기도 했다.

이처럼 자수성가한 억만장자들은 모든 활동에 열정을 가지고 접근했다. 어떤 이는 놀랄 만큼 검소하고 그들의 소비에 대해 심사숙고했지만 어느 누구도 고루하고 인색한 생활을 영위하지는 않았다. 이와 같은 이야기들이 당신에게도 해당되는가? 만약 그렇지 않다면 당신은 하루하루를 흥미진진하고 새로운 모험으로 받아들이는 태도와 습관을 만들어야 한다.

끈기 또한 거대한 부를 이룬 사람들이 갖춘 공통된 특성이다. 이 책에 소개된 개개인들은 행운 하나만을 통해서 막대한 부를 이루어온 것이 아니다. 그들은 잠깐의 휴식을 취할 때까지 인내를 실천했다. 이것 역시 당신이 배우고 만들어야 할 습관이다. 그들은 부를 축적할 때도 금메달리스트들처럼 목표를 세우고 끊임없이 새로운 도전을 찾아나서기를 좋아하는 사람들이다. 학창 시절과 같은 인생의 어떤 시점에서 그들은 부자가 되고자 하는 결심을 했다. 물론 그들이 억만장자라는 구체적인 수치를 목표로 하지는 않았겠지만 그들은 재산이 불어날수록 점점 더 시야를 넓혀갔고 더 큰 목표를 세웠다. 자수성가한 억만장자들은 돈을 좋아하기보다는 돈을 추구하는 모험 자체를 좋아했다. 그들의 발자취를 따르고자 한다면, 당신은 그들의 전략, 전술, 원칙뿐만 아니라 이러한 사고방식까지도 고스란히 받아들여야 한다.

____ 누구에게나 길은 열려 있다

과연 이 책에서 증명한 방법들이 이전에 출간된 성공을 위한 교과서의 공식들과 다르다고 할 수 있을까? 어떤 관점을 선택하느냐에 따라 대답은 '아니오'가 될 수 있다. 물론 과거의 작가들이 각기 다른 특성들에 초점을 두고 있다 할지라도 그들은 기본에 충실하여 독자들을 이해시켰을 것이다.

엄청난 재산을 창조하기 위해 쌓아온 억만장자들의 경력에서, 당신은 확고하게 목표에 전념하고, 스스로 동기부여를 강화하며, 목표를 위해 지치지 않고 일해야만 한다는 것을 확인할 수 있다. 이 공식들은 세 단어로 요약될 수 있다. 야망, 동기부여, 땀이 바로 그것들이다. 이 세 가지 요소들은 필수적이다. 그러나 세 가지를 모두 갖추었다고 해서 충분한 것은 아니다. 세계 챔피언이 되기 위해서는 당신만큼이나 모든 일에 아낌없이 땀을 흘리는 수많은 경쟁자들을 물리쳐야 한다. 나머지 사람들과 같이 평준화되지 않으려면 당신은 다른 뭔가를 해야 한다. 당신은 더 큰 위험에 과감히 뛰어들고 상식에서 벗어나는 사업 전략을 시도하거나, 거래를 성사시킬 때 쓸 충분한 자금을 확보해야 한다. 다른 사람의 아이디어를 모방하는 것도 괜찮다. 그러나 더 탁월하게 실행해야 한다. 정상적인 노력과 관습적인 접근들은 비범한 부를 만들어내지 못한다. 또한 누군가가 어깨를 두드려줄 때까지 기다린다면 여행은 시작할 수 없다. 내일이 무조건 더 나은 기회를 보장하지는 않는다. 지나치게 관망적은 자세는 향후 10년의 전망을 어둡게 할 수도 있다. 바로 지금 여기가 더 크게 성공하기 위해서 억만장자들의 방법들을 활용할 수 있는 최고의 기회인 것이다.

지은이_ **마틴 S. 프리드슨**

메릴린치앤드컴퍼니의 전무이사를 역임했으며 미국 투자관리연구협회(AIMR, Association for Investment and Research)의 중역으로도 활동했다. 저서로는 《It was a Very Good Year》 《Investment Illusions》《Financial Statement Anylysis》 등이 있다.

옮긴이_ **안정원**

건국대학교 영어영문학과를 졸업하고 성균관대학교 경영대학원 MBA 석사를 마쳤으며 하이닉스 인재개발원에서 교육 업무를 담당했다.

감수자_ **이상건**

서강대 신문방송학과를 졸업하고 한국경제TV와 경제주간지 이코노미스트 금융 및 투자 담당 기자를 거쳐 현재 미래에셋 투자교육연구소 이사로 일하고 있다. 저서로는 《부자들의 개인도서관》《돈 버는 사람은 분명 따로 있다》《이채원의 가치투자》(공저)《부자들의 생각을 읽는다》 등이 있다.